中国国情调研丛书·企业卷

China's national conditions survey Series · Vol enterprises

主　编 陈佳贵

副主编 黄群慧

青岛港考察

Study of Port of Qingdaogang

吴延兵 / 著

经济管理出版社

ECONOMY & MANAGEMENT PUBLISHING HOUSE

《中国国情调研丛书·企业卷·乡镇卷·村庄卷》

序　言

为了贯彻党中央的指示，充分发挥中国社会科学院思想库和智囊团的作用，进一步推进理论创新，提高哲学社会科学研究水平，2006 年中国社会科学院开始实施“国情调研”项目。

改革开放以来，尤其是经历了近 30 年的改革开放进程，我国已经进入了一个新的历史时期，我国的国情发生了很大变化。从经济国情角度看，伴随着市场化改革的深入和工业化进程的推进，我国经济实现了连续近 30 年的高速增长。我国已经具有庞大的经济总量，整体经济实力显著增强，到 2006 年，我国国内生产总值达到了 209407 亿元，约合 2.67 万亿美元，列世界第四位；我国的经济结构也得到了优化，产业结构不断升级，第一产业产值的比重从 1978 年的 27.9%下降到 2006 年的 11.8%，第三产业产值的比重从 1978 年的 24.2%上升到 39.5%； 2006 年，我国实际利用外资为 630.21 亿美元，列世界第四位，进出口总额达 1.76 万亿美元，列世界第三位；我国人民生活水平不断改善，城市化水平不断提升。2006 年，我国城镇居民家庭人均可支配收入从 1978 年的 343.4 元上升到 11759 元，恩格尔系数从 57.5%下降到 35.8%，农村居民家庭人均纯收入从 133.6 元上升到 3587 元，恩格尔系数从 67.7%下降到 43%，人口城市化率从 1978 年的 17.92%上升到 2006 年的 43.9%以上。经济的高速发展，必然引起国情的变化。我们的研究表明，我国的经济国情已经逐渐从一个农业经济大国转变为一个工业经济大国。但是，这只是从总体上对我国经济国情的分析判断，还缺少对我国经济国情变化分析的微观基础。这需要对我国基层单位进行详细的分析研究。实际上，深入基层进行调查研究，坚持理论与实际相结合，由此制定和执行正确的路线方针政策，是我们党领导革命、建设和改革的基本经验和基本工作方法。进行国情调研，也必须深入基层，只有深入基层，才能真正了解我国国情。

为此，中国社会科学院经济学部组织了针对我国企业、乡镇和村庄三类基层单位的国情调研活动。据国家统计局的最近一次普查，到 2005 年底，我国有国营农场 0.19 万家，国有以及规模以上非国有工业企业 27.18 万家，建筑业企业 5.88 万家；乡政府 1.66 万个，镇政府 1.89 万个，村民委员会 64.01 万个。这些基层单位是我国社会经济的细胞，是我国经济运行和社会进步的基础。要真正了解我国国情，必须对这些基层单位的构成要素、体制结构、运行机制以及生存发展状况进行深入的调查研究。

在国情调研的具体组织方面，中国社会科学院经济学部组织的调研由我牵头，第一期安排了三个大的长期的调研项目，分别是“中国企业调研”、“中国乡镇调研”和“中国村庄调研”。“中国乡镇调研”由刘树成同志和吴太昌同志具体负责，“中国村庄调研”由张晓山同志和蔡昉同志具体负责，“中国企业调研”由我和黄群慧同志具体负责。第一期项目时间为三年（2006~2009 年），每个项目至少选择 30 个调研对象。经过一年多的调查研究，这些调研活动已经取得了初步成果，分别形成了《中国国情调研丛书·企业卷》、《中国国情调研丛书·乡镇卷》和《中国国情调研丛书·村庄卷》。今后，这三个国情调研项目的调研成果还会陆续收录到这三卷书中。我们期望，通过《中国国情调研丛书·企业卷》、《中国国情调研丛书·乡镇卷》和《中国国情调研丛书·村庄卷》这三卷书，能够在一定程度上反映和描述在 21 世纪初期工业化、市场化、国际化和信息化的背景下，我国企业、乡镇和村庄的发展变化。

国情调研是一个需要不断进行的过程，以后我们还会在第一期国情调研项目基础上将这三个国情调研项目滚动开展下去，全面持续地反映我国基层单位的发展变化，为国家的科学决策服务，为提高科研水平服务，为社会科学理论创新服务。《中国国情调研丛书·企业卷》、《中国国情调研丛书·乡镇卷》和《中国国情调研丛书·村庄卷》这三卷书也会在此基础上不断丰富和完善。

中国社会科学院副院长、经济学部主任

陈佳贵

2007 年 9 月

《中国国情调研丛书·企业卷》

序　言

企业是我国社会主义市场经济的主体，是最为广泛的经济组织。要对我国经济国情进行全面深刻的了解和把握，必须对企业的情况和问题进行科学的调查和分析。深入了解我国企业生存发展的根本状况，全面把握我国企业生产经营的基本情况，仔细观察我国企业的各种行为，分析研究我国企业面临的问题，对于科学制定国家经济发展战略和宏观调控经济政策，提高宏观调控经济政策的科学性、针对性和可操作性，具有重要的意义。另外，通过"解剖麻雀"的典型调查，长期跟踪调查企业的发展，详尽反映企业的生产经营状况、改革与发展情况、各类行为和问题等，也可以为学术研究积累很好的案例研究资料。

基于上述两方面的认识，中国社会科学院国情调查选择的企业调研对象，是以中国企业及在中国境内的企业为基本调查对象，具体包括各种类型的企业，既包括不同所有制企业，也包括各个行业的企业，还包括位于不同区域、具有不同规模的各种企业。所选择的企业具有一定的代表性，或者是在这类所有制企业中具有代表性，或者是在这类行业中具有代表性，或者是在这个区域中具有代表性，或者是在这类规模的企业中具有代表性。我们期望，通过长期的调查和积累，中国社会科学院国情调查之企业调查对象，逐步覆盖各类所有制、各类行业、不同区域和规模的代表性企业。

中国社会科学院国情调查之企业调查的基本形式是典型调查，针对某个代表性的典型企业长期跟踪调查。具体调查方法除了收集查阅各类报表、管理制度、文件、分析报告、经验总结、宣传介绍等文字资料外，主要是实地调查，实地调查主要包括进行问卷调查、会议座谈或者单独访谈、现场观察写实等方式。调查过程不干扰企业的正常生产经营秩序，调查报告不能对企业正常的生产经营活动产生不良影响，不能泄露企业的商业秘密，“研究无禁区，宣传有纪律”，这是我们进行企业调研活动遵循的基本原则。

中国社会科学院国情调查之企业调查的研究成果主要包括两种形式：一是内部调研报告，主要是针对在调查企业过程中发现的某些具体但具有普遍意义的问题进行分析的报告；二是全面反映调研企业整体情况、生存发展状况的长篇调研报告。这构成了《中国国情调研丛书·企业卷》的核心内容。《中国国情调研丛书·企业卷》的基本设计是，大体上每一家被调研企业的长篇调研报告独立成为《中国国情调研丛书·企业卷》中的一册。每家企业长篇调研报告的内容，或者说《中国国情调研丛书·企业卷》每册书的内容，大致包括以下相互关联的几个方面：一是关于企业的发展历程和总体现状的调查，这是对一个企业基本情况的大体描述，使人们对企业有一个大致的了解，包括名称、历史沿革、所有者、行业或主营业务、领导体制、组织结构、资产、销售收入、效益、产品、人员等；二是有关企业生产经营的各个领域、各项活动的深入调查，包括购销、生产（或服务）、技术、财务与会计、管理等专项领域和企业活动；三是关于企业某个专门问题的调查，例如企业改革问题、安全生产问题、信息化建设问题、企业社会责任问题、技术创新问题、品牌建设问题，等等；四是通过对这些个案企业的调查分析，引申出这类企业生存发展中所反映出的一般性的问题、理论含义或者其他代表性意义。

中国正处于经济高速增长的工业化中期阶段，同时中国的经济发展又是以市场化、全球化和信息化为大背景的，我们期望通过《中国国情调研丛书·企业卷》，对中国若干具有代表性的企业进行一个全景式的描述，给处于市场化、工业化、信息化和全球化背景中的中国企业留下一幅幅具体、生动的“文字照片”。一方面，我们努力提高《中国国情调研丛书·企业卷》的写作质量，使这些“文字照片”清晰准确；另一方面，我们试图选择尽量多的企业进行调查研究，将始于2006年的中国社会科学院国情调研之企业调研活动持续下去，不断增加《中国国情调研丛书·企业卷》的数量，通过更多的“文字照片”来全面展示处于21世纪初期的中国企业的发展状况。

中国社会科学院经济学部工作室主任

黄群慧

2007年9月

前 言

成功的企业都是相似的，失败的企业各有各的不同。笔者发现，借用托尔斯泰的不朽名言“幸福的家庭都是相似的，不幸的家庭各有各的不幸”来形容企业的兴衰成败竟也恰如其分。的确，我们经常可以看到总结成功企业特质的长篇大作，而很少发现总结失败企业共性的专门论著。究其原因，成功的企业都有相似之处，因而可以归纳出其特质，失败的企业各有不同，因而难以找出其共性。《追求卓越：探索成功企业的特质》的作者彼得斯和沃特曼总结了美国 43 家卓越企业的九大特质：采取行动；接近顾客；自主和创业精神；以人为本；亲身实践；价值驱动；坚持本业；组织单纯、人事精简；宽严并济。[①]《基业长青：企业永续经营的准则》的作者柯林斯和波勒斯归纳了世界 18 家高瞻远瞩公司的特质：创办人构建卓越的公司组织特质；超越利润的追求；保存核心；刺激进步；胆大包天的目标；教派般的文化；择强汰弱的进化；自家长成的经理人；永不满足的机制；构建愿景。[②] 这些成为轰动整个管理界的经典法则，并且成为许多企业发展、创新的经典指导原则。

本书试图归纳我国成功企业的某些特质。但与上述经典著作不同的是，本书是基于青岛港个案以管中窥豹的方式提炼成功企业的管理特质。青岛港作为一个始建于 1892 年的百年老港，改革开放以来在市场经济大潮中实现了港口吞吐量从 2000 万吨到 4 亿吨的大跨越，实现了从默默无闻的支线小港到世界第七大港、我国第二大外贸口岸的大跨越。青岛港是如何在短短 30 多年中实现百年老港的跨越式发展的？从管理角度看，青

① 汤姆·彼得斯，罗伯特·沃特曼. 追求卓越：探索成功企业的特质［M］. 胡玮珊译. 北京：中信出版社，2009.

② 吉姆·柯林斯，杰里·波勒斯. 基业长青：企业永续经营的准则［M］. 真如译. 北京：中信出版社，2009.

岛港成功的关键，是将企业管理理论和方法的普遍性与管理实践的特殊性有机融合，形成博采众长、自成一家的独特管理理念和体系。撰写本书的目的是将管理学基本原理与青岛港管理实践相结合，描绘探讨青岛港成功背后的管理要素，总结具有青岛港特色的管理经验。重要的是，这些独特的管理理念和规则不仅仅属于青岛港自己的“私产”，对其他企业的成长发展也将有所裨益，这正如每一次杰出战例虽不可能重复，但分析其战略战术一定对未来作战有所帮助一样。通过实地调研和访问座谈，本书梳理出了能体现青岛港管理特色同时又可以惠及其他企业的九个管理特质：稳中求进的战略规划；重心下移的组织结构；高瞻远瞩的领导团队；以人为本的激励机制；永不满足的创新精神；客户至上的品牌理念；忠诚奉献的企业文化；和谐团结的思政工作；共建共享的社会责任。

稳中求进的战略规划。青岛港立足港口发展现状，以对外部因素的科学分析和对自身力量的正确评估为基础，秉承“一着不慎，全盘皆输”的稳中求进战略原则，适时制定中长期发展战略和阶段性发展规划，实现了发展有方向、攀登有高度、追求有超越。首先，青岛港构建了高瞻远瞩的“建设东北亚国际航运中心，营造平安和谐家园”的共同愿景。该愿景从实际出发又志存高远，将企业发展目标与员工利益紧密联系在一起，增强了企业发展的向心力和凝聚力。其次，青岛港根据环境变化和阶段重点目标的不同，先后实施了“夯基战略，做好青岛港”，“超前战略，做大青岛港”，“中心战略，做强青岛港”，“创新战略，做久青岛港”，“强港战略，由世界大港向世界强港转变”五大战略。这些阶段性战略从“强基固本”做起，一步一个脚印，逐步实现从“量”战略到“质”战略的飞跃。再次，青岛港在阶段性战略实施过程中，始终贯穿着一些不变的战略规划。名牌战略、成本领先战略和现代化港口物流战略，贯穿于青岛港发展进程中，有效保证了企业阶段性战略与长期性战略的有机统一。最后，青岛港在管理实践中形成了一套完整的战略管理组织体系。青岛港通过建立专门的战略管理部门，明确了战略管理职责，从组织和制度上保证了战略决策的科学制定和有效执行。通过加强组织和队伍建设、完善民主管理机制，充分利用社会智力，保证了战略决策能力的不断提升。总之，青岛港在战略规划上的显著特点可总结为：目标明晰，稳中求进，长短结合，组织保证。

重心下移的组织结构。青岛港提出了“重心下移，队为核心”的管理

新思路，创建了“集团为决策层，公司为经营层，基层为管理层，班组为操作层，车组为执行层”五级管理模式。五级管理让每一个节点“活”起来：决策层集中精力抓好宏观决策和过程控制，是集团决策、监控和融资中心；经营层集中精力抓市场、抓经营，将资源变财富，是集团利润中心；管理层集中精力管好人、干好活，是集团基础管理的核心，也是收入实现和成本控制的中心；操作层重点抓好各项任务的实施，是管理任务的执行中心；执行层抓好单车管理，是“单元”实体。五级管理模式的核心是“基层队为管理层”，将原先由决策层、经营层负责的大量管理职责全部下放到基层队。基层队有职、有权、有责，成为责任与权利相统一的管理主体，由被动管理单位变为主动管理单位，从而克服了多层次垂直组织结构的弊端，实现了庞大规模组织结构的扁平化。管理重心下移的组织结构极大地提升了青岛港的管理效率和生产效率。第一，分权。“队为核心”的管理模式使得分权成为可能。基层队拥有生产作业管理、安全质量管理、设备设施管理、绩效管理、员工管理、职工业务技术培训、思想政治教育、民主管理、退休和离岗退养职工管理、班组建设、队领导班子建设等管理职责，充分调动了基层管理者的工作积极性和主动性。第二，减少了中间层，导致“中层革命”。“队为核心”管理模式不仅直接减少了管理层次，而且基层管理者积极并充分利用现代信息和网络技术增加管理幅度，使得组织机构更精简、统一和高效。第三，灵活指挥。基层管理人员由于更熟悉情况，因而可以更系统地阐明目标、更准确地制定评价工作成绩的标准，更好地把企业同各种环境系统连接起来，促使生产现场的各种问题得到更准确、更及时、更有力的处理，从而强化了生产现场管理水平，提高了生产作业管理效率。第四，高层管理者集中精力做决策。“队为核心”组织结构带来上层管理的解放，使得管理高层可以集中精力抓好战略和经营。

高瞻远瞩的领导团队。有效领导是企业成功的关键，而一个优秀的领导团队是有效领导的前提。以常德传为首的领导团队坚持“风气不正，一事无成”领导原则，高瞻远瞩、超前决策，实施“五大战略”和“四大结构调整”，打造“诚纳四海”服务品牌，推行卓越绩效管理，塑造“三个一代人精神”企业文化，引领青岛港走出一条科学发展之路。常德传对自己有三个定位，“长子”、“工头”、“班长”：对青岛港大家庭的成员，是“长子”；对工作，是“工头”；对青岛港的各级领导干部，是“班长”。常德传在领导青岛港历程中展现出非凡的领导特质：永葆本色，奋发图强；超越自我，永争第一；善于学习，锐意创新；随需而变，超前决策；勇担责任，甘于奉献。常德传魅力型领导风格有三个显著特点：①提供愿景，创造未来的蓝图，陈述出员工所认同和能激发员工热情的未来状况；②鼓舞，直接为员工提供动力，激励员工充分展示个人激情和干劲，增强企业凝聚力和向心力；③注重行动，员工有了愿景并受到激励后，从心理和行动上帮助员工有效工作、面对挑战，完成任务时，通过分享情感进一步增强员工的成就感和责任心。榜样的力量是无穷的，在常德传领导下，青岛港各级领导干部向职工公开承诺“向我学习，向我看齐”、“一名领导就是一面旗帜”，一级带着一级干，一级做给一级看，形成了建设型的集团层领导风格、责任型的公司层领导风格、技能型的基层队领导风格和带头型的班组层领导风格。青岛港领导团队根据青岛港实践总结出搞好企业的“五个必须”：必须坚持一切从实际出发；必须坚持自主创新；必须坚持苦练内功；必须坚持树好风气；必须坚持以人为本。

以人为本的激励机制。调动员工积极性、激发员工创造力，是人力资源管理的最高层次目标。青岛港探索创新了以人为本的激励机制，树立起“人人都可以成才”的人才观、“德才兼备”的育人观、“谁能干谁干”的用人观，建立起以权利公平、机会公平、规则公平、分配公平为主要内容的价值引导和分配机制。在民主管理方面，创新民主管理制度，拓展职工当家做主渠道，建立了高层决策、职代会、工会、全员参政议政四个民主管理系统和队务公开、职工合理化建议、职工提案等20条民主管理渠道，确立了目标任务、生产绩效、工作考勤等40项厂务公开内容。在岗位管理上，构建了基于五级管理模式的职能清晰的岗位管理体系，明晰岗位工作流程，完善岗位和人才的匹配机制；健全“全员考评，公平竞争，合格在岗，优胜劣汰”的岗位竞争管理办法，形成了一种能上能下、能进能出、充满活力的进退留转机制；创建了“双岗并存、末位待岗”岗位动态管理激励机制，在岗和待岗同时存在，胜任者在岗，不合格者待岗、接受培训、竞争上岗；在人力资源招聘和任用中按照“先内部挖潜，后外部招聘”原则进行，先通过内部挖潜和转岗分流满足岗位需求。在绩效管理上，以业绩为关键指标，基于责权利相统一的原则进行绩效评价与考核，创建了对比学习标杆、对比竞争对手、对比自己的目标，进行趋势、差距和因果分析的“三对比一分析”绩效分析制度。在薪酬福利管理上，实行

以贡献为主、兼顾公平的收入分配和晋升机制，做到岗位与薪酬相一致、贡献与表彰相一致、技能与津贴相一致、成果与奖励相一致。在人才培养方面，建设学习型组织，深入开展学政治、学技术、学业务、学文化、学实践“五学”活动，确立了领导干部带头学、全员参与“我要学”、实践培训“干中学”等学习机制，营造了人人可以成才、人人干事创业、人人岗位奉献、人人发展提升的良好氛围。

永不满足的创新精神。创新是企业的生命，是企业持续发展的不竭动力。青岛港秉承“以我为主，博采众长，融合提炼，自成一家”原则，在管理、市场和技术上进行适应性整合创新，形成了独具特色的创新模式。在创新理念上，青岛港确立了“一切从实际出发，把青岛港自己的事情办得更好”的指导思想、“永不满足，永不灰心，永远前进”的创新精神、“干就干一流，争就争第一”的创新夺标文化，充分调动起员工的创新主动性和积极性。在管理创新上，青岛港在内部管理上构建五级管理模式、创新民主管理渠道、创建“员工品牌”和创新管理细则，实现管理效能的大幅提升。在市场创新上，树立起“没有货主，没有用户，青岛港就没有饭吃；货主、用户的满意就是港口质量工作的标准；价格优惠，手续便捷，24小时服务”为客户服务的“三项原则”，由“坐商”变成“行商”，生产主战场从“现场”搬到了“市场”；在市场开拓中通过推介会广揽货源，通过办事处开发市场，通过与货主、船公司、同行、铁路部门、国家机构合作结成战略同盟；在市场服务上提供物流链上的全方位服务延伸，打造具有整合物流链能力的综合物流中心。在技术创新方面，制定了“科技兴港”发展战略，坚持信息化建设和绿色发展，出台“千项软件开发”、“工人先锋号”、“行业专家”、“员工品牌”等技术创新激励机制，鼓励员工练绝活、攻难关、创纪录，使青岛港生产效率进入“秒时代”。

客户至上的品牌理念。青岛港秉承诚信是最过硬的品牌、效率也是品牌和市场检验品牌的品牌理念，将诚信和效率作为品牌的内在本质，将市场作为检验品牌的唯一标准。在品牌管理方面，形成了集团品牌、公司品牌和员工品牌三级品牌架构，每一级品牌都有明确的品牌定位和品牌理念。“诚纳四海”作为青岛港集团整体的服务品牌，已经成为青岛港生动的形象代言，既体现了青岛港诚信为本的服务理念，也生动体现了青岛港服务全国、走向世界的海纳百川的气魄和胸怀。公司品牌为集团分公司和子公司的品牌，以服务或工艺命名，是“诚纳四海”品牌精神的坚实基础。员工品牌以员工的名字和其练出的绝活、创出的纪录来命名，是“诚纳四海”集团品牌最有力的支撑和最人性化的诠释。三级品牌相互支撑，密切关联，共同塑造了青岛港形象。其中，员工品牌把“绝活创造者”打造成青岛港响当当的招牌，丰富和发展了传统的品牌管理思想，是青岛港品牌建设中最具特色的部分。员工品牌具有激励和宣传的双重功能。①激励功能。用员工的名字命名某项工作或服务，并在企业内和社会上宣传推广，这对员工是莫大的尊重和认同；同时，根据员工品牌的贡献对员工进行物质和精神双重奖励，激发了广大员工苦练绝活、争先创优的积极性。②宣传功能。一方面，青岛港著名的员工品牌，如“振超效率”和“孙波效率”，通过媒体报道和宣传而被社会广为了解，快速提升了青岛港的知名度和美誉度；另一方面，青岛港大部分员工品牌都与客户服务密切相关，很多客户通过员工品牌了解了青岛港、信赖了青岛港，扩大了青岛港的市场影响力。在品牌培育和传播上，青岛港通过培育独具特色的港口企业文化、培养造就金牌员工队伍和打造世界级大港，形成了全体员工共同认可的品牌发展理念，并通过媒体记者新闻报道、专家学者推广宣讲、各级政府表彰奖励、广大客户口碑相传，进行富有成效的品牌传播。

忠诚奉献的企业文化。青岛港企业文化的核心：一是青岛港发展使命：“精忠报国，服务社会，造福职工”；一是青岛港精神：“一代人要有一代人的作为，一代人要有一代人的贡献，一代人要有一代人的牺牲”。“三大使命”和“三个一代人”精神，是青岛港企业文化的灵魂和整体精神写照，体现了责任和服务的和谐统一，体现了职工命运、企业命运和国家命运的和谐统一。在“三大使命”和“三个一代人”精神基础上，青岛港确立了“信念，感情，珍惜，奉献”的核心价值观、“建设东北亚国际航运中心，营造平安和谐家园”的共同愿景，“自我加压，加快发展；历史从来不加注解，发展创造一切”的发展理念，“质量、服务、信誉是青岛港的生命线”的经营理念，“苦练内功，强基固本；以我为主，博采众长；融合提炼，自成一家”的管理理念，“人人创新，岗岗创新，共建创新强港”的创新理念，形成了“是否有利于增加对国家的贡献，是否有利于增强港口的发展后劲和竞争实力，是否有利于提高职工的生活质量，是否有利于提升职工的素质”四条工作标准，塑造了以“爱岗敬业、无私奉献的主人翁精神；艰苦奋斗、努力开拓的拼搏精神；与时俱进、争创一流的创新精神；团结协作、相互关爱的团队精神”为内核的“振超精神”。

在企业文化建设保障制度上，青岛港通过企业文化管理规章、高素质领导队伍培养、激励机制有机配合、学习型组织建设和榜样力量等机制，巩固企业文化建设成果，保障企业文化建设顺利开展。企业文化犹如春风化雨、细雨润物，提升和改变着每一位青岛港人的内在素质和精神面貌。

和谐团结的思政工作。思想政治工作，是解决人的思想、观点和政治立场问题，提高人的思想觉悟的工作。思想政治工作是中国国有企业的特色。青岛港灵活运用思想政治工作的基本原则和方法，加强对员工思想和信仰的引领，为企业经济工作和其他业务工作提供思想指导。在党的领导上，加强党政班子建设、强化引领作用，加强基层党组织建设、夯实坚强基石，加强党员队伍建设、当好旗帜先锋。在团的建设上，实施“集团抓全面，基层有特色，支部为核心，团员强意识”四级团建模式，以“夯实基础，活跃基层，创建精品，全面发展”为工作思路，充分发挥团员青年生力军和突击队的作用。在工会工作上，大力实施“民心工程”、“人本工程”和“中心工程”，团结和动员广大职工万众一心、攻坚克难。在女职工工作上，积极实施“建功立业”和“素质提升”两大工程，广泛开展“学振超提升素质，练绝活岗位建功”活动，对女职工政治上关心、工作上信任、学习上培养、生活上关爱。在宣传教育上，以卓有成效的思想工作教育人，以独具特色的企业文化塑造人，以常抓不懈的教育培训培养人。在廉政建设上，明确提出“安全问题和经济问题是两条绝对不能触碰的高压线”等廉政勤政要求，以教育崇廉、以机制保廉、以作风兴廉、以监督促廉，营造了廉洁高效、风清气正的经营环境。

共建共享的社会责任。企业社会责任要求企业超越把利润作为唯一目标的传统理念，强调对人的价值的关注，强调对消费者、环境和社会的贡献。国有企业除承担经济责任外，应在承担社会责任中发展，在发展中更好地履行社会责任，最终目标是实现员工价值、企业利益和社会效益三者综合效应的最大化。青岛港以“精忠报国，服务社会，造福职工”为使命，树立起“坚定信念，勇担责任，科学发展”的责任理念：坚信国有企业一定能够搞好；对国家负责、对社会负责、对职工负责；转变发展理念、转变增长方式、转变管理方式，实现科学发展。在精忠报国上，青岛港将自身定位为共和国的“长子”、祖国母亲的“孝子”，把对国家的贡献摆在港口发展的突出位置，以实现国有资产的保值增值作为对国家必须忠实履行的责任，在社会就业、地方财政建设和经济发展中做出了突出贡献。在服务社会上，青岛港坚持客户利益至上，确立了为客户服务的“三项原则”，宁肯自己千难万难，也不让货主、船方一时犯难；坚持绿色发展，推进节能减排，实施“油改电”能源革命，承担环境保护责任；合作办医院服务百姓，校企合作发展职业教育，慈善捐赠参与社会公益活动，以实际行动回报社会。在造福职工上，坚持人是企业之本，与职工同呼吸、共命运，全心全意为职工服务，使青岛港成为一个培养人才的大熔炉、大学校。

上述管理特质是青岛港将一般管理原理与青岛港实际相结合而产生的实践结晶。这些管理理念和规则，尤其是阶段性战略与长期战略有机融合的稳中求进战略原则、“重心下移，队为核心”的组织结构、“向我学习，向我看齐”的领导作风、以厂务公开为核心的民主管理渠道、“能上能下，能进能出”的岗位动态管理机制、“干就干一流，争就争第一”的永不满足的创新理念、以员工名字和其创造的绝活命名的“员工品牌”、以“三个一代人”精神为内核的企业文化，无疑将对青岛港持续发展和长盛不衰具有重要指导意义。而且可以发现，青岛港的管理特质与《追求卓越：探索成功企业的特质》和《基业长青：企业永续经营的法则》作者总结的西方成功企业的特质多有相似之处，例如，采取行动，接近顾客，以人为本，组织单纯，人事精简，胆大包天的目标，教派般的文化，择强汰弱的进化，永不满足的机制，构建愿景等。这印证了本书开篇首句所言“成功的企业都是相似的”。从这个角度讲，本书所归纳提炼的青岛港管理经验具有一般意义，对我国起步和成长中企业的实际管理具有参考价值。

青岛港在管理实践中又有作为国有企业的特殊性。研究表明，国有企业由于其公有产权属性，存在着经营者选择和经营者激励问题，存在着严重的委托代理及预算软约束问题。既然如此，青岛港又如何能够在企业界脱颖而出、独树一帜？笔者认为，青岛港成功的一个关键因素在于其领导者的胜任和负责。青岛港领头人常德传身体力行，给自己以“长子，工头，班长”的定位，赋予企业“精忠报国，服务社会，造福职工”的发展使命，始终用人格的力量激励人心、用情感的力量温暖人心、用民主的力量凝聚人心。常德传勇当共和国“长子”的情怀、“向我看齐”的庄重承诺、一以贯之的榜样力量，深深地感染着青岛港的每位员工，也成就了青岛港的斐然业绩。青岛港作为国有企业的另一成功之处在于以市场化手段进行内部管理。青岛港“重心下移，队为核心”的组织职责体系、“全员考评，公平竞争，合格在岗，优胜劣汰”的岗位动态管理机制、“对比学习标杆，对比竞争对手，对比自己的目标，进行趋势、差距和因果分析”的绩效分析制度、以员工名字和其创造的绝活命名的员工品牌、“岗位与薪酬相一致，成果与奖励相一致，技能与津贴相一致，贡献与表彰相一致”的薪酬福利分配制度、“干就干一流，争就争第一；排头兵位置不让，手把红旗不放”的创新夺标文化，表现出活灵活现运用市场竞争机制管理国有企业的睿智。内部管理市场化，充分调动了青岛港员工的主动性、能动性和创造性，有力推进了青岛港跨越式发展进程。

因此，可以说，青岛港作为国有企业取得辉煌业绩的根本原因在于，领导班子以身作则的精神和企业内部管理的市场化运作。青岛港领导团队的胜任和负责避免了国有企业中普遍存在的经营者能力不足和责任心不强的问题，企业内部管理的市场化运作克服了国有企业中普遍存在的员工激励不足的问题。相对于企业内部管理的市场化运作而言，国有企业经营者的选择和激励是更为根本的问题。

目　录

第一章　发展历程

青岛港是世界第七大港、我国第二大外贸口岸。青岛港始建于1892年，现有职工24000多人，由青岛老港区、黄岛油港区、前湾新港区和董家口港区四大港区组成，主要从事集装箱、原油、铁矿石、煤炭、粮食等各类进出口货物的装卸、储存、中转、分拨等物流服务和国际客运服务，与世界上130多个国家和地区的450多个港口有贸易往来，被国务院明确定位为现代化的综合性大港和东北亚国际航运枢纽港。本章从港口建设改造、对内对外开放和经营业绩等角度全方位展示青岛港的成长历程。

第一节　青岛港简介

一、青岛港简介

青岛港位于山东半岛南岸的胶州湾内，始建于1892年，港内水域宽深，四季通航，港湾口小腹大，是太平洋西海岸重要的国际贸易口岸和海上运输枢纽。目前，青岛港港口吞吐量居世界港口第七位，集装箱吞吐量居世界港口第八位，进口铁矿石吞吐量居世界港口第一位，进口原油吞吐量居中国港口第一位，外贸吞吐量居中国港口第二位，集装箱装卸效率、铁矿石接卸效率始终保持世界第一。

改革开放以来，青岛港坚持科学发展观和一切从实际出发的发展思路，以“建设东北亚国际航运中心，营造平安和谐家园”为共同愿景，牢记“精忠报国，服务社会，造福职工”三大使命，大力弘扬“一代人要有一代人的作为，一代人要有一代人的贡献，一代人要有一代人的牺牲”的“三个一代人”精神，全力打造“平安福港，效率快港，实力强港”，走出了一条自主创新、资源节约、环境友好、管理精细、亲情和谐的发展之路。多年来的艰苦创业，改造了一个百年老港，建设了三个现代化新港，在全国沿海港口中率先建成了世界级的集装箱、铁矿石和原油码头，总资产从改革开放初的1.8亿元增长到2012年的330多亿元。2012年，青岛港吞吐量超4亿吨，集装箱吞吐量1450万标准箱，用全国沿海港口1.3%的码头岸线实现了6.9%的吞吐量。“十一五”期间，青岛港累计吞吐量14.5亿吨，集装箱吞吐量4945万标准箱，上缴国家税费106亿元，创造了上百亿元的优良资产和上千亿元的海关入库收入。青岛港上缴地税连续8年青岛市第一，上缴国有资本收益连续5年青岛市第一。

青岛港的发展得到了社会各界的充分肯定。自1995年以来，青岛港一直是交通运输部确定的全国交通系统的典型和全国港口行业唯一的示范“窗口”，获得首届全国质量管理奖、首批国家环境友好企业、全国文明单位、五一劳动奖状、全国爱心捐助奖等上百项国家级荣誉称号。青岛港连续三次被国务院确定为国有企业重大典型，连续三次被中宣部、中组部等六部委选为振兴国有企业报告团成员在全国巡回报告。2010年，青岛港荣膺“中国企业500强”、“中国服务业企业500强”和“中国企业效益200佳”等称号。2007年7月15日，中宣部、交通运输部、全国总工会、山东省委、青岛市委联合在人民大会堂举行了“青岛港科学发展模式高层研讨会”，高度评价青岛港“成功地创造了中国特色社会主义企业管理模式——青岛港模式”。2012年，中央纪委、中组部、国务院国资委、监察部、全国总工会、全国工商联等六部委联合将青岛港确定为中国特色国有企业成功典范。目前，青岛港以深入学习实践科学发展观为中心，挑战危机，科学发展，全力推进安全质量发展、节约发展、环保发展、效益发展、建设发展、和谐发展、率先发展“七大发展”战略，做精做强做大青岛港。

二、地理位置及自然条件

山东半岛地处经济日益活跃的东北亚经济区，濒临渤海和黄海，向东与日韩隔海相望，北面隔渤海海峡与辽东半岛相望，西与我国中原地区重要能源基地接壤，南与经济发达活跃的长江三角洲相邻，处于我国三大经济区交会地带。以青岛港为龙头，由威海港、烟台港、日照港等港口组成的山东半岛港口群，是东北亚区域的海上交通要冲，是南来北往船舶国际

航线的必经之地。

青岛港所在的青岛市濒临黄海，位于山东半岛南端，是山东半岛的前沿城市，是新亚欧大陆桥和澳亚两条最长洲际通道的交会点，在环东北亚地区经济合作中被日韩企业称为开拓中国的中原、西北和南方城市的“据点”城市。青岛港位于长江三角洲经济区与环渤海经济区的结合部，处于我国北方海岸线的中央位置，在东北亚港口群中占据了有利地位。

青岛老港区、黄岛油港区和前湾新港区所处的胶州湾是世界上少有的半封闭式的优良港湾，能够避风避浪，终年不冻不淤，港阔水深，锚地宽阔安全，盐碱地资源丰富，自然条件十分优越，能够满足港口加工业和集装箱堆场的需要。董家口港区位于青岛市胶南市辖区琅琊台湾，近海自然水深平均 15 米，距岸 1000 米水深可达 20 米，是不可多得的天然优良深水港。青岛港每年 7 级以上大风天约 8 天，每年发生台风 1~2 次，对港口影响甚微。年平均降水量为 755.6 毫米，年平均雾日 51.6 天，对航运和生产影响较小。年平均气温 12.1℃，温度宜人。潮汐为正规半日潮型，平均高潮位 3.85 米，平均低潮位 1.08 米。潮流属半日潮流，涨潮流速大于落潮流速，潮流属于往复流。胶州湾波浪主要为湾内小风区波浪及外海波浪经湾口的折射波、绕射波。总之，青岛港自然条件优越，是中国沿海著名的天然良港。

三、集疏运系统

港口综合运输体系，要求形成以港口为核心，陆路、水路、航空、管道等重要运输方式相互配套、衔接协调的集疏运系统，从而使港口能够高效地承担城市和经济腹地之间的经济传输功能。青岛港具备良好的集疏运条件。

在海上航线方面，已形成了以青岛港为中转枢纽，延伸半岛（烟台、威海、石岛、日照），辐射东北（大连、营口）、环渤海湾（天津、秦皇岛）和苏北地区（连云港）的较完善的航运网络。目前，青岛港有国际集装箱干线近 40 条，每月有近 300 个航班将青岛港与世界主要航区相连。

公路运输方面，山东省 2010 年底全省公路通车总里程达 22.9 万公里，其中，高速公路 4285 公里，二级及以上公路里程占全省公路通车里程的 15.8%，基本建成了干支相连、方便快捷、四通八达的公路网络。环胶州湾高速、疏港高速、同三高速、青银高速、济青高速、烟青高速等高速路将青岛港与全国公路运输网连接。同时，在建的青岛跨海大桥横跨青岛胶州湾，把青岛东、西两个主要城区连接起来，能较大程度地缓解环胶州湾高速公路的交通压力。铁路运输方面，山东境内铁路纵横，有京九、京沪两大纵贯南北的干线和横跨东西的胶济、兖石线。胶黄铁路、胶济铁路直达港内，使青岛港开通了“五定”班列（定点，定线，定车次，定时，定价）、集装箱直达快运班列和海铁联运集装箱班列等。管道运输方面，青岛港通过东黄管线可直接输运原油到山东、华北、中原及长江沿岸的部分炼油厂。空运方面，青岛港距离青岛流亭国际机场 60 公里，流亭国际机场已开通 56 条航线，有通达中国香港、中国澳门、中国台北、洛杉矶、首尔、釜山、仁川、名古屋、大阪、东京、福冈的航班。

四、腹地范围及经济情况

腹地因素对海港发展有重要影响。青岛港经济腹地总面积达 873 万平方公里，人口约 3.3 亿，主要包括山东省、沿黄河流域的中西部省份以及通过欧亚大陆桥连接的中亚、东北亚地区。

青岛港所在的青岛市位于山东半岛南端、黄海之滨，东北与烟台市毗邻，西与潍坊市相连，西南与日照市接壤。总面积 11282 平方公里，常住人口 870 万人（户籍 763 万人），辖七区五市。改革开放以来，青岛先后被国家列为经济中心城市、沿海开放城市、计划单列城市和副省级城市，逐步形成了港口、开放、品牌、旅游、海洋科技、奥帆、文化的城市特色。青岛市通过一系列改革开放措施和产业结构调整政策，经济社会发展取得突出成就。2012 年，全市实现生产总值 7302.11 亿元，比上年增长 10.6%；全年财政总收入实现 2449.69 亿元，比上年增长 1.7%。全市工业继续保持较快增长势头，4783 家规模以上工业企业完成增加值增长 11.6%。规模以上工业中，高新技术产业产值达到 5199.79 亿元，比上年增长 14.0%，占规模以上工业总产值的 39.8%；战略性新兴产业产值 3424.65 亿元，比上年增长 17.6%。实现外贸进出口总额 732.08 亿美元，比上年增长 4.2%。其中出口额 408.2 亿美元，增长 3.6%；进口额 323.88 亿美元，比上年增长 5.0%。实际使用外资 46 亿美元，比上年增长 27.8%。“环湾保护，拥湾发展”规划的出台，将进一步优化青岛市产业结构，促进区域经济发展。

山东省是我国经济大省，改革开放 30 多年来，经济社会发展取得了巨大成就。2012 年，全省实现生产总值 50013.2 亿元，比 2011 年增长 9.8%，人均生产总值 51768 元，比 2011 年增长 9.2%，按年均汇率折算为 8201 美元。第一产业增加值 4281.7 亿元，比 2011 年增长 4.7%；第二产业增加值 25735.7 亿元，比 2011 年增长 10.5%；第三产业增加值 19995.8 亿元，比 2011 年增长 9.8%。产业结构调整稳步推进，三次产业比例由 2011 年的 8.8：52.9：38.3 调整为 8.6：51.4：40.0。全部工业增加值 22789.3 亿元，比 2011 年增长 11.1%，其中，规模以上工业增加值增长 11.4%。在规模以上工业中，轻工业增长 11.2%，重工业增长 11.5%；非公有企业增长 14.1%，私营企业增长 16.7%。进出口总额 2455.4 亿美元，比 2011 年增长 4.1%。其中，出口 1287.3 亿美元，增长 2.4%；进口 1168.1 亿美元，增长 6.0%。山东省建设半岛制造业基地和蓝色经济区规划的提出为青岛港提供了广阔发展空间。

随着我国北方与南方、东部地区与中西部地区协调持续发展战略的实施，青岛港的经济腹地进一步扩大，腹地延伸到新疆、重庆、成都、西安、郑州等“内陆码头”。腹地经济的扩大对港口运输特别是集装箱运输带来了更大的发展空间。

第二节 港口建设改造

改革开放初期，青岛港破败不堪，码头的陈旧落后和港口现代化生产之间的矛盾日益突出。1988 年，青岛港实行局长负责制后，青岛港紧跟世界航运市场发展趋势，瞄准世界先进港口发展水平，扩大建设改造，加大内外开放程度，驶上快速发展轨道，一座百年老港焕发出勃勃生机。

一、脱胎换骨大改造，生产格局大调整：百年老港焕发出勃勃生机

自 1988 年以来，青岛港实行局长负责制以来，新一届领导班子果断决策，提高和完善码头停泊能力和功能，增大港口的堆存能力和库存能力，改善港口道路状况，提高港口装卸的机械化和自动化水平，全面启动老港区改造系统工程。

（一）除隐患，保安全，百年老港再续辉煌

1988年以前，由于种种原因，青岛港基础设施虽陈旧老化，但一直没有进行彻底改造，港口生产存在着极大的安全隐患。老港区一号、二号码头为木质高桩承台结构，因建造年代久远、港口改造欠账太多，部分泊位存在着严重的木质高桩腐烂、结构松动等安全隐患，严重威胁着港口的安全生产。从20世纪80年代末开始，青岛港领导者在当时极端困难的情况下，勒紧裤腰带搞改造，先后投入约22500万元，实施了4号、5号、6号、12号、13号、16号、52号泊位和中港南岸壁改造，二号码头钢结构仓库改造，以及防雷、供电等25项较大技术改造项目，建设完善了码头泊位、港池、航道、供电、库场和道路等基础设施，清除了港口生产中的安全隐患，国有资产的保值增值和职工的人身安全得到了有效保障。这些改造，一方面使码头泊位的技术状况得到了改善，另一方面增加了码头通过能力，提高了经济效益。

改革开放初期，由于库场、道路等级低，加上年久失修，青岛港还存在着道路狭窄、堆场和路面坑洼不平、仓库结构状况差等安全隐患问题。1989年以来，青岛港先后投资约5000万元，实施了主干道、港洲路、港极路、港通支路、港航路、港联路等道路拓宽及堆场整治等大的改造工程。这些项目的实施，对于清除库场作业和运输的安全隐患、保证港区现场作业和港内汽车疏运安全发挥了重要作用，使港区面貌发生了天翻地覆的变化。

（二）提等级，上能力，实现老码头的可持续发展

随着我国对外开放的不断深入，集装箱出口和铁矿石、石油等进口货量呈现出高速增长态势。在经济全球化推动下，港口与船东、企业间的依赖程度越来越大；船舶大型化、码头专业化、泊位深水化、运输集装箱化成为国际航运业发展的新趋势。具有远见卓识的青岛港领导者审时度势，超前决策，创造性、奇迹般地抓住了接踵而至的一个个重大发展机遇：每当我国经济发展对港口能力提出更新要求时，青岛港总能提前聚积起满足这种需求的能力；每当国际航运业新一代大型船舶下水时，青岛港总有新建的大码头和大泊位率先竣工投产，实现了“世界上有多大的船，青岛港就有多大的码头”。

20 世纪 80 年代末，世界集装箱运输迅速崛起，这一新的运输形式对港口产生了巨大冲击。当时，青岛港只有一个年通过能力仅 5 万 TEU（国际标准箱单位）[①] 的 52 号集装箱专用泊位，能力不足的矛盾严重制约着港口集装箱事业的发展。为了适应集装箱迅速发展的新形势，青岛港几年间在老港区投资 72683 万元，实施了 15 项重大集装箱设施改造项目，在码头泊位、堆场、冷冻设施、物流拆拼箱、信息化等方面全面改造扩能，增加通过能力 52 万 TEU，扩大堆场 71 万平方米。

对老港区“短平快”式的改造，实现了青岛港集装箱装卸生产业务一年一个大台阶的跨越发展。2001 年，在八号码头南北岸壁仅为 225 米、陆域面积仅有 15 万平方米的情况下，这个由杂货码头改造的集装箱码头创造了 263 万 TEU 的惊人奇迹，使青岛港迅速崛起为国内第二大集装箱港口，为我国集装箱运输事业、腹地经济特别是外贸经济的发展做出了巨大贡献。

青岛港还敏锐地意识到，随着经济全球化的快速发展，进口粮食将成为未来港口的支柱货种，加快专业化设施建设不容迟缓。当时，由于老港区没有粮食仓储专业设施，从而成为制约培育这一骨干货种的“瓶颈”。2000~2001 年，青岛港投资 19868 万元，对一号、二号码头进行连体和散粮接卸设施改造，建设了 8 座单仓容量 1.2 万吨的钢结构筒仓，改造了一个 5 万吨级散粮泊位，扩大堆场 4.5 万平方米，年增加能力 220 万吨。2004~2005 年，投资 9000 万元进行了扩建，续建了 8 个钢结构筒仓。这一工程的实施，实现了老码头散粮接卸、运输、灌包的自动化，缓解了老港区通用杂货泊位堆场不足的问题，为老港区生产布局调整奠定了基础。

（三）调布局，扩堆场，实现老港区生产与环境、人与自然的协调发展

20 世纪 80 年代末，青岛港堆场不足、布局分散、设施陈旧，严重制约着港口发展，同时由于生产布局的混乱，对矿石和煤炭等环保要求较高的货物缺乏有效治理，港口承担着非常大的环保压力。1988 年，青岛港改制后，新一任领导上任伊始，就对根治生产布局混乱、集疏港扰民、粉

---

① TEU 是英文 Twenty-foot Equivalent Unit 的缩写，也称国际标准箱单位，是以长度为 20 英尺的集装箱为国际计量单位，通常用来表示船舶装载集装箱的能力，也是集装箱和港口吞吐量的重要统计和换算单位。

尘污染这些问题，提出了治理时间表。当时有不少人对此不理解，认为钱应该花在建设码头这些所谓的“刀刃”上，但领导班子力排众议，自1988年开始先后进行了11次大规模外单位搬迁及港内陈旧设施拆除，扩大堆场220322平方米。其中，搬迁原北海船厂49户居民、海监局航标处、青岛盐业运销处、新疆路小学、航务二公司，扩大堆场39232平方米；拆除原物资公司、原中港机械队、一二号码头后方陈旧建筑物、原大港105库和108库、工程公司车间、候工室供电餐厅、环保中心办公楼、四号码头单身宿舍、加工厂办公楼、客运长廊、六号码头业务楼、轮驳大港调度楼、机械四队、工程公司材料库等，扩大堆场181090平方米。

随着前湾一期工程现代化煤码头的投产使用，1994年煤炭装卸生产从老港区转移至前湾新港区，彻底解决了老港区环境脏乱差和船舶等级小、装卸效率低的问题，使煤炭迅速成为青岛港的支柱货种。20世纪末，前湾20万吨矿石码头建成后，又一次实现了矿石货种的专业接卸西移，从而彻底解决了老港区散货污染这一历史遗留问题。煤炭和矿石污染的有效治理，成为青岛港“蓝天，碧水，绿地”绿化工程的重要一环。

老港区扩大堆场工程的实施，从根本上解决了老港区“口大肚子小”的传统的不合理布局。对老港区的成功的技术改造，彻底改变了百年老港陈旧、狭窄、破败的状况，解决了老港区泊位等级低、船舶适应能力差的难题，同时对老港区绿化、亮化、美化的改造，也使老港区走出了一条环境友好型、资源节约型、质量效益型的可持续发展之路。

二、前瞻性决策，大手笔投入：引领港航业前沿发展

改革开放以来，青岛港领导者瞄准国际航运业最新动向，敏锐地捕捉国际贸易和现代物流产业的最新发展态势，在其他港口还在等待观望时，便着手在胶州湾西海岸规划专业化、大型化和深水化的码头格局，构建起了以集装箱、矿石、石油和煤炭为支柱的运输体系。黄岛油二期工程、20万吨矿石码头、前湾三期工程等一大批代表当今国际港航业先进水平码头的投入使用，使青岛港迅速崛起为全球最大的矿石接卸港、全国最大的进口原油接卸中转港和国际集装箱大港，港口通过能力由2000多万吨扩大到1亿多吨，跻身于世界亿吨大港之林。“世界上有多大的船，青岛港就有多大的码头”，超前科学决策使青岛港率先赢得了发展先机。

（一）启动二期油，建设油罐群：建设沿海港口综合能力最强的油港

青岛港原油二期码头工程的立项批复，在当时情况下，可以说是主管部门的一个决策失误。20 世纪 80 年代，胜利油田原油外贸出口份额加大，1984 年出口量占其产量的 62.7%，有关部门据此对胜利油田增产和外贸输出做出了过于乐观的估算，认为当时担负着胜利油田外输任务的青岛港一期油码头（拥有两个 5 万吨级以下的泊位）难以满足胜利油田出口与日俱增的需要，应尽快建设吃水深、大吨位的原油输出码头。在这种情况下，二期油码头建设项目被列为国家“七五”重点建设项目，在获得国家计委批复后于 1985 年正式开工建设。项目投资 2.8 亿元，旨在打造一个 20 万吨级油码头，实现新增装船能力 1700 万吨。1988 年 11 月，工程建设基本完成，13 个系统具备了重载联动运转条件。

但是，形势变化使决策者始料不及。恰好从二期工程完工的 1988 年起，胜利油田原油产量、原油外输量以每年 20%的幅度递减，甚至连一期油码头都开始“吃不饱”。二期工程从建成之日起就陷入了闲置状态。如何挽救这座国家投巨资建设的油码头、如何尽快盘活利用这一资产，成为决策者的心病。当时，为了使这座大码头不腐蚀烂掉，青岛港以国家利益为重，每年从港口有限资金中挤出 300 万元，用于二期油码头的看管、维护和保养，每年刮出的管道铁锈就多达 8 吨，人力、物力和财力都不堪重负。

为救活因胜利油田减产而不得不闲置的黄岛二期油码头，青岛港领导者前瞻决策，做出了将二期油码头改建为原油进出口码头的重大构想。从 1988 年开始，青岛港连续五年多次“跑部进京”，递交报告。但当时许多人对拯救二期油码头持反对态度。因为，当时全国仅有 3 只油轮可以靠上黄岛二期油码头，即使验收投产后该码头也可能无船可靠；而且，当时沿海各港口严格按照国家计划调配生产，国家进口油指标均在南方，黄岛二期油码头投产后可能没有接卸任务。因此，甚至有人认为，如果工程通过验收，等于青岛港捧上了一只“活刺猬”，弃之可惜，捧着扎人。然而，青岛港领导者的眼光却更为长远。他们的基本判断是，随着我国经济的持续增长，国内原油生产已远远满足不了需求，原油从出口到自给自足逐步发展到大量进口是大势所趋，建设深水原油码头和原油储备基地刻不容缓。

因此，1992年5月，国家计委、交通运输部和石油天然气总公司做出了验收二期油工程的决定后，青岛港领导者随即做出了实施罐改、建设大罐群、“筑巢引凤”的重大决策。罐改工程实施之前，黄岛油港在罐存能力上仅有和一期码头相配套的4座半地下式水泥罐，储油能力8万立方米。这种半地下式油罐在安全上存在隐患，而且不具备参与进口原油中转的资格。1993年3月21日，油罐区改造一期工程破土动工。经过4年奋斗，12座现代化钢制浮顶式油罐拔地而起，构筑起黄岛油港60万立方米气势恢弘的大罐群。到2000年，经过五期罐改工程，青岛港建设成了180万立方米的金属浮顶式原油储罐，成为沿海港口规模最大的原油接卸和储存基地。

青岛港原油二期工程验收的通过和罐改工程的顺利完成，不仅使青岛港拥有了一座前沿水深22米、可停靠20万吨级巨轮、每小时输油1万吨、年装船能力1700万吨、具备反输功能的全国最大的油港，而且还使青岛港具备了其他港口所不具备的原油储存能力。黄岛油港此时集中转、储运于一身，在沿海港口中显示出了无可比拟的强大优势。

形势发展正如青岛港领导者的预料。从20世纪90年代中期开始，中国原油进口大幅增长，青岛港凭借原油储运的巨大优势，迅速崛起成为全国最大的原油进出口中转枢纽港。截至2000年，黄岛油港已是全国最大的原油进口基地，占据全国原油进口市场的1/5以上。自1995年二期油码头实现接卸进口油“零”的突破以来，已靠泊近800艘超大型油轮，进口油接卸总量突破了1.7亿吨，为国家创收30多亿元。

2003年，青岛港开工建设了液体化工码头及配套化工品、成品油、燃料油罐群，新增装卸能力1500万吨。2006年，青岛港开工建设与“大炼油”配套的30万吨级油三期码头，该码头可以兼顾40万吨级油轮，成为沿海港口最大的油码头。至此，青岛港油码头已经成为全国沿海港口中能力最强、规模最大、品种最齐全、存储量最大的油品码头。

青岛港原油二期工程的起死回生，彰显了超前科学决策的重要性。青岛港将原来的输出码头改造成同时具备输出输入双向功能的码头，及时兴建大规模罐群以实现原油接卸和储存的有机结合，充分展示了青岛港领导者强烈的发展意识、超前的思维能力和杰出的决策能力。

（二）抢占先机，精心培育：在荒沙滩上崛起全世界最大的矿石接卸港

20 世纪 90 年代，铁矿石进口势头与日俱增，而在冶金业集中的北方地区却缺乏专业化的矿石接卸码头；同时，出于降低运费的需要，矿石船舶也出现大型化趋势。这意味着，20 世纪 90 年代初，在中国北方谁率先建成大泊位的专业矿石码头，谁就占据了矿石装卸的有利地位。这一商机让一向对航运业敏锐的青岛港领导者捕捉到，尽快建设专业化矿石码头成为摆在领导者面前的重大课题。

为满足铁矿石进出口迅速增长的需求，在 1993 年前湾港区一期工程尚未完工之前，青岛港领导者就酝酿并果断地做出决策：把前湾港区多用途泊位改造成矿石专用泊位。青岛港领导者的超前眼光获得了国际投资者的青睐。1993 年，青岛港改造工程开工时，恰逢南非矿石巨头 ISCOR 公司在中国沿海港口寻找矿石基地，青岛港与南非矿石巨头一拍即合。1993 年 9 月，双方达成合作协议：青岛港以 2.2 万平方米堆场 8 年半的使用权为条件，引进南非 ISCOR 公司 1000 万美元资金。这项合作为青岛港矿石专用泊位改造工程赢得了资金支持。

这项总投资 1.6 亿元的多用途泊位装卸工艺配套设施改造工程，是当时青岛港建港以来最大的一项技改项目，完全由青岛港自行设计和组织施工。该工程建设货场 8 万平方米，建设堆取料机轨道梁 2310 米，装车轨道梁 1500 米，新建 8 股铁路 950 米，制作安装皮带机 14 条，改造岸壁 301 米，增设了带斗门式起重机、链斗式提升机等大型卸船机等矿石专用机械设备。这项改造仅用半年时间就完成了按常规 3 年才能完成的工程，为港口增加年通过能力 520 万吨，使青岛港成为我国北方的矿石中转基地。

铁矿石货种发展之快还是超过了人们的想象。矿石专用泊位码头建成投产以后，10 万吨以下的矿船集中来港，10 万吨以上的矿石船舶也频繁来港，而青岛港只能借助于“首和一号”和“首和二号”两艘过驳浮吊进行海上减载，从而大大影响了生产进度。青岛港要保持矿石这一支柱货种的领先地位，建设 20 万吨级专业矿石码头已迫在眉睫。

青岛港建立 20 万吨级专业矿石码头面临诸多困难。其一，依据权威人士的看法，青岛港在兴建矿石码头方面不占天时、地利，难以有所作为。其二，这样巨大的工程项目需要获得政府相关部门的批准，审批手续比较繁杂，需要耗费很长时间。但青岛港领导者在强烈的发展愿望驱动下，于 1995 年毅然决然地做出了建设 20 万吨级专业矿石码头的决策。青岛港立即组织专业班子，一边多次进京，向交通运输部、国家开发银行、国家计委力陈工程的重要意义和青岛港的强烈发展愿望，凭着不达目的誓不罢休的韧劲，争取上级有关部门最大限度的支持；一边加快施工进度，在许多其他港口还在研讨要不要建、怎么建之时，青岛港 20 万吨级专业矿石码头历时 18 个月、耗资 18 亿元后已初具规模。

1998 年 11 月，前湾港 20 万吨级矿石专用码头建成投产，2001 年 10 月 18 日正式通过国家验收。20 万吨级专业码头的建成，每年至少为青岛港增加 1600 万吨的通过能力，使青岛港成为澳大利亚、南非、印度和南美等世界主要矿石产地的进口中转枢纽，可满足北京、河北、河南、山西、山东、内蒙古等地 20 多家钢铁企业的矿石进口需求。而且，接卸 20 万吨级船舶的每吨运费可比接卸 5 万吨级船舶的每吨运费节约 5~8 美元，仅此一项每年可为首钢、济钢、鞍钢等 20 多家冶金企业节约成本近 10 亿元。20 万吨级矿石码头以其规模化、专业化和深水化的优势，使青岛港迅速成为具有国际影响力的矿石接卸中转基地。

为了继续扩大市场份额、形成我国进口矿石资源配置中心，2002 年青岛港又实施了扩大矿石接卸能力的技改工程。工程总投资 1.5 亿元，依托 20 万吨级矿石码头，敷设预留皮带，增设一台卸船机，把两个矿石码头堆场相连接，扩大堆场 15 万平方米。2002 年 10 月 17 日，青岛港扩大矿石接卸能力技改工程正式竣工投产，使青岛港矿石接卸能力新增 1000 万吨，整个码头年通过能力达到 3000 万吨，接卸效率一举提升 50%。矿石专业码头的技改工程，实现了矿石接卸由劳动密集型向技术密集型生产方式的转变。

2005 年，在“建码头发展，不建码头挖潜照样发展”的理念下，在港口码头岸线没有增加的情况下，面对周边港口矿石码头建设风起云涌的严峻形势，青岛港毅然再次投资 5000 万元，实施以“解放”20 万吨矿石码头为目的的“一号工程”。历时 4 个月，矿石接卸效率技改工程全面竣工投产。这一工程的实施，使原码头两天接卸一艘大矿船变为一天接卸一艘大矿船，使多年来一直困扰青岛港的矿船压港问题通过挖潜得以解决。2005 年底，青岛港投资 5 亿元建设的小港池通用码头和扩大后的矿石堆场投入使用，在原来 10 万吨级泊位和 20 万吨级专用泊位上，又增加了 10 万吨级和 15 万吨级通用泊位各一个，在已有 800 万平方米堆场基础上，

又增加了50万平方米堆场，进一步巩固了青岛港铁矿石货种的中转基地地位，也使青岛港成为全球最大的矿石接卸港。

（三）倾全局财力，举全港精英：加快国际集装箱中转枢纽港建设

20世纪80年代中后期，青岛港集装箱货源迅速增长，但在载箱量为3000标准箱的第三代集装箱船舶成为国际航运主要船舶，甚至第四代船舶已经出现的时候，仅能停靠载箱量1000标准箱以内船舶的52号泊位（仅拥有一台桥吊，堆场严重不足）依旧是青岛港集装箱运输的唯一泊位。大型集装箱船舶的迅猛发展和青岛港装卸能力的不足形成鲜明对照。由于青岛港集装箱事业起步较晚，在国家宏观规划中根本没有位置，这在很大程度上激发了青岛港人自力更生发展集装箱的决心。

因势利导，改造47号泊位，是青岛港集装箱事业战略的第一步。20世纪90年代初，沿海港口都在千方百计地争相发展集装箱运输。青岛港唯一的集装箱泊位52号泊位，其水深、岸线长度、装卸机械性能等，都不能适应现代化大型船舶靠泊作业的需要。为避免贻误战机，青岛港领导人审时度势，顶着来自各方面的非议和担心，毅然做出对青岛港集装箱发展具有生死攸关意义的重大决策：将老港区八号码头中岸线长300米、吃水13米、后方堆场宽阔、铁路运输畅通、码头结构状况最好的47号泊位，改造成为能够靠泊、装卸第三代和第四代集装箱船舶的集装箱专用泊位。47号泊位所在的八号码头是当时全国港口中最大的散杂货码头，具有直靠5万吨级大型矿船的能力。当时青岛港正处在矿石装卸作业的鼎盛时期，改造47号泊位意味着青岛港必然要蒙受巨大损失，承担巨大风险。为了不错失发展集装箱事业的良机，青岛港破釜沉舟，背水一战，最终牢牢抓住了重大发展机遇。改造工程自1991年8月底开始，1991年12月竣工。1992年2月21日，青岛—美东集装箱核心班轮在青岛港八号码头47号泊位举行首航仪式，这标志着经过改造的47号泊位正式投入集装箱运输。从此，青岛港开始跻身于国际航运干线运输港的行列，青岛港集装箱运输业的发展进入一个崭新的历史时期。

建设深水化集装箱泊位、适应集装箱运输大型化的发展趋势，是青岛港发展集装箱事业的又一重大决策。随着集装箱运输的飞速发展，集装箱运输船舶日益向大型化发展。各大船公司纷纷建造可承载5000~6000标准箱的第五代、第六代集装箱运输船舶，使以往可承载3000~4000标准箱的

船舶已不能满足日益增长的集装箱远洋干线运输和国际中转业务需要，在世界各港口中，能接卸这些超大型船舶已成为衡量港口装卸能力的重要标志。集装箱运输事业的超常规发展，使青岛老港区原有的集装箱设施渐渐无法适应国际航运市场发展的需要。为从容应对集装箱运输船舶日趋大型化的挑战，青岛港根据“分期建设，分期投产，提高经济效益”的原则，决定把前湾二期3号泊位扩建为全国最大的集装箱深水泊位。3号泊位原设计水深为14.1米，青岛港根据国际集装箱船型发展的新趋势，决定将3号泊位港池水深加到14.5米。2000年12月16日，前湾二期工程3号泊位正式建成投产。这一泊位是当时国内港口吃水最深、拥有最大桥吊、唯一能接卸第五代满载5250标准箱船舶的泊位。2001年7月，前湾二期3号泊位集装箱码头的装卸能力再度升级，两台当时国内最先进、起重能力最大的新型桥吊顺利登陆集装箱码头，使该码头具备了接卸当时世界超大型集装箱船舶即第六代集装箱船舶的能力，为推进青岛港国际集装箱中转业务发展奠定了坚实基础。

建设前湾三期集装箱运输码头，是青岛港谋求区域性国际航运中心的第三大战略决策。前湾港区三期工程原方案是建设9个泊位，包括7个专业化集装箱泊位和2个多用途泊位。这样的建设方案让一直关注集装箱发展的青岛港领导者感到不妥，在多次与专家沟通、与主管部门协商后，重新设计了建设方案：建设7个8万~10万吨级集装箱船舶专用泊位，码头岸线2413米，水深16~17.5米，码头纵深1500米，设计年吞吐能力280万标准箱。2003年6月和2005年9月，国家发展计划委员会分两次批复了前湾三期工程。7个泊位分别于2003年9月和2005年12月通过了国家验收。可停靠12000~15000标准箱超大型集装箱船舶的前湾三期工程，成为当时世界上岸线最长（2400米）、泊位最深（17.5米）、桥吊技术参数最大（70吨/70米）、陆域纵深最宽（1.5公里）、装卸效率最高（单机每小时87.67自然箱，单船每小时480.05自然箱）的世界级集装箱大码头。前湾三期工程前四个泊位工程在设计、施工、科研等方面具有突出的创新性和较高的科技含量，荣获国家土木工程领域最高荣誉奖项——詹天佑大奖。前湾三期工程是国际集装箱运输史上划时代的码头项目，正是由于青岛港搭建的这一平台，才吸引了国际集装箱运输巨头马士基、铁行、中远与青岛港强强联合，也创造出了震惊航运界的集装箱装卸世界纪录——“振超效率”。

按照《青岛港总体规划》及国家发改委核准批复的前湾四期建设方案，前湾四期工程位于黄岛前湾南岸，与前湾三期工程隔海相望，整个项目岸线长 3408 米，比前湾三期工程还长 1008 米。前湾四期工程旨在建设世界一流的国际数字化码头，建成后的码头能够全天接卸 12500TEU 的集装箱船舶，并预留接卸 18000TEU 超大集装箱船舶的空间，是当今世界集装箱港口水深条件和靠泊条件最好的超大型专用码头。前湾四期的技术装备水平也是当今集装箱码头最先进的，整个集装箱码头实现信息化、数字化控制运作。作为青岛港一次性建设规模最大的港口工程，前湾四期的开工建设将有力地缓解集团多年没有大型码头建设的困难局面，大大缓解集装箱吞吐量与通过能力之间严重倒挂的问题，对于把青岛港建设为区域性国际物流中心和北方国际航运中心，对于促进青岛市、山东省乃至沿黄流域区域经济和外贸经济的发展，都具有重要意义。

三、开发建设董家口港区，勇当蓝色经济排头兵

《山东半岛蓝色经济区发展规划》，是“十二五”开局之年第一个获批的国家发展战略，也是我国第一个以海洋经济为主题的区域发展战略。根据该规划，董家口是山东半岛蓝色经济区九大集中集约用海片区之一，被列为重点开发岸段。青岛在此基础上提出，以董家口港区、保税港区为依托，构筑创新开放的现代化国际新城区。

随着世界经济特别是亚洲经济的高速发展，世界港口发展的重心正在从欧美国家向以中国为代表的亚洲国家转移。世界主枢纽港正在经历由运输中心向综合物流中心的转变、逐渐发展成为全球货物贸易集散中心和综合物流中心，成为具有提供国际信息、物流配送等高增值服务功能的第四代港口。而青岛港的转型升级和加快发展面临着诸多困境和挑战：未来发展空间已经受限；虽然拥有世界第一的进口矿石接卸量、我国最大的进口原油接卸量，但大宗干散货的通过能力早已超负荷运转；虽然在吞吐总量上占有一定优势，但“标兵越来越远，追兵越来越近”。

开发建设董家口港区，不仅实现了青岛港百年胶州湾内发展的历史突破、有助于继续保持青岛港国家枢纽港的地位、提升青岛在建设东北亚航运中心上的竞争力，而且对调整优化青岛市产业布局、打造山东半岛蓝色经济区和高端产业聚集区具有重大意义。

为此，政府对董家口港区建设高度重视，给予全力支持。2009 年 3 月

1日，交通运输部、山东省联合批准了《董家口港区总体规划》，确立了董家口港区“一枢纽两中心”（国家枢纽港，国家重要的能源储运中心和大宗干散货集散中心）的功能定位。2011年，山东半岛蓝色经济区上升为国家战略，更加凸显董家口港区建设的重要性。

在建设山东半岛蓝色经济区战略下，2012年的青岛市党代会上提出，加快西海岸经济新区开发建设，以董家口港区、保税港区为依托，整合西海岸港口、园区、产业和政策等优势，吸引高端生产要素，构筑创新开放的现代化国际新城区。2012年的青岛市两会上提出，支持青岛港转型发展、做大做强，推动青岛港向世界第一大港迈进。2012年4月26日，青岛市委、市政府正式授权把董家口72平方公里港区和50平方公里物流园区交给青岛港集团开发建设，此举更从战略、政策、措施上加快了董家口港区的开发建设。

2013年3月9日，青岛港董家口港区矿石接卸码头工程正式通过国家验收。这是目前世界最大的矿石接卸码头，也是我国建成的第一个30万吨级（结构兼顾40万吨）矿石接卸码头。该项工程创出了五项世界之最：世界最大的码头、最深的码头水深、最先进的环保系统、最先进的信息化操作系统、最大的岸桥。董家口港区将成为国家大宗干散货集散中心，支撑青岛港从第三代港口向第四代港口的转型升级，并确定了青岛港国际矿石中转港的地位。

在加快开发建设的同时，青岛港加快合资步伐，缔造合资合作的新模式。2012年，青岛港与22家世界500强和央企成功牵手，合资金额高达455亿元，进一步实现董家口港区资源利用和经济效益的最大化，促进董家口港区尽快形成规模，逐步吸引和形成以石油、化工、冶金、能源、海工装备等为代表的临港产业体系。

青岛港牢牢抓住董家口港区开发建设的重大机遇，义不容辞地当好蓝色经济排头兵。董家口港区的建设，成为青岛港由第三代港口向第四代港口跨越的契机。青岛港借此转方式、调结构，优化港口布局，调整港口功能，打造功能明确、布局合理的“四大港区”：除了董家口港区，老港区以国际邮轮母港建设为重点，完善综合服务功能，满足青岛市邮轮经济和高端旅游、服务业的发展需要，促进老港区转型升级；前湾港区以集装箱发展为主，着力建设东北亚最大的集装箱枢纽港，兼顾散杂货和汽车进口作业；黄岛油港区，着力完善油品和液体化工品炼化、中转、贸易、保税

和储备“五大基地”。通过统筹规划四大港区，优化调整功能布局，充分发挥董家口港区水域开阔、陆域宽广优势与后发优势，青岛港实现了四大港区功能联动、优势互补、协调发展，构筑起港口竞争发展的崭新优势。

第三节　对内对外开放

世界经济全球化和区域经济一体化的发展趋势日渐明显，国内、国外两个资本市场日趋活跃，国内外经济联系愈加密切。青岛港于国家改革开放之初，就积极探索对内对外开放的具体形式。1988 年，青岛港实行局长负责制，新领导上任伊始即敏锐明确地提出了青岛港的发展方向和奋斗目标：青岛港要大力发展港口外向型经济和加强横向经济联系，不断增强港口的服务功能和竞争实力。从此，青岛港的对内对外开放事业驶上了快车道，走上了独具特色、执着创新、追求卓越的国际化强港之路。

从 1987 年与新加坡万度力有限公司共同投资 35 万新加坡元设立青岛港第一家合资企业，到 2009 年“三国六方”共同投资 70 亿元合资经营前湾联合集装箱码头，20 多年来青岛港的对内对外开放事业从无到有、从有到盛、从盛到强，在“质”和“量”两个方面都实现了跨越发展。在招商引资的理念上也实现了从“全面招商引资”到“高层次招商选资”的转变，在实践中探索出一条强强联合、共赢发展的强港之路。20 多年来，青岛港先后与马士基、迪拜环球、中国远洋、东方海外、长荣等世界著名航运公司成功实现了港航强强联合，与英国、澳大利亚、丹麦、阿拉伯联合酋长国、日本、中国香港、中国台湾等国家和地区的世界 500 强企业、跨国公司、知名码头公司、航运公司等联合成立了 20 余家合资企业，目前有 9 家世界 500 强企业在青岛港安家落户。合资合作不仅充分利用了国内外资金，而且引进了先进的科学技术和管理理念，培育了世界级的码头公司和“安商、富商、助商、爱商”的招商引资软环境，有力地促进了青岛港的大开放、大发展、大跨越。

一、全面招商引资，合资合作百花齐放

从 20 世纪 80 年代开始，青岛港领导者就提出了面向全国、面向世界

的大市场观念。青岛港以大开放的意识为主导，立足港口基础设施建设及关联产业，打破国家、地区和行业界限，积极寻求与世界知名大企业、大船公司、大商社进行合资合作，实现全港资源的最佳配置，开拓更广阔的市场。青岛港拉开了“千军万马”全面招商引资的帷幕，国内外客商接踵而至，纷纷来到青岛港这片热土发掘商机、寻求合作。

1987 年 6 月，青岛港瞄准国内外修船行业的薄弱环节，与新加坡万度力公司共同投资 35 万新加坡元合作设立了“青岛万度力联合有限公司”。这是青岛港的第一家合资企业。公司成立后，既解决了国内修船的燃眉之急、填补了我国北方地区修船行业的一项空白，又推动了我国船舶修理新工艺、新技术的不断发展。1989 年，该公司被国际万度力组织接纳为正式会员，该公司先后被青岛市授予“先进技术企业”和“外向型经济工作先进单位”称号。

1988 年 8 月，青岛港与中化国际公司、香港方兴公司等四家国内外客商共同投资 223 万美元设立了“青岛港兴包装有限公司”。这是青岛港第一家专业化的散装货物灌包公司，为货主提供自动化、全方位的散装货物码头装卸灌包服务，先后荣获山东省和全国先进三资企业等称号。

1989 年 9 月，青岛港与青岛外代公司、香港景华船务公司共同投资设立“青岛琴华集装箱综合服务有限公司”。这是青岛市第一家集装箱维修公司，填补了当时我国集装箱清洗业的空白。

1990 年 4 月，青岛港与香港宜家贸易公司共同合资经营青岛港第一座“保税仓库”，进一步拓展了港口的服务功能，为有保税业务需求的广大货主提供了便利条件。

1992 年 10 月，青岛港与印度尼西亚的阿尔达·麦木翁公司共同投资 800 万美元设立了“青岛港阿尔达木业有限公司”。这是青岛港第一家产品制造企业。公司的主打产品“达木”牌地板，畅销国内外市场，不仅获得了中国环境标志产品、中国消费者协会推荐产品、青岛名牌产品、青岛市放心满意产品等一系列荣誉称号，而且还通过了 ISO9001：2000 质量体系认证。该公司成为中国林产工业协会地板委员会副理事长单位和青岛市木地板行业的龙头企业。

1993 年 9 月，在前湾新港区 10 万吨级矿石专用码头改造过程中，青岛港与非洲大陆最大的铁矿和钢材生产商南非 ISCOR 公司签署矿石合作协议，双方结成战略伙伴关系，引进 1000 万美元的资金用于码头配套工

程的改造建设，确保了10万吨级矿石码头的顺利竣工投产，开启了青岛港与大货主之间港货联盟的新模式。经过8年半的友好合作，双方对合作效果都非常满意，于2002年又续签了合作协议。

1995年5月，青岛港与世界500强企业日本日商岩井株式会社等7家日本企业共同投资6800万元设立了“青岛港盛国际物流冷藏有限公司”，合作各方共同携手，全力发展青岛港冷藏集装箱业务。目前，青岛港已成为全国最大的冷藏集装箱进出口港，也是向日本出口冷冻、冷藏食品最多的口岸。

1995年11月，青岛港与世界知名航运公司、中国最大的航运公司中远集团共同投资3.37亿元设立“青岛远港国际集装箱码头有限公司”，联手经营青岛港老港区集装箱业务，为青岛港集装箱运输事业的快速发展做出了突出贡献。目前，该公司在我国北方沿海港口的内贸集装箱运输格局中具有举足轻重的地位。

1995年12月，青岛港与世界知名航运公司中国台湾长荣集团共同投资1.15亿元设立“青岛长荣集装箱储运有限公司”。1997年11月，青岛港与世界知名航运公司中国香港东方海外集团共同投资950万美元设立“青岛东港国际集装箱储运有限公司”。专业化集装箱储运公司的设立，进一步拓展了港口的服务功能，为船公司和广大货主的集装箱物流运输提供了便捷、周到的服务。

在1987~1999年的13年间，青岛港的合资企业已发展到近20家，呈现出百花齐放的局面。合资企业红红火火，港口发展迅猛，港货、港企、港航战略联盟愈加密切，青岛港呈现出国际化发展的新面貌。

二、高层次招商选资，强强联合共赢发展

进入21世纪，随着我国对外开放的日益深化，世界500强企业、跨国公司、大商社非常看好中国的经济发展，以前所未有的规模和态势纷纷挺进中国市场。2000年，青岛港领导者顺势而为，适时提出了“高层次招商选资”的对外开放新观念，坚持“不求所有，但求所在，以我为主，为我所用”的新理念，好中选优、优中选精，积极推进强强联合、共赢发展的强港之路。从2000年开始，青岛港以更加开放的姿态和更加开放的层次走向国际国内市场，通过“招商选资”实现了本土化与国际化的最佳融合，典型案例精彩纷呈，引领了港航、港货合作的新模式。

（一）从“两国两方”到“四国八方”强强联合，打造东北亚国际航运中心

2000 年 2 月，青岛港与世界 500 强企业、全球第二大航运公司英国铁行（现为迪拜环球集团）共同投资 1.7675 亿美元设立“青岛前湾集装箱码头有限责任公司”，合资经营前湾二期集装箱码头。这是当时山东省最大的基础设施合资项目，成为山东省、青岛市对外合资合作的“扛鼎”之作。

2003 年 7 月，青岛港与英国铁行在成功合作的基础上，联合世界第一大航运公司丹麦马士基和中国第一大航运公司中国远洋，在北京人民大会堂隆重签约“青岛港前湾集装箱码头合资项目”，“三国四方”共同投资 8.87 亿美元重组“青岛前湾集装箱码头有限责任公司”，联手经营前湾二期、三期集装箱码头的 10 个深水泊位。该公司经营的码头岸线长达 3400 余米，堆场总面积约 228 万平方米，泊位最大水深达 17.5 米，可以接卸载箱量达 1 万标准箱以上的超大型集装箱船舶，年吞吐能力超过 650 万标准箱，成为全国岸线最长、泊位最深、设备最先进、陆域最广、效率最高的集装箱专用码头，也是世界上最大的集装箱码头公司之一。时任中国总理温家宝与时任英国首相布莱尔率两国多位部长前来祝贺并出席了签约仪式。这是中国第一个由国家总理出席的港口合资项目，开创了国内外港航企业多方合作的崭新模式，青岛港集装箱事业从此进入了一个崭新的时代。

2008 年下半年以来，金融危机给世界经济带来严重影响，特别是港航业受到的冲击巨大，但世界上知名的大船公司、大码头公司、大货主仍然非常看好青岛港的综合优势和发展前景，特别是马士基、迪拜环球、中远等忠诚的合作伙伴非常坚定地与青岛港建立长期战略联盟，全力推进把“三国四方”的前湾二期、三期集装箱码头合作扩展到“三国五方”的前湾四期集装箱码头合作。青岛前湾集装箱码头有限责任公司与中国香港泛亚国际航运有限公司共同投资成立新合资公司“青岛新前湾集装箱码头有限责任公司”，“三国五方”共同开发建设和经营管理前湾四期集装箱码头的 10 个深水泊位，码头岸线长达 3408 米，总投资额 14 亿美元。2009 年 6 月，青岛新前湾集装箱码头有限责任公司正式开业。

2009 年 12 月，“三国五方”合作扩展为“三国六方”合作。青岛新前湾集装箱码头有限责任公司与招商局集团的青岛港招商局国际集装箱码头

有限公司共同投资设立新合资公司“青岛前湾联合集装箱码头有限责任公司”。“三国六方”合资经营管理前湾联合集装箱码头的9个深水泊位，码头岸线总长3163米，总投资额70亿元，充分展示了“三国六方”凝聚合力、抱团发展、共同抵御危机的信心和决心，缔造了世界港航合资合作的崭新模式，在全球港航界引起了强烈反响。

2011年，在“三国六方”的基础上，又实现了与美国总统轮船和海丰国际的合资合作，打造了“四国八方”的合作模式，凝聚起四面八方的强大力量。“四国八方”合作进一步提高了青岛港在世界航运市场的知名度和美誉度，为青岛港建设“东北亚国际航运中心”打造了一个世界级平台。

从“两国两方”到“四国八方”的合作，为青岛港引进了巨额资金、先进技术和管理理念以及源源不断的货源，不但使青岛港在中国新一轮的港口体制改革中率先走向了国际化，而且使青岛港在战胜金融危机、持续健康发展上有了坚实的后盾。合资合作为青岛港插上了腾飞的金翅膀。

（二）与石化巨头全面合作，打造全国最大的原油进口中转基地

2001年，青岛港领导者敏锐地洞察到国际国内原油市场的发展新趋势，审时度势地提出“卖油罐，合码头，促进大炼油”的总思路，青岛港与世界500强企业、中国石油化工企业巨头中国石化集团结成战略联盟关系，成功转让青岛港原油码头32座180万立方米原油储罐及配套设施。这一重大决策，不仅有效地缓解了中国石化集团原油储存能力不足的问题，而且为青岛港创造了稳定可靠的货源，实现了双赢的合作目的。

2005年6月，青岛港与中国石化集团在多年合作的基础上，经友好商谈再次强强联合，共同投资7亿余元设立“青岛实华原油码头有限公司”，合资建设青岛港油三期30万吨级原油码头，联手经营青岛港一期、二期、三期原油码头，打造了全国最大的进口原油中转基地。

青岛港与中国石化强强联合、结成战略发展同盟，极大地规避了市场风险，进一步巩固了青岛港作为全国最大的进口原油中转基地的地位。这一举措也有力地保证了青岛千万吨级大炼油项目的顺利实施，进一步拉动了青岛市以及周边地区石化产业的发展，有利于促进青岛港尽快建设成为东北亚国际航运中心。而且，该项目的合作也开启了青岛港与货主厂家共同合资经营码头的新模式，具有重要的战略意义。

（三）与全球最大冷藏物流运营商合作，打造亚洲最大的冷冻冷藏物流中转港

2007 年 7 月 23 日，为进一步加快青岛口岸冷冻冷藏货物的发展、把青岛口岸建设成为亚洲最大的冷冻冷藏物流中心和核心集散地，青岛港与全球最大的冷藏物流运营商、冰岛第一家船公司冰岛怡之航（EIMSKIP）在冰岛总统府隆重举行了青岛港前湾港区总储存量 5.5 万吨的冷库合作签约仪式。这是我国目前最大的单体冷库项目，也是怡之航在亚洲投资的第一个冷库项目。签约仪式由冰岛总统奥拉维尔·拉格纳·格里姆松主持，山东省委常委、青岛市委阎启俊书记出席了签约仪式。2007 年 10 月 6 日，在前湾港区冷库现场隆重举行了冷库开业庆典，格里姆松总统专程来华出席了庆典仪式。

这是中国第一个在外国总统府并由国家元首亲自主持签约的港口合作项目，在国内外引起了强烈反响，为青岛港的对外开放事业增添了新的光彩。正如格里姆松总统所讲的，怡之航与青岛港之间的合作是冰岛与中国成功合作的最好见证，具有重要的历史意义。怡之航与青岛港的合作是 21 世纪企业合作的典范，对促进两国经贸关系发展具有重要意义。

青岛港和怡之航以冷库合作为纽带而结成战略联盟，充分发挥各自的优势，把分散在东北亚地区各港口进行中转的冷冻冷藏货物吸引、集聚到青岛港进行中转，不断发展壮大青岛港的冷冻冷藏物流业，不断扩大怡之航在亚洲冷冻冷藏物流市场的占有份额，逐渐把青岛港打造成亚洲最大的冷冻冷藏中转港。该项目进一步拉动了青岛口岸外贸进出口的发展，为青岛带来巨大的人流、物流和资金流，对青岛市港口经济和海洋经济发展、区域性经济中心和东北亚国际航运中心建设起到积极的推动作用。

（四）与周边港口合资合作，打造半岛集装箱内支航线网络

2005 年下半年开始，青岛港实施“走出去”战略，加快了与威海港和日照港等周边港口合资合作的步伐和力度。

青岛港与威海港在 2003 年 7 月开通集装箱海上运输内支航线的基础上进一步加强合作，于 2005 年 12 月 8 日正式签约，共同投资设立“威海青威集装箱码头有限公司”，联手经营威海港集装箱码头。初期投资 1.4 亿元，岸线总长 425 米，泊位最大水深 11.8 米，配套堆场约 11 万平方

米。青威集装箱码头公司于2006年1月6日正式开业，开业当年公司集装箱吞吐量完成19万标准箱，同比增长70%。青岛港与威海港的合作是山东省两个港口之间第一次跨地域的强强联合，也是青岛港有史以来的第一个对外投资项目，实现了青岛港合资合作从“请进来”到“走出去”的重大转变。

在与威海港成功合作的基础上，青岛港又加快了与日照港合作的步伐。2006年9月，两港之间开通了集装箱海上运输内支航线。2007年5月10日，两港正式签约，共同投资设立“日照日青集装箱码头有限公司”，联手经营日照港集装箱码头。投资总额11.5亿元，岸线总长844米，泊位最大水深17米，配套堆场约47万平方米。日青集装箱码头公司于2007年5月20日正式开业。开业当年公司发展迅猛，在短短7个月的时间里集装箱吞吐量完成29.6万标准箱，同比增长93%，引起社会各界的赞誉和好评。

与周边港口的成功合作，是发展壮大青岛港的创新举措，对于巩固青岛港在山东半岛港口群中的核心地位具有重要作用。以港口为节点，以内支航线为联接，港港联合构筑起山东半岛集装箱内支航线网络，这对于加快青岛港“东北亚国际航运中心”建设步伐、促进山东半岛城市群崛起和现代化制造业基地的发展具有重要意义。

（五）与亚洲顶尖医院合作，打造半岛心血管病治疗中心

青岛港坚持“精忠报国，服务社会，造福职工”三大使命，想方设法为职工、社会和国家多办好事、多办实事。2002年5月，青岛港秉承“高起点，高标准，高要求”理念，与国际著名心血管病医院——中国医学科学院北京阜外心血管病医院，共同合作设立“中国医学科学院阜外心血管病医院青岛协作中心”，为港口职工和岛城人民在心血管病防治上带来福祉。2006年5月，双方密切合作，共同成立了“青岛阜外心血管病医院”。该医院引进中国最先进的心血管病防治技术和顶尖专家教授，打造山东半岛心血管病治疗中心，为青岛市、山东省和周边省市的人民群众做了一件利国利民的大好事，受到了社会各界的广泛赞誉和好评。

21世纪以来，青岛港还优中选优地与世界500强企业日本三井物产株式会社、中化集团合作建设硫酸储罐，与世界500强企业日本三菱综合材料株式会社、三菱商事株式会社合作建设散装水泥分拨基地，与世界500

强企业瑞典ABB公司合作成立ABB低压产品青岛物流中心，与东南亚久负盛名的新加坡理工学院合作办学打造中国港航物流人才培养基地，与知名的油脂加工企业山东渤海油脂公司合作大豆临港加工项目。

总之，青岛港成功实现了由“全面招商引资”到“高层次招商选资”的转变升级，好中选优、强中选精地与国内外跨国公司、大企业、大商社开展全方位、高层次、宽领域的全面战略合作，把港口物流优势与船东、货主、兄弟港口的货源物流链优势紧密结合起来。强强联合、共赢发展，拉近了青岛港与全球港航高端企业之间的距离，开拓了青岛港跨越发展的新空间。

第四节　经营业绩

随着港口建设的不断扩大和对外开放的不断深入，青岛港经营绩效不断攀升，发展后劲和竞争实力越来越强，对国家的贡献越来越大。资产优良、资金殷实、效益攀升，是青岛港1988年实行局长负责制以来经营业绩的真实写照。

一、港口吞吐量迅猛增长

1988年以来，青岛港把握国际港航业发展动向，瞄准散装运输集装箱化、船舶大型化、码头专业化的发展趋势，超前决策，投资建设了集装箱码头和20万吨级矿石码头；紧握市场发展脉搏，敏锐决策，实现了20万吨原油码头的反输改造，找到新增长点；深入研究经济发展和港口能力的供需关系，成功改造了老港区，建设了黄岛油港区和前湾新港区，并进军董家口港区。自1988年以来，青岛港自筹资金200多亿元，建设了7大工程、9座码头，建成了35个深水泊位，实现了“世界上有多大的船，青岛港就有多大的码头”。青岛港港口靠泊能力实现了从1万吨级到10万吨级、20万吨级、30万吨级、40万吨级的大提升。

青岛港货物年吞吐量（见图1–1），从改革开放初的2000万吨起步，一年一个大台阶，2001年首次突破亿吨，迈进了世界亿吨大港行列；2006年吞吐量超越2亿吨，用5年时间走过了第2个亿吨；2007~2008年底，

仅用 2 年时间跨越了 3 亿吨；2012 年吞吐量一举超越 4 亿吨、集装箱实现 1450 万标准箱。1988 年青岛港吞吐量为 3109 万吨，2012 年吞吐量超 4 亿吨，增长了 13 倍。1988 年青岛港总资产为 5 亿元，2012 年总资产达 330 多亿元，增长了 66 倍。资产总额不但实现了数量上的骤增，而且品质优良，全部依靠港口自我积累形成。

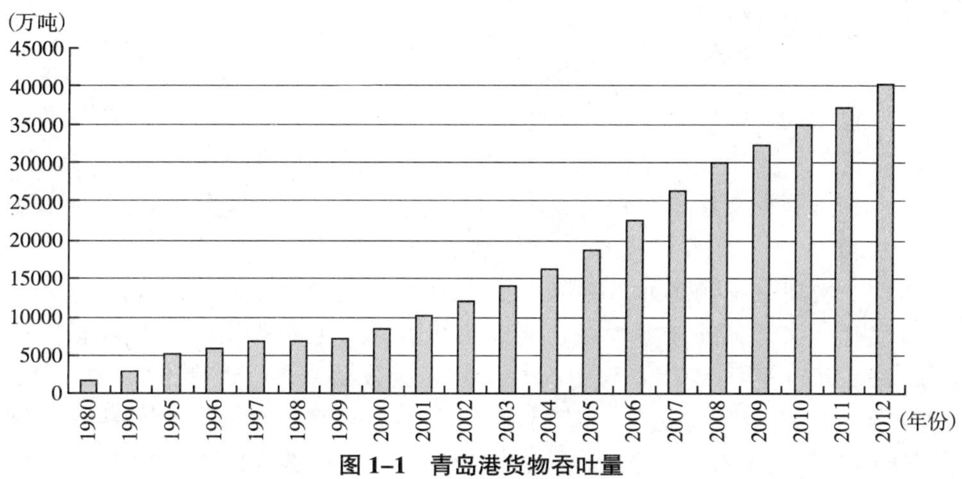

图 1-1 青岛港货物吞吐量

青岛港由默默无闻的国内小港跃升为吞吐量位居世界第七的国际大港，进口铁矿石吞吐量居世界港口第一位，进口原油吞吐量居全国港口第一位，外贸吞吐量居全国港口第二位。青岛港一举进入了国际综合性和大型化港口行列，具备了世界强港的实力。

二、经营利润快速增长

青岛港以经济效益为中心，不搞港口规模的重复建设和盲目扩张，逐步培养了“煤、油、矿、箱、粮”五大核心货种，形成综合发展、互为补充的独特优势，实现了集约、高效和可持续发展。码头主业的持续准确投资，为青岛港经济效益的全面提速和腾飞打下了坚实的物质基础；而科技进步和信息化建设使青岛港基本实现了生产方式由劳动密集型向技术密集型、由粗放型向集约型的转变。

生产能力的扩充和市场开发力度的加大，带动了港口吞吐量的大增，吞吐量的大增和收费管理的加强带动收入的快速增长，收入的快速增长和内部管理的加强带动综合效益的逐年提升，利润总额从1978年的3074万元增长到2012年的28.6亿元，增长了92倍。“十五”以来，与国务院国资委公布的港口全行业效绩评价标准值比较，青岛港的净资产收益率、总资产报酬率、收入利润率、成本费用利润率等综合绩效指标全部达到行业优秀水平，绩效位居沿海港口前列。截至2012年，青岛港连续八年蝉联中国企业效益200佳企业，显示了雄厚的综合实力和科学发展的巨大成果。

三、资金结构持续优化

20世纪80年代末的青岛港，处于百废待兴的窘困状态。为尽快改变现状和赢得发展先机，当时唯一的出路是依靠银行贷款举债发展。“九五”期间，青岛港资产负债率保持在63%以上，银行长期贷款最高时达到41.3亿元。20多年来，青岛港累计偿还各类贷款本息近100亿元，每年的利息费用平均高达1亿多元。为降低资金成本、减少财务风险，青岛港确立了以银行借款为主的债务性融资向以招商引资为主的股权性融资转变的发展战略。2001年，青岛港与中石化合作，为发展赢取了必要的资金支持。2003年，青岛港与丹麦马士基集团、英国铁行集团、中国中远集团实现“三国四方”的合作，后来又扩大为“四国八方”的合作，在引进货源和先进管理技术的同时，大大缓解了资金压力。

面对资金由匮乏到充足的良好形势，青岛港领导者始终保持清醒的头脑和艰苦创业的本色，经过科学谋划、统筹运作，青岛港2004年提前还贷12亿元，2005年提前还贷3.2亿元，2009年提前还贷8.9亿元，共计提前还贷24.1亿元，分别比贷款期限提前了15年、8年、17年。随着2009年末最后一笔日元贷款的提前偿还，青岛港实现了零外债的历史性突破。

1988年，青岛港自有资金9000万元，2009年，自有资金达36亿元，增长了40倍。2001年以来，青岛港每年在建设改造和造福职工等方面的资金投入都在10亿元以上，但没有新增一分钱贷款，全部依靠自有资金解决。

四、社会贡献越来越大

“精忠报国，服务社会，造福职工”，既是青岛港的使命，也是青岛港忠诚履行社会责任的最好体现。青岛港对社会的贡献突出地表现在，对国家的贡献越来越大、发展后劲和竞争实力越来越强、职工生活质量越来越好、职工素质越来越高。

（一）对国家的贡献越来越大

青岛港始终铭记国企的责任和使命，当好共和国的“长子”和祖国母亲的“孝子”，为国家和社会创造真金白银。改革开放以来，青岛港总资产从1978年的1.8亿元增值到2012年的330多亿元，增长了183倍；利润总额从3074万元增长到2012年的28.6亿元，增长了92倍；上缴各种税费从149万元增长到2012年的31.08亿元，增长了2085倍。同时，青岛港上缴地税连续八年青岛市第一，上缴国有资本收益连续四年占青岛市一半以上；2009年提前17年还清所有外债，实现了“零负债”经营。连续八年蝉联“中国企业效益200佳”、“中国企业500强”和“中国服务业企业500强”，资产利润率、收入利润率、人均利润率均居中国企业500强前100位，荣膺亚洲品牌500强。“十一五”期间，完成吞吐量14.5亿吨，根据山东省核定，创造了1450亿元的GDP和1700多亿元的海关入库收入来源。

青岛港积极承担社会责任，近年来向贫困地区和社会捐款2350多万元，捐衣物30多万件，捐书籍20多万册，在抗击浒苔、义务献血、抢险救灾、对口支援帮扶、扶贫助残等社会公益活动中次次挺身而出、勇担责任，被民政部授予“全国爱心捐助奖”和“中华慈善奖”等荣誉称号。

青岛港为国家和社会创造了优质高效的资产，对青岛市经济发展、职工就业、社会稳定和地方财政建设做出了卓越贡献。青岛港的发展获得了各级部门的肯定，连续多年被评为山东省诚信纳税单位，连续多年被评为青岛市A级诚信纳税单位。

（二）发展后劲和竞争实力越来越强

从20世纪90年代开始，青岛港就瞄准国际航运市场船舶大型化、深水化、专业化的发展趋势，先后建成投产了世界最大的集装箱码头、世界级原油码头、矿石码头和煤炭码头，在一片荒沙滩上建起了一座3亿吨大港，实现了从一个百年老港向三个现代化新港的伟大跨越。2009年，青岛港又挥师南下，挺进董家口，打造第四大港区，2013年正式通过国家验收建成了青岛港世界最大的30万吨级矿石码头，直接引发了世界港口建设史上的一场革命。“十二五”期间，将在董家口港区再造一座3亿吨大港。

集装箱装卸“振超效率”8次、铁矿石接卸“孙波效率”19次刷新世界纪录，开启了生产效率的“秒时代”。在全球最大的航运公司丹麦马士基发布的2011年1~8月全球码头作业效率排行榜中，青岛港集装箱码头作业效率继续稳居全球第一。现在，青岛港两个集装箱泊位吞吐量相当于世界效率第二的日本神户港三个集装箱泊位吞吐量；一个20万吨矿石码头相当于其他港口两个甚至三个矿石码头的作业量；用占全国港口1.3%的码头岸线干出了全国港口6.9%的吞吐量，用10多平方公里的面积干出了其他港口50~100平方公里面积的业务量，用一个青岛港的设计能力干出了三个青岛港的业绩。青岛港凭借优质服务和一流效率，形成了独特核心竞争力，迎来了八方宾朋、世界客商。

（三）职工生活质量越来越好

青岛港始终坚持“一心为民，造福职工”的宗旨，年年为广大职工和离退休老同志做好事、办实事、解难事，全港职工位子、票子、房子、车子、脑子、身子、老子、孩子“八子登科”。24000多名职工人人有岗位、人人创效益，改革开放以来从没让一名职工下岗，还为社会创造了53万个就业岗位。截至2011年，青岛港连续23年33次为职工大增工资，即使在2008年国际金融危机期间，仍然为职工增长了工资。

青岛港在国家“房改”前投入4亿多元，为职工购建住房7000多套，实现了全港职工住房的“八个全部解决”：一是1991年提前两年全部解决了129名特困户职工的住房；二是全部解决了岗位工龄满20年、人均居住面积6平方米以下的200户装卸一线职工的住房问题；三是全部按标准解决了204户离休干部的住房；四是在1992~1993年间，全部解决了440多户港内临时住户职工的住房；五是1994年按半旅馆化标准，为600多名单身职工全部增添了生活设施，改善了单身职工的居住条件；六是1995年全部解决局管宿舍304户“团结户”职工的住房；七是1996年1600多名职工搬进新居，全部解决了职工结婚无房户的住房问题；八是1997年实施了棚户区改造建设，职工彻底告别棚户区，人均住房面积由4.5平方米增加到了25平方米。进入21世纪，青岛港又建设了“蓝色港湾”住宅小区，出租出售给新入港大学生，解决他们暂时买不起房的问题。

现在，全港职工拥有私家车超过6000辆，每4人就有一位“有车族”。青岛港对9000多名农民工一视同仁，让他们过上了城里人的生活。

青岛港把职工生命健康放在第一位，每年组织健康查体、跟踪治疗，为职工及家属赠送生日蛋糕，提供营养美味的班中餐，建设星级候工室和浴室，为老同志“冬送温暖，夏送清凉”。2010年，投入1.5亿元为职工发放各种奖金和补贴，投入1.3亿元为职工建设候工楼、装修宿舍楼；免费为职工健康查体18793人次，发放生日蛋糕36847个，看望农民工家属3000多人次，定期走访250多名长病长伤职工，解决实际困难。广大职工生活得更加幸福、更有尊严，成了港口发展的最大受益者。

（四）职工素质越来越高

青岛港坚持以人为本，着力打造德才兼备、勇于创新、真抓实干、奋发有为的知识分子队伍，技术技能型、知识技能型、复合技能型和管理技能型的技术工人队伍，德才兼备、又红又专、爱岗敬业、扎根海港的新时期农民工队伍，职工素质得到了全面提升。技术工人在全国省市大比武中荣获20多项状元，有12人被评为省、市首席技师和突出贡献技师，近千人获得第二技能国家职业资格证书，3000多人取得专项能力证书，自主设计的轮胎吊“油改电”项目、拖轮“学良节油法”、“门机作业自动计量系统”被交通运输部评定为节能减排示范项目。农民工先后涌现出初级工1194人、中级工631人、高级工912人、技师30人，在农民工装卸工人中评聘了193名装卸工艺员、助理装卸工艺师和装卸工艺师，开创了全国先河。全港从过去77%的职工约12000人只有初中以下学历，发展到现在的以6000多名专业技术人员和7000多名技术工人为主体的高素质职工队伍，80%以上的技术工人都成为了高级工、技师和高级技师，先后创出了1380多个“员工品牌”和1800多个绝活。

港口人才辈出，群星璀璨。许振超从一名普普通通的装卸工成长为新时期产业工人的杰出代表、全国人大常委；孙波成为全国“五一”劳动奖章获得者；知识分子郭志渝成为享受国务院特殊津贴专家；技术工人徐青荣、唐卫成为“全国技术能手”；邵泽山成为“全国优秀青年技师”；港口公安局局长隋振坤被评为全国29位“任长霞式公安局长”之一；农民工皮进军成为“全国十大杰出进城务工青年”、全国青联委员；徐万年不仅成为全国劳动模范，而且还当上了青岛港一个合资公司的党委书记；王召利、朱广田被评为“全国优秀农民工”；赵树双荣获“山东省首届百名农民工之星”称号；安立强勇夺中央电视台全国状元技能挑战赛冠军。

第二章 战略规划

企业战略是指企业设立远景目标并对实现目标的路径进行的总体性、指导性谋划。加拿大麦吉尔大学教授明茨伯格（H. Mintzberg）提出企业战略“5P”模型，认为企业战略是由五种规范的定义阐述的，即计划（Plan）、计策（Ploy）、模式（Pattern）、定位（Position）、观念（Perspective）。一般而言，战略是目标和策略的组合，具有指导性、全局性、长远性、竞争性、系统性、风险性等特征，其核心问题是方向的确定和策略的选择。战略与策略、战术有明显区别：策略将战略转化为具体目标、计划和行动后的绩效；战术是执行策略或战略的手段和行动技术。

能够实现连续盈利和效益增长的企业必定是一个懂得用发展的眼光、发展的观点和发展的策略谋划未来的企业。在规范有序的市场环境中，企业要在竞争中取胜，必须有一套清晰可行的战略规划。战略可以使企业明确需要搭建什么样的架构、需要建设什么样的文化以及如何去吸引和培养人才。决定企业战略成功的根本要素是企业核心竞争力能否与行业的关键成功要素相匹配。企业战略方向与规划必须以核心竞争力为依托或者是强化自身的核心竞争力，而这一竞争力必须能够同行业关键成功要素咬合在一起。行业的关键成功要素是不断变化与发展的，在行业的不同阶段，行业的关键成功要素是不同的，所以企业要不断发展新的核心竞争力，要考虑怎样同行业将来的成功要素相匹配。在经济全球化时代，环境变数呈几何状增长，技术升级越来越快，资金流动愈加频繁，因此，企业必须严密关注环境的变化才能制定出相应的战略。

青岛港根据内外部环境变化做出准确的战略定位，适时推出一些符合实际的战略规划并付诸实施，牢牢掌握了企业发展和变革的主动权，从而赢得了长远发展的主动权。青岛港瞄准世界先进航运市场和科技水平，坚持一切以客户为中心的服务理念，确立了“建设东北亚国际航运中心，营造平安和谐家园”的战略目标，并根据环境变化先后实施了夯基战略、超前战略、中心战略、创新战略、强港战略五大战略，发展过程中始终贯穿着名牌战略、成本领先战略和现代化港口物流战略。本章描绘青岛港的战略定位，总结青岛港的战略演进过程，分析青岛港贯穿始终的发展战略，探析青岛港的战略管理机制。

第一节　战略定位

时势造英雄。任何企业所取得的成功，既是自身努力的结果，也是时代的产物。企业管理者的最大功绩在于审时度势，超前决策，智慧地把握历史机遇，找到企业与环境的最佳契合点。

一、战略环境

对企业成功之道的探讨，首先必须深入了解企业成功的特定历史背景。从战略环境看，青岛港的成功得益于我国经济持续健康成长、经济体制改革稳步推进、我国日渐融入全球经济一体化进程等宏观环境为港口行业带来的巨大发展机遇。从纵向角度看，中国所有港口企业在改革开放以来 30 多年中都获得了前所未有的发展。但从横向角度看，不同港口企业在把握发展机遇方面参差不齐，它们在这一时期所取得的进步存在着很大差异。青岛港在港口企业中属于脱颖而出之列，这得益于其卓有成效的战略环境识别能力和出色的战略决策能力。

（一）宏观经济环境

1. 中国经济持续高速增长

自改革开放以来，中国经济持续 30 多年年均近 10%的高速增长，创造了世界经济发展史上的奇迹。经济持续高速增长不仅为青岛港发展提供了巨大市场空间，还提供了丰富的人才、资金、技术等生产要素。

2. 环渤海经济圈发展强劲

环渤海经济圈，狭义上是指辽东半岛、山东半岛、环渤海滨海经济带，同时延伸辐射到山西、辽宁、山东以及内蒙古中东部，约占全国国土面积的 13%和总人口的 22%。区域内包括北京、天津、沈阳、大连、太原、济南、青岛、保定、石家庄等多座城市。环渤海地区属于东北、华北、华东的接合部，是我国北方经济最活跃的地区，具有发达便捷的交通、雄厚的工业基础和科技教育、丰富的自然资源、密集的骨干城市群等独特优势。青岛港地处环渤海经济圈，腹地经济比较发达，为青岛港发展提供了客观条件。

3. 市场经济体制逐步完善

从改革开放之前高度集中统一的计划经济，到计划经济为主、市场调节为辅，到有计划的商品经济，再到社会主义市场经济体制，我国资源配置方式发展了根本变化，各种产品市场和要素市场逐步建立完善。在这一过程中，青岛港敏锐把握改革发展机遇，不断增强市场意识，成为市场经济中出色的弄潮儿。

4. 国有企业改革逐步深化

我国国有企业改革经历“放权让利”和承包制改革、现代企业制度改革和国有资产管理体制改革等阶段。通过国有产权结构的改造，目的是使国有企业成为独立的法人主体和市场竞争主体，成为产权清晰、权责明确、政企分开、管理科学的现代企业。这些改革措施在一定程度上完善了国企经营者的监督机制和激励机制，促进了权利与责任的对应，提高了国有企业的效率。在国有企业改革大潮中，青岛港先后实行局长负责制、组建有限责任公司，这些体制变革是青岛港20世纪90年代以来高速成长的重要基础。

5. 全球经济一体化进程不断加速

20世纪90年代以来，全球范围内商品、服务、资本和技术流量越来越大，国际贸易量急剧上升，各国之间在经济上越来越多地相互依存。新技术革命的发展，又把世界各国的交往推到了一个新阶段。地球上的空间距离“缩短”了，信息的“时间差”也趋于消失。这种局面不仅大大改变了人类的生活条件，而且加快了经济生活的国际化，使得世界变得空前开放。开放的世界使世界各国原有的“一国经济”正在走向“世界经济”，从而为全球海运业带来了巨大发展机遇。

（二）港口行业发展环境

伴随着改革开放和经济持续增长，我国港口行业处于前所未有的黄金发展时期，业务规模高速增长，资产规模快速扩张，经济效益显著提升，尤其是强劲增长的集装箱产业，毛利率和利润率都高于社会平均水平。我国港口企业能够实现快速发展，主要得益于我国对外贸易的迅速发展和港口优势资源的规模化配置。

对外贸易迅速发展为港口企业发展提供巨大需求。伴随着全球化进程的不断加快，我国承接了大量国际产业转移，同时抓住了加入世界贸易组织这一机遇，使我国在新的平台上充分发挥比较优势，进一步参与并融入经济全球化，促使外贸发展十分迅速，这为我国港口企业发展提供了重要机遇。

港口资源规模化配置为港口企业发展提供充分保证。在我国外贸高速发展的背景下，伴随着政企分开、港口投资多元化等政策的实施，我国港口企业发展的活力和热情被大大激活。作为独立的运作主体，港口企业开始进行强力有效的内部改革，大力推进“聚焦主业，主辅分离”，配置优势资源，发展核心优势产业，一系列改革措施使港航产业结构得到优化。

经过改革开放以来的不断发展，我国港口业在整体上已初步形成布局合理、层次清晰、功能明确的港口布局形态，以及围绕煤炭、石油、矿石和集装箱四大货类的专业化运输系统。在未来发展中，国家将会继续把港口业作为国民经济发展的重要基础设施产业，会根据不同地区的经济发展状况和特点、区域内港口现状、港口间运输关系和主要货类运输的经济合理性，强化港口群体内综合性、大型港口的主体作用，继续优化资源配置。

（三）竞争环境

我国港口业在经过码头建设投资快速增长后，目前已经逐步摆脱吞吐能力供不应求的状况，港口行业正在经历着行业内部的资源整合。为了获取更多的业务收益并弥补巨大的码头闲置成本，港口企业的竞争焦点将主要集中在拓展赖以生存的货源腹地，由单一传统腹地向周边交叉腹地拓展，而港口企业之间在交叉腹地的竞争将会加剧。同时，港口企业的竞争手段也将会多样化，例如，发展“无水港”以增加对内陆腹地的控制，发展海铁联运以提升港口集疏运能力、加大对船公司优惠力度以增加航线航班密度等。

青岛港所处的环渤海地区是我国北方最大的集装箱海运中心，也是我国货物吞吐量最大的地区。环渤海区域港口群由辽宁、京津冀和山东沿海港口群组成，主要包括天津港、青岛港、大连港、营口港、秦皇岛港、日

照港和锦州港等（见图 2-1）。环渤海地区港口都属于腹地枢纽式港口，对腹地经济发展和腹地经济活跃程度的依赖性极高，各港口对资源与物流的争夺十分激烈；同时，由于各港口在发展上的相似性，使区域内的港口竞争更加激烈。从大区域上来看，青岛港还面临着日本神户港和韩国釜山港等国际竞争对手的竞争压力。

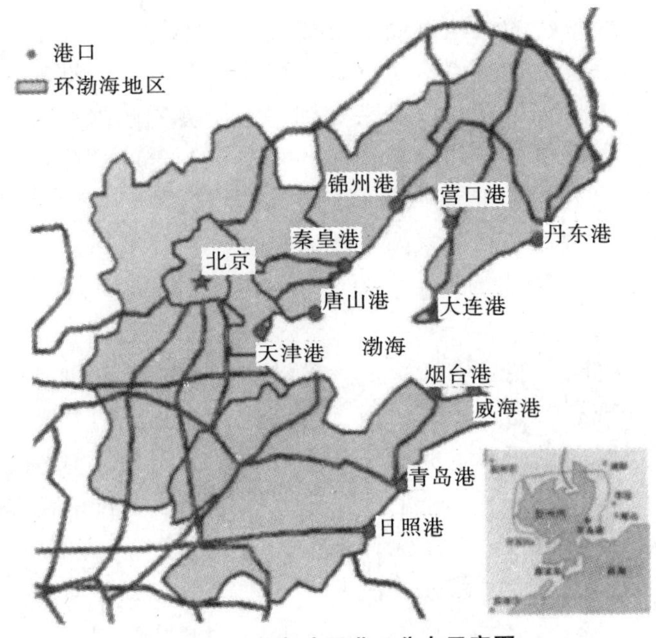

图 2-1 环渤海地区港口分布示意图

二、战略定位

青岛港充分发挥改革开放的创新优势，瞄准建设世界一流强港的宏伟目标，重点突破，科学发展，制定了高瞻远瞩的战略目标和共同愿景："建设东北亚国际航运中心，营造平安和谐家园。"

（一）产生背景

"创建学习性组织，争做知识型员工"活动于 2004 年在青岛港蓬勃开展。其中，共同愿景是学习型组织的一项基本内容。共同愿景概括了组织的未来目标和使命，是组织希望实现的未来蓝图，对指引组织的前进方向、确立发展策略具有重要指导作用。青岛港从实际出发，结合新形势对物质文明、精神文明建设的要求，将“建设北方国际航运中心，营造平安和谐家园”作为集团的共同愿景。随着创争活动的层层深化，各个公司、科队、班组围绕集团共同愿景制定了本级组织的共同愿景，职工制定了个人愿景。全港上下形成了心同此愿、志同此向的浓厚氛围，为港口发展凝聚了旺盛人气。

随着经济全球化的快速发展，青岛港大力推行国际化战略，利用国际国内资源，携手世界航运巨头发展港口事业，开创世界港航企业多方合作新模式，实现港口发展从“引进来”到“走出去”的战略转变。青岛港瞄准建设世界一流强港的宏伟目标，由此将原来制定的“建设北方国际航运中心”修改为“建设东北亚国际航运中心”，最终形成了“建设东北亚国际航运中心，营造平安和谐家园”战略定位。

（二）理念释义

建设东北亚国际航运中心。把青岛港建设成东北亚国际航运中心，是基于青岛港的现有实力、发展潜力，特别是在全国港口乃至世界航运界的突出地位和发展前景而确定的战略目标。要认清青岛港对青岛市和全国经济发展的推动作用，认清青岛港建设东北亚国际航运中心的基本条件和存在的差距，卧薪尝胆，奋发图强，承担起历史重任。

营造平安和谐家园。保证政治平安、生产平安、治安平安、消防交通平安，创造港口发展稳定的环境。不仅要营造干群之间、上下级之间、单位之间、工序之间、工种之间的和谐关系，还要营造人与自然、生产与环境、港口与社会之间的和谐关系，使员工成为改革发展的最大受益者，不断增强港口的向心力、凝聚力，建设幸福和谐的港口大家庭。

在形成战略定位和实施夯基战略、超前战略、中心战略、创新战略和强港战略五大战略的基础上，青岛港坚持发展年年升级，从2010年的“三大战役”（“五个平安、五个文明”攻坚战、装卸生产大会战、董家口建设阵地战）、2011年的“五大战役”（“三大战役”加上学习培训持久战、信息化建设升级战），到2012年的“七大战役”（“五大战役”加上财务管理中心战、关联产业突破战），再到2013年的“八大战役”（“七大战役”加上内控管理强基战），青岛港不断完善和创新发展战略，向世界一流强港的宏伟目标前进。“十二五”时期，青岛港通过强港战略，致力于建成装卸、物

流、产业三位一体，综合实力强大，功能配套，优势明显，具有区域资源配置能力的东北亚国际航运中心，实现由世界大港向世界强港的转变。

第二节 战略演进

青岛港以对外部因素的科学分析和对自身力量的正确评估为基础，适时制定阶段性发展规划，使每一个发展阶段目标明确、任务清晰，实现了发展有方向、攀登有高度、追求有超越。根据环境变化和阶段重点目标的不同，青岛港先后实施了“五大战略”：1990~1995 年，实施夯基战略，创建名牌港口，做好青岛港；1996~2000 年，实施超前战略，建设亿吨大港，做大青岛港；2001~2005 年，实施中心战略，建设区域性国际航运中心，做强青岛港；2006~2010 年，实施创新战略，建设创新型港口，做久青岛港；2011 年以来，实施强港战略，由世界大港向世界强港转变。

图 2-2 描绘了青岛港战略的演进历程。

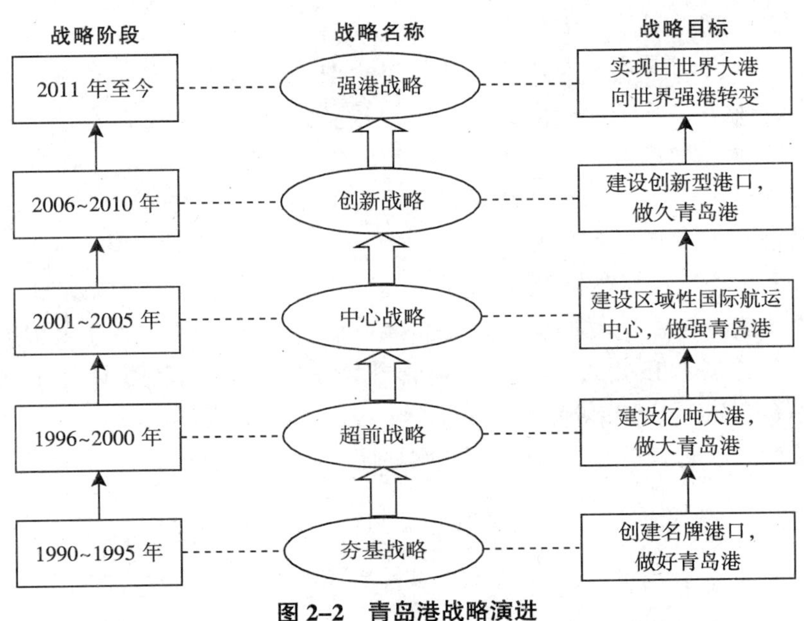

图 2-2 青岛港战略演进

一、夯基战略（1990~1995 年）：创建名牌港口，做好青岛港

基础不牢，地动山摇。万丈高楼平地起，打牢发展的各项基础至关重要。青岛港在这一阶段，加强“三基”建设（基础工作、基层工作和基本功训练），对软硬两方面基础进行夯实。

（一）立规定矩

1. 建立健全管理制度

青岛港根据企业发展要求，深化各项改革，制定了生产管理、安全管理、质量管理、财务管理、劳动、工资和社会保险等方面的规章制度，形成了比较完善、系统、规范的管理制度体系，为企业有序稳健运营奠定了制度基础。组织开展了“安全质量大会战”，每月一次整整开了 46 次“五个文明”管理现场会；按照“管理标准化，行为规范化，行动军事化”“三化”管理标准，大张旗鼓地进行了 8 个项目（机械设备、作业现场、作业车间、港区道路、标志护栏、候工室和办公楼、压力容器、绿化美化）的整改与建设，从前方到后方，从车间到现场，从办公楼到作业线，整个港区面貌焕然一新；装卸生产实现了散货“围田化”、件货“齐整化”、袋货“图形化”，港口安全质量和文明生产上了一个新台阶。这种翻箱倒柜、排山倒海式的大整治，从根本上改变了职工精神状态和港口形象面貌，铸就了青岛港人“干就干一流，争就争第一”的工作作风，构建起了港口科学发展的牢固根基。1995 年 5 月，山东省和交通运输部联合在青岛港举行现场会，在全交通系统推广青岛港“五个文明”管理经验。

2. 推行国际规范管理标准

为适应港口经营国际化的需要、提高经营管理水平，青岛港按照国际管理标准制定相应制度，提高员工素质和管理水平。青岛港在全国沿海港口中率先通过了 ISO9001:2000 质量管理体系、OHSAS18001 职业安全健康管理体系、ISO14001:1996 环境管理体系三大体系认证，在港口各个工作环节推行国际管理标准，企业管理水平上了一个大台阶。

（二）构建发展的人力资源基础

1. 加强班子和队伍建设

1988 年 9 月 2 日，中共青岛市委、市政府对青岛港务局局级领导班子

进行了调整，任命常德传为青岛港务局局长。调整后的局级班子有8名成员，平均年龄47.1岁，大专以上文化程度6人，中专毕业2人，青岛港自此有了一个年龄较轻、文化层次较高、结构合理的领导班子。从1988年12月起，青岛港务局实行局长负责制。1992年，青岛港进一步深化基层单位领导体制改革，生产经营单位全部实行经理（厂长）、书记一人兼、党政领导交叉兼职的新体制。基层领导职位均按1/3的比例进行了精简，大幅缩减了管理机构，提高了效率。同时，加强领导班子和管理队伍建设，通过学习、培训、“干中学，学中干”，培养了一大批德才兼备的优秀管理干部。

2. 加强专业人员技能培训

1989年起，青岛港开始重点抓技术工人的中高级技术培训，采取公开考试、择优晋级的办法，调动了全港职工学技术的积极性。1989年，全港有1894名技术工人参加了考工晋级考试，其中1378名技术工人晋升了一级工资，合格率为72.8%。在对干部职工进行“双补”教育的基础上，青岛港充分整合港内外学习资源，以岗位学习、集中培训、社会教育“三位一体”的形式，在干部职工中广泛开展了以学政治、学业务、学技术、学文化、学实践为内容的“五学”活动。从“九五”末到“十五”末，青岛港高级职称人员由191人增加到467人，中级职称人员由970人增加到1261人，初级职称人员由2379人增加到2436人。一大批专业技术人员受到国家、省、部、市的表彰。

（三）加强港口基础设施建设

港口发展中码头基础设施建设必不可少。青岛港紧跟国际航运业船舶大型化、深水化、专业化和信息化的发展趋势，技术改造坚持保证安全、扩大能力、提高效益、改善生活的原则，在加快老港区改造的同时积极建设新港区，实现了外延扩大再生产与内涵扩大再生产的有机结合。

1988年，青岛港实行局长负责制后，针对老港区陆域狭小、后方堆场库场明显不足、道路坑洼不平、泊位严重老化的状况，青岛港对老港区进行了技术改造。青岛港先后自筹资金近10亿元，完成70多个技改项目，拆除了30多座老仓库和旧建筑，修复和改造了塌陷或停用多年的老泊位，新增了70多万平方米堆场，彻底解决了老港区“行路难”问题。对八号码头进行了全面改造，先后把八号码头的47号、48号和49号泊位改造成为集装箱专用泊位；1994 年，多次对八号码头实施扩大堆场工程，满足了集装箱事业发展的需要。1991 年，青岛港对二号码头 16 个泊位进行了改造，使荒废达 17 年之久的泊位恢复了生产能力。1992 年，青岛港对一号、二号码头仓库进行了改造，提高了码头利用率。

与此同时，青岛港开始新港区建设。1992 年 12 月~1993 年 12 月，前湾一期工程四个顺岸泊位和煤炭码头两个泊位相继建成并通过了国家验收。从此，青岛港开始了大规模的前湾新港区建设，在一片荒沙滩上建成了一座现代化亿吨大港，逐步步入世界大港行列。

（四）提升服务，创立品牌

20 世纪 90 年代初，青岛港就清醒地认识到市场竞争的残酷性和加快发展的迫切性，在多年质量管理实践的基础上，形成了“以顾客为中心”的服务理念。在贯彻“以顾客为中心”服务理念中，青岛港确立了为货主服务“三项原则”（没有货主、没有用户，青岛港就没有饭吃；货主满意就是港口质量工作的标准；价格优惠，手续便捷，24 小时服务），力争达到“三方满意”（货主满意，船方满意，对方港站满意）。

实施名牌战略，把创建国际一流名牌港口化为全体员工的共同行动，教育全港员工牢固树立精品意识；精心培育“诚纳四海”服务品牌，在国内外货主用户中树立起安全、优质、便捷、高效、文明服务的良好形象。青岛港的装卸运输服务、集装箱核心班轮保班服务、原油装卸中转服务、氧化铝装卸罐包服务、煤炭装卸服务、外轮理货服务等 8 项服务被评为全国用户满意服务。

二、超前战略（1996~2000 年）：建设亿吨大港，做大青岛港

青岛港在全国港口中率先建成投产了一批大型化、深水化、专业化、信息化码头，大规模调整生产布局，改变港口生产结构，使港口靠泊能力实现了由万吨级到 30 万吨级的巨大飞跃。青岛港成为实力雄厚、功能完善、用户满意的现代化国际亿吨大港。

（一）超前的市场意识

青岛港领导班子准确把握宏观经济发展趋势、市场供求关系变化和世界航运业发展态势，适时进行战略调整，保证了青岛港正确的航向。

计划经济时期，港口被社会称作“港老大”，企业惹不起港口。随着计划经济向市场经济转变，企业逐步成为港口的“上帝”。青岛港及时认清这一变化，调整市场结构，扩大港口辐射区域。青岛港确立了“眼睛向外，面向社会”的市场观念、“信誉第一，货主至上”的服务观念，以服务全国、联通世界为目标，海向陆向双向市场扩张；打破传统经济腹地观念的束缚，树立起“港口生产的主战场在港外”、“青岛港是全国的港口、世界的港口，青岛港要为全国、全世界服务”的思想，实现了港口生产经营重点从港内到港外、从现场到市场的战略性转变；变等货上门为上门揽货、找米下锅，北上南下，国内国外召开货主用户座谈会、港口推介会，“占点，占线，占货”，广揽货源。陆向在全国内陆主要城市建立了服务终端，为货主提供一条龙服务；海向与 130 多个国家和地区的 450 多个港口开通了航线，实现了“全球通”，构筑起辐射全国、联通世界各地、适应港口大发展需要的广阔市场。

1999 年，国家提出西部大开发战略后，青岛港迅速行动，分别在西部主要城市召开青岛港推介会，并随即开通了定点、定时、定价、定线、定车次的“五定班列”。在兰州作为国家一级陆路口岸开放的第三天，青岛港人就来到了这座西北名城，与青岛海关、兰州海关、原铁道部、甘肃外经贸委等相关部门达成共识，开通了中国西部内陆第一个集装箱海铁联运线路，创造了内陆口岸与青岛港直通式运输货物方法，把青岛港“搬”到了内地，为西部大开发架起了通往国际市场的桥梁。2000 年伊始，原铁道部正式批准邯郸至济南区间新建铁路开通的第五天，青岛港领导就率前港等五大分公司的“一把手”冒雪北上，与邯济铁路协商青岛至邯郸间的海铁直线煤炭运输方案，抢占发展先机。

（二）超前的码头基础设施建设

青岛港是一座百年老港，原有泊位基本上都是 1 万吨级的小型泊位，不适应国际航运市场船舶大型化、深水化和专业化的发展要求。青岛港适时实施了码头建设超前发展战略，实现了港口靠泊能力由万吨级到 30 万吨级的跨越。

建设世界级集装箱专用码头。青岛港从实际出发，把老码头改造成集装箱专用码头，以“短平快”方式加快集装箱发展。在几年时间内一鼓作气，连续完成了 5 个集装箱泊位改造，使装卸能力达到 80 万标准箱。根据国际航运市场集装箱化的发展趋势，在新港区建设前湾二期、三期大型集装箱专用码头。其中，前湾二期建设了当时全国唯一可停靠 5250TEU 集装箱船舶的专用泊位，前湾三期工程建成了可停靠 15000~18000TEU 超大型集装箱船舶的专用码头，集装箱船舶靠泊能力从第三代、第四代提升到第八代。

建设 20 万吨级矿石码头。青岛港紧跟矿石船舶大型化的发展趋势，适度超前进行码头建设改造，不断打造核心竞争力。一是对老港区实施拓宽航道、浚深泊位、增加设备等“五位一体”改造，使靠船能力扩大到 5 万吨级。二是与南非 ISCOR 公司合作，将一个年通过能力 50 万吨的多用途泊位，改造成为年通过能力 600 万吨的 10 万吨级矿石专用泊位。此举将青岛港打造成为当时中国北方最大的矿石中转港。三是随着矿石进口量的急剧增长，1996 年租用了两艘 20 万吨级海上过驳浮吊，形成海上过驳平台，能够接卸 20 万吨级的超大型矿石船。四是经过多年论证，经国务院批准，筹资 18 亿元，建设了可停靠 20 万吨级兼顾 30 万吨级船舶的矿石码头，并采用了亚洲最先进的设备。按常规，这样的码头一般需要 4~5 年才能建成，青岛港打破常规，大胆创新，研究制定科学工艺，采用先进技术，组织大兵团海上陆上同时作业，仅用 18 个月就使码头建成投产，创造了港口建设史上的奇迹。20 万吨级矿石码头，形成了青岛港的核心优势，保持了青岛港世界第一大铁矿石进口港的地位。

建设 20 万吨级油码头。青岛港 20 万吨级二期油码头，是国家投资 3 亿元专为原油出口建设的。20 世纪 80 年代末建成后，由于无油出口而不能投产，风吹雨淋日晒，锈蚀日益严重。青岛港本着对国家负责的精神，一方面组织工人加强看管保养，另一方面积极向上级部门汇报、呼吁。在原国家计委、交通运输部等有关部委的关心支持下，1992 年底终于通过国家正式验收。但由于无油可运，码头仍不死不活。为了从根本上解决这一难题，青岛港根据对我国原油需求形势的分析，决定对码头进行返输改造，使原油能进能出，同时建设油罐群。先后筹资 16.2 亿元，用 8 年时间，分五期建设了 180 万立方米油罐群。码头从 1995 年开始接卸进口原油，由当年进口 100 多万吨发展到目前进口近 3000 万吨，占全国进口原油总量的 1/5，成为我国最大的进口原油中转基地。

三、中心战略（2001~2005 年）：建设区域性国际航运中心，做强青岛港

进入 21 世纪，随着对外开放的不断深化，世界 500 强企业、跨国公司、大商社以前所未有的规模和态势纷纷挺进中国市场。青岛港顺势而为，适时提出了“高层次招商引资”的对外开放新观念，积极推进强强联合、共赢发展的强港之路。在这一阶段，青岛港加强了与大船公司和大货主的联盟，实施“一大转移”（集装箱由老港区向新港区的战略性大转移），发展“三大中心”（航运信息中心，现代物流中心，融资中心），建设大型集装箱码头等“八大工程”（前湾三期、四期等八大工程），带动了“十大关联产业”（港口机械制造，港口工程建设，船舶后勤供应，船舶货物代理等十大关联产业），青岛港发展成为区域性国际航运中心。

（一）与大船公司和大货主结盟

港口与大船公司和大货主是、共存共荣的关系。青岛港先后与铁行、马士基、中远等世界著名航运企业合作，实现了港航强强联合；与石化巨头全面合作，打造全国最大的原油进口中转基地；与全球最大冷藏物流运营商冰岛怡之航合作，打造亚洲最大的冷冻冷藏物流中转港；与英国、澳大利亚等国家和地区的知名码头公司、航运公司等联合成立了 20 余家合资企业，其中有 10 多家世界 500 强企业在青岛港落户。

与大船公司强强联合，打造东北亚国际航运中心。2000 年 2 月，青岛港与世界 500 强企业、全球第二大航运公司英国铁行集团共同投资设立“青岛前湾集装箱码头有限责任公司”，合资经营前湾二期集装箱码头。2003 年 7 月 21 日，青岛港与英国铁行集团在成功合作的基础上，联合世界第一大航运公司丹麦马士基集团和中国第一大航运公司中远集团实施“三国四方”的携手合作，联手经营前湾二期、三期集装箱码头的 10 个深水泊位。此次合作，不仅引进了数亿美元的资金，而且引进了先进的技术、管理理念和源源不断的箱源；此次合作提高了青岛港在世界航运市场的知名度、美誉度和地位，在短时间内为迈向东北亚国际航运中心打造了一个世界级的平台，青岛港集装箱事业从此开启了一个崭新的时代。在“三国四方”成功合作的基础上，后来又发展到“三国五方”（“三国四方”加香港泛亚）、“三国六方”（“三国五方”加招商局集团）、“四国八方”

（“三国六方”加美国总统轮船、海丰国际）的合资合作，凝聚起四面八方的强大力量，开创了世界港航企业多方合作的崭新模式。

与中国石化集团全面合作，打造全国最大的原油进口中转基地。2001年，青岛港审时度势地提出“卖油罐，合码头，促进大炼油”的思路，与中国石化集团就青岛港原油码头32座180万立方米原油储罐及配套设施成功实施转让，结成战略联盟。这一重大决策，不仅有效地缓解了中国石化集团原油储存能力不足问题，而且为青岛港创造了稳定、可靠的货源，实现了双赢的合作目的。2005年6月，青岛港与中国石化集团在多年合作的基础上再次强强联合，共同投资设立“青岛实华原油码头有限公司”，合资建设青岛港油三期30万吨级原油码头，打造了全国最大的进口原油中转基地。该项目的合作开启了青岛港与货主厂家共同合资经营码头的新模式，有利于促进青岛港尽快建设成为东北亚国际航运中心。

（二）整合周边港口资源

青岛市的岸线资源已高密度立体化使用，青岛港产能潜力、腹地潜力已经挖掘得比较充分。要继续保持快速成长，建成区域性航运中心，仅靠体内循环已难以为继。与此同时，国内港口的过快发展导致了结构性过剩，带来了合作、整合的机会。青岛港与威海港在2003年7月开通集装箱海上运输内支航线的基础上，于2005年12月成功联手、共同投资设立了“威海青威集装箱码头有限公司”，联手经营威海港集装箱码头。该项目的合作是青岛港有史以来的第一个对外投资项目，实现了青岛港的发展从青岛向外地的扩张、合资合作从“请进来”到“走出去”的重大转变。在与威海港合作的基础上，青岛港又与日照港共同投资成立“日照日青集装箱码头有限公司”，联手经营日照港集装箱码头。这样，形成以青岛港为龙头，日照港、威海港为两翼的港口整体布局，青岛港“东北亚国际航运中心”的地位初步形成。

四、创新战略（2006~2010年）：建设创新型港口，做久青岛港

从2006年起，青岛港以建设创新型港口为目标，大力推进思想创新、战略创新、目标创新、市场创新、人才创新、科技创新、管理创新、企业文化创新和职工生活创新，以使港口基业常青、长盛不衰。青岛港站在新

的起点上，超越自我，借助技术创新、管理创新和制度创新，建设现代物流中心、数字港口、国际商务中心，通过港口经济带动区域经济，打造第三代港口。

青岛港创新战略的形成过程。2003年，是青岛港的改制之年。在这一年，青岛港要求员工进一步增强责任感、紧迫感和危机感，立足当前，放眼世界，永不满足，聚精会神搞建设，一心一意谋发展。2004年，青岛港再次提出：要发展，就要执着创新；要科学发展、长盛不衰，就必须紧紧抓住创新不放松，事事创新，天天创新，不断地有所发明、有所创造、有所发现、有所前进；要创新思想，不断地超越自我；创新目标，实现更大更快的发展；创新效率，创造更多的全国、世界纪录；创新服务，让“诚纳四海”服务品牌名扬四海；创新机制，使港口发展的活力竞相迸发；创新开放，引进更多的航运巨头、更多的世界500强；创新管理，展示出青岛港现代化国际亿吨大港的风范；创新队伍，人人都脱胎换骨，“德为重、信得过、靠得住、能干事”，德才兼备，一身正气、一心为民、一心为公；在创新中提高，在创新中发展，在创新中超越，使青岛港就像初升的太阳，天天欣欣向荣，天天朝气蓬勃。2005年，青岛港的创新思想再度升级，号召全体员工用心用脑用力干工作，苦干实干加巧干，文字变数字，数字变业绩，每人再做新业绩，单位再做新贡献。

2006年，经过“八五”、“九五”、“十五”的建设发展，青岛港已成为世界级亿吨大港。要实现青岛港的持续快速协调健康发展、把青岛港打造成为世界级强港，就必须建设创新型港口。只有依靠自主创新、不断超越自我，人无我有、人有我优、人优我强，才可能长盛不衰。从此开始，青岛港把创新提升到了战略高度，通过创新实现长盛不衰成了青岛港面向未来的最为明智的选择。2006年，青岛港确定的工作主题是“自主、创新、发展”。2007年的工作主题是“自主、创新、发展、和谐”。青岛港以创新为基点，建设创新型港口，打造“平安福港，效率快港，实力强港”，为货主和船东创造更优越的港口条件、提供更快捷高效的服务，加快由以运输枢纽及工业发展基地为特征的第二代港口向以现代物流、信息中心和区域经济发展的重要基地为特征的第三代港口转变。

创新战略培育了港口发展的强大驱动力。青岛港以信息化改造提升传统产业，推进现代高新技术在港口的应用，投资2亿多元、自主研发建设了国家重点项目——《青岛港信息港技术改造工程》及上百项集团信息化项目，率先建成了国内沿海港口规模最大的EDI中心，集成度最高、技术最先进的生产指挥中心，功能强大、覆盖青岛地区的物流信息中心，沿海港口规模最大、功能最全的青岛港公安指挥中心。港口公共信息平台、货源网等日益完善，发挥了港口现代物流的枢纽作用，加速了青岛港的管理升级。长年坚持开展“千项软件”开发，把软件开发从专家的手中解放出来，成为广大员工的新式武器，“用鼠标革了铁锨的命”。对老旧码头和机械设备进行技术革新和改造，组织实施了矿石码头多次大规模的流程化改造等一大批重大技术改造。同时，高度重视装卸工属具的自主研究开发和技术革新，广大职工立足岗位，成为创新的主体，仅2009年，完成科技创新和工属具革新成果286项，完成千项软件开发1178项。这些成果直接应用于港口装卸生产，在提高装卸作业效率、降低资源消耗、保障生产安全中取得了十分显著的成效。自主制造的16吨变频调速门机获国家新产品奖，直臂架门座式起重机和轮胎式集装箱龙门起重机项目获青岛市科技进步一等奖、二等奖。目前，码头泊位的平均利用率高达70%以上，装卸机械设备的平均利用率高达55%以上，关键设备如矿石卸船机的平均利用率高达70%以上。

青岛港依靠创新走出了一条振兴国有企业的成功发展之路。依靠创新，青岛港树立起全新的发展理念，提出并实施了为货主服务的“三项原则”，在全国沿海港口率先走向市场，实现了港口生产由计划经济向市场经济的重大转变；依靠创新，青岛港确立并实现了建设现代化国际亿吨大港、东北亚国际航运中心的战略目标，形成了“建设东北亚国际航运中心，营造平安和谐家园”的共同愿景、“三个一代人”的青岛港精神、“精忠报国，服务社会，造福职工”的“三大使命”；依靠创新，青岛港确立了集装箱、煤炭、原油、铁矿石和粮食五大核心业务，确立了深水化、大型化、专业化的港口码头建设模式；依靠创新，青岛港创建了集团为决策层、公司为经营层、基层队为管理层、班组为操作层、车为执行层的五级管理新格局；依靠创新，青岛港在全国交通企业中率先通过了安全、质量、环境管理体系认证，并荣获首批全国质量管理奖、首届袁宝华企业管理金奖、首批国家环境友好企业、全国文明单位、全国创建学习型组织标兵单位等金奖；依靠创新，青岛港实施了“请进来、走出去”战略，引入了10多家世界500强企业，与威海港和日照港成功合资合作；依靠创新，青岛港“用鼠标革了铁锨的命”，劳动生产率翻番提高，创造了一大批世

界纪录和全国纪录，开启了生产效率“秒”时代，不断实现经济增长方式由粗放型向集约型转变；依靠创新，青岛港带领职工摆脱了贫困，摆脱了落后，摆脱了愚昧，过上了幸福美满的新小康生活；依靠创新，青岛港形成了独具特色的港口企业文化，培养造就了新时期产业工人的杰出代表许振超。

五、强港战略（2011 年至今）：实现由世界大港向世界强港转变

“十二五”开局之年，在已经发展成为世界第七大港的基础上，青岛港又决定实施“强港战略”（文化强港、科教强港、科技强港、人才强港），锁定“八大战役”（“五个平安、五个文明”攻坚战、装卸生产大会战、董家口建设阵地战、学习培训持久战、信息化建设升级战、财务管理中心战、关联产业突破战、内控管理强基战），促进“十大转型升级”（核心竞争力、港区功能、物流建设、产业结构、经营模式、生产方式、低碳环保、管理效能、队伍素质、共建共享），建设集装卸物流产业三位于一体、综合实力强大、功能配套、优势明显、具有区域资源配置能力的东北亚国际航运中心，实现由世界大港向世界强港转变。

从 2009 年开始，青岛港挥师南下，挺进董家口，打造第四大港区。2010 年仅用 363 天便建成了常规需要 4~5 年才能建成的世界最大的 40 万吨矿石码头，直接引发了世界港口建设史上的一场革命。当前，青岛港正在董家口港区大规模开发建设一批矿、煤、油、散杂货深水码头，不断拓展港口功能，延伸港口产业链，全面发展港口综合物流、专项物流、加工、保税、仓储、商贸、信息、金融和综合服务等功能，打造国际物流中心、资源配置中心、临港加工中心、港航金融中心和信息交流中心。同时，加快青岛老港区转型升级，建设世界级的邮轮母港。到 2015 年，青岛港将建成为年吞吐能力 6 亿吨、集装箱 2000 万标准箱的世界一流大港。到 2020 年，青岛港将建成为年吞吐量 8 亿吨、集装箱 3000 万标准箱的世界著名强港。

第三节　贯穿始终的发展战略

从青岛港战略演进历程中可以清晰地看到，青岛港从“强基固本”做起，实现了从“量”战略（亿吨港口）到“质”战略（东北亚国际航运中心）的飞跃。上述战略演进是从纵向时间角度而言的，在青岛港发展过程中，还有一些贯穿其发展始终的战略。名牌战略、成本领先战略和现代化港口物流战略始终贯穿于青岛港发展历程。

一、名牌战略

一种产品或服务一旦上升为名牌，那么它就能获得超越一般水平的竞争力。名牌不仅具有创造平均利润的功能，还具有创造超过平均利润的超值功能，能成为攻占市场的锐利武器和战胜竞争对手的制胜法宝。当市场竞争发展到了靠品质管理和品牌地位来增强企业竞争优势的阶段时，确立企业品牌和信誉，就成为关系企业生存和发展的重要问题。

青岛港 1998 年提出实施名牌战略。从此，创建国际一流的名牌港口成为全体职工孜孜以求的重要战略目标，青岛港人为这一目标做出了艰辛的努力，先后创出了装卸运输服务、集装箱核心班轮保班服务、原油装卸中转服务、氧化铝装卸灌包服务、煤炭装卸服务、外轮理货服务等“全国用户满意服务”名牌。当时青岛港外理公司坚持不喝船上一杯水、不抽船上一支烟、不买船上一件物品，并将理货征求意见书请船方带往国内外港口征求意见，被中国外理总公司树为全国外理行业的示范窗口。港口客运站坚持规范化、礼仪化服务，努力创造良好的客运环境，在国家对青岛市创建卫生城市检查中获得满分。青岛港以“干就干一流，争就争第一”为不懈追求，创服务名牌，在国内外货主用户中树立起安全、优质、便捷、高效、文明服务的良好形象。

实施名牌战略后，青岛港一切工作开始从源头上抓起，全港各个单位从提升服务质量入手，狠抓货运服务水平。港口货垛堆码质量是港口货运质量的一面镜子，港口货垛堆场的整洁美观度直接反映了港口的管理水平。青岛港狠抓现场“五个文明”管理，改变了过去凌乱不堪的摆放格

局，货垛堆码变得整整齐齐、美观大方。同时，时时处处为货主、客户着想，加强了货物的全过程管理和监控。青岛港将货物码放当作艺术品精雕细刻，将散装货隔离围挡，实行“围田化”管理；对几吨乃至几十吨重的五金钢材实行“齐整化”管理；将化肥、粮食等袋装货一包一包摆成规规矩矩的图形，实行“图形化”管理。从空中俯瞰青岛港大大小小的货物堆场，俨然一座座“露天艺术馆”，远望则像连绵起伏的群山，像茂密成行的丛林，无声地显示着青岛港的实力和信心。

青岛港注重无形资产如企业的信誉、知名度、美誉度、企业文化等方面的积累和创新。青岛港的无形资产是在发展中经过努力创造和积累起来的，是青岛港名牌战略的重要资本。青岛港在全体员工中营造共同的文化理念、服务理念和工作理念，塑造了“诚纳四海”服务品牌的丰富内涵和独特气质。“诚”就是以诚信为本，对国家忠诚，对客户和员工真诚，说到做到，三老四严，讲信用、不失信；“纳”就是要以卓越的服务、雄厚的实力、广阔的胸怀，像海纳百川一样，赢得社会各界、广大船东货主的广泛信赖和倾力支持；“四海”就是从战略的高度放眼全球，迎送天下客，装卸万国船，使青岛港成为五大洲四大洋世界大港口、大船公司、大货主真诚的合作伙伴，强强联合，共赢发展。“诚纳四海”服务品牌先后荣获“中华港口第一服务品牌”、“中国十大最具影响力品牌”等十余项至高荣誉，成为青岛港“以德治企、以诚经营”的金字招牌。“魅力大港”、“卓越前港”、“追求您完全满意”、“10小时保班”、“完美交付”、“铁路大列精品线”、“零时间签证”等服务品牌赢得了四海宾朋、天下客商。青岛港树立起为货主服务的“三项原则”（没有货主，没有用户，青岛港就没有饭吃；货主、用户的满意就是质量工作的标准；价格优惠，手续便捷，24小时服务），坚持“质量、服务、信誉是港口的生命线”、“宁肯自己千难万难，也不让船东货主一时犯难”等服务原则。

由于青岛港强调名牌的重要性，各个环节的员工也无形中自觉自愿地为船东、货主着想，真正把他们当成了自己的“上帝”，从而有力地吸引了货源，巩固了一批老客户。品牌优势和服务意识已经内化为每名职工的共同品格，广大职工在生产作业中自发提出了“爱护每一吨货，服务每一条船，赢得每一位用户信任，实现每一位用户期望，达到每一位用户满意”的标准。从事煤炭和矿石作业的职工把“矿粉、煤粉当面粉”，随身带着一把小扫帚，把撒漏的矿粉和煤粉清扫起来，颗粒归仓，维护了货主利益。职工连续创造了18亿瓶啤酒装船无破损的佳绩，为货主节约资金2160万元，“亿瓶精装”品牌蜚声中外。诚纳四海，精益求精，青岛港用品牌、诚信和服务成功突破了腹地劣势、破解了市场难题，赢得了尊重、赢得了信誉、赢得了发展。

二、成本领先战略

青岛港在快速发展过程中，始终注重提高生产效率、降低生产成本。青岛港加强技术创新、提高操作工人技能、利用规模优势，有效降低了成本，既增大了盈利空间，又构建了竞争优势。

（一）通过技术创新提高效率，降低生产成本

青岛港一直强调通过技术革新和技术创新提高生产效率从而降低成本、提升竞争力。例如，青岛港20万吨级矿石码头自1998年建成投产以来，各大船东、货主纷至沓来，大矿船接连不断，为奠定青岛港全国最大的矿石中转基地的龙头地位做出巨大贡献。但由于船舶集中到港，矿船压港的矛盾也日益凸显。为使20万吨级矿石码头发挥更大的作用，从2002年起，青岛港领导会同技术、生产人员经过精密测算，陆续投资2亿多元，对20万吨级码头进行改造，实施以解放20万吨级矿石码头为目的的“一号工程”。通过各部门的共同努力，仅用4个月完成技改工程，改造了矿石转运流程，较过去提高效率50%，实现了一天抢卸两条大矿石船的奇迹。改造后的20万吨级矿石码头的年吞吐量相当于5倍的设计通过能力，使矿船压港问题通过技术挖潜得以解决。

工属具革新对提高效率、降低成本作用明显，具有说服力的例子是西港公司的工属具革新。泊位少、人员不足的西港公司在实践中认识到，创新工属具，提高装卸效率是唯一的出路。2006年初，西港公司敲定了工属具“从工作中来、到工作中去”的革新思路，号召职工人人在工作过程中参与发明创造、改进革新，使得西港公司基本上每一个货种都有专用的工属具，工作效率成倍提高。例如，在“赫拉之星”轮整个作业流程中，从卸船装车到卸车码垛全部使用革新后的工属具。原来船机入舱作业一钩只能提10件货，在用上纸浆专用属具以后，每钩可以提14件货，提高效率40%。在2006年6月8日零时进行的“赫拉之星”纸浆船作业中，西港公司仅用2小时40分钟就完成了该轮6263吨纸浆接卸，综合卸率为

2346吨/小时，单舱卸率为1266吨/小时，第10次分别打破原综合卸率2278吨/小时、单舱1150吨/小时的纸浆接卸世界纪录，同时西港公司在该船上也创下了单泊位最高卸率——综合卸率达到0.65吨/秒。

（二）通过提高操作工人技能提高效率

青岛前湾集装箱码头有限公司（QQCT）从提高操作工人技能入手改善作业效率、降低生产成本。为了最大限度地缩短作业时间、提高工作效率，2006年QQCT操作部开始在操作工人中进行绝活比赛。各大队组织司机苦练技术，提高技能，只要有时间，就组织司机训练；每月都组织一次司机技能比赛，并根据比赛成绩对司机进行奖励，大大提高了司机练绝活提技能的积极性。在当年技术工人考工晋级考试中，作业组司机的实际操作考试通过率达到了100%。参加比赛的前六名司机均取得了十环的好成绩，取得第一名的司机孙顺仅用57秒就完成了作业，比师傅邵泽山在前一年的山东省港航系统司机技能大赛所取得的第一名成绩还提前10秒。

操作技艺创新使青岛港作业效率不断迈上新台阶。2006年11月28日凌晨1时50分，伴随着国内最大集装箱船“中远北京”轮最后一个集装箱装船到位，奋进的QQCT人再次改写了集装箱作业装卸船的世界纪录，一举创出了单船作业箱量10239TEU、船时效率390.38自然箱/小时、泊位效率353.48自然箱/小时、桥吊平均单机效率43.38自然箱/小时、桥吊单机最高效率74自然箱/小时等五项集装箱船舶作业世界新纪录。在短短16小时内完成如此量大的船舶作业，被该船所属中远集团称为航运界奇迹。

（三）通过规模优势降低成本

青岛港多个码头的装卸规模都处于领先地位，获取了规模经济效应，提高了竞争力，降低了成本。青岛港以时不我待的紧迫感，在改造了一个百年老港的同时，用较短时间建设了三个现代化新港。40万吨级矿石码头、30万吨级原油码头、世界级集装箱专用码头等代表当今国际港航业先进水平码头的投入使用，使青岛港迅速崛起为全球最大的矿石接卸港、全国最大的进口原油接卸中转港和世界第七大国际集装箱大港。“世界上有多大的船，青岛港就有多大的码头”，青岛港集中力量建设的多个码头以其规模化、专业化、深水化的优势，降低了青岛港的生产成本，促进了青岛港由劳动密集型向技术密集型生产方式的转变。

三、现代化港口物流战略

物流在其发展过程中经历了由“传统物流”向“综合物流”的演变。传统物流以降低物流成本为核心，以企业的销售作为主要的服务对象，以满足销售的需要为主要目的。综合物流则是以提高效益即促进销售和盈利为核心，将采购、生产和销售全部作为服务对象进行综合管理，以促进销售和满足顾客需要为主要目的。现代物流是综合物流服务，以实现顾客满意为第一目标，以企业整体效益最优为目的，运用现代技术，对商品运动进行高效的一体化管理。现代物流强调以高新科技为支撑，以信息技术为手段，为客户提供全方位一体化的物流服务。

青岛港在建设东北亚国际航运中心过程中，致力于由以现代物流中心为特征的第三代港口向具备生产力要素聚集、整合、配置和综合服务功能的第四代港口全面转变。青岛港根据港口物流的实际现状、内外部要素环境和作业的货种结构，采取了以下几种物流模式，实现了港口资源和社会资源的优化配置。

（一）港口物流中心模式

货物到港后，传统的物流模式为：货主委托港口卸货；港口对货种进行堆存；货主自行将货物运输出港口，到达自己的库场；货主对货种进行品种搭配，并运送到企业进行生产。青岛港的港口物流中心模式业务流程为：货主委托港口卸货；港口对货种进行堆存；由港口按照客户的需要对货种进行品种搭配；港口负责将货物运输出港，运送到企业供其生产。港口物流中心模式提高了港口物流的服务水平，充分利用了港口的有效设备，将港口物流服务放大；减少货主自行将货物运输出港这一环节，减少了货主的投资；港口的配送具有一定的规模，从而降低了成本、提高了效率。

在港口物流中心模式中，青岛港专门建立了集装箱物流中心。集装箱货物有整箱货（FCL）和拼箱货（LCL）两种，流程分为进口和出口。传统的集装箱出口流程为：整箱货全部流程都由货主自行完成；拼箱货则是货物配送由货主自行完成，到达货运站后，由港口相关部门负责配箱、装箱、出港。传统的集装箱进口流程为：整箱货集装箱进港后港口直接将其运送到港口堆场，然后货主亲自提箱出港；拼箱货集装箱是港口将集装箱送入货运站，对货物进行拆箱，再由货主亲自将集装箱运出港口。建立集装箱物流中心后，集装箱出口业务流程为：整箱货由港口送箱上门，货主亲自装箱，然后由港口派车送至港口堆场，最后装船出港；拼箱货由货运站接受若干货主运送过来的货物，然后港口负责对其分类、扫描、包装等，最后港口负责装船出港。建立集装箱物流中心后，集装箱进口流程为：整箱货集装箱进港之后，将其运送至港口内部的货物堆场，港口负责提箱出港，然后运送给货主；拼箱货集装箱进港之后，由港口负责将集装箱运送到货运站同时负责拆箱，经过货物的分类之后再由港口负责将货物输送出堆货场。集装箱物流中心模式极大地节约了货主成本，同时提高了配送效率。

青岛港集装箱物流中心与保税港区和相关机构合作，从报关、报检、代理、收集和配送、仓储、拆包箱、维修、信息、加工和配送业务等方面，建立了集装箱一站式全程服务端口。对于选择整箱货的货主来说，港口会对其提供一系列的服务，包括为货主提供集装箱、将空箱和重箱送货上门和负责上门取箱，从而免去了货主对集装箱的投资，港口也为自己带来更多的业务。对于选择拼货箱的货主来说，如果其货物装不满一个集装箱，那么选择装箱运输就会增加其成本，而如果将多个不满一个集装箱的货物进行拼箱整理，不单单为货主节约了运费，同时减少了港口对运输工具的投资，有效地降低了成本。

（二）保税物流中心模式

青岛保税区于 1992 年经国务院批准设立，1993 年 3 月通过国家验收并正式封关运营。保税港区位于胶州湾西岸，规划面积 9.72 平方公里，拥有 21 个集装箱泊位，具有现代物流、对外贸易、国际中转、国际采购、商品展示、检测维修、加工制造、港口作业等功能，是中国大陆开放层次最高、政策最优惠、运作最灵活、通关最便捷的特殊开放区域。2004 年，国家批复青岛保税区实施区港联动试点，为青岛辟建自由贸易港（区）创造条件。2005 年 11 月 11 日，青岛区港联动试点顺利通过国家验收并开始运营。2007 年，为进一步增强保税区的功能辐射作用，保税区继续深入探索区区联动新模式，发挥保税区政策功能优势，重点探索园区开发、项目联动、功能联动等三种联动模式，强化区域协作，促进良性互动，做好国际物流与国内物流、保税功能与其他物流功能的有机衔接和运输、加工、仓储、销售、物流服务等环节的高效对接，形成保税区与周边地区物流及现代服务业相互支撑的格局，营造大进大出、快进快出的物流通道，实现双赢和多赢。2008 年 9 月 7 日，经国务院批准，保税区转型升级为保税港区，是我国第一个按照海关特殊监管区域“功能整合、政策叠加”要求而设立的保税港区。2009 年 9 月 1 日，青岛保税港区一期顺利通过国家 11 部委联合验收，正式封关运营。

保税物流中心是青岛港物流发展的重点。保税物流中心有着强大的综合物流服务能力，通过对港区和出口加工区的整体规划和资源整合，形成快速集拼、快速集运、快速流动的资金流和商品流。保税物流中心具有口岸功能，可进行的国际物流业务包括国际物流分拨配送、简单加工和增值服务、进出口货物保税仓储、进出口贸易和转口贸易、信息处理及其他相关业务。同时，当有国内货物进入保税中心时，操作流程同出口操作相同，国税有关部门会向出口商品退税。保税物流中心模式改变了传统的仓库运输模式。保税港区的仓库不同于许多区外的仓库，它的功能不仅仅限于对本公司货物的储存，还可以对外租用，并且经过海关的允许，可以将位于区内的商业保税仓库一库多用，可进行货物加工和贸易活动包括船代、货代等业务。对于越来越多的国际贸易形成的国际商品市场，保税港区能够为国内及国际市场大批货物提供相应的业务，为厂商的集散、分拨、配送业务提供便利；实现了运输、展出、销售的一体化，扩大了国际商品在国内的功能；增加了商品保税功能，在保税港区内对商品进行加工、整理、包装，可以大大降低商品流通成本。

（三）港口后勤配送模式

港口后勤配送在生产、交换和流通中扮演着重要角色。仓储和配送体系的建立将进一步优化经济结构，进一步节约社会资源，缩短社会工作时间，充分发挥物流的作用。青岛港后勤配送流程为：①进货，即港口进行揽货的一系列组织工作，流入港口的货源一般可分为明确流向性货源和不明确流向性货源，工厂和贸易成交货源为明确流向性货源，中转货和保税货为不明确流向性货源。②存储，按货物的类别，将货物有规律的存储在港口仓库中，以便后期为货主清点挑选和配货，提高工作效率。③清关报验，货物在进出口的同时，必须严格按照法律流程办理相关手续，包括检重、公估、检疫、检验、估价、审单、征税、核销、查货、放行等。④送货，在规定的时间内完成货主交代的货物运送和转移交接。

青岛港后勤配送的功能和作用包括：①在货物运输过程中，碰撞是难免的，因此，物品流通过程中被移动的次数越少，货物发生损坏的几率就越小，同时可以降低成本，节省作业时间。青岛港有与其规模相配套的港口配送设施和专业管理，使港口物流能够做到真正的专业化和合理化。②港口后勤配送管理已经具有一定的规模，在综合配送管理和信息技术中占有一定的优势，在商流、物流、运输服务方面能够为客户带来更多的机会。同时，港口后勤配送管理具有弥补资金短缺、避免分散库存的作用，能够平衡社会资源，优化社会市场体系，实现社会资源共享。③实施后勤配送模式以后，可以将各个客户的小库存集中到港口物流库存当中，使港口组织更加专业化，减少不必要的硬件设施消耗，降低社会物流总成本。

第四节 战略管理

战略制定与执行最为关键的是组织。战略决定组织，组织传承战略。青岛港经过多年不断探索，已经形成一套完整的战略管理组织系统，从而能够从制度上尽可能地保证战略决策的正确性。

一、战略制定机制

青岛港是国内较早建立专门战略管理部门、明确战略管理职责的国有企业。青岛港在集团一级设立了战略领导委员会，由集团总裁担任主任，主管副总裁担任副主任，各个职能部室的主要负责人担任成员。集团战略领导委员会的现任主任是集团董事局主席兼总裁常德传。集团战略领导委员会全面负责集团中长期战略目标的提出、战略审核和批准执行。必要时，集团战略领导委员会主任主持召集党政领导联席会议，共同确定战略规划编制的指导思想和整体思路。集团战略领导委员会下设发展战略执行部，由集团发展部、业务部、人事部、财务部、政工部、监审部、安技部和办公室的相关专业人员组成。集团发展战略执行部负责发展战略规划的信息收集、调研分析、规划起草和修改完善等工作。

为确保及时科学地形成战略规划并有效贯彻落实，青岛港制定了战略运行体系和工作程序。集团战略领导委员会首先根据企业内外部环境条件和企业未来发展，提出发展战略规划的总体目标和框架思路。然后，集团发展战略执行部按照集团战略领导委员会提出的目标和框架，拟订发展战略大纲，并委派专门人员到集团各个部室和分公司开展调查研究，深入了解企业内部的实际情况和各个部室对于企业未来发展的看法，汇总调研结果。与此同时，集团发展战略执行部搜集相关的宏观、行业等资料，并按照整体、业务单元、职能等分门别类进行对比分析。集团发展战略执行部在对内外各种信息资料进行深入分析的基础上，拟订出发展战略规划初稿。初稿呈报集团党政领导审阅，在听取集团决策层、基层分公司有关负责人和广大职工的意见和建议后，集团发展战略执行部对初稿进行修改，然后进行再调查、再次深入研究、再次征询意见、再次修改，如此往复多次形成集团战略规划最终方案。集团党政领导和集团董事局审议后，最终成为指导企业未来发展的纲领性文件。

在集团总体发展战略规划的基础上，集团各职能部门（部室）和集团各分公司围绕集团总体发展战略规划，制定各自具体的战略目标和路径，确定各自具体的策略和计划。集团各个职能部门（部室）主要制定实现战略的策略和计划，负责组织结构、工作流程和责权体系设计。各个分公司主要制定实现战略和策略的具体战术，包括市场目标、业务管理、薪酬管理、品牌管理和技术创新等。在各分公司确立了战术手段后，其下属部门（基层队）编写操作手册、营运手册、员工手册、技术手册等实现战术的实用指南和规章制度。集团总体战略经过各职能部门、各分公司、各分公司基层队层层分解、层层兑现，从而逐级推进集团战略的贯彻落实。同时，基层队的战略执行情况也经由分公司和职能部门逐层反馈到集团发展战略执行部和集团战略领导委员会，从而实现战略过程的校准和控制。

青岛港战略管理流程如图 2-3 所示。

除了中长期战略规划外，集团还制定年度战略规划。每年 4 月，集团召开董事局会议，总结分析上一年度的战略完成情况，研判本年的发展环境变化态势、企业自身的优势和劣势，进而补充和完善战略规划内容，重新调整确定新一年度的发展战略目标，改进战略实施的保障措施，在调整和改进的基础上形成新的发展战略规划方案。每个财务年度结束后，集团董事局全体董事召开专题会议，对集团发展战略在上一年度的落实情况进行考核评估。评估以集团发展战略确定的考核数据为依据，全面考核上一年度的工作业绩和执行情况，并根据发展战略的完成情况，对部室、分公

司及相关负责人奖励或惩罚。

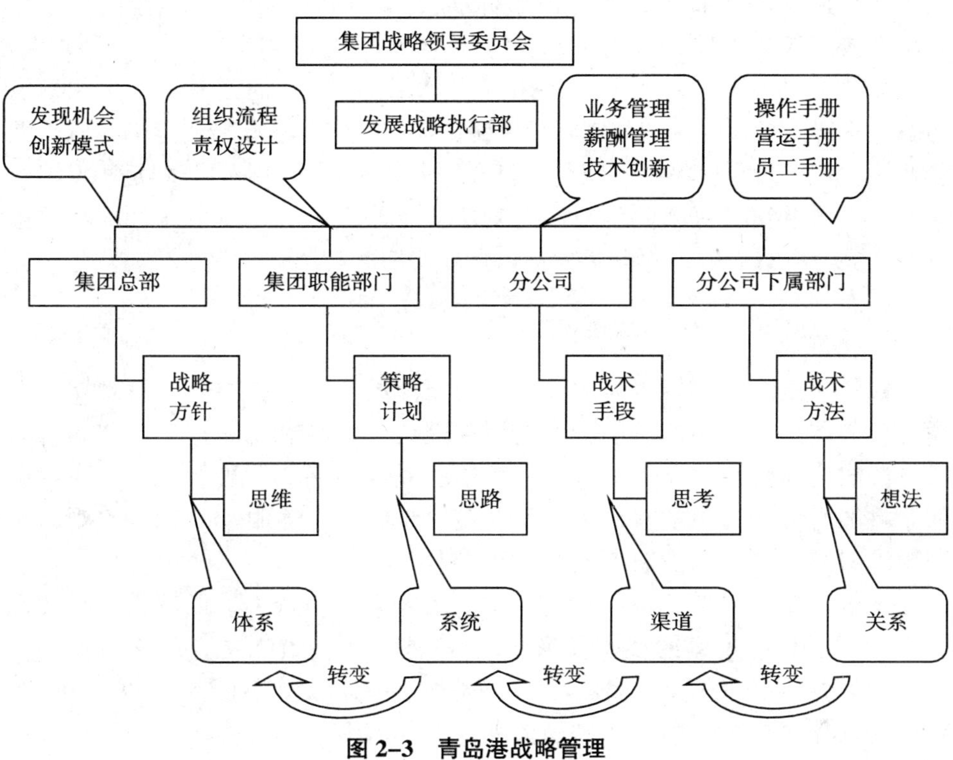

图 2-3　青岛港战略管理

二、战略决策能力提升机制

青岛港清醒地认识到，决策失误、全盘皆输，科学正确的决策是长盛不衰的关键。青岛港积累形成了战略决策能力提升机制，保证了战略管理决策能力的不断提升。

（一）一切从实际出发

青岛港之所以能够做出正确的战略决策、实现科学发展，根本原因在于尊重客观事实，一切从实际出发。青岛港坚持决策来源于实践，并将实践检验细化为“四条标准”：对国家的贡献是否越来越大；港口发展后劲和竞争实力是否越来越强；职工生活质量是否越来越好；职工素质是否越来越高。“四条标准”是青岛港改革发展理论与实践的有机结合，是决定港口各项改革措施取舍和检验各项工作得失的根本标准。正是坚持解放思想、实事求是和检验工作的“四条标准”，青岛港才能明确工作的着力点并不断校正港口发展的方向。

青岛港的一切从实际出发，并不是拘泥于实际，而是时时刻刻用发展的眼光看待实际：现在的“实际”说明了什么，有着什么样的走向，青岛港能够从“实际”的表象中，探究出隐含的发展的本质和走向。立足于发展的实际，青岛港结合每个阶段发展的实情，超前决策，制定出符合国际航运发展趋势的战略规划，并且不断根据发展实情适时调整和完善战略规划。

（二）加强组织和队伍建设

青岛港创建了“集团为决策层，公司为经营层，基层队为管理层，班组为操作层，车组为执行层”的五级管理模式，确立了“重心下移，队为核心”的全新管理思路。五级管理格局理顺了各层次管理职能，将决策层从繁重的管理任务中解放出来，从而使决策层能够着眼于未来和宏观，着眼于港口发展建设的战略制定和过程控制。

青岛港提出“人是企业成功之本，培养人、塑造人、成就人，是实现科学发展、和谐长盛的根本保证”。青岛港长年在员工中开展学政治、学业务、学技术、学文化、学实践“五学”活动；对管理人员开展MBA等脱产培训，有针对性地组团到国内外港口学习考察，提高决策能力和决策水平。青岛港形成了一整套行之有效的岗位管理、绩效管理、安全管理和薪酬福利管理制度，能够激励管理者和广大员工积极乐观地投身到战略行动方案的落实之中。以事业平台为基础、以情感为联系纽带、以产业报国为灵魂的青岛港企业文化，也促使各级管理人员、技术人员和操作人员积极地执行战略，并在行动中自觉地发挥自身的能动性和创造性。

（三）完善民主管理机制

青岛港通过厂务公开、职代会、工会等有效的民主管理渠道，真正调动起员工当家做主的积极性。员工的积极参政议政，成为保证战略决策正确性的重要来源。青岛港制定出台了《关于全心全意依靠职工群众办好企业的意见》、《青岛港加强民主管理规定》和《关于推行厂务公开制度的实施意见》等文件，使民主管理工作日益制度化、规范化、经常化。凡是关系到职工切身利益的改革和发展方面的重大决策，集团都事先征求工会和

职工的意见。每年职代会期间，职工都积极搞调研、深思考、提议案，许多好的提案被采纳后，立即得到实施，有力地促进了港口发展。年年开展职工奉献“金点子”、“创先争优”等活动，凝聚全港职工智慧，为港口科学发展贡献力量。管理层善于倾听发展的建议和员工的需要，每一项决策从港口发展到员工生活，高层管理者总是耐心地倾听员工的心声，管理层与员工之间形成了稳固的沟通、信任、理解和支持的心灵桥梁。

（四）充分利用社会智力

青岛港定期邀请国内外企业管理、财务、信息化等方面的知名专家来港作报告，经常走访船公司、货主、客户，以全面、系统地了解国际、国内经济和国际港航业发展动态，全方位把握决策信息。青岛港吸纳国内外各领域的专家和港内专业人员，成立了专家委员会，专门对事关港口未来发展的重大决策进行研究。对港口建设改造项目委托国家权威机构进行设计，积极听取专业机构对航运业发展趋势的分析，以保证决策的科学性和前瞻性。青岛港的管理实践说明，企业高层管理团队的决策能力是企业战略成功的重要保障，而一支高素质的、专门的战略规划队伍以及大量外部专家的支持，能够进一步提高企业战略决策的科学性。

第三章　组织结构

组织，广义上是指由诸多要素按照一定方式相互联系起来的系统，狭义上是指人们为实现一定的目标互相协作结合而成的集体或团体。企业组织是指为实现企业的目标及执行企业的战略策略，对企业的人力资源进行调配所建立的社会机构。企业组织目标要通过确定组织结构、劳动分工和责权范围来实现。企业组织结构是组织内部的构成及运行方式，一般有以下几种类型：职能式组织、事业部式组织、直线式组织、矩阵式组织、多维组织或立体组织。按照管理的集权程度，企业组织结构也可分为集权化和扁平化两类组织形式。

根据企业成长理论，扁平化组织结构应该与一定的企业发展阶段相匹配。企业成长可分为五个阶段：创业阶段、集体化阶段、规范化阶段、精细化阶段与合作阶段。在精细化阶段以前，随着规模不断扩大，影响区域的日益扩张，企业需要不断提高科学管理水平，完善规章制度；企业的管理层次也会随之增加。在合作阶段，企业变得越来越庞大，进入国际化市场。但随着企业机构的高度官僚化，指挥与反馈链条越来越长，企业对环境的反应也会越来越迟钝。此时，企业需要组织扁平化，简化管理层，缩短指挥链条，恢复企业对环境的灵敏性与活力。

在我国由计划经济向市场经济转变中，国有企业的管理制度和组织模式发生了重大变化。国有企业原有的管理架构已经远远不能适应市场经济发展的需要，企业管理"肌体"需要重新构造和梳理。青岛港深化内部改革，创新长效机制，逐步构建出以"五级管理格局"为核心的现代性扁平化组织架构，建立起了一套适应市场经济要求的企业组织模式。本章总结分析青岛港组织结构演变过程、五级管理模式、集团各层级的组织和管理制度以及青岛港的组织结构特色。

第一节　组织结构演变

20 世纪 50~60 年代，青岛港的内部管理结构曾几度整合、撤销、调整、变更。1951 年，曾学习苏联管理模式，成立作业区的管理方式，但由于关系没有理顺，组织机构重叠，最后被撤销。1958 年，直接成立装卸队、机械队，由局直接领导。从 1969 年开始，港口在基层分设一、二、三装卸作业区，机械大队、港务监督和外轮理货公司等由局直接领导。到改革开放初期，青岛港基本形成了局和公司两级管理结构。改革开放后，在国家不断推进国有企业改革的大背景下，青岛港先后经历了两次重大的管理体制改革：第一次是 1988 年体制下放，实行局长负责制；第二次是 2003 年成立青岛港（集团）有限公司。与这两次管理体制改革相适应，1988 年实行局长负责制以来青岛港根据“精简、效能、统一”的原则进行了组织精简和改革。

一、理清局与局属单位的关系（1988~1992 年）

1988 年局长负责制以来，青岛港务局的工作重点为淡化对局属单位的直接管理职能、理清局与局属单位的关系。在计划经济时期，港口管理机构庞大、人员过多、人浮于事等严重阻碍了港口发展。实行局长负责制以来，为建立高效的组织，青岛港大幅度地调整处室，优化人员安排。主要改革内容包括：局长负责主要人员的聘任工作、适当压缩机关人员、在选拔干部时增加透明度、引入竞争机制、处室干部采取双向选择的办法、实行聘任制和试用期制度。同时，青岛港务局建立健全各项工作制度、工作程序和工作规范，保证新老机构的交接工作有条不紊。

1992 年，青岛港以转换港口经营机制为重点，按照“精简、统一、效能”的原则，对局机关的机构设置进行了进一步深化改革，以达到明确职能、减少层次、运转协调、提高效率的目的。对职能交叉、重叠、相近的部门进行合并。压缩人员，实行一人多职，推行满负荷工作法，克服人浮于事、扯皮推诿的不良现象。处室实行处长负责制，干部可以从事生产劳动，工人可以走上管理岗位。局机关机构调整后，由原来的 28 个处室

（部门）减少到24个，减少14%。局机关管理人员编制由原来的447人减少到296人，压缩编制151人，压缩编制比例为34%。

二、精简机构、转变职能，建立法人管理格局（1993~2002年）

为大力推进港口经营机制转换，1993年青岛港决定再次对局机关的机构设置进行改革。改革的原则是，建立青岛港两级法人管理的新格局，管理部门与经济实体分开；变更局具备法人资格，使局基层单位各自作为相对独立的内部核算单位；组建多种经营实体和中外合资企业，各合资企业自主经营、自负盈亏，青岛港开始向集团化经营方向发展。调整后的局机关由原来的24个处室减少到16个，局机关管理人员编制由原来的296人减少到194人。局机关机构设置实现了少而精。

1995年，为适应港口经济体制从计划经济向市场经济的转变、经济增长方式从粗放型向集约型的转变，在深入调查研究、广泛征求意见的基础上，青岛港确定了进一步深化港口内部管理体制改革的方案，对局机关机构做出调整，局机关的管理人员编制由原来的194人减少到183人。

1996年，青岛港本着“优化结构、优化人员、提高素质、挖掘潜力”的原则，在全港范围内进行优化劳动组合改革。青岛港共有917人分流，占在岗总人数的7%。全集团机关管理人员由1381人减少到1240人；有141名管理人员转岗分流，占管理人员数的10%。

1997年，为最大限度地调动广大员工的积极性，使港口保持持续、快速、健康发展势头，青岛港制定《关于进一步深化改革，优化结构、优化人员的实施意见》。这次改革以科学的劳动定额为定员标准，以“双优”、“两满”（优化结构、优化劳动力资源配置，人人满负荷工作、人人建满意岗位）为重点。在优化结构方面主要对两级机关中职能交叉、重叠、相近的部门予以撤并；对基层单位，按照优化结构、强化职能、加强管理、发掘新的经济增长点的要求，能减则减、能合则合，全力支援前湾新港区的发展。在改革中，全港共有2007人转岗分流，占职工总数的14.5%；有180名管理人员转岗分流，占管理人员总数的13.1%。

1998年，青岛港相继出台《关于深化改革的有关规定》、《关于整顿多种经营实体的意见》、《关于装卸工人对装卸司机岗位“两满”考评办法》等改革文件，并按照“民主、透明、公开”的原则，建立起“双岗并存，两满为准；民主评议，末位待岗；学习培训，竞争上岗”的岗位竞争机制。

1999年，青岛港继续推进生产布局调整和用人机制改革。这次改革从困扰港口发展的四大矛盾入手：一是七大装卸公司之间生产不平衡；二是七大装卸公司内部装卸一线与二线之间不平衡；三是全局二、三线单位和各大装卸公司人员结构失调；四是两级机关干部和全局二、三线单位人员结构失调。七大装卸公司和全局二、三线单位，继续精简机构，压缩人员。局确定二、三线单位原则上要按在岗职工不低于5%的比例压缩人员，压缩编制后的在岗管理人员原则上不高于员工总数的8%。改革中做到了“三个分流”：鼓励七大装卸公司二、三线职工向装卸一线分流，鼓励老港区职工向新港区分流，鼓励全局二、三线单位员工向七大装卸公司生产一线分流。这次共分流调整2729人，一线员工比例由过去的21%提高到30%，二、三线人员压缩7.5%，两级机关管理人员精简280人，全局队级管理人员由640人压缩到500人，压缩比例约22%。

2000年，青岛港继续积极稳妥地把内部改革引向深入，对局机关处室（部门）的编制进行重新确定，局机关处室（部门）由原183人精简为165人。全港有1455名不适应原岗位要求的人员撤离原岗位，并全部妥善安置。此外，青岛港在干部任用工作中引入竞争机制，出台《关于领导干部竞争上岗的实施意见》，经公开报名、资格审查、笔试、竞争答辩、民主评议等程序，先后聘任8名副处级领导干部。

在优化人员结构基础上，青岛港进一步优化劳动组合，加强在岗职工管理，最大限度地挖掘劳动力潜能。各单位以科学合理的劳动定额为尺度，量化和规范工作内容和工作时间，制定合理的编制定员，凡达不到要求的人员便从岗位上撤下，组织学习、培训，按照需要转岗、上岗。为保证改革顺利进行，青岛港还成立了相应的组织机构负责改革，加强领导，加强宣传教育，严肃纪律，科学制订方案，妥善安置下岗人员，以期早日实现青岛港现代化国际亿吨大港的目标。

三、以现代企业制度为方向，构建五级管理格局（2003年至今）

2003年1月8日，根据国务院、交通运输部和省政府关于港口管理体制改革的要求，青岛市人民政府下发《关于组建青岛港（集团）有限公司的通知》，决定以青岛港务局为主体，组建青岛港（集团）有限公司，任命常德传担任青岛港（集团）有限公司董事局主席、总裁。青岛港（集

团）有限公司是以青岛港务局为主体组建的市属国有独资公司，该公司受市政府委托运营国有资产，并承担授权范围内国有资产保值增值责任。集团对公司范围内的国有资产行使管理经营职权并承担相应的责任，是其全资、控股和参股公司中相应的国有法人资本的出资人，依法享有所有者权益。青岛港这次管理体制改革，以现代企业制度为方向，对集团机关再次进行改革再造，建设精干高效的决策层。对集团机关的机构设置、人员安排、活动行为都按照市场经济的要求进行编制定员，打造科学、精简、高效、统一的新体制。集团设七部一室，即发展部、业务部、财务部、人事部、安技部、监审部、政工部和办公室，职能更加清晰合理，人员配置更加优化。

青岛港集团内部有五个组织层级：集团、公司、基层队、班组、车组。为了更加适应市场经济的新变化，促进港口管理模式的新飞跃，青岛港在多年不懈探索实践的基础上，提出了“重心下移，队为核心”的全新管理思路，创建了“集团为决策层，公司为经营层，基层队为管理层，班组为操作层，车组为执行层”的五级管理模式。五级管理让每一个节点“活”起来：决策层集中精力抓好港口建设发展的宏观决策和过程控制，为集团决策、监控和融资中心；经营层集中精力抓市场、抓经营，将资源变财富，为集团的利润中心；管理层集中精力管好人、干好活，是集团基础管理的核心，也是收入实现和成本控制的中心；操作层重点抓好各项任务的实施，为管理任务的执行中心；车组抓好单车管理，为“单元”实体。

五级管理模式使集团管理机构大幅度精简，原先由决策层、经营层负责的大量管理职责全部下放到基层队。港口的安全质量管理、各项生产任务完成、增收节支、设施设备管理、职工业务技术培训、思想政治教育、退休及离岗退养职工管理、班组建设、民主管理、队领导班子建设等职责，全部由基层队承担起来，港口基础管理更加稳固，适应了港口“体制转轨”和“增长转型”的新的企业管理体制和经营机制的要求。管理层真正成为责任与权力相统一的管理主体。

第二节　五级管理模式

一、五级管理模式的产生

传统组织结构直线制过于简单，不能适应大型企业集团的要求。作为直线制的扩展，直线职能制改善了直线制的不足，引入了职能部门的作用，但是一旦企业规模扩大，直线指挥人员无力直接指挥，就会对职能部门过多授权，从而会破坏内部指挥命令的统一性，下一层级单位和人员会不知所措，不知道对谁负责。随着规模的扩大，职能分解过细，也会造成同一层级职能部门之间的横向沟通不足和推诿扯皮。

青岛港的组织结构多年来是一种内含多层次的垂直组织结构，从港口发展战略、建设规划等宏观管理到班组建设、现场文明生产等具体事务管理，都由集团统一负责管理。上下级之间的决策输送和信息反馈、上情下达或下情上达，都同样要经过层层结构传递，导致信息损耗大、传递成本高、传递速度慢等不良后果。另外，集团内部的不同职能部门往往形成部门职员之间沟通与合作的障碍。这种严格定位、分级负责的模式在计划经济时期由于行业发展的可预测性较强而比较有效，但面对变化多端的现代化市场行情则变得反应迟缓、缺乏灵活机动性。顺应市场化、国际化和信息化的要求，青岛港需要组织结构扁平化和组织功能最大化改革。

尤其是随着青岛港的快速发展，港口规模由一个港区扩张为四个港区，装卸生产由劳动密集型向技术密集型转变，增长方式由粗放型向集约型转变，传统组织形式已经很难适应这些新变化，难以适应市场经济条件下激烈竞争的需要。2003 年，青岛港按照现代企业管理制度要求，理顺职能，再造流程，精简两级机关，促使管理重心下移，创建了“集团为决策层，公司为经营层，基层队为管理层，班组为操作层”的四级管理模式，2008 年又扩大到“车组为执行层”的五级管理模式。决策层为集团的决策、监控和融资中心；经营层为集团的利润中心；管理层是集团基础管理的核心，也是收入实现和成本控制的中心；操作层为管理任务的执行中心；车组为单元实体。青岛港五级管理模式如图 3-1 所示。

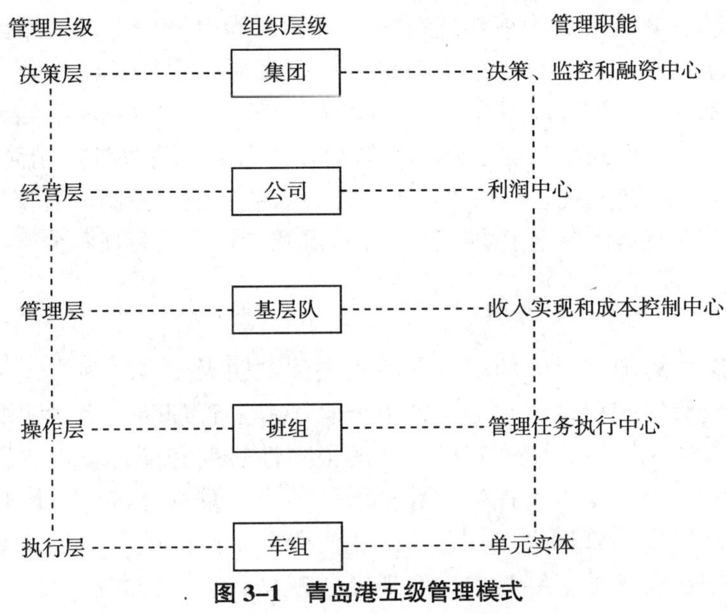

图 3–1　青岛港五级管理模式

二、五级管理模式的特点

五级管理模式的核心是“基层队为管理层”。为帮助基层队把“队为核心”工作抓上去，落实“队为核心”管理责任，青岛港集团在与各基层单位沟通交流、反复讨论后，形成了《青岛港基层队管理办法》。该办法明确了基层队的地位、作用，明确了基层队安全质量管理、生产（工作）任务管理、设施设备管理、精神文明建设、班组建设、民主管理、队领导班子建设等管理职责。同时，青岛港就考核与奖罚做出了规定，要求各单位制定各自的量化实施细则，每月进行严格考核，坚持“教育与处理并重、表扬与批评并重、奖励与处罚并重、经验与教训并重”，并定期对队领导班子进行民主评议。在考核与奖罚中，特别强调对安全质量、治安综合治理、计划生育、信访工作实行一票否决。《青岛港基层队管理办法》的贯彻实施，进一步加强了“队为核心”的管理，充分调动起基层队长（书记）的积极性、创造性，增强了他们的责任感、紧迫感和危机感意识。之后，为加强对基层队的考核和管理，进一步体现责权利相一致的原则，青岛港又研究制定下发了《基层队长（书记）管理职责考核试行规定》，对基层队长（书记）的考核内容及规定进行了细化和量化，使之更具有可操作性和针对性。青岛港在加强“队为核心”管理方面的两个文件的相继出台，为把基层队建设成为战斗堡垒，为培养德为重、信得过、靠得住、能干事的忠诚员工队伍，为促进港口跨越式大发展、保持长盛不衰，奠定了坚实的基础。

在五级管理模式中，除了强调“队为核心”外，青岛港以精简、统一、效能为目标，从转变观念、加快发展、提高效益、过程控制、简政放权、外部协调六个方面具体界定了决策层、经营层和管理层的责任和分工。

（一）转变观念

决策层由管理“今天的事”转变为关注“明天发展”为主，由微观事务管理转变为宏观研究管理为主，由低水平重复管理转变为关注港外市场变化和关系协调为主，实现管理观念的根本性转变和管理境界、管理档次的全面提升。经营层由重视生产数量增长转变为重视经济效益增长，由重生产轻管理转变为管理生产并重，由关注资源占有的数量为主转变为关注利用资源创造财富的多寡为主，实现经营理念、管理方式的全新转变。管理层由单一实干型向全面管理型转变，由被动应付型向主动创新型转变，由消极等待型向积极预控型转变，由随机经验型向制度规范型转变，不仅“干好活”，而且“管好人”，成为港口管理的核心。

（二）加快发展

决策层保证港口“三个文明”建设同步发展，主要精力投入扩大再生产领域。工作重点是：发展战略、政策研究、港口规划、新上项目、投资融资、市场研究、改革稳定、班子队伍。经营层重点抓好简单再生产的组织，把资源变成财富，按照决策层的战略部署，抓好货源市场及十大关联产业市场的开拓，不断扩大市场占有率，保证实现集团下达的各项经营管理目标。管理层全面抓好管理职责，管好人、干好活、负好责，保证各项任务的完成，成为“发展的堡垒，稳定的堡垒，文明的堡垒，创新的堡垒”（“四个堡垒”），为外拓市场创造条件，为港口发展奠定坚实基础。

（三）提高效益

决策层突出加强对全集团人、财、物的集中统一管理，最大限度地发挥好港口资源的效能，最大程度地降低成本，发挥整体优势，以最少的投入获取最大的效益。经营层千方百计发展生产，提高生产效率，科学合理

充分利用资源，将有限的资源变成最大的财富；抓好经营绩效分析，加强对基层队生产成本的考核，降低经营成本，堵塞漏洞，提高效益。管理层抓好成本指标的分解落实，积极开展节支降耗活动，以最少的消耗获得最大的效益。

（四）过程控制

决策层以“国家质量奖”标准为指导，建立健全长效激励机制，坚持依法治港，考核监督，过程控制，堵塞漏洞，保证集团总目标的完成，保证港口持续快速健康发展。经营层按照集团的要求和PDCA循环的原则，立足本单位实际，强化长效机制，加强自控和预控，加强对管理层的过程控制，实现自我约束、自我发展。管理层将本职工作任务和管理指标分解落实到班组和员工，定期考核，定期分析总结，确保完成，不断改进。

（五）简政放权

决策层按照五级管理模式，从实际出发，减少管理层次，提高工作效率，抓好工作质量，该集中的集中管理，该下放的坚决下放，还权于经营层和管理层，使集团决策层集中精力抓宏观、抓决策、抓大事。经营层集中精力抓市场、抓经营，能下放的管理职能全部下放给管理层，实现管理重心下移。管理层真正成为责、权、利相统一的管理主体，实现了机构设置和管理职能脱胎换骨的大转变。

（六）外部协调

决策层加强与各级主管部门、“一关三检”、铁路等社会各界的联系沟通，积极争取政策支持和工作支持，增进各部门及社会各界对港口的了解，扩大港口宣传，树好港口形象，创造有利于港口发展的外部环境。经营层积极加强与船东、货主的联系和沟通，赢得广泛支持，促进自身发展。管理层坚持“货主用户的满意就是质量工作的标准”，眼睛向内，苦练内功，文明待客，为货主、船方提供优质高效的服务。

总之，五级管理模式最重要的成果是，青岛港每一层级都明确知道了自己的职责所在。谁来决策，谁来经营，谁是管理的主体，谁是操作的主体，这些不容回避的问题在五级管理格局中迎刃而解：集团作为决策层能够集中精力想大事，谋划战略，整合资源；公司作为经营层能够全力以赴闯市场，执行战略，创造财富；基层队作为管理层能够沉下心，管好人和事，苦练内功，夯实“三基”；班组作为操作层能够脚踏实地地干活，立足岗位，创新业绩；车组作为执行层则能够全心全意地执行目标和任务、尽心尽力地管理和保养单车。

三、五级管理模式的效果

青岛港管理重心下移产生了积极效果，拉近了管理者和被管理者之间的距离，使管理者能够及时发现问题和解决问题，从而有利于提高企业管理效率和生产效率。

第一，管理重心下移使得分权成为可能。“队为核心”管理模式使得分权成为可能。基层队拥有生产作业管理、安全质量管理、设备设施管理、绩效管理、员工管理、职工业务技术培训、思想政治教育、民主管理、退休和离岗退养职工管理、班组建设、队领导班子建设等管理职责，充分调动起基层管理人员的工作积极性和主动性。

第二，管理重心下移可减少中间层，导致“中层革命”。组织最常见的病症也是最严重的病症即管理层次太多。组织结构设计上的一项基本原则是，尽量减少管理层次，尽量形成一条最短的指挥链条。队为核心的管理模式不仅直接减少了管理层次，而且基层管理者有积极性充分利用现代信息技术和网络技术增加管理幅度，使得信息和知识的共享可通过计算机网络得以实现，导致原先承担上传下达任务的中层管理人员大幅减少，组织机构更加精简、统一和高效。

第三，管理重心下移有利于灵活指挥。当组织相对简单时，统一指挥原则似乎是管理的金科玉律。但随着组织规模的扩大，统一指挥原则经常无法实现，灵活指挥成为企业控制过程的灵魂。管理重心下移则有利于灵活指挥，基层管理人员由于更熟悉情况，因而可以更系统地阐明目标，更准确地制定评价工作成绩的标准，更好地把企业同各种环境系统联接起来，促使生产现场的各种问题得到更准确、更及时、更有力的处理，从而强化生产现场管理水平，提高生产作业管理效率。

第四，管理重心下移使高层管理者可集中精力做决策。队为核心的管理模式和信息化、计算机化带来的间接控制与指挥，使“中层革命”和组织扁平化成为一种现实，使得高层管理者可以从繁重而琐碎的管理细节中解放出来，从而可以集中精力抓好战略和经营。

第三节 集团的组织和管理制度

在五级管理格局中，集团为决策层，其主要职能为集中精力抓好港口建设发展的宏观决策和过程控制，为集团决策、监控、融资中心和国有资产保值增值的投资责任中心。集团组织结构图如图 3-2 所示。

- 青岛港（集团）有限公司
  - 董事局
    - 办公室
    - 业务部
    - 安技部
    - 财务部
    - 人事部
    - 监审部
    - 发展部
    - 政工部
    - 集团直属公司（分公司）
      - 大港公司
      - 油港公司
      - 前港公司
      - 物流公司
      - 港运公司
      - 董家口分公司
      - 轮驳公司
      - 供电公司
      - 通信公司
      - 港机厂
      - 外轮理货公司
      - 通达公司
      - 材料加工厂
      - 机械维修中心
      - 青岛港公安局
      - 信息中心
      - 新闻中心
      - 采购中心
    - 集团投资公司（子公司）
      - 青岛前湾集装箱码头有限责任公司
      - 青岛前湾联合集装箱码头有限责任公司
      - 青岛实华原油码头有限公司
      - 青岛前湾西港联合码头有限责任公司
      - 青岛港（集团）港安建设有限公司
      - 青岛联合国际船舶代理有限公司
      - 日照日青集装箱码头有限公司
      - 威海青威集装箱码头有限公司
      - 青岛东港国际集装箱储运有限公司
      - 青岛长荣集装箱储运有限公司
      - 青岛港华包装有限公司
      - 青岛港盛国际物流冷藏有限公司
      - 青岛永利保险代理公司
      - 青岛阜外心血管病医院
      - 青岛港湾职业技术学院

图 3-2 青岛港集团组织结构

一、集团治理结构

青岛港（集团）有限公司属于国有独资公司，依法设立的董事局行使股东会的部分职能，决定公司重大事项。董事局向出资人报告工作，具有制定公司重大方案、中长期发展规划、基本管理制度等方面的战略性职能。集团实行董事局领导下的总裁负责制。为有利于集团经营和管理的统一领导，经市政府同意，董事局主席或董事局其他董事可兼任集团总裁。集团总裁主要有主持集团日常业务和生产经营管理工作、制定具体规章、拟订集团内部管理机构调整或撤销方案等权责。

董事局的职权具体包括以下内容：第一，向出资人报告工作。第二，根据出资人的要求，决定集团的发展方案。第三，决定集团的经营方针、投资计划及中长期发展规划，批准主要经济责任目标。第四，制订并审议批准集团年度财务预决算方案、利润分配方案或弥补亏损方案。第五，拟订集团增加或减少注册资本的方案。第六，拟订集团合并、分立、解散的方案，变更集团形式和发行集团债券的方案。第七，决定集团管理机构设置和制定集团的基本管理制度。第八，按法律法规赋予的权限、产权关系和法定程序，聘任或解聘集团的高级经营管理人员，并决定其报酬和奖惩。第九，提报集团章程修改议案。第十，审议批准或决定全资子公司、控股公司的合并、分立、解散、增资方案。第十一，其他必须由董事局决定的重大事项。

董事局主席的职权包括以下内容：第一，召集和主持董事局会议。第二，检查、监督董事局决议的实施。第三，对外代表集团，签署集团董事局文件、法律文书和合同协议。第四，依法行使法律、法规赋予的决策权。

集团监事会由政府授权部门委派，对集团国有资产安全和保值增值状况实施监督，对派出机构负责并定期向其报告工作。集团的董事、总裁和财务负责人不得兼任监事。监事会履行检查集团财务、对集团经营业绩进行监督评价等职能，具体职责包括：第一，检查集团财务，监督评价集团经营业绩和财产保值增值情况。第二，对集团的董事、总裁以及其他高级管理人员执行集团职务的行为进行监督。第三，列席董事局会议。第四，法律法规规定的其他职权。

在青岛港集团的治理结构中，除了董事局和监事会外，还有党委会、

职代会和工会。青岛港集团在各个组织层级中，都设置有党的组织和相应的政工机构。基于党委会和董事局的职能定位，青岛港将集团董事局与党委会成员采用交叉任职的体制安排。交叉任职明显地缩短了党委会与董事局两大系统间物质、能量与信息的交换过程，有效地协调了党组织与董事局之间的关系，因而减少了内耗，大大降低了体制成本。这种体制安排最终形成了“一个机构，两块牌子”的企业领导体制，使企业系统运转顺畅，提高了企业决策效率。

职代会和工会在青岛港民主管理中发挥着重要作用。青岛港通过职代会和工会等民主管理制度保障了企业职工的权利。职代会和工会的作用包括：对企业重要事项行使审议建议权；对企业经营班子成员行使评议监督权；职工监事是职代会与监事会联系的纽带，代表职工参与企业监督。职代会、工会与董事局之间通过民主恳谈会、职工评议企业领导等制度，形成联系与互动关系。通过制定相应的民主管理制度，职代会和工会成员参与企业监督与决策，成为青岛港集团治理的一大特色。

二、职能机构设置

集团职能机构设七部一室，即发展部、业务部、财务部、人事部、安技部、政工部、监审部和办公室。

发展部负责集团发展战略的制定、贯彻和实施，负责年度发展计划制订、工程管理规划与招商引资工作。

业务部制定业务流程和市场开发战略，拟订调度计划、年度月度计划、三班调度、生产统计等。

财务部制定集团财务管理制度，负责资金管理、预算管理、财务分析、内部结算等。

人事部落实组织人事工作，负责人员考核、党建、人才培训、老干部、劳资、劳动定额等。

安技部负责机械、装卸设备、物资、安全质量、科技管理等工作。

政工部负责集团精神文明建设，管理工会、武装部、团委、宣教、文体、计划生育等。

监审部负责纪检监察、工程审计、财务审计等工作。

办公室以参谋、后勤角色开展工作，具体工作包括秘书、值班室、档案、内外事接待、信访、法律事务、日程安排等。

三、分公司和子公司

青岛港集团下辖直属分公司（单位）和集团投资子公司（单位）。青岛港集团的直属分公司（单位）属于非法人分支机构，青岛港集团的投资子公司（单位）是独立法人，有独立的名称、公司章程和组织机构。

青岛港集团的直属分公司（单位）主要有：大港分公司、油港分公司、前港分公司、物流分公司、港运分公司、董家口分公司、轮驳分公司、供电分公司、通信分公司、港机厂、外理分公司、通达实业公司、采购中心、机械维修中心、材料加工厂、青岛港公安局、信息中心、新闻中心。

青岛港集团的投资子公司（单位）主要有：青岛前湾集装箱码头有限责任公司（QQCT）、青岛前湾联合集装箱码头有限责任公司、青岛实华原油码头有限公司、青岛前湾西港联合码头有限责任公司、青岛港（集团）港安建设有限公司、青岛联合国际船舶代理有限公司、日照日青集装箱码头有限公司、威海青威集装箱码头有限公司、青岛东港国际集装箱储运有限公司、青岛长荣集装箱储运有限公司、青岛港华包装有限公司、青岛港盛国际物流冷藏有限公司、青岛永利保险代理公司、青岛港湾职业技术学院、青岛阜外心血管病医院。

第四节　公司的组织和管理制度

青岛港集团下辖的分公司和子公司都有其各自的组织结构和管理制度。但由于分公司和子公司的不同性质，其组织结构和管理制度也有所差别。

一、集团直属分公司

青岛港集团的直属分公司（单位）属于非法人分支机构，它们贯彻执行集团的决策，从事专业化的生产经营活动。集团按照“集中政策，分散经营”的原则，确立二级分公司为经营层，其主要责任是集中精力抓市场、抓经营，是集团的利润责任中心。各个分公司独立经营、单独核算，拥有一定的经营自主权。各个分公司既是集团控制下的利润中心，又是产品责任单位和市场责任单位，拥有自己的产品或服务和独立的市场。

集团直属分公司都有其各自的职能机构和管理制度。以大港公司和外轮理货公司为例，简介分公司的组织和管理制度。

（一）大港公司的组织与管理

大港分公司是 2001 年由青岛港老港区原北港、大港、中港三大装卸公司整合而成，是青岛港全海区经营货种最多、综合服务能力最强、集客货运输服务为一体的综合性装卸公司。大港分公司设有人事部、计划采购部、安全技术部、业务部、政工部和办公室 6 个职能科室，各科室职能明确，其组织结构如图 3–3 所示。

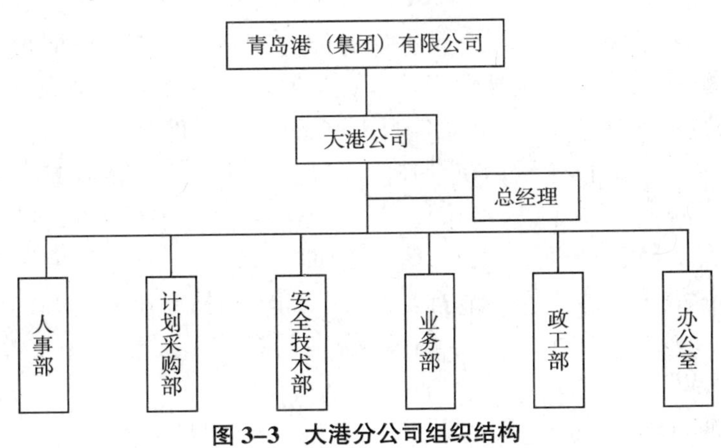

图 3–3　大港分公司组织结构

大港分公司在践行集团“三大使命”和“三个一代人精神”核心企业文化的基础上，结合大港实际，提炼出如下管理理念。

（1）大港精神：忠诚奉献，雷厉风行，克难而进，唯旗是夺。忠诚奉献：体现大港人坚守“八大精神高地”，牢记港口“三大使命”，牢记“稳定发展繁荣老港区”的嘱托，在思想上、行动上时时、事事、处处与集团保持高度一致、顾全大局、忠心耿耿、无私奉献的精神风貌。雷厉风行：大港人贯彻上级指示精神，作决策抓落实的作风迅速、果敢、不拖沓、不推诿，说了算，定了干。克难而进：体现大港人面对公司内外激烈的市场竞争，不畏难，不退缩，敢于、善于应对各种困难和挑战，攻无不克、战无不胜的工作境界。唯旗是夺：体现大港人“干就干一流，争就争第一”、能打硬仗、善打胜仗的精神状态。

（2）经营理念：多快好省，创造卓越。多快好省：立足老港区实际提出生产经营目标，即创收多、效率快、效益好、成本省。创造卓越：公司生产经营不仅要达到多快好省，更要朝着更高的境界奋进，创造出卓越绩效。

（3）发展理念：挑战极限，和谐繁荣。立足于公司泊位、库场等资源实际，以人的潜能开发为动力，致力于资源挖潜，突破疏运、货源等发展瓶颈，走节约型经济增长之路，产生更强大的核心竞争力，创造老港区稳定发展的新环境。

（4）服务理念：一切为货主，满意在大港。体现了公司诚信为本、货主至上的服务原则和追求，以及忠诚实践青岛港“诚纳四海”服务品牌的决心。

（5）学习理念：学出完美人生，岗位绽放光彩。坚持与时俱进，工作学习化，学习工作化；全员学习、全程学习、团队学习。全力打造学习型企业、培育知识型职工，让每名职工牢固树立“我要学、我会学”的观念，立足本职，增长才干，在平凡的岗位上干出不平凡的业绩，实现人生价值。

（6）安全理念：遵章守纪，珍爱生命。始终将“五个平安”作为公司最薄弱、最敏感、最关键、最重要的环节，牢固树立平安是福的观念，落实“三个规范”，提高职工的“三不伤害”意识和技能，人人遵章守纪，全力确保平安。

（7）创新理念：用明天的思维干好今天的工作。以观念创新、思路创新为前提，超前决策，超前行动，与时俱进、精益求精地干好每一项工作，使公司在创新中发展、成长和提高，永葆生机与活力。

（二）外轮理货公司的管理制度

青岛外轮理货公司前身为中国外轮理货总公司青岛分公司，始建于1961年。2008年9月改制为青岛外轮理货有限公司（以下简称“外理公司”），是由青岛港（集团）有限公司和中国外轮理货总公司共同投资组建的目前山东省最大的一家地区性专业理货公司。外理公司的集装箱船舶理货“零时间签证”品牌获得“山东省服务名牌”称号，成为了青岛港“诚纳四海·振超效率”服务品牌的重要组成部分。

外理公司的管理制度如下：

（1）公司精神：不干则已，干就要争创一流。

（2）经营理念：宁肯自己千难万难，也决不让船方、货主一时犯难。

（3）公司战略：内抓管理，外树形象，夯实基础，迎接挑战；以人为本，与时俱进，全面创新，科学发展。

（4）工作作风：高标准，严要求，高效率，快节奏。

（5）“五个一”方针：坚持一个指导思想，即青岛港的指导思想；转变一个观念，变管理为服务；专注一条主线，科技兴司；履行一个承诺，谁有作为、谁能干，谁就是人才；用好一个杠杆，分配机制。

（6）“三化”管理：管理标准化，行为规范化，行动军事化。

（7）“五管一到”：将“文明理货，文明管理，文明岗位，文明服务，文明环境”五个文明管理规范做到每一艘理货船舶的理货房间。

（8）“三净四清”：理货室、更衣室、值班室地面净，做到纤尘不染；桌面净，做到无杂乱物品，无烟灰缸；墙面净，做到无过时标语口号，无不健康画报。理货单证舱单清，理货单清，值班日志清，交接班记录清。

（9）“三化四统一八项要注意”：配工达到军事化、规范化、标准化；着装统一，理货用具统一，坐姿统一，程序统一；交接班做到：一交安全，二交卫生，三交岗位，四交方法，五交单证，六交进度，七交注意事项，八交理货承诺。

（10）第一位责任：理货组长登轮后首要的责任是给理货员寻找“安全点”。

（11）班班见领导：副科以上领导干部值夜班，具体要求是，船船要走到，人人要见到，班班见领导。一抓安全质量，查找每一个隐患；二抓登轮纪律，纠正违章违纪现象；三抓调查研究，提出一条合理化建议；四抓当班出现的问题，填写一张真实合格的《值班检查记录》，为领导决策提供依据。

（12）滚动式检查：值班主任、副主任轮流不间断地深入作业现场检查指导工作，推行值班主任现场工作法。

（13）站位盯箱：集装箱理货的岗位标准是，理货员必须在便于核对箱号、验明残损和记录记载同时又能保证安全的甲板或船边位置理货。

（14）“四点一线”：件杂货理货的岗位标准是，理货员必须在舱内、夹板、船边、库场连成的作业线上流动巡视。

（15）24 小时监控机制：公司领导不定时深入现场巡查，副科级以上领导“班班见领导”值夜班，值班主任“滚动式”现场检查，理货组长为理货员寻找安全点，共同对理货作业现场昼夜进行交叉式监督检查，保证理货作业现场24小时处于有效预控状态。

（16）“三个不一样”：在增资、分配、职称聘任、评先、用人等工作上，重贡献，看表现，充分体现“干多干少不一样，干好干坏不一样，干与不干不一样”。

（17）“三个不管”。不管有什么理由，干不好工作就没有理由；不管有什么资格，干不好工作就没有资格；不管有什么本事，干不好工作就没有本事。

（18）登轮纪律“十六条”：登轮劳动纪律“十六条”规定，其核心内容是服务承诺，对外是对客户的承诺，对内是对理货人员的纪律要求。

（19）“六不”承诺：不吸船方一支烟，不喝船方一杯水，不买船方一件物品，不脱岗、不串岗、不睡岗，公正准确、优质服务，有困难请找理货员。

（20）“三个”形象：在外国人面前树好中国人的形象，在中国人面前树好青岛港人的形象，在青岛港人面前树好外理人的形象。

（21）“六型”团队：团队建设目标是，学习型、创新型、实干型、竞争型、服务型、民主型。

（22）“四方”满意：理货工作要达到船方、货主、港方、对方港站四方满意。

（23）“三视三为”：视增收为敬业，视节支为责任，视颗粒归仓为忠诚。

二、集团投资子公司

青岛港集团的投资子公司基本上是与其他公司共同投资设立的，集团占有子公司一定的股份。集团投资子公司属于法人单位，有独立的名称、公司章程和组织机构，有法定的资本，以自己的名义对外交往，并以公司资产对债务承担责任。目前，在青岛港集团投资的子公司中，集团对大多数子公司拥有的股份达到50%以上，拥有控制权。

青岛港集团与其投资子公司的关系主要体现在以下几个方面：第一，集团与子公司是出资人和被投资企业之间的关系。集团不能违反法律和章程规定，直接干预子公司的日常生产经营活动。第二，集团对子公司的管理。在集团控股的子公司中，集团对其下属子公司的财务、人事、商务等进行管理；集团选派人员至子公司的董事会，执行集团的决策。第三，子

公司的激励机制。青岛港集团作为股东对子公司进行业绩评价和考核，而且对子公司的绩效考核指标通常高于子公司自身所制定的年度考核指标。对完不成指标的子公司，集团对派驻子公司的经营管理者进行相应的惩罚。这种考核不仅仅是对子公司经营管理的约束，更主要的是激励子公司不断提高经营管理水平和经济效益。

集团投资子公司都有其各自的职能机构和管理制度。以青岛前湾集装箱码头有限责任公司（QQCT）为例。

QQCT 成立于 2000 年 7 月，由青岛港务局［2003 年改制为青岛港（集团）有限公司］与英国铁行港口公司（2006 年已被迪拜港口收购）合资经营。2003 年 7 月，青岛港集团再次携手丹麦马士基集团和中国中远集团，“三国四方”共同出资组建 QQCT。

（一）股东组成

（1）青岛港集团。

（2）迪拜世界港口公司。2006 年底，迪拜世界港口公司以 3.3 亿英镑成功收购英国铁行轮船集团，从而成为世界第三大集装箱码头经营商、全球最大的港口公司。

（3）马士基集装箱码头公司（APM Terminal）。马士基集装箱码头公司业务范围为集装箱码头建设和运营，集装箱吞吐量位居世界前 4 强。马士基集团创立于 1904 年，其下属的马士基航运公司（Mearsk Line）是世界上最大的集装箱航运公司，由 Mearsk Sealand 合并英国 P&O Nedllord 后改组而成，占世界集装箱航运市场的 17%。

（4）中远太平洋。中远太平洋于 1994 年 12 月在香港联交所挂牌上市，是中远集团子公司中国远洋控股股份有限公司控股的上市公司，主要从事集装箱租赁、集装箱码头经营、集装箱制造及综合物流等业务，是世界第五大码头经营管理公司，全球集装箱租赁市场占有率位居第三。

（二）组织结构

QQCT 由股东组成董事会，设有执行委员会，采取总经理负责制，下设商务与公司事务部，操作部，工程与技术部，财务、行政与 IT 部，审计与法律部，人事与安全部等职能机构。

QQCT 的组织结构如图 3-4 所示。

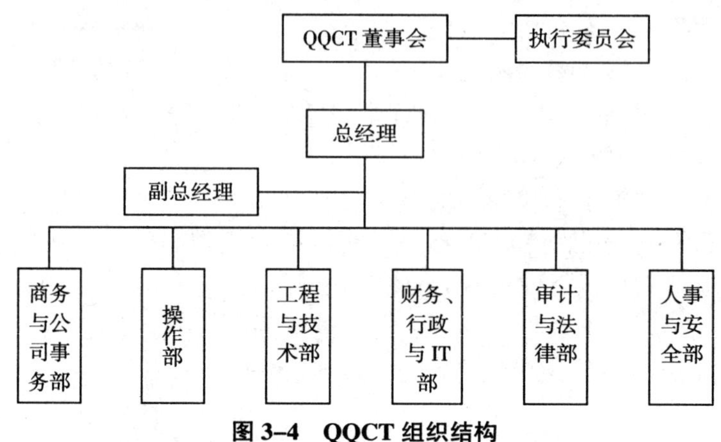

图 3-4 QQCT 组织结构

（三）经营理念

QQCT 秉承“学习创新，追求卓越”企业文化理念，创造一种平等、和谐、求学、上进的文化氛围，建立有机的、柔性的学习型组织，充分发挥员工的创造性思维。公司积极开展丰富多彩的活动，进行各种技能培训，涌现出了以许振超为代表的一大批优秀员工。公司形成了一支结构合理、管理精良的管理人员队伍，一支业务熟练、技术精湛的技术人员队伍，一支高效集中、指挥有力的计划调度人员队伍。尤其是许振超的先进事迹在全国推广以来，公司员工学“振超精神”，争做知识型员工，苦练绝活，实现了公司与个人的同步发展。

QQCT 的经营理念如下：

（1）QQCT 愿景：建设国际集装箱枢纽港；锻造行业精英（高素质的管理者队伍，高水平的专业技术人员队伍，高技能的员工队伍）；营建平安和谐家园（一心为民，造福职工）；打造卓越品牌（“振超效率”）。

（2）QQCT 精神：学习创新，追求卓越。

（3）QQCT 目标：做未来集装箱码头的领袖。

（4）QQCT 意识：市场意识，服务意识，竞争意识，创新意识，团队意识。

（5）QQCT 使命：为客户提供满意服务，为员工创造发展空间，为股东创造丰厚回报，为社会承担更大责任。

第五节 基层队的管理职能

基层队为管理层。基层队既要管生产，又要管人，有权有责，责、权、利相一致。具体地，基层队的主要管理职责包括生产作业管理、安全质量管理、设备设施管理、绩效管理、员工管理、职工业务技术培训、思想政治教育、民主管理、退休和离岗退养职工管理、班组建设、队领导班子建设等。本节重点阐述基层队的生产作业管理、绩效管理、员工管理和民主管理四个管理职能。

一、生产作业管理

基层队具体担负生产管理和质量安全，全面负责执行上级下达的生产计划和任务。在生产作业方面，对装卸作业大队来讲，要以车船疏远为重点，精心安排配工，完成各类货物的装卸作业，落实为货主、船方和对方港站的服务工作；对机械作业大队来说，则要根据公司下达的生产作业计划和要求，安排机械作业，并负责本队机械设备的“管、用、修、养”，降低能源和材料消耗。在生产现场管理中，严格安全质量责任制，贯彻工艺规程的标准化、规范化和制度化操作，严格培训、检查、考核和奖惩，严格执行“三无”班组建设（无违章违纪、无事故、无犯罪）、现场管理“三定三不四标六清五消灭”标准［定置、定量、定型；不损货、不漏货、不起尘；标准垛、标准舱、标准钩、标准车；船舱清、甲板清、码头清、道路清、机具清、库场清；消灭工伤事故、消灭货损事故、消灭火灾事故、消灭船（机）损事故、消灭交通事故］和“五个文明”管理（文明装卸、文明生产、文明施工、文明环境、文明服务）。

各公司基层队在生产作业管理中，结合自身工种特点和业务特色，创建了多种行之有效的作业方法。例如，大港公司装卸队创建的“四抢三秒工作法”、冻鱼安全高效作业法、火车袋装货物快速提效作业法。这些作业方法朗朗上口、易于记忆，不仅提高了作业效率，而且保护了作业过程中职工的人身安全。

（一）大港公司装卸一队“四抢三秒工作法”

准备工作抢三秒，提前开工基础牢；
各个环节抢三秒，业务精湛来确保；
研究工作抢三秒，争分夺秒创高效；
收尾工作抢三秒，五个文明标准高。

（二）大港公司装卸六队冻鱼安全高效作业法

开好三会证带好，联系各方早协调；
劳保工具提前备，登轮纪律落实好；
掌握件重细分票，拖底搬中巧扛高；
捆钩麻利数字准，相互挂货及时跑；
挖井留山不可取，躲钩防滑防货倒；
搞钩指挥不违章，既快又稳门看好；
挂钩捡网查工具，三快三勤要确保；
装车快速莫超高，用好车梯不抓腰；
四标六清严落实，安全优质创高效。

（三）大港公司装卸六队火车袋装货物快速提效作业法

火车作业要求严，工序衔接很关键；
桥板提前借工具，分配垛上和车边；
垛长提前找理货，联系货位先解垛；
放货抓好第一车，保质保量数准确；
货垛转换抓衔接，提前解垛快迁车；
车位人员勿等靠，清车绑门等货到；
摆放横竖成线快，质量达标创高效；
绳网篷布要刹好，所绑位置要记牢；
先盖后刹勿颠倒，封车验车一次好；
车边垛边不压车，路路畅通效率高。

二、员工管理

基层队除了管事外，重要的工作是管人。各公司基层队根据其业务特

点，创建了有效的员工激励机制、打造了学习型团队、造福了基层职工。

（一）员工激励机制

在员工管理中，基层队建立了有效的岗位竞争机制，即“全员考评，公平竞争，合格在岗，优胜劣汰”的岗位竞争管理办法。坚持德才兼备、谁能干谁干，坚持能上能下、谁干得好让谁干，坚持双岗并存、末位待岗，有效激发了职工互相竞争、拼搏进取的工作热情和“爱港敬业”精神。

在加强岗位竞争机制建设的同时，基层队还采取有效措施提高员工的工作积极性和创造性。例如，大港公司机械四队采取了星级设备评分标准和车长激励机制，为员工发挥聪明才智、提升基层队绩效创造了良好条件。大港公司机械四队首先制定了星级设备评分标准：评价得分 95 分（含 95）以上为五星级设备；评价得分 90 分（含 90）~95 分（不含 95）为四星级设备；评价得分 85 分（含 85）~90 分（不含 90）为三星级设备；评价得分 85 分（不含 85）以下为不达标设备。在星级设备评分基础上，制定了如下车长激励机制。

（1）严格落实“车为单元”管理规定的车长，班级可视情况每月发放车长补贴 5~10 个工时。

（2）五星级车组，队奖励车长 10 个工时；四星级车组，队奖励车长 7 个工时。

（3）队每月评比红旗车和优秀车长。根据星级评价得分，前三名的设备为红旗车，车长为优秀车长（得分相同时，以“五个文明”管理得分多少排序），对红旗车的车长奖励 3 个工时。另外，队每季度组织优秀车长评比，凡是获得季度优秀车长称号的，队分别给予一次性奖励。

（4）鼓励车长和车组成员在“车为单元”管理上不断创新，用心动脑，凡是提出合理化建议被队采纳者，队将视情况给予奖励。

（5）发现设备重大安全隐患、主动汇报避免事故发生者，视情况给予奖励。

（6）设立“车为单元”管理专项考核工资。采取保车挣计件工时的方法，鼓励车长、车组成员多保车、多挣钱。班长根据班组小立法，每天对车长、车组成员的设备保养情况进行划分，所得分数直接参与班级计件工资的分配。“车为单元”管理专项考核工资为班组当月计件工资的 30%。

（二）学习型团队

青岛港在基层队和班组倾力打造学习型团队，对职工采取了岗位学习、集中培训和社会教育“三位一体”的教育形式。集团每年向基层队组下达学习计划，各队组围绕专题，在个人认真自学的基础上，采取集中学习制度，并检查对照。倡导团队结合工作的岗位学习，使“工作学习化、学习工作化”贯穿在生产中、体现在岗位上。基层队把职工技能培训和素质教育纳入发展规划中，有计划、分步骤地组织职工学习管理、法律、计算机、安全质量等相关知识。基层队还尊重职工意愿，安排合适的工作班制，开展技术比武、岗位练兵、导师带徒等活动，促进职工业务技能不断提高。

（三）造福职工

基层队要求班组长牢记青岛港“一心为民，造福职工”的宗旨，建立密切联系职工制度，认真落实关心职工的“四必谈，五必访”制度（职工工作出现问题必谈、思想情绪不稳定必谈、同志间产生矛盾必谈、家庭出现矛盾必谈；职工及其家属生、老、病、死或遭遇意外必访）。基层队给每个班组印制了有正副班长联系方式的“亲情卡”，发放到每名职工家属和退休退养职工手中，为职工解决实际困难。

三、绩效管理

基层队作为管理层，承担着班组绩效管理的重任，重点对工作质量、数量、效率等绩效指标进行考核。考核以班组为单位按月进行，采取民意测验、班组长评价等方法，考核结果每月公开，逐月统计汇总。基层队建立考核档案，真实记录每名员工的考核结果，根据考核标准分别设立杰出、优秀、良好、一般、不满意等评价等级，表彰考核中的杰出、优秀者，勉励考核中的良好者，督促和教育那些表现一般者，对考核中的不满意者则实行待岗。

基层队制定提升队业绩的制度和措施。例如，大港公司机械四队制定了如下节能减排措施。①成立队节能减排领导小组，全面负责本队节能减排的布置、落实、检查、考核、改进等各项工作。②制定队节能减排定额，确定目标，落实指标到人。③大力开展管理节能减排研究，探索新工

艺，优化再造作业工艺流程，促进队节能减排工作的落实。④大力开展科技节能减排研究，通过新技术、新产品、新设备、新工艺的选用，大力推进技术革新、技术改造，实现科技节能减排工作的落实。⑤大力开展群众性节能减排活动，总结提炼优秀操作法，促进操作节能减排工作的落实。

基层队和班组普遍建立了“三对比一分析”的绩效分析方法。“三对比一分析”是指跟自己比、跟同行比、跟竞争对手比，分析自身优势和劣势。在基层队绩效管理的基础上，每季度青岛港集团对各直属单位和全集团的经营绩效，对比标杆、对比竞争对手、对比自己的目标，进行趋势、差距和因果分析。“三对比一分析”制度对持续提高港口绩效发挥了重要作用。

四、民主管理

各公司基层队都建有一套有特色的民主管理和民主监督机制。除了集团的二十条民主管理渠道外，各公司基层队有“队规公开，队务公开，奖罚公开”的“三公开制度”，将职工关注的热点问题作为公开的重点内容，广泛接受职工的监督。在港报上将各队公开形式、内容、时间予以公示，并将“队务民主公开监督栏”放在最显著位置，置于职工监督之下。这一做法得到了职工的拥护和支持，职工发自内心地讲，“民主公开监督栏”公开、公正、透明，我们感到顺心、顺气、顺意，工作再累心情也高兴。“三公开”制度后来又拓展为“十公开”制度，队长收入、职工考勤、费用支出、福利待遇、人事管理、职工奖罚、政策制度等方面的内容，在各个队和车间设置的“队务公开监督栏”上定期进行公开。

公开制度不仅提高了职工执行队规的自觉性，而且也促使队领导办事更加公平和公正。例如，装卸队实行全计件工资分配制，工时公开制度既对各班班长每天考核每个职工起到有效的督促作用，又使每个职工都对自己的工作量有清楚的认识，从而起到相互监督和激励的作用。民主、公开、透明的管理，化解了诸多矛盾与纠纷，青岛港职工在工作生活中心情舒畅，提高了工作效率。

第六节　组织运行特色

青岛港创建了“集团为决策层，公司为经营层，基层队为管理层，班组为操作层，车为执行层”的五级管理模式。以五级管理模式为核心，其组织运行具有以下鲜明特色。

一、“队为核心”的组织形式

传统组织理论认为，由于管理者受精力、知识、能力、经验的限制，所能管理的下属人数是有限的，因此，唯有增加管理层次才能实现对人员的管理和控制。所以，传统的等级权力控制型企业在管理思想上强调集中控制，但这样的管理思想往往会造成管理的重心无形上移，其结果是使各级领导者始终感觉到自己在被遥控，始终感觉到自己只是别人手中的一个傀儡，始终觉得自己的想法无法得到尊重和重视。长此以往，企业的学习力就会慢慢被侵蚀，创造力更会渐渐枯萎。管理以基层为主、管理重心下移则会使企业各级管理者都感觉到命运掌握在自己手中，因而会提高企业的学习力、增强企业的创造力。

青岛港的五级管理模式，将原来由决策层、经营层负责的大量管理职责全部下放到队，强调“队为核心，班为基础”的管理原则，将队定位为管理层，使队有职、有权、有责，由被动管理单位变为主动管理单位，从而使得管理重心下移、组织扁平化。

管理重心下移使得基层队承担着既管事又管人的管理职能。基层队是生产作业的基层，是生产作业管理系统的主体，担负着生产管理、安全质量、环境管理和生产现场“五个文明”管理（文明装卸、文明生产、文明服务、文明着装、文明施工）。基层队还担当着基层队内部的人事管理职能，负责全体员工的合理使用和调配，提高员工的生产积极性、生产技能和文化素质，保护员工的身心健康和安全，不断改进员工的生活质量和工作条件。同时，基层队又拥有必要的人事管理权力，拥有基层队内部的人事考核权、升降调配权，负责员工的资金分配和二次分配等。上述措施实现了基层队管理权责的统一，大大提高了基层队管理的积极性和指挥的权

威性。

二、管理机构精简、高效、统一

组织扁平化必然引起中间管理层的削减。在组织扁平化后，新的组织结构要求增加管理幅度。在管理人员减少的同时，要保证管理效率不下降，必然要求管理机构高效和组织协调方式灵活。随着青岛港五级管理模式的实施和管理重心的下移，其组织结构表现出职能机构精简高效、组织协调方式高效灵活的特点。

（一）职能机构精简高效

经过多次组织变革，青岛港集团职能机构由港务局时期的 30 多个部门（处室）近 800 人，逐步精简为 19 个部门（处室）约 170 人。2003 年，企业改制为集团公司时，又进一步精简为七部一室 98 人；同时，在处室内部取消了科的编制，精简了层次；二级公司（经营层）的职能机构也由 135 个部门（科室）1008 人精简为 91 个部室 597 人，分别精简了 33%和 41%。

职能机构精简采取了以下两种主要途径。

（1）实行五级管理模式。决策层和经营层的管理职能下放到基层队，从而减少了集团的职能机构部门数量和人员数量。

（2）推行职能机构综合化。不仅把职能重复、交叉的部门合并，而且通过管理业务流程创新，把相似、相近、相关的职能组合在一起，成立新的综合性的职能部门。例如，在集团公司层，把原计划处、外经处、信息处和技术处的部分管理职能合并，成立集团发展部；把原工会、团委、武装部、老干部处、宣教处（职工培训除外）、行政处的管理职能合并成立集团政工部（工会、团委、武装部合署办公）；把党委办公室及行政办公室合并成立集团办公室（合署办公）等。在经营层，大港公司把原人事工资科（老干部管理职能除外）、宣传教育科的职工培训管理、党办等党建职能合并成立公司人事部，把原纪委、工会、团委、武装部宣教科、人资科的老干部管理职能及总务科的计划生育管理职能合并成立公司政工部等。职能机构综合化不仅减少了管理机构和人员数量，更重要的是简化了管理流程，加强了协调，从而提高了管理效率。

（二）组织协调方式高效灵活

组织扁平化的基本实现途径是流程再造。流程再造即借助信息技术，以重整业务流程为突破口，将侧重于纵向控制的职能部门改造为侧重于横向协作的团队，实现以顾客需求驱动组织运行。减少管理层次和压缩管理规模源于降低成本的需要，也反映了信息和通信技术对管理的冲击。中层管理的作用是监督别人以及采集、分析、评价和传播组织上下和各层次的信息。青岛港在组织结构的设计和运行中，采取了多种协调方式进行上下层级和各部门之间的信息交流、沟通和监控。

1. 广泛运用现代信息技术

信息技术是组织扁平化的必要支持之一，信息技术有利于发挥扁平化组织的绩效。团队成员工作共享、团队之间信息交流、团队与上下层沟通都可通过使用现代网络技术与工具进行，在提高工作效率的同时，大大增加管理幅度。信息技术在青岛港各个领域得到广泛应用，极大地提高了组织信息交换效率和现代化管理水平。根据港口生产管理的特点，青岛港将信息化划分为客户服务信息化、港口生产信息化、港口管理信息化、现代物流信息化。例如，青岛港的集装箱、铁矿石、原油、煤炭、粮食五大货种全部实现了中央控制室集中调度指挥的流程化作业，实现了生产、引航、船舶调度三位一体，极大地提高了组织协调的准确性和及时性；建立起以电子数据交换系统为基础的物流信息平台，向国内外用户提供全方位信息服务；在基层装卸队建立了局域网，实现网络化配工，大大节省了配工时间。青岛港的信息化建设有力地推动了港口的升级换代和科学发展。

2. 灵活运用会议协调方式

集团公司在高层决策中经常采用董事局会议、党委会议和行政领导办公会议三个会议合并成一个会议的“三合一”会议方式，会议形成决议文件后，再用各自组织的名义分发下达。由于党政领导班子的交叉任职，这种会议的参会人数不会过分庞大，加强了各个组织间面对面的交流和协调，有利于决策意见的集中统一。集团公司中上下层级之间采用“三级（或四级）干部会议”的协调方式。上级的重要指示、集团公司的重要决策和计划、某个部门的先进经验等，需要传达到大队一级甚至班组一级时，常采用三级或四级干部会议的方式。这种方式既保证了集团公司领导决策的正确迅速下达、避免了信息失真，又节省了各级干部层层传达的时间、提高了传达效率。

3. 信息公开制度

青岛港在落实厂务公开等制度措施方面不遗余力，实行集团、公司、队、班、车“五级公开”，将职工关注的热点问题作为公开的重点内容，广泛接受职工群众的监督。青岛港的厂务公开、队务公开、班务公开制度，使青岛港的职工在工作生活中能够及时了解相关信息，始终保持心情舒畅，提高了工作效率。青岛港在每年职代会召开期间，还要召开集团和处室领导与职工代表的“民主恳谈问答会”，不仅拓宽了领导与员工之间的信息沟通渠道，而且提高了广大职工参与管理、建言献策的积极性和主动性。

三、妥善处理主业与辅业之间的关系

改革开放前，国有企业的组织结构是“大而全”、“小而全”、“企业办社会”，兴办了许多“三产”，造成机构庞杂，二、三线人员比例过大，企业领导精力分散，企业经济效益不高。对此，国家制定了国有企业主辅分离、辅业改制的政策。主辅分离、辅业改制是指国有大中型企业在进行结构调整、重组改制和主辅分离中，利用非主业资产、闲置资产和关闭破产企业的有效资产（简称“三类资产”），改制创办面向市场、独立核算、自负盈亏的法人经济实体，多渠道分流安置企业富余人员和关闭破产企业职工、减轻社会就业压力的一种改制方式。2002 年 9 月，国务院召开了全国再就业工作会议，明确提出鼓励有条件的国有大中型企业实施主辅分离、辅业改制。这项政策既是从实际出发，解决国有企业人员负担与社会再就业矛盾的有效途径，也是在新形势下盘活资产、精干主业、实现国有资产有进有退，进一步深化国有企业改革的重大举措。

青岛港在执行这一政策时，不是盲目地执行，不是将辅业一律剥离，而是坚持为职工服务的宗旨，从青岛港的实际出发，有区别地分别加以处理。一方面，青岛港确实关停并转了一大批既无经济效益和发展前途又与主业和职工生活无关的副业和“三产”；另一方面，又保留了一些辅助部门和事业单位，并在此基础上发展提升，使其产品和服务走向了市场。这样，同西方的港口企业相比，在青岛港的组织结构中，保留了一部分同职工福利密切相关的辅助部门和副业，这也是青岛港组织结构的一个特点。同时，青岛港在执行“主辅分离”政策时，精心做好转岗分流工作，坚决贯彻“不把一个人推向社会”的原则，做到更好地为生产和主业服务、为职工服务。

保留了职工食堂等与职工生产生活密切相关的辅助部门，并把它们办好，解决了职工上班后的后顾之忧。为了使员工吃得又好又便宜，把食堂采购部门剥离出去，交给物流部门集中统一采购，降低了伙食成本。

保留了原有的职业技术学校和职工医院。青岛港对这些单位加大投入，办出特色，创出品牌。青岛港把原来的技校升级为港湾职业技术学院。投资 4 亿元与新加坡理工学院联合办学，大大提高了教学质量和学校知名度。学院毕业生以过硬的职业技能和良好的职业素质深受港航企业欢迎，毕业生实现优质就业、稳定就业。在原青岛港口医院的基础上，由青岛港集团和中国医学科学院阜外心血管病医院合作，组建了青岛阜外心血管病医院，打造了山东半岛心血管病治疗中心，为青岛市、山东省乃至周边省市的人民群众做了一件利国利民的大好事，受到了社会各界的广泛赞誉和好评。

把原来单纯为本港设备机器维修服务的机修厂发展提升为整机制造和设备修理并举的港口机械制造厂，通过内部挖潜使产品走向了市场。港机厂侧重制造技术的研究和创新，重点优化制造工艺和与提高制造水平。现港机厂已发展成为中国北方最专业、最大的港口类起重机械制造专家。

成立通达实业公司，对一些有保留价值但规模较小的服务单位和副业加强统一经营和管理，如物资部、酒店宾馆、老港区加油站、食品厂、矿泉水厂、旅行社等。青岛港通达实业公司组建于 1998 年，是一家综合服务性经营企业，成为港口后勤物资配送中心、港口国际旅游发展中心、港口“都爱佳”系列产品生产制作中心。

青岛港的实践说明，主辅分离、辅业改制政策是一项在深化企业改革和结构调整中扩大就业，在扩大就业中加快企业改革和发展的一项行之有效的政策。这项政策使得青岛港有所为、有所不为，将有限的资源集中到做强做大主业方向上，改善了企业的资源配置结构、提高了企业效益，并通过改制企业的发展分流安置了企业的富余职工、减轻了社会再就业的压力。

四、组织变革方式科学有效

青岛港的组织变革是一种“脱胎换骨”的改造，涉及面广，工作量大，特别是大量精简机构和人员，关系到每个员工的切身利益。许多实例说明，不少国有企业的组织变革，由于工作遇到强大阻力，结果“虎头蛇尾”，工作半途而废，不了了之。国外企业经验表明，大的全面改革方案，往往需要三年完成、五年巩固。青岛港的组织结构设计仅用了半年时间就顺利完成，而且很快发挥效应，保持了生产、管理、员工士气的稳定。究其原因，应归功于青岛港组织变革方法的科学性和有效性。

组织变革方式可分为改良式变革、爆破式变革和计划式变革。计划式变革是通过对企业组织结构的系统研究，制订出理想的改革方案，然后结合各个时期的工作重点，有步骤、有计划地加以实施。这种方式的优点是：有战略规划、适合公司组织长期发展的要求；组织结构的变革可以同人员培训、管理方法的改进同步进行；员工有较长时间的思想准备，阻力较小。青岛港的组织变革方式属于计划式变革，有明确的改革指导思想，分步骤、分阶段地实施改革计划，采用全员参与的变革方式，妥善安置下岗转岗员工。

（一）有明确的组织改革指导思想

思想是行动的先导。组织变革的目标是使组织更具环境适应性、使管理者更具环境适应性、使员工更具环境适应性，以解决组织机构本身病症的显露，如决策迟缓、指挥不灵、信息交流不畅、机构臃肿、职责重叠、管理幅度过大、扯皮增多、人事纠纷增多、管理效率下降等。

青岛港的每次组织变革，集团领导都提出了明确的指导思想，为参与改革的全体干部和员工的思想和工作提供了导向，为机构设置、职责确定和流程再造指明了方向，成为保证各级机构改革顺利进行的纲领。例如，在推行五级管理模式改革中，对集团决策层的改革，集团领导明确提出了突出转变观念、突出加快发展、突出经济效益、突出过程控制、突出简政放权、突出外部协调的“六个突出”指导思想。在经营层的改革中，以大港公司为例，大港公司按照集团公司确定的五级管理模式和“六个突出”指导思想，进一步提出以“五条思路”为原则的改革指导思想：一要脱胎换骨地实行业务流程再造，按市场经济的要求重新确定公司定位；二要有利于面向市场，开发市场；三要大力提高经济效益；四要有利于进一步加强“队为核心”的领导；五要精干高效。关于管理层和操作层的改革，大港公司也提出了具体的改革指导思想：以全面落实现代化港口企业要求为宗旨，以适度超前、优化人员配置结构为目标，以科学合理、定编定员、缩编消肿、优化结构为主线，以解决一线与二线、三线人员比例失调问题为重点，从而达到人员的最佳配置和最大限度地发挥人力资源效能。

青岛港在组织改革过程中，始终加强宣传改革思想，争取人人理解改革的意义。突出解决全体人员特别是领导班子的观念问题和认识问题，强调改革不是修修补补，而是脱胎换骨、流程再造、职能根本转变。要求各单位围绕改革精神，找出本单位在思想观念、机构设置、定员定编、人员素质等方面不适应市场经济和企业发展的地方，加深对组织变革紧迫性和必要性的认识。针对一部分干部的松懈浮躁及过多考虑个人去留的思想，青岛港反复组织各科室部门加深对改革指导思想的学习讨论，最终达到人人在思想观念上对改革的深刻理解。这些强有力的思想工作，保证了组织变革中员工思想稳定、生产稳定和管理稳定，有效减少了组织改革中的阻力。

（二）分步骤、分阶段实施变革

组织变革是一个系统工程，涉及方方面面的关系，因此必须讲究策略。面对庞大的组织结构，改革工作不能上下各个层次一起行动，必须要统筹安排，分阶段、分步骤、有计划地实施。而且组织变革工作要和其他工作配合进行，包括组织的任务变革、组织的技术变革、组织的人员变革。青岛港采取了渐进式的组织变革方法。

首先，分步改革。2003 年初，青岛港（集团）有限公司正式成立，实现了青岛港管理体制的重大转变，开始了青岛港内部五级管理模式的组织变革。按照企业组织变革的内在规律，青岛港采取自上而下的逐步改革方式。第一步，集团公司的组织变革，创建全新的决策层，将不应由决策层负责承担的经营和管理职能下放。第二步，在决策层改革完成和稳定以后，接着进行经营层的组织变革，这样不仅可以做到决策层与经营层职能的顺利对接，而且有利于经营层学习借鉴决策层改革的经验教训。第三步，在经营层组织改革完成和稳定以后，进行管理层和操作层的组织改革。改革分步渐进式实施，从而有秩序地完成了整个企业的组织变革任务。

其次，上述每一步改革都细化为四个阶段有序进行。第一阶段，提高认识，摸清现状，理清职责。在提高改革的主动性和自觉性基础上，摸清各个管理部门的现状，找出经验与不足，为下一阶段工作创造良好的条件。第二阶段，解放思想，再造流程，分清职责，设计机构。分清职责是再造业务流程的基础，而设计机构是再造业务流程的主要内容。第三阶段，定编，定员，定职责。这步工作的主要内容是确定上岗转岗人员，安置转岗人员，有较繁重的思想工作和实际工作，是设计方案实现的关键。第四阶段，上岗到位。这是新的组织设计方案的实施阶段，只有做好这一阶段的工作，组织改革才善始善终。

最后，在上述有些阶段中，为把工作做深做细，还要进一步划分步骤、有序进行。例如，上述第四阶段“上岗到位”，又规定分六个步骤进行：一是公布方案，二是组成新的部门或合署办公，三是集中教育，四是细化职责，五是上岗到位，六是总结验收。每个步骤都有其独立的工作内容，须一步一步地完成。

分步、分阶段改革，可以逐步消除变革中的来自个人和团体的阻力，是组织变革的科学有效方法，它促成青岛港组织变革的顺利实现，达到了提高组织管理效率和生产效率的目的。

（三）全员参与的变革方式

组织变革是一次创新，工作繁重，千头万绪，涉及每个员工的切身利益。因而，组织变革不能只依靠领导和少数专业人员。青岛港依靠广大员工，实行了全员参与、全部门参与的变革方式。具体做法是：在提高认识、摸清现状、理清职责阶段中，人人发言，人人参与，从而形成统一的改革认识和意愿。在形成变革指导思想的过程中，做好宣传，与员工进行沟通，广泛地听取员工的意见，全体干部人人提想法、提建议，共同修改，补充完善，使指导思想不断升华。在机构设置过程中，让员工参与到组织变革的决策中去，如何定编定员、各部门应具有哪些职责，都交给员工讨论，出现了百家争鸣、百花齐放的局面。改革方案的形成，实行“三上三下”，反复征求意见，反复推敲，以反映大多数人员的意见。集团和公司两级改革方案最后由各自层级的全体人员集体审议，举手表决通过。在组织变革中，大力推行与组织变革相适应的人才培训计划，大胆任用具有开拓创新精神的人才。

（四）妥善安置转岗人员

企业在实施组织变革过程中，由于机构精简必然会产生大量的富余人员，以及由于职能转变、机构分合而发生的需要变动工作岗位的转岗人员。因此，组织变革常常会遇到来自各个方面的抵制和反对。常见的抵制现象有：生产量、销售量和经济效益持续下降；消极怠工、办事拖拉、等待；离职人数增加；发生争吵与敌对行为，人事纠纷增多。组织变革阻力产生的原因在于人们害怕变革的风险，认为变革不符合公司的最佳利益或是害怕变革给自己的利益带来冲击。因此，如何处理变革的阻力，尤其是如何正确处理转岗人员的工作和生活，往往成为组织变革成败的关键。

青岛港在组织变革中，始终不渝地坚持“一心为民，造福职工”的宗旨，秉承“职工的事再小也是大事再难也要办好”的理念，在实行局长负责制后的20多年改革中，没有把一名职工推向社会，而是通过港口自身发展使每个职工都保持稳定的工作岗位。青岛港兼顾国家、集体和个人三者利益，在给国家做出巨大贡献、给港口发展注入强大后劲的同时，妥善安置了转岗下岗人员，从根本上改善了职工的工作条件，提高了职工的生活水平。

第一，坚持“企业内部消化，一个不推向社会”原则。青岛港认为，各级管理干部和员工为港口发展做出了巨大贡献，是港口的宝贵财富。青岛港提出“治懒、治滑，不治老、不治病”原则，反复强调“只要愿意干，只要不挑岗位，就有工作干”。依靠港口的发展壮大，拓展就业空间，消化吸收精简下来的干部和员工，尽到国有企业的社会责任。

第二，采用正确方法确定上岗和转岗人员。在改革中，谁留谁走，是容易产生矛盾的地方。青岛港在组织变革中，坚持不讲评、不动员退养、对个人的去留不问为什么的原则，完全实行双向选择的办法，消除了容易激化和产生矛盾的隐患。在变革实施中，要求各部室负责人坚持“德为重，信得过，靠得住，能干事”的用人原则，把各部室用人权全部下放给各部室负责人，由他们自主确定上岗人员，上级领导不插手、不干预、不暗示、不说情。

第三，实行优惠政策，妥善安置富余人员。青岛港对富余人员确定了“充实加强，一次到位，待遇不变，特事特办”四条政策。对于富余人员，千方百计创造条件，创造岗位，做到人尽其才，各得其所，最大限度发挥个人才能。对转岗人员的工作安排，不能在各单位间转来转去，要一步到位。转岗人员原有的政治、福利、住房等待遇不变。如本人有特殊要求，例如本人要求提前退养，要特事特办，尽量满足个人要求。对于转岗的干

部和人员，领导多次组织座谈会，倾听每位员工的心里话，勉励大家顾全大局、树好形象、创造未来；鼓励大家要干一行爱一行，在新的工作岗位上努力做出不平凡的业绩。

由于妥善地处理了转岗人员的工作和生活，克服了组织变革中的最大阻力，保证了员工情绪和改革秩序的稳定，青岛港顺利地实现了管理体制的重大转变，走上了快速发展的轨道。

附录 主要分公司和子公司简介

一、主要直属分公司简介

（一）大港分公司

青岛港（集团）有限公司大港分公司是2001年由青岛港老港区原北港、大港、中港三大装卸公司整合而成。伴随着青岛港跨越大发展的步伐，大港分公司已经成为全海区经营货种最多、综合服务能力最强、集客货运输服务为一体的综合性装卸公司。公司现有6座码头、29个生产泊位。公司经营发展思路：以“诚纳四海”为统领，以叫响“魅力大港”服务品牌为目标，着力营造“环境优美、服务完美、品牌全美、操作精美、亲情和美”的魅力大港，全力打造综合实力最强的散杂货装卸公司，勇当青岛港建设东北亚国际航运中心的排头兵。公司有一整套严格的质量管理制度，积累了丰富的生产组织、技术操作、管理方面的经验，在行业中享有相当高的声誉，先后获得“全国优秀质量管理小组”、“全国交通行业质量管理小组活动优秀企业”、“全国现场管理四星级现场”、“山东省服务名牌”等荣誉称号。

（二）油港分公司

青岛港（集团）有限公司油港分公司主要从事石油、化工品、石油液化气的装卸、中转、储存作业。码头功能齐全，配套设施完善，码头通过能力7000万吨，是中国沿黄流域、太平洋西岸极其重要的油品中转港和海上运输枢纽，中国大陆沿海最大的油品运输、中转、储存基地。公司现拥有5座码头，11个泊位。公司率先在全国同行业中通过了国家ISO9002质量管理体系、ISO14000环境管理体系、HSI18000职业安全健康管理体系等认证，荣获全国现场管理星级评价五星级现场、“原油装卸中转服务”全国用户满意服务质量名牌、中国企业新纪录创新奖、山东省“富民兴鲁”五一劳动奖状、青岛市市级安全生产先进单位、环境保护先进企业和建机制签合同重履行优秀单位等一系列荣誉称号。

（三）前港分公司

前港分公司是青岛港集团下属的专门从事矿石、煤炭两大货种装卸作业的装卸公司，是中国目前最大的矿石中转基地和五大煤炭出口基地之一。前港公司于1993年12月经国家正式验收并投入运营。公司拥有20万吨级矿石码头、10万吨级矿石码头、小港池码头和装船码头。公司始终坚持“主战场在港外”的经营理念，外抓市场、内抓现场，吞吐量逐年大幅攀升。2012年8月8日，公司第19次刷新了单船接卸进口铁矿石世界纪录——“孙波效率”，每小时卸矿达到7122吨。公司始终坚持“安全第一，质量兴港”的方针，以“没有货主，没有用户，我们就没有饭吃；货主用户的满意就是质量工作的标准；手续便捷，价格优惠，24小时服务”三项原则为宗旨，大力推进“文明装卸、文明生产、文明服务、文明施工、文明环境”五个文明管理。公司十分注重环保工作，投入了大量的人力和设备用于环保，以实现“干矿不见矿、干煤不见煤”的环境友好型企业。公司先后被国家授予“煤炭装卸运输服务全国用户满意单位”、“矿石装卸运输服务全国用户满意单位”、“全国交通行业质量管理小组活动优秀企业”、“散货装卸五星级现场”等荣誉称号，以及省、市、集团级一系列荣誉称号。

（四）物流分公司

青岛港（集团）有限公司物流分公司是中国北方最大的港口物流企业，主要服务包括物流信息、国际货代、商检查验、海关查验、报关报验、危险品监管、集装箱出口场站、仓储保税等服务。公司拥有沿海港口规模最大的物流信息中心，信息化建设达到国际先进水平。物流信息中心是港口物流的数据中心、监控中心和客户服务中心，物流中心以港口为依

托，正在促进第三方物流的迅速发展。目前物流分公司正在加快建设国家重点技术创新项目——青岛港现代物流及电子商务系统工程，构建包括交通运输、仓储配送、流通加工、信息网络等功能的现代物流体系，推进物流园区建设。

（五）轮驳分公司

轮驳分公司是青岛港（集团）有限公司直属的专门从事海上船舶服务的综合性船务公司。主要从事中外客货船舶靠离、海上大件吊装、沿海长短途拖驳运输、海上旅游观光及海上清污、抢险救生等服务。公司始终坚持“安全第一、质量兴港”的方针，坚持全面安全质量管理，持续改进、追求卓越。1995 年在全国航运企业率先通过 ISO9002 质量体系认证、2002 年通过 ISO14000 环境体系认证、2004 年通过安全质量环境“三位一体”体系认证。公司全面推进“诚信、高效、平安、文明、和谐”的品牌轮驳建设，着力打造青岛港“安全高效的生产保障创新基地”。公司水上大件吊装服务被授予全国用户满意服务品牌，公司先后被评为青岛市、山东省、交通运输部和国家“质量管理小组活动优秀企业”等荣誉称号。

（六）供电分公司

供电分公司始建于 1960 年，2003 年改制为青岛港（集团）供电分公司。公司具有送变电专业承包三级、建筑智能化工程承包三级、城市及道路照明工程专业承包三级资质，拥有三级承装（修、试）证、安全生产许可证。公司坚持“始于客户需求，终于客户满意”的服务理念，以客户的需求为关注焦点，持续改进，赢得忠诚客户。公司先后通过安全、质量、环境管理体系认证，实现了服务标准与国际接轨，有效地促进了青岛港快速发展。

（七）通信分公司

青岛港（集团）有限公司通信分公司，是青岛港通信管网、设施和传输设备类资产的主管单位，是专业从事通信信息技术服务和各类电子信息工程的设计、施工及系统集成业务的高新技术公司。公司苦练内功强化管理，外拓市场提升服务，凭借人才、技术和装备三大优势以及丰富的施工经验、精湛的技术工艺和良好的服务信誉，成功打造了“诚传心声”服务品牌。公司自主设计、承建的青岛港6000门第五代数字程控交换系统、VHF高频通信系统和800兆通信系统，促进了港口语音网、视频网和数据网三网融合，为青岛港构建了海陆空一体化的立体神经系统。自主设计、编程、施工的消防报警、自动控制、建筑智能化等七大系统集成业务，为第三代数字港口的建设提供了强有力的技术支持。公司是国内同行业中第一个通过中国质量协会ISO认证的公司，多次获得全国交通通信系统先进单位及省市级多种荣誉称号。

（八）港机厂

青岛港（集团）有限公司港机厂（QPMP）主营集装箱装卸机械、散杂货装卸机械、海工及修造船起重机三大类几十个品种起重机产品。生产能力已达到80台场桥/年和60台大型门机/年，产品广泛使用于国内外客户与码头。公司已发展成为中国北方最专业、最大的港口类起重机械制造专家。全厂高中级专业技术人员占11%，高中级技术工人占60%。公司建立了以硕士为主的设计团队，与北京、武汉和上海顶尖港机设计院所与高校紧密合作，侧重制造技术的研究和创新，重点加强制造工艺的优化与制造水平的提高。截至2010年，港机厂已获得中国专利25项。所有产品均填补山东省空白，部分产品填补长江以北地区空白。

（九）通达实业公司

青岛港通达实业公司组建于1998年，隶属青岛港（集团）有限公司。公司下设单位有物资设备招标采购中心、加油站、国际旅行社、宏宇大酒店、琴海大酒店、崂山樱珠度假村、食品厂、配送中心等，是一家综合服务性经营企业。通达公司与青岛港同步发展，以创新精神打造三大中心：港口后勤物资配送中心、港口国际旅游发展中心、港口“都爱佳”系列产品生产制作中心。公司精心打造“真情通达”企业品牌，发展势头强劲。

（十）材料加工厂

青岛港口材料加工厂隶属青岛港（集团）有限公司，主要从事工程施工及水泥预制件加工，劳保服装及劳动防护用品加工，篷布、丙烯、涂塑、棉维蓬布制品、网络、绳索和装卸工属具加工，废旧物资回收深加工，汽车后桥（配件）中转代理等多项业务。生产的劳保用品、篷布、网络、成组绳等产品，特别是“港佳”牌劳保服装、“港腾飞”牌童装、针织、内衣系列，除满足青岛港员工需求外，还远销秦皇岛、黄骅、济南、潍坊、日照等地。工厂具有港区海上陆域废旧物资收购资质和船舶服务资质。工厂不断拓展货运代理、代办业务，服务周到、便捷，为著名品牌的汽车后桥提供了中转代理，赢得了客户的广泛赞誉。

二、主要投资子公司（单位）简介

（一）青岛前湾集装箱码头有限责任公司

青岛前湾集装箱码头有限责任公司（简称 QQCT），成立于 2000 年 7 月，由青岛港务局［2003 年改制为青岛港（集团）有限公司］与英国铁行港口公司（2006 年已被迪拜港口收购）合资经营。2003 年 7 月，青岛港集团在此基础上再次强强联合，携手丹麦马士基集团、中远集团，四方共同出资组建青岛前湾集装箱码头有限责任公司。该项目投资总额为 8.87 亿美元，该合资项目是山东省迄今为止最大的基础设施合资项目。公司拥有 11 个深水集装箱船舶专用泊位，码头岸线长达 3400 米，堆场总面积达 225 万平方米，陆域纵深 1.5 公里，泊位水深 17.5 米，可以全天候装卸 10000TEU 以上的超大型集装箱船舶，年集装箱通过能力可达 650 万 TEU 以上，是目前世界上最大的集装箱码头企业之一。

QQCT 位于环太平洋西海岸，是中国沿黄流域最方便、最经济的出海口和国际集装箱中转枢纽。公司现有员工近 1800 人，其中大专以上学历 950 人；配备 39 台超巴拿马型桥吊、106 台轮胎吊，采用国际最先进的码头生产管理系统 SPARCS 对生产过程实施全程控制，并与 TMS 和无线终端相连接，实现准确、及时、高效的计划管理，为客户提供集装箱装卸、堆存、中转、冷藏及拆装箱服务。

QQCT 坚持一切从实际出发，坚持将青岛港的优良传统与世界先进理念相结合，打造平安福港、效率快港、实力强港，探索并走出了一条成功之路。公司上下正气浓浓、亲情融融，“振超效率”连破纪录，振超精神名扬四海，集装箱发展跻身区域国际航运中心之列，为股东创造了丰厚回报。

（二）青岛前湾联合集装箱码头有限责任公司

该公司是由青岛港集团、阿联酋迪拜环球港务集团、中远集团、丹麦马士基集团、香港泛亚集团“三国五方”组建的青岛新前湾集装箱码头有限责任公司（简称 QQCTN）与香港招商局国际（香港上市公司：股票代码 00144）投资设立的青岛港招商局国际集装箱码头有限公司（简称 CMT）于 2009 年 12 月 18 日共同设立的新合资公司，分别持股 50%。新合资公司的名称为“青岛前湾联合集装箱码头有限责任公司”（简称 QQC-TU），运营管理的总资产约 70 亿元港币，合资经营 QQCTN 前湾四期的 4 个集装箱泊位和 CMT 的 5 个集装箱泊位，9 个泊位岸线总长 3163 米。

（三）青岛港盛国际物流冷藏有限公司

青岛港盛国际物流冷藏有限公司系青岛港（集团）有限公司与世界 500 强企业日本日商岩井株式会社等 7 家日本企业共同投资 6800 万元设立，1996 年建成投产，合作各方共同携手，全力发展青岛港冷藏集装箱业务。公司下设集装箱场站、保税部、物流部、货运代理四个经营部门，主要从事集装箱堆存、拆装箱、拼箱、修箱、货物冷冻冷藏、国际中转、运输、包装业务，承办集装箱、散杂货、汽车等货种的报关、报检、订舱、短途运输货运代理业务，系国家商务部批准的一级国际货运代理企业。公司依附青岛港（集团）有限公司下属合资企业的优势，在码头服务、关系协调等方面具有得天独厚的优势，公司同时与海关、商检等相关职能部门保持着网络对接、数据共享等密切友好的合作关系，方便为客户提供全方位优质的服务。

（四）青岛前湾西港联合码头有限责任公司

青岛前湾西港联合码头有限责任公司是青岛港集团与招商局集团合资成立的散杂货装卸公司，是集散杂货物的装卸、堆存、中转、拆装箱、保税功能为一体的综合性千万吨级装卸公司。2011 年，公司货物吞吐量达 2190 万吨，常年合作的货主达 50 多家。

公司坚持“质量兴港、科技兴港、实干兴港”、“科教强港、科技强港、人才强港”的方针，实施可持续发展战略，实现了经济效益、环境效益、社会效益的协调发展。公司先后 15 次刷新纸浆货种接卸世界纪录，创出铝矾土、五金钢材等10多项单货种作业全国纪录，以优质快捷的服务得到了国内外客户的高度赞扬。公司“完美交付”服务品牌获得了2009年山东省服务名牌、山东省港航系统十佳品牌、2008年青岛市服务名牌等称号。

（五）青岛实华原油码头有限公司

2005年6月，青岛港与中国石化集团在多年合作的基础上强强联合，共同投资7亿余元设立青岛实华原油码头有限公司，合资建设青岛港油三期30万吨级原油码头，联手经营青岛港一期、二期、三期原油码头，打造了全国最大的进口原油中转基地。青岛港与中国石化强强联合，结成战略发展同盟，极大地规避了市场风险，进一步巩固了青岛港作为全国最大的进口原油中转基地的地位。这一举措有力地保证了青岛千万吨级大炼油项目和国家原油战略储备基地的顺利实施，有利于促进青岛港尽快建设成为东北亚国际航运中心。该项目的合作也开启了青岛港与货主厂家共同合资经营码头的新模式，具有重要的战略意义。

（六）青岛东港国际集装箱储运有限公司

青岛东港国际集装箱储运有限公司是青岛港（集团）有限公司与世界知名航运公司香港东方海外集团共同投资组建的合资企业，公司成立于1997年，1998年正式营业，主要经营项目为集装箱的储存、装卸、拆箱、装箱、中转、运输、修箱等业务。自成立以来，公司奉行以管理为基础、以顾客为导向、以市场求发展的经营宗旨，以青岛港成功的管理经验为本，引进国际先进的管理方式，不断加强和完善以质量为中心的各项管理，赢得了广大客户的赞誉。

（七）威海青威集装箱码头有限公司

威海青威集装箱码头有限公司成立于2006年1月，由青岛港（集团）有限公司和威海港集团有限公司合资经营，公司总投资1.4亿元。该项目是山东省第一个跨区域港口资源整合的合资合作项目，对于发挥青岛港的龙头地位和带动作用，建设以半岛港口群为基础的东北亚国际航运中心具有重要意义。公司的集装箱专用码头，具有全天候24小时接卸集装箱船舶的能力，拥有集装箱专用泊位2个，岸线总长度425米，码头最大吃水

11.8 米，港池水深 9.5 米，具备 3 条集装箱船舶同时作业的能力。公司主要承担威海集装箱国际班轮、青岛外贸公共内支线集装箱船舶作业。目前已开通威海至韩国、日本的国际集装箱班轮航线和威海至青岛、大连的集装箱外贸公共内支线以及威海至黄埔的内贸干线。公司成立后集装箱业务量迅猛增长，显示出青威两港强强联合的巨大优势和强劲活力。

（八）青岛港（集团）港安建设有限公司

青岛港（集团）港安建设有限公司成立于 2008 年 12 月 2 日，注册资本 3000 万元，系青岛港（集团）有限公司的全资子公司。港安建设有限公司是经青岛市国资委批准，为保证港口建设优质高效发展，由青岛港集团在整合青岛港航混凝土工程有限公司等 3 家单位资源基础上成立的，是青岛港集团为服务青岛市"环湾保护、拥湾发展"战略和建设东北亚国际航运中心而成立的综合性建筑公司。公司下设工程分公司、混凝土分公司、连锁块分公司和市场分公司。公司经营范围包括港口工程、土建工程、建筑工程装修设计及施工、房地产开发、机械设备租赁、混凝土生产、水泥预制品制作、连锁块生产、市场租赁、仓储服务等。

（九）青岛阜外心血管病医院

青岛阜外心血管病医院由青岛港集团和中国医学科学院北京阜外心血管病医院合作，在原青岛港口医院的基础上组建的具有心血管病专科特色的综合性医院。2006 年，青岛市工伤康复中心落户该院，一支高素质的康复医学队伍的成长，迅速赢得了专家和患者的认可，2007 年，该院成为山东省工伤康复定点医院。医院的单病种收费在青岛市排名最低，低廉的收费、优质的服务使广大患者受益无限，赢得了广大群众的赞誉和政府的认可。2007 年，医院被山东省社会事业保险局确定为全省医疗保险转诊转院协议定点医院。该医院获得的荣誉包括：全省唯一"中国红十字基金会天使阳光先心病定点救助医院"、"市医疗保险工作诚信标兵单位"、"省医保定点机构目标规范化管理先进单位"、省首批"AAA 诚信定点医院"。

（十）青岛港湾职业技术学院

青岛港湾职业技术学院始建于 1975 年，由国家交通运输部投资兴建，现由山东省教育厅主管，青岛港（集团）有限公司主办，是一所国有公办

全日制普通高等专科学校。学院占地面积 826 亩，建筑面积 28.06 万平方米。目前，学院开设了港口机械应用技术、港口电气技术、港口业务管理、港口物流机械、集装箱运输管理、国际航运业务管理、报关与国际货运、物流管理、航海技术、轮机工程、机电一体化、数控技术、计算机、汽车技术等 31 个专业，面向全国招生，全日制在校生 10000 多人。学院拥有一支实力雄厚、结构合理的教师队伍，专兼职教师 702 人，“双师型”教师占 76%。现有国家级精品课程 1 门，省部级精品课程 14 门，省级示范专业 3 个，省级特色专业 5 个，省级教学团队 3 个。

学院坚持“校港深度融合、工学紧密结合”的办学特色，以培养“许振超式的大学生”为目标，积极创新“把学校办到港区、把课堂搬到码头”的工学结合人才培养模式，建立了以青岛港为龙头的 230 多个校外实习基地，建设了 124 个设备先进的校内实验实训室，将校内生产性实训与校外顶岗实习有机衔接，形成了教、学、做一体化的职业能力培养体系。学院遵循“爱党、报国、求实、向上”的校训和“以德立身，以技立业”的育人理念，全面推进素质教育，按照企业需求强化学生职业道德教育和实践能力的培养。学院毕业生以过硬的职业技能和良好的职业素质深受港航企业欢迎，毕业生就业率始终保持在 98%以上，毕业生实现优质就业、稳定就业。

学院作为港航特色鲜明的高等职业院校，先后获得“中国企业教育先进单位百强”、“国家技能人才培育突出贡献奖”、“中国最佳船员培训学校”称号。2010 年，学院被教育部、财政部确定为“国家示范性高等职业院校建设计划”骨干高职院校立项建设单位，被交通运输部评为首批“全国交通职业教育示范院校”，被山东省教育厅评为“山东省示范高等职业院校”，被青岛市评为“职业教育先进单位”。

第四章　领导团队

领导，作为一种管理活动，是指管理者通过指导、激励、带领等方式对下属的思想、行为施加影响，从而去努力达成组织目标的过程。管理学大师彼得·德鲁克认为："领导就是创设一种情境，使人们心情舒畅地在其中工作。有效的领导应能完成管理的职能，即计划、组织、指挥、控制。"① 领导是管理的一个重要方面，是影响他人实现目标的能力和过程，有效地进行领导是作为一名有效的管理者的必要条件之一。领导力是权力和影响力的统一，领导力既需要领导的职位所赋予的指挥性和强制性的权力支撑，又需要有吸引追随者的内在影响力。领导力是科学和艺术的结合：领导的某些特质有一定的规律可循，因而领导是一门科学；对人施加影响的过程有技巧性的方式方法，所以领导也是一门艺术。无论是运用权力还是影响力，领导的最终目的都是为了实现某种目标。

领导和管理具有不同的功能，领导者和管理者也是两类不同的人。管理是用于应对复杂性的，领导则是应对变革的；管理者通过制订正式计划、设计规范的组织结构以及监督计划实施的结果，使组织达到有序而一致的状态；领导者通过开发未来前景而确定前进方向，把这种前景与他人交流，推动组织进行建设性的变革，并激励他人克服障碍实现目标；管理者即使不能说以消极的态度也是以非个人化的态度面对目标，领导者则是以一种个人的、积极的态度面对目标；管理者倾向于把工作视为可以达到的过程，领导者的工作则具有高度的冒险性，他们常常倾向于主动寻求冒险，当机遇和奖励很高时尤其如此。简言之，领导与管理的关系可理解为"思想"与"行动"的关系：管理是有效地把事情做好，领导则是确定所做的事情是否正确；管理是在成功的阶梯上努力向上爬，领导则指出所爬

① 赵雪章. 彼得·德鲁克管理思想全集［M］. 北京：中国长安出版社，2006.

梯子是否靠在正确的墙上。

以常德传为首的青岛港领导团队，带领青岛港实现了从默默无闻到世界大港的大跨越。常德传属于魅力型领导者，其领导风格有三个显著特点：提供愿景、鼓舞和注重行动。提供愿景：创造未来的蓝图，陈述出员工所认同和能激发员工热情的未来状况；通过创造有挑战性、有意义的愿景，加强员工责任感，设定共同目标，并为员工设定成功的途径。鼓舞：直接为员工提供动力，激励员工展示个人的激情和干劲，表达出有能力成功的信心，增强企业凝聚力和向心力。注重行动：员工有了愿景并受到激励后，从心理和行动上帮助员工有效工作、面对挑战；完成任务时给予员工物质上的奖励和精神上的鼓励，通过分享组织的情感（倾听、理解）进一步增强员工的成就感和责任心。本章主要内容包括常德传简介、常德传的领导特质、各管理层领导风格、领导业绩、领导经验等。

第一节　常德传其人

常德传出生于一个普通工人家庭，1968 年毕业于大连海运学院（现大连海事大学）。常德传大学毕业后在青岛港从事一线装卸作业，先后担任过机电科技术员、副科长、科长，作业区党委副书记、作业区主任。1981 年，36 岁时担任青岛港务局副局长。1984 年，39 岁时任青岛港务局党委书记。1988 年，青岛港实行局长负责制时改任局长。2003 年，青岛港务局改制为青岛港（集团）有限公司，常德传担任青岛港集团董事局主席和总裁。常德传历任全国十届、十一届人大代表，中国企业联合会、中国企业家协会副会长，中国交通企业管理协会副会长，山东省企业联合会、企业家协会副会长，青岛市企业家促进会会长。2006 年，中国国际海运网与大连海事大学世界经济研究所依据迈克尔·波特的竞争优势理论，对中国港口进行了综合评定，赞誉常德传为中国港口管理界的“教父”、“世界级的港口管理者”、“中国港口发展的一面旗帜”。

1988 年，常德传执掌青岛港时，青岛港已历经近百年沧桑，尽显苍老、衰弱和落后：码头年久失修，有的泊位已停用十几年；泊位多为万吨级左右，无法满足大船靠泊需要；机械设备老旧落后，仓库低矮，透风漏

雨，堆场紧缺，航道窄浅；货源市场只有山东和河北、河南部分地区，发展空间狭小；内部管理粗放。同时，青岛港背负着国有企业的两座大山：人员富余——2000多万吨的港口吞吐量，人员却高达16000多人；资金短缺——年总收入仅为2亿多元，而建设一座码头少则几亿元、十几亿元，多则几十亿元。20多年来，常德传带领全港员工，卧薪尝胆，奋发图强，坚持走“质量兴港，科技兴港，实干兴港”之路，既积极吸纳先进的现代管理理念，又充分发挥中华民族和国有企业的传统优势，将一个普通落后的青岛港打造成世界吞吐量第七大港、全国第二大外贸口岸。集装箱吞吐量跃居世界第八位，进口铁矿石居世界港口第一位，进口原油居全国港口第一位，外贸吞吐量居全国港口第二位，青岛港成为现代化世界级强港、全国港口行业唯一的示范“窗口”。在常德传的领导下，青岛港培养造就了新时期产业工人的杰出代表——许振超，创出了闻名世界的“振超效率”，走上了振兴国有企业的科学发展之路。1997年和1998年，青岛港连续三次被中宣部、中组部等六部委选为“振兴国有企业报告团”成员在全国巡回报告。2000年，青岛港被国家确定为全国五家重点宣传的国有企业典型之一。2004年，青岛港被国家确定为全国十家国有企业重大典型之一。2007年初，青岛港再次被确定为全国重大宣传典型，中宣部、交通运输部组成“青岛港经验采访团”，率中央省市32家主流媒体对青岛港进行了全方位深入采访、集中宣传。2007年7月15日，中宣部、全国总工会、交通运输部、山东省委、青岛市委联合在人民大会堂举行了“青岛港科学发展模式高层研讨会”，高度评价青岛港“成功地创造了中国特色社会主义企业管理模式——青岛港模式”。

常德传以其卓越的经营管理业绩，先后获得全国优秀企业家、全国劳动模范、首届袁宝华企业管理金奖、全国首届创业企业家、中华十大诚信英才、新世纪中国改革十大新闻人物、全国质量管理突出贡献者、中国杰出企业管理人才、中国物流十大风云人物、中国企业十大新闻人物、最受关注企业家、中国企业文化建设二十年个人贡献奖、中国企业改革创新十大杰出企业家、中国企业文化品牌建设十佳个人、中国品牌建设十大杰出企业家、亚太最具创造力之华商领袖、中国品牌建设十大功勋人物、中华十大管理英才、首届十佳中国杰出质量人、中国诚信企业家十大新闻人物、全面建设小康社会十大榜样人物、首届中国人力资源管理十佳人物、共和国小康建设功勋人物、中国企业创新十大杰出人物、2010中国经济年度人物、转型2010中国经济十大领军人物等荣誉称号。

办好企业，关键在人。常德传认为，队伍不是教训出来的，不是靠各种手段管出来的，而是靠领导者带出来的，以身作则是最有说服力的思想教育方法。常德传始终坚持用真理的力量启迪人心、用人格的力量激励人心、用情感的力量温暖人心、用民主的力量凝聚人心，身体力行地感染着全港每位员工；常德传勇当共和国“长子”的情怀、“向我看齐”的庄重承诺、一以贯之的榜样力量，深深感动着全港每位员工。常德传主创的管理成果《世界级大港核心能力的打造与发展》、《世界级港口企业软实力的塑造》，获得国家级企业管理现代化创新成果一等奖。常德传根据自己40多年的企业管理经验，著有《常德传论国企》和《常德传论中国企业之道》。

第二节　常德传的领导特质

领导者素质，是指在先天禀赋的生理和心理基础上，经过后天的学习和实践锻炼而形成的在领导工作中经常起作用的那些基础条件和内在要素的总和。对于一个企业来说，一个好的领导者就是其支柱。所以，人员素质竞争中关键是领导者素质，是企业家素质。常德传在把青岛港做大做强的奋进历程中，展现出非同一般的领导精神特质。

一、常德传的“三个定位”

常德传1984年担任青岛港务局党委书记，1988年青岛港实行局长负责制，常德传开始担任青岛港务局局长。2003年，青岛港务局改制为青岛港（集团）有限公司，常德传担任董事局主席、总裁。常德传在领导青岛港过程中对自己有三个定位：“长子”、“工头”、“班长”。对青岛港大家庭的成员，是“长子”；对工作，是“工头”；对青岛港的各级领导干部，是“班长”。

（一）长子

长子，在中国人的传统观念里，要维系着大家庭的感情，要担当起让家庭幸福的重任，要带头为家庭做贡献。长子就是感情、责任和道义的三

位一体。常德传的“长子”定位有双重含义：一是常德传是青岛港这个大家庭的长子；二是青岛港是国家的长子。“长子”的定位，蕴涵了常德传朴素的人文情感，也蕴涵了常德传对国有企业的理解和探索。从自己勇挑重担、当好青岛港的“长子”，到带领全港员工奋发图强、当好共和国的“长子”，常德传几十年如一日，执着前行。

作为青岛港这个大家庭的长子，就要有长子的品格、长子的胸怀，就要负长子应该担负的责任，做长子应该做的事情。常德传上任伊始，就给自己做出了青岛港大家族长子的定位。他在不同场合反复表明这样的观点：“青岛港是个大家庭，我是这个大家庭的长子，离退休老同志就是我的老人，广大干部职工就是我的兄弟姊妹，幼儿园的孩子就是港口的后代，孝敬老人、照顾好兄弟姊妹、培养好孩子是我义不容辞的责任。”

将青岛港定位为国家的长子，就要把国有企业对国家的贡献放在港口发展的突出地位。常德传带领青岛港人以科学发展观为统领，把“精忠报国、服务社会、造福职工”作为对国家和民族必须忠实履行的责任。常德传说，青岛港是国有企业，是国家队，第一要务就是要为国家多做贡献，多创收多缴税，实现国有资产的保值增值。“我们要当好共和国的长子”，在青岛港的大会小会上，常德传反复强调这一点，激发每一位青岛港人的信心和热情。

（二）工头

常德传是一位带领青岛港实现大发展的企业家，但是他更愿意把自己定位为“工头”。常德传总是这样形容自己的“工头”定位：一是要做到“两个亲”，二是要有“三把骨头”精神。“两个亲”就是“见了活亲，见了人亲”，即带领大家把青岛港建设好、发展好，上对国家多做贡献，下让大家都过上好日子。常德传常说，有感情才有水平，职工都是我的兄弟姊妹，要发自内心地愿意为他们着想，主动为他们多办实事。“三把骨头”精神就是“穷骨头”、“勤骨头”和“硬骨头”精神。“穷骨头”，就是不忘过去受穷的滋味，一门心思带领员工发家致富；“勤骨头”，就是不干活难受；“硬骨头”，就是为了干好活，可以不要命、不怕事、不怕难。常德传认为，人活着就是为了干活，当领导的就是要领着大家干活。

常德传作为青岛港的带头人，与青岛港管理层一起，经常讨论和研究港口的发展战略，定夺各个时期、各个领域面临的重大问题，进行班子建设、队伍建设等关系港口未来发展的大政方略。除此之外，常德传也关注港口管理的细枝末节，经常事必躬亲。常德传说，我们国企的领导人不能潇洒了，如果我们当了甩手掌柜的，那我们的企业就得遭殃，我们的员工就会失业，因为市场经济需要实力，来不得半点虚假，所以我们就得从早干到晚，从大管到小，像居家过日子一样，管好我们的人，干好我们的活，这是国企的特性和国企的现状所决定的。

常德传始终和一线员工打成一片，始终冲锋在港口发展的最前沿。青岛港八天八夜维修主干道，常德传始终指挥、战斗在现场；装卸一线生产大会战，常德传亲自担任总指挥，无论白天、黑夜，都和大家并肩战斗；带领管理人员到现场检查机械设备，常德传又是第一个登上 40 多米高的门机、桥吊；到各地进行市场推介、考察，总是开会研究到半夜乃至凌晨，这都已经成了常德传的工作习惯。

（三）班长

除了“长子”和“工头”，常德传对自己还有第三个定位，就是“班长”。常德传的这个“班长”定位，是指要带头树好风气，尤其是领导干部的风气。

常德传说，决策失误，全盘皆输；风气不正，一事无成。决策确定之后，起决定作用的就是干部作风和执行力，因此如何带好班子、建设好一支过硬的领导干部队伍，就成了常德传这个“班长”的职责。对此，常德传有四个法宝：一是自己带好头，二是办学习班，三是高指标，四是长效机制。

（1）自己带好头。在带头上，青岛港领导干部有一个普遍看法就是：常德传在工作上简直就是拼命。工作上拼命，但面对利益时，通常都是先人后己。所以，常德传能够对青岛港员工底气十足地喊出：“向我看齐！”

（2）办学习班。常德传给领导干部办学习班，通常利用节假日，而且是夜以继日、昼夜连轴转。每次举办学习班，虽然主题不同，但都会把大家的思想统一到“聚精会神搞建设、一心一意谋发展”上来，统一到青岛港的“三个一代人”精神和“三大使命”上来。

（3）高指标。常德传带班子还有一个做法，就是高指标。以港口吞吐量为例，“九五”期间，青岛港每年净增 1000 万吨，“十五”期间，常德传提出要每年净增 2000 万吨，在基数越来越大的情况下，增长幅度反而

要越来越高，叫人觉得高不可攀，但是在常德传一班人的精心谋划、真抓实干下，青岛港做到了五年净增1亿吨。青岛港在用109年创造了一个亿吨大港、5年创造了一个2亿吨大港的基础上，2007~2008年创造了一个3亿吨大港，2012年实现4亿吨吞吐量，青岛港创造了发展的“神话”。

（4）长效机制。建立完善的评价体系和考核机制，是常德传加强干部队伍建设的关键。从1996年开始，青岛港每年通过职代会，由职工代表对局（集团）级领导和处级领导干部进行民主评议，基层单位职代会民主评议基层科级以上领导干部。每次评议由职工代表以无记名方式投票，评议结果与干部考核、使用相结合。对不称职票达到30%以上的，按照组织程序采取相应措施对领导干部进行教育、处罚；凡60%以上职工代表认为不合格的干部，集团都及时加以调整干部配置。有效的考核机制极大地调动了领导干部的工作积极性，形成了人人争先创优的自觉意识和行为规范，人人都成为追求卓越绩效的模范，人人都立足岗位创优创效。

二、常德传的“一二三四”文化理念

除“三个定位”外，常德传还有“一二三四”文化理念：一个长子，两个上帝，三个家庭，四个关照。常德传的“三个定位”和“一二三四”文化理念，生动诠释了一个国有企业领导人的高尚情操。

孟子“天时不如地利，地利不如人和”的观点，表达了中国古代文化传统中“天地人”和谐统一的思想，并且突出了“人和”的基础性地位。和谐、和睦的环境，是人们齐心协力、步调一致地取得成功的重要保证，也应该是现代企业所追求的价值目标。常德传反复思考企业和谐的深刻内涵，提出了“一二三四”文化理念，带领青岛港人在发展中用“心”构筑和谐，在和谐中用“心”加快发展。

（一）一个长子

这是常德传对自己和青岛港的定位。一是常德传是青岛港这个大家庭的长子，二是青岛港是国家的长子。

（二）两个上帝

在常德传心中有两个上帝，一个是员工，一个是船东货主。

常德传将“职工的事再小也是大事，再难也要办好”作为决策者和各级领导的办事原则。大到员工的政治地位、经济收入、住房等大事，小到员工的就医、就餐、洗浴、乘车等小事，事无巨细，都以“让员工满意”为标准，着力为职工创造良好的生产、生活环境。

在对待船东货主方面，常德传早在 1994 年就提出了青岛港服务的“三项原则”：没有货主，没有用户，青岛港就没有饭吃；货主满意就是青岛港质量工作的标准；价格优惠，手续便捷，24 小时服务。服务“三项原则”为国有企业在计划经济向市场经济转型中找到了一个发展突破口，影响深远、意义重大。首先，这是青岛港面对市场经济的必然选择，为港口企业在市场和计划之间的徘徊画上了句号。其次，这是一个国有企业对担负自己职责的必然选择，实现让企业和社会的和谐一致。最后，“三项原则”，实现了同西方发达国家市场理念的对接，并不断地加以发扬光大，使青岛港产生了诸如“振超效率”、“诚纳四海”等一系列具有世界影响力的服务品牌。

（三）三个家庭

常德传经常提醒青岛港的各级领导干部，“一个员工身后是三个家庭，一个是他本人的家庭，另外两个是双方老人的家庭。如果这个员工有一个稳定的岗位，那么他的三个家庭就会相对稳定。但是如果这个员工下岗了，那么他的三个家庭必然要蒙上阴影，这何谈幸福与和谐？我们青岛港的领导干部就要很好地担负起这个责任，决不能因为我们的无能让员工失去岗位，让三个家庭遭受痛苦”。

所以，常德传始终视岗位为员工的命根子，一方面想方设法扩大港口的生产经营，不断创造新岗位；另一方面展开全方位、多途径人才大培训，提高员工技能，促使员工岗位学习，岗位成才。也就是说，如果没有港口的超常规的建设发展，没有持之以恒的培训教育，单凭青岛港原有的生产规模、原有的人员素质，青岛港大批职工将随着生产机械化、流程化的不断升级改造而失去工作。常德传带领青岛港人用超常规的付出创造出了市场竞争下青岛港和青岛港人的完美蜕变，实现了青岛港所追求的三个家庭的富足安康，实现了国家、集体、个人三者利益的协调统一。

（四）四个关照

把自己定位于“长子”，常德传就义无反顾地担负起“长子”的重担。

他不仅身先士卒，还带领各级领导干部共同担当，带领全港员工一起做好“四个关照”：关照好离退休老职工，关照好女职工，关照好农民工，关照好海港的下一代。常德传说，要把青岛港建设成一个幸福美满的大家庭，大家就必须齐心协力让这个大家庭的老老少少、兄弟姊妹都感受到一样的阳光、一样的满意，而且只要是这个家庭的成员，不论他来自何方，不论他曾经是干什么的，都享有同样的机会，都享有同样的家的温暖，只有这样，青岛港才能真正地和谐。在这样的理念下，常德传数年如一日，为全港老老少少、兄弟姊妹奉献着自己的爱心。

1. 关照老人

从1984年常德传担任青岛港务局党委书记起，就开始了对离退休老干部的“冬送温暖，夏送清凉”走访慰问活动。常德传说：“老人安，港口安；老人兴，港口兴。”1987年5月28日，青岛港第一届老年人运动会在当时的机修厂隆重召开，801名老同志参加了18个项目的角逐。常德传在开幕式致辞上讲：“没有老干部兢兢业业为港口建设呕心沥血的昨天，就没有青岛港今天的大好形势！没有老干部昨天精心的扶植培养，就没有新干部今天的成长！我们一定要学习老干部们优秀的品质和勤恳忘我的工作作风，为青岛港的振兴和腾飞做出贡献！”1988年7月11日，常德传又亲手创办了青岛港老年人大学，并担任老年人大学名誉校长。转眼多年过去，常德传对老年人的关心厚爱始终如一，并且随着港口的发展，造福老人的举措也在不断加大力度。

2. 关照女职工

20世纪90年代初，常德传就对全港女职工提出殷切期望：“希望你们做集中精力发展港口生产建设的先锋，希望你们做坚持四项基本原则和改革开放的模范，希望你们发扬‘四自’精神，做‘四有’新人，希望你们做港口精神文明建设的标兵，希望你们做生活和事业的强者。”多年来，常德传带领领导干部，始终对女职工一视同仁。在青岛港的各级领导干部岗位上，在青岛港表彰的先模名单里，在青岛港发展建设的精英团队里，随时随处都会看到女职工的风采。她们自信、自尊、自立、自强，在享受着青岛港给予的温馨关爱里，创造着事业，创造着奇迹，自豪地擎起了青岛港的半边天。如今，“先锋”、“模范”、“新人”、“标兵”、“强者”已经成了青岛港女职工的代名词。

3. 关照农民工

青岛港1988年用工制度改革后开始招聘农民工。随着港口生产发展和以人为本战略的深入实施，农民工用工规模和整体素质都发生了很大变化。青岛港的农民工初步实现了“三个根本性转变”，即由短期务工向扎根海港转变、由挣钱吃饭向爱岗敬业转变、由普通打工者向产业工人转变。农民工成为港口装卸生产的主力军和港口持续发展的重要力量。

4. 关照孩子

常德传担任青岛港务局局长后，一个重要的行动，就是改造原来破旧的幼儿园，重新打造了全市企业中唯一的省级示范幼儿园。如今，曾经在那座崭新的幼儿园里接受启蒙教育的孩子们已经成为了国家的栋梁之才。多年来，青岛港每年组织员工子女开展夏令营活动，载体丰富，有声有色。员工子女“海港一日游”、征文比赛、宣传牌展示、报告会、国防知识教育、才艺演出等活动，开阔了孩子们的眼界，增长了孩子们的见识，成为海港子女的文化盛宴。青岛港码头工人的后代随着青岛港的强盛而茁壮成长，大批大学生、海外留学生和艺术特长生脱颖而出。

三、常德传的领导素质特征

精神领袖是企业风格和精神的标志，是企业变革的原动力，更是企业基业常青的关键力量。常德传的领导素质突出地表现在以下方面。

（一）永葆本色，奋发图强

永葆本色、奋发图强是常德传的领导特质之一，也是青岛港做大做强、不断超载的传家宝。面对改革开放之初青岛港百业待兴的局面，常德传带领万名员工牢记本色、自力更生、艰苦奋斗，把昔日落后的青岛港发展建设成现代化的世界级大港。

常德传是青岛港的带头人，但却始终保持工人本色。“我是一个兵，来自老百姓”，在2006年青岛港新选拔的领导干部培训班上，常德传和大家讲起了这样一首歌：这首歌非常简单，但是讲述了一个道理，一个做人做事的道理；我们要永远记住，我们是普通员工，我们都来自普通岗位，我们都要永葆工人的本色、劳动者的本色；我们都在工人岗位上、在普通岗位上长年累月干了大量的工作，都在普通岗位上受过锻炼、受过考验，都知道做工人的辛苦，都知道做人的艰难，我们就应该永远记住广大员工对我们的期盼，永远记住工人想什么、盼什么，他们拥护什么、赞扬什么、满意什么，要永远为员工服好务、办好事、造好福，这是对我们最基本的要求，也是最难做到的一点。在2007年2月24日青岛港举行的“树八大良好风气、建创新和谐港口”研讨班上，常德传特地邀请了在港口工作30年以上的老码头工人回港作报告，通过讲述过去发展的历史，让青岛港一代又一代人永远不忘过去受穷的滋味，永远不忘过去被人瞧不起的滋味，所以要卧薪尝胆、奋发图强，要一月比一月干得更好，一年比一年干得更好。正是因为牢记本色，常德传常怀感恩之心，常想创业时期的艰难，常想一线职工的艰苦，坚持做到“三前三后”：吃苦在前，享受在后；上班在前，下班在后；冲锋在前，评功在后。

常德传的奋发图强、实干精神贯穿于青岛港各项管理工作中，青岛港职工把常德传的工作作风形象地描述为“常事”做派。从早晨开会一直开到下午1点，然后紧接着又要开会，是“常事”；出差回来，一下飞机，就直奔单位，马上组织开会研究工作，是“常事”；夜里，集团办公室的灯都灭了，唯独常德传办公室的灯还亮着，是“常事”；一遇到重要的生产会战，无论严寒还是酷暑，总能在现场看到常德传，是“常事”；港口建设遇到难题了，常德传会夜以继日地盯靠在现场，是“常事”；在现场检查，常德传走路时大步流星，察看时火眼金睛，第一个爬大机，第一个下机舱，是“常事”。关于实干，常德传这样说过，也这样做着，“人，生下来就是干活的”、“我就是两点，不偷懒，不耍滑，靠诚实劳动起家”、“说了算，定了干，天大的困难也不变”。

常德传把“实干兴港”写进了青岛港兴港宗旨中，带领员工实心实意忠诚干、实实在在埋头干、直面现实拼命干、立足长远科学干，用自己的实际行动创造了“实干”高境界，为全港员工树立起“实干”榜样。正是因为实干，常德传对港口发展形势了如指掌，所以才能做出正确的发展决策；正是因为实干，常德传对港口员工疾苦深切理解，所以才能确立以人为本的发展道路；也正是因为实干，常德传能带领广大员工克服一个又一个困难，用实干破解瓶颈，用实干创造新路，才能从胜利走向新的胜利。正是在常德传奋发图强精神的带动和鼓舞下，无论是在港口发展的起步阶段，还是在港口发展的鼎盛时期，青岛港都始终能够在激烈的市场竞争中不断前进。

（二）超越自我，永争第一

常德传的“超越自我”有四种含义：一是自我加压，二是否定自我，三是挑战极限，四是永争第一。常德传认为，在市场经济的激烈竞争中，没有自我加压，就无法进取；在青岛港，自我加压来源于责任感、紧迫感和危机感。在成绩面前，常德传保持着清醒头脑，无论是荣获全国交通系统学习典型之后“全国交通企业学习青岛港，我们怎么办”的反思，还是荣获全国质量管理奖后的狠找差距；无论是讲成绩的大张旗鼓，还是摆问题的毫不留情，常德传展现出来的是一种发展的智慧，一种在否定自我基础上超越自我的勇气和胆识。青岛港的发展历程也印证了常德传挑战极限的精神特质。人的能力有极限，码头的能力有极限，生产的效率也有极限，但是常德传以挑战极限的勇气和魄力，攻破了一个又一个难关。

从基础开始做起，达到一流水平，相对来讲容易做到，但是要保持一流水平，就不是一件容易的事情，正所谓“创业容易守业难”。从 1995 年青岛港被树为全国交通系统学习的典型后，青岛港就一直是全国重点宣传的典型，常德传成为全国企业家的杰出代表，许振超成为全国产业工人的杰出代表，皮进军成为全国农民工的杰出代表。面对这些荣誉，常德传始终保持着清醒认识，超越自我，永不满足。1995 年，青岛港成为全国交通系统学习典型之后，常德传选择的是“二次创业，再铸辉煌”。2001 年，青岛港荣获全国质量管理奖，并成功突破亿吨大关、成为亿吨大港时，常德传适时提出了新的港口发展目标。在 2001 年底的一次会议上，针对国家正在加速推进经济体制由计划经济向市场经济转变、经济增长方式由粗放型向集约型转变两个根本性转变的政策，常德传这样表述着“超越自我”：当前，超越自我更有着特别深刻的内涵和要求，实施两个根本性转变的过程也是我们每个人解放思想、转变观念、脱胎换骨、重新认识的过程。2008 年，面对突如其来的全球金融危机，常德传多次强调，越是在困难和挑战面前，越要发挥青岛港的特别优势，越要坚定信心、认清困难、制定对策，确保青岛港全面协调可持续发展。在 2008 年 11 月 16 日召开的青岛港应对危机科学发展研讨会上，常德传特别强调：要认清“三个特殊”（特殊时期，特殊思路，特殊优势）、抓好“三个破除”（破除盲目乐观，破除等待观望，破除惊慌失措）、树立“三种意识”（“三感”意识，机遇意识，行动意识）、坚持“三个不变”（发展信心不变，增长指

标不变，造福愿望不变）、做好“三个研究”（研究周边，研究政策，研究内部）。这“三个特殊、三个破除、三种意识、三个不变、三个研究”，是青岛港应对金融危机的总纲领、总目标，让每一位青岛港人看到了信心和方向。青岛港克服国际金融危机带来的负面影响，化危为机，港口吞吐量、外贸吞吐量和集装箱吞吐量均实现了逆势增长。2009 年完成吞吐量 3.15 亿吨，同比增长 5.1%。2012 年，在全球经济下行、港航市场低迷、港口竞争加剧的严峻形势下，青岛港吞吐量一举突破 4 亿吨，集装箱达到 1450 万标准箱。

常德传经常告诫青岛港的领导干部和职工：志向高远，我们的动力才能强劲；小进则满，小富即安，就没法驾驭我们这样的大企业；青岛港是国有特大型港口，就必须有大目标、高标准，选择青岛港就是选择了大目标、高标准；胸怀大志，就是要不断挑战极限、超越自我，就是要有一种自我加压的精神；不是要我干，而是我要干，我要拼搏。

（三）善于学习，锐意创新

创新精神是企业家面对动态的经营环境，寻求思维的革新，不断拿出新方法解决新问题的意识。对一个企业而言，产品需要不断更新，服务需要不断上新台阶，市场需要不断开拓，管理方法不能囿于旧习，这些变革的实现都需要企业家思维的创新。青岛港的魅力来自创新的张力，得益于常德传具有不安于现状、勇于创新的胆略和意识。

常德传明确提出了“六大创新”思路：创新思想，创新科技，创新市场，创新机制，创新环境和创新管理。常德传强调，建设创新型港口是青岛港长盛不衰的必由之路，要全港动员，全面创新；要坚持科学发展观，不断创新思想方法和思想观念，掌握大形势，把握大趋势，超前决策，抢先发展，引领未来；做到人人创新，时时创新，事事创新，在创新中超越，在超越中卓越；通过创新，让一切劳动、知识、技术、管理和资本的活力竞相迸发，让一切创造财富的源泉充分涌流，使青岛港这艘港口的“航母”天天都有新进步、月月都有新发展、年年都有新跨越。

常德传深刻认识到增强港口的知识与技术含量是在日趋激烈的市场竞争中取胜的法宝。为提高港口创新能力，常德传始终致力于学习型港口和学习型员工的打造，提出了工作学习化、学习工作化以及全员学习、全程学习、团队学习等理念。概括起来，主要表现为终身学习理念、“五学”

理念和学习型组织理念。

1. 终身学习理念

在常德传看来，对个人来说，终身学习是一种保持不断进取、超越自我的意识，对于企业来说，终身学习是保持企业竞争力的根基。市场瞬息万变，科技日新月异，只有通过终身不懈地学习，才能对市场和竞争伙伴有清醒、理性的判断，才能科学地配置与运用生产要素，才能在竞争中占据主动地位。常德传注重从制度建设上引导、促进并保证职工终身学习风气的形成。例如，建立人员在企业内部流动机制，双岗并存，末位待岗，动态管理，给每个职工一种无形的竞争压力。如果不积极进取，不努力学习新技术新方法，就难以适应岗位要求。同时，也注意从正向调动职工的学习热情，如民主管理、合理化建议活动、科技创新奖励等。

2. “五学”理念

常德传提出学政治、学业务、学技术、学文化、学实践的“五学”理念，营造了浓厚的学习氛围。学政治——思想教育，学业务——操作技术大比武，学技术——考工晋级、专业技术培训，学文化——高端讲座、学历教育，学实践——现实教育、现场办公。“五学”理念极大地丰富了青岛港的学习内容和学习手段，强化了学习效果。在青岛港，不仅学书本，而且要学实践；经验诚可贵，教训价更高，经验和教训是指导今后工作的最鲜活的教材；坚持学习政治与学习业务相结合，单位培训与个人自学相结合，高标准、高起点地开展工作；只要愿意干，好好干，尽职尽责地干，政治上就受到信任、工作上受到重用、经济上得到实惠。

3. 学习型组织理念

常德传一直倡导建设一种学习文化，后来更系统化为创建学习型组织。学习，对每位青岛港人来说，既是权利，又是义务。集团推行全员学习，上到老总，下到普通员工，都必须参加各种学习，提高自己。每年集团副科、副队以上领导干部都分批进行集中封闭全脱产轮训，年年开展员工脱产大培训。“创建学习型组织，争做知识型员工”活动的深入开展，尤其是“学振超精神，创一流业绩”活动的开展，把学习型港口建设持续推向深入。许振超成为全国产业工人的杰出代表、“振超精神”成为时代强音之后，常德传抓住机遇，广泛深入开展了学习许振超活动。岗位学习，岗位成才，人人练绝活，人人提素质，“知识改变命运，岗位成就事业”成了全港上下的自觉行动。

（四）随需而变，超前决策

企业发展受复杂的环境、瞬息万变的市场和企业经营管理等诸多因素的影响。在市场经济条件下，任何决策都有失败的危险。常德传敢于承担决策失误的风险，这既是对智慧和能力的考验，更是对品德和责任心的检验。常德传敏锐地观察市场和需求的变化趋势，深刻领会国家政策的精神和市场信息蕴涵的商机，果断和超前决策，真正将青岛港的发展落到实处。多年来的青岛港快速发展的历史也是一部难得的教人如何科学决策和如何落实决策的活教材。有了常德传和青岛港领导班子的一系列大胆、科学、准确、超前的重大决策，才有了青岛港今日的辉煌。

20 世纪 80 年代的青岛港和其他老国有企业一样，包袱重，体制僵，设施旧，效率低。在市场经济的大潮和国家推进国有企业改革的背景下，青岛港面临着“人往哪里去，钱从哪里来，路向哪里走”的严峻考验。常德传认识到，青岛港是国有企业，包袱虽重，责任更是重于泰山，必须要当好共和国的“长子”、祖国母亲的“孝子”，因而决心走改革创新、内部挖潜之路，打造新的活力。常德传任青岛港一把手以来，及时、准确地判断市场的变化方向，做出了多项具有超前意义的重大战略决策。常德传准确地预见到我国石油进口时代的到来，将原来闲置、长期“晒太阳”的黄岛二期出口油码头及时改造成进出口兼用码头，填补了国内市场空白，使青岛港一跃成为我国最大的原油进口码头；较早地意识到了我国铁矿石大规模进口的趋势，冒着巨大风险，筹资建造了 20 万吨级矿石码头，作为当时全国最大的深水矿码头，迅速占据了世界矿石吞吐量第一的宝座，为我国钢铁工业大发展做出了巨大贡献；以敏锐的眼光看到了集装箱时代的到来，积极主动出击，实施集装箱由老港区向新港区的战略性大转移，昂首从支线港升级为干线港，迅速崛起为我国第三大集装箱港口；积极引进外资，探索与国际大企业合资的途径，2003 年 7 月，青岛港与丹麦马士基集团、英国铁行集团、中国中远集团“三国四方”共同投资 8.87 亿美元签署了前湾集装箱码头合资项目；2009 年 6 月，青岛港集团、阿联酋迪拜环球集团、丹麦马士基集团、中远集团、中国香港泛亚国际航运有限公司“三国五方”投资 14 亿美元开发建设的前湾四期集装箱码头开业运营。一系列合资合作项目，不仅引入了巨额资金，而且引进了技术、管理和货源，不断使青岛港登上发展新台阶，为我国港口利用外资进行了有益的探索。

在常德传的领导下，青岛港在多年的发展过程中做出的每项战略决策，都是符合世界航运业、港口业发展规律的，从而使青岛港质量和效益大幅提高，这充分说明了常德传超前的战略眼光。常德传在几十年的港口生涯中，对港口行业和港口生产有丰富的实践经验和感悟，能够客观评价和分析青岛港的经营情况，并将自身的理论素养与青岛港的实情紧密结合，着重于实际问题的理论思考，实现了理论与实践的统一，因而做到了随需而变、超前决策，带领青岛港实现了发展上的大跨越。

（五）勇担责任，甘于奉献

青岛港“一代人要有一代人的作为，一代人要有一代人的贡献，一代人要有一代人的牺牲”的企业精神在带头人常德传身上体现得尤为深刻。常德传的奉献和牺牲精神体现在四个层面。

（1）甘当国有企业的公仆。青岛港有人人皆知的“精忠报国，服务社会，造福职工”三大使命。常德传把“精忠报国”放在了第一位，坚持“企业发展一定要对国家的贡献越来越大”的准则。至今，青岛港集团办公楼前还矗立着一座“岳母刺字”的塑像。常德传把自己定位在“长子”、“工头”、“班长”的位置，带领广大干部员工多干活、多挣钱，努力打拼。他在全体干部大会上提出“向我看齐”，并希望各级领导干部都能对自己的部属喊出“向我看齐”，这种以身作则的领导作风对员工精神风貌塑造发挥出巨大效应。常德传在创建和推动事业发展过程中，经常要承受巨大压力，他以敢于承担社会责任、甘于奉献的精神推动着青岛港不断攀上新高峰。多年来，青岛港累计创造优良资产130多亿元，缴纳地税连续多年名列青岛市第一，对青岛市职工就业、社会稳定、财政建设和经济发展做出了卓越贡献。

（2）拥有深厚的社会情怀。作为中国特大型国有企业的带头人，常德传有着深厚的社会责任感，把服务社会当成了自己的使命，在国企改革中坚决不把一名员工推向社会，坚决不给社会增加负担。常德传常年坚持向对口扶贫单位招收农民工，为革命老区经济发展做出了贡献。为解决老百姓看病难、看病贵问题，青岛港与中国医学科学院北京阜外医院实施强强联合，将阜外医院精湛的技术“搬”到了家门口，使山东及周边地区心脏病患者可以就近享受到精湛的医疗服务。

（3）心装造福职工的承诺。一心为民、造福职工，是常德传对广大员工的郑重承诺。港口发展了，就要让广大员工过上富裕、殷实、美满的好日子，让员工生活得越来越好，让员工成为改革开放的最大受益者，是常德传不变的追求。常德传倡导领导干部发扬“港外过节，港内大干；职工过节，领导过关”、“辛苦少数人、幸福大多数”的奉献精神，提倡领导干部节假日要与坚持生产岗位的一线员工同吃、同住、同劳动。每年的节假日，当别人都沉浸在喜庆的节日氛围的时候，常德传却把青岛港领导干部召集在一起，举办各种学习班，研究港口发展战略规划，提前启动下一步工作；每年的除夕夜，都在港上和农民工兄弟、单身大学生、坚持生产的一线员工共同守岁、迎接新年的到来；大年初一一大早率领党政领导慰问坚持节日生产的一线员工，下午又深入老领导、老先模和老同志家中看望、拜年。在常德传心目中，“没有比心更高的山，没有比脚更长的路”，为了港口发展，为了能让广大员工过上好日子，即便千难万难、即便昼夜奔波劳顿，常德传却始终充满昂扬的斗志。

（4）具有牺牲精神。常德传身上有着可贵的公仆意识和牺牲精神，在数次烈火考验面前，都以国家利益为重，不顾个人安危，赴汤蹈火、冲锋在前。常德传先后组织指挥了“华海一号”邮轮、新基轮、北拖710舰等10多次海上、陆上港外灭火抢险，次次成功，为保护人民生命安全和国家财产安全做出了重要贡献。

第三节　领导风格

常德传常说：“搞好国有企业关键在两条，一是决策，二是风气。决策失误，全盘皆输；风气不正，一事无成。”领导作风关系到企业执行力、创造力和凝聚力，关系到企业的和谐发展，青岛港各个管理层形成了各具特色的领导风格和积极向上的领导作风。

一、领导风格

（一）集团层领导风格：建设型

青岛港集团领导班子为建设型领导风格，主要进行科学决策，实现和谐共赢，激发员工主观能动性。

（1）科学决策，充分挖掘资源潜力。青岛港集团领导班子号召员工树立“有条件要发展，没有条件创造条件也要发展”、“建码头发展，不建码头挖潜照样发展”的观念，挑战极限，超越自我。面对船舶大型化、码头专业化、泊位深水化、运输集装箱化、港口现代化的国际航运业发展新趋势，青岛港集团克服困难制定和实施了一系列决策：老港区改造，黄岛油二期工程，集装箱国际中转大港，20 万吨级矿石码头建设，“万国码头”和港口建设西移，等等。面对码头通过能力严重不足的局面，青岛港坚持科技创新发展，以信息技术改造传统码头工艺，以技术改造释放码头能力，以技术引进建造高效节能码头，开辟了内涵式、集约化发展的新路。

（2）注重合作，实现和谐共赢。青岛港在实现企业利益的同时也注重为客户创造价值，确定了为客户服务的“三项原则”：没有货主，没有用户，青岛港就没有饭吃；货主满意就是青岛港质量工作的标准；价格优惠，手续便捷，24 小时服务。“三项原则”实现了企业与货主船东之间的和谐共赢。青岛港的“诚纳四海”服务品牌，被评为中华第一港口服务品牌。青岛港还积极引进外资，探索与国际大企业合资的途径，通过资本、经营、港口各方面资源的整合，实现联合发展，共享成果。

（3）以人为本，切实维护职工利益。青岛港集团秉承“精忠报国，服务社会，造福职工”的理念，以关注民生、解决民生为根本，既注重物质化激励，又注重情感化管理，既注重提高工作效率，又注重提高员工生活水平。人本管理的真情真意换来员工的真心实意，并转化为无穷尽的力量，形成企业发展的内在动力。青岛港领导班子以真理的力量启迪人，以人格的力量激励人，以亲情的力量温暖人，以榜样的力量震撼人，以民主的力量凝聚人，在政治上、思想上、业务上关心关怀员工，保证员工身心健康、工作快乐、生活幸福，有力地激发了员工的工作热情和爱港敬业精神。

（二）公司层领导风格：责任型

青岛港集团的下属公司是集团的经营层，其主要职责是集中精力抓市场、抓经营，将资源变财富，为集团的利润中心。集团与公司签订经营目标责任书，公司领导要贯彻经营目标并常抓不懈、持续改进。在明确责任后，公司制定清楚明了的框架和规则，做到有章可循，严格执行既定规章制度和坚持落实奖惩办法，使员工明确知道自己的权利和责任，保证经营目标的顺利完成。公司领导重点从安全质量、装卸生产、资金管理和开拓市场方面抓管理，负责任。以安全质量工作为例，安全质量工作一直是青岛港第一位的工作、检验各项工作成效的首要标准、各级领导应负的第一位的责任，而严格的规章制度是安全生产和高质量产品和服务的根本保障。这些规章制度不是挂在墙上、写在纸上给别人看的，不是应付上级检查的花架子，而是公司领导从港口实际出发、从生产需要出发，总结经验、吸取教训之后制定并不断完善的。对安全质量工作经常抓、反复抓，不断有新标准，不断有新举措，充分体现了公司领导班子所担负的安全质量责任。

（三）基层队领导风格：技能型

基层队领导都是在一线岗位上选拔出来的，对本业务有丰富的工作经验，掌握该领域先进的技术或拥有精湛的工艺，能够指导和解决具体作业问题。基层队领导采取以点带面的工作方式，注重抓好重点船、重点码头、重点环节、重点机械、重点人的作业，进而力争全面了解各个方面的工作。随着青岛港管理重心的下移，基层队成为了管理层，基层队领导始终站在生产一线位置，巡视现场，查找隐患，从思想和行动上实现了“四个转变”：变“经验管理”为“制度管理”，变“事事领导抓，层层听安排”为“凡事有制度，事事有人抓，件件有落实，层层有考核”，变“被动管理”为“主动管理”，变“要我抓”为“我要抓”。

（四）班组层领导风格：带头型

班组层的领导风格为带头型，为员工树立榜样和标杆，确定“应该干什么，何时干，如何干，干到什么程度”，并不断总结经验教训、持续改进，带动整体作业效率的提升。为起到带头作用，班组领导勤于钻研本工种业务，积极主动研究新引进的机械设备，反复研读设备图纸和资料，针对设备在设计安装方面的缺陷提出自己的建议，提高设备运行的可靠性，进行卓有成效的小改小革，寻求节能减排方面的突破。班组领导对于脏活、累活、危险性较大的活，总是一马当先，以此带动整个班组完成既定的目标和任务。

二、领导作风

青岛港各级领导干部公开向职工承诺“向我学习，向我看齐”，坚持“坚定信念，敢讲真话；一心为民，造福职工；真抓实干，艰苦奋斗；说到做到，‘三老四严’；廉洁勤政，谦虚谨慎；勤奋学习，锐意进取”六种风气，身体力行青岛港“精忠报国，服务社会，造福职工”三大使命，带头发扬“一代人要有一代人的作为，一代人要有一代人的贡献，一代人要有一代人的牺牲”的青岛港精神。

（一）各级领导承诺“向我学习，向我看齐”

榜样的力量是无穷的，青岛港领导干部向职工公开承诺“向我学习，向我看齐”，坚持“一名领导就是一面旗帜”，一级带着一级干，一级做给一级看，切实做到“对上让组织放心，对下让职工满意，对己终生无悔”。

青岛港各级领导率先垂范，带领职工干事创业。前港公司经理张再春把“不能决定时间的长度，可以拓宽时间的宽度”当成座右铭，上任期间，每天只睡几个小时，每周走遍 60 公里皮带流程，每月爬遍 53 台大型设备，带领职工创出全国港口首个亿吨公司。集团副总工程师郭志渝，长年累月坚守在码头建设工地上，在 2 台自重 2700 多吨、世界最大的卸船机上岸期间，不顾腿伤，两天两夜不下火线，为 363 天建成世界最大的 40 万吨矿石码头做出了突出贡献，而建造这种大型码头通常需要 4~5 年。各级领导长年“5+2”（5 个工作日加 2 个双休日）、“白加黑”（白天加晚上），无怨无悔，心甘情愿，工作上向高标准看齐，生活上向低标准看齐，不买小车给职工购置上百部班车，不建办公楼给职工建星级候工楼，投巨资改善农民工公寓，大力整治改善现场工作条件，青岛港成为世界上最干净的花园式码头。

青岛港把“信仰关、感情关、苦乐关、标准关、服务关”作为领导干部的荣辱观和试金石，要求领导干部以苦为乐，以苦为荣，甘当“苦行

僧”。连续多年，每年两次、每次十几天，在冬天最冷、夏天最热的时候，三级班子、两级机关上千人到生产一线干装卸、察民情，从来都是“职工过节，领导过关”，全体领导干部和一线职工并肩开展生产大会战。坚持“职工的事再小也是大事，再难也要办好”，千方百计破解“五大难题”（确保安全、降低劳动强度、提高生产效率、促进节能减排、缩短在港时间），通过声势浩大的万人创新成果现场推进会，推广应用了5800多项科技创新成果。其中，劳动强度最大的大港公司创造出“自动码包机”、“智能平车机”等“六大发明”，彻底把职工从脏、苦、累、险中解放出来。高度重视职工的职业健康，千方百计压缩在港时间，确保职工班后40分钟离港，坚持把“安全”、“经济”当成两条高压线，把“五个平安”作为第一战役。港口物资集中招标采购，各级领导坚决不插手、不经手、不放手。领导干部带头站在高风险、高压力、高动力的第一线，不要命、不怕难、不怕事，在多次港外重大火灾抢险中，舍生忘死、挺身而出。在抢建亚洲第一座20万吨级矿石码头、盘活20万吨级原油码头、集装箱国际航线整体西移等重大抉择时，超前谋划，科学决策，敢为事业担风险。2006年青岛港的领导荣获了全国国有企业创建“四好”领导班子先进集体，建党90周年又分别荣获了全国、全省、全市“先进基层党组织”称号。

（二）领导干部的六种风气

1. 坚定信念，敢讲真话

坚定的信念是领导干部的灵魂，只有信念坚定，才能经受挑战和考验，不畏权威，不见风使舵，不唯利是图。敢讲真话，就是敢在是非面前坚持信念，不以个人利益为重。青岛港从一个名不见经传的小港发展成为一个世界级的国际大港，从老国有企业僵化的体制走向现代国有企业公司治理机制，与青岛港领导干部坚定信念、敢讲真话的领导作风密不可分。在青岛港实践中，只要符合港口发展和港口利益，青岛港领导干部都会毫不犹豫地坚持和支持，全港形成了积极向上、公平公正的氛围。

2. 一心为民，造福职工

青岛港各级领导坚持发展为了职工，发展依靠职工，发展成果由职工共享，始终做到“职工的事再小也是大事，再难也要办好”，让职工共建、共享港口发展成果。在涉及职工切身利益的环节上，始终是先职工后干部、先基层后机关，工资、奖金分配等优惠政策向装卸一线倾斜。多年来，青岛港转岗分流上万人次，没有让一人下岗回家。特别是面对金融危机，不仅保员工岗位，而且保员工收入，2009 年全体员工工资收入同比增长 4%，农民工收入同比增长高达 13%。青岛港在管理中倡导人人平等，尊重每个员工，激励员工参与管理，充分激发员工的积极性和创造力，为民主决策、民主监督创造条件和机会。

3. 真抓实干，艰苦奋斗

从 1989 年开始，多年来，每年冬天最冷的时候、夏天最热的时候，集团领导都带领各层级管理人员深入装卸一线，开展为期一周的“冬练三九”、“夏练三伏”劳动调研，一方面跟班劳动，与一线职工同吃、同住、同劳动、同学习，一起冒严寒、斗酷暑、创高产；另一方面进行调研，零距离倾听职工心声，面对面为职工排忧解难，解决实际问题。各级领导不休节假日、没有大礼拜，带头“5+2”（五个工作日加两个休息日）、“白加黑”（白天加黑夜），逢年过节都是“港外过年、港内大干”、“群众过年、领导过关”。领导干部要“五个面向”（面向基层，面向职工，面向市场，面向客户，面向外部）、“五到现场”（领导工作到现场，安全质量管理到现场，生产组织到现场，设备管理到现场，思想工作到现场），带领职工干事创业。尽管青岛港的经济效益每年都有大幅度提高，但各级领导始终严于律已，带头执行财经制度，严格管好、用好“钱袋子”，公务消费和公务接待厉行节约，一律安排在集团内部宾馆、酒店，节衣缩食、勤俭持家。领导干部坚持吃苦在前、享受在后，生活上向低标准看齐、工作上向高标准看齐。

4. 说到做到，“三老四严”

改革开放以来，尽管各方面的情况都发生了巨大变化，但青岛港领导干部保持了“三老四严”作风，即“说老实话、办老实事、做老实人”，“严格要求、严肃态度、严密组织、严明纪律”。青岛港领导干部言而有信，要求职工做到的，自己首先要做到。青岛港要求各级领导干部向职工承诺“向我看齐”，做职工的表率和榜样。说到做到、“三老四严”更深层次的意义在于勇于承担责任，对职工负责，对国家负责，对历史负责。

5. 廉洁勤政，谦虚谨慎

青岛港一直高度重视领导干部的廉政建设和内控监督工作，明确提出“风气不正，一事无成”以及安全问题和经济问题是两条绝对不能触碰的

高压线等一系列廉政勤政的要求，不断加强廉政建设和廉洁勤政管理，加强对各级领导干部的严格要求、严格教育、严格管理、严格监督，高标准搞好“四好”班子建设，在全集团营造了正气浓浓、廉洁高效的经营环境，有效保障和促进了港口又好又快科学发展。在廉政建设上，采取典型引路的形式，深入开展理想信念教育、思想道德教育、典型示范教育和优良传统教育，层层举办报告会、表彰会，编发《先进事迹宣讲汇编》，充分利用港报港刊、宣传栏等有效载体，大张旗鼓地宣传勤廉兼优的领导干部先进典型，营造依法经营、廉洁从业、诚实守信、勤勉敬业的良好氛围。青岛港领导干部还时刻要求自己在成绩面前要谦虚谨慎、戒骄戒躁。

6. 勤奋学习，锐意进取

是否善于学习，有没有学习的风气，直接影响到干部队伍能不能健康成长，能不能适应企业不断发展的新形势。青岛港在全港塑造尊重知识、尊重人才的良好氛围，上至领导干部下至职工群众都不断学习、终身学习，形成了一整套完整的学习机制。青岛港把干部教育纳入青岛港发展规划之中，针对管理人员专门制定了相应的培训规划，深入开展了以“自我素质达标”和“创新创效”为载体的岗位学习工程，有计划、有步骤地组织领导干部学习各类相关知识。鼓励领导干部自学成才、岗位成才，对学业有成、自学成才者，进行物质奖励和精神鼓励。青岛港每年都投入上千万元实施“个十百千”工程（建好 1 个人才培训中心、10 个科技创新基地、100 个员工图书室和学习之家、1000 个员工学习园地），形成“集团有中心，公司有基地，队里有阵地，班组有园地”的全员学习格局。

第四节 领导绩效

以常德传为首的领导团队对青岛港做出了不可磨灭的贡献，其领导绩效可总结为八点：形成以“三大使命”、“三个一代人精神”为核心的企业文化；实施“五大战略”，实现了青岛港从 2000 万吨到 4 亿吨的大跨越；实施“四大结构调整”，打造港口核心竞争力；打造“诚纳四海”服务品牌，构建起为货主船东服务的世界级物流平台；推行卓越绩效管理，打造资源节约型、环境友好型、质量效益型港口；坚持以人为本，着力推进人才强港战略；坚持一心为民、造福职工，广大职工成为改革开放的最大受益者；勇担社会责任，当好社会发展的中流砥柱。

一、形成以“三大使命”、“三个一代人精神”为核心的企业文化，引领青岛港走出一条振兴国有企业的科学发展之路

青岛港领导者将科学发展观、国内外先进的企业管理理论与青岛港实际相结合，提出了“坚持科学发展观，坚持一切从实际出发，把青岛港自己的事情办得更好”的青岛港工作指导思想，确立了“建设东北亚国际航运中心，营造平安和谐家园”的共同愿景。

青岛港认为，青岛港是国有企业，所以应当“精忠报国”；青岛港是服务企业，所以应当“服务社会”；职工是企业的主人，所以应当“造福职工”，进而把“精忠报国，服务社会，造福职工”作为青岛港的“三大使命”，并不懈地为之奋斗。领导者总结青岛港100多年的历史，特别是改革开放以来的实践，提出独具特色的“一代人要有一代人的作为，一代人要有一代人的贡献，一代人要有一代人的牺牲”的青岛港精神。以此为纲，博采国内外管理众长，青岛港确立了以“四条原则”为主要内容的工作标准，即“对国家的贡献越来越大，港口发展后劲和竞争实力越来越强，职工生活质量越来越好，职工素质越来越高”。

以“三大使命”、“三个一代人精神”和“四条原则”为核心内容的价值观念，最终培育形成了青岛港独特的企业文化。具有青岛港特色的企业文化包括：红色文化——不怕苦，不怕死，艰苦创业，奋发图强；忠孝文化——爱党报国，敬业奉献，上尊下爱，诚纳四海；乡土文化——重品德，讲情义，纯朴实在，吃苦耐劳；时代文化——求真务实，竞争创新，节约环保，和谐共享。青岛港企业文化，形成青岛港特有的、别人难以仿造的无形核心竞争力，使青岛港保持了持续、快速、协调、健康发展。

二、实施“五大战略”，实现了青岛港从两千万吨到四亿吨的大跨越，昂首挺进世界第七大港

面对百废待兴的青岛港，面对我国日益开放、经济快速发展的新形势，面对世界经济一体化发展的大趋势，青岛港领导团队先后提出并组织实施了做好青岛港、做大青岛港、做强青岛港、做久青岛港、由世界大港向世界强港转变的发展战略。

（一）实施夯基战略，创建名牌港口，做好青岛港（1990~1995年）

“夯基”就是夯实基础。适应市场经济发展的需要，在全国沿海港口中率先通过了安全、质量、环境三大管理体系认证，推行国际管理标准，规范港口管理。加强班子、队伍建设，改造老港，建设新港，实施专业化管理，名牌化服务，创造青岛港服务品牌。1995年，交通运输部、山东省政府联合在青岛港召开了全国交通企业深化改革、加强管理经验交流会，把青岛港确定为全国交通系统“三学一创”的典型和全国港口行业唯一的示范“窗口”。

（二）实施超前战略，建设亿吨大港，做大青岛港（1996~2000年）

适应国际航运市场变化，在全国港口中率先建成投产了一批大型化、深水化、专业化、信息化的大码头，大规模调整生产布局，改变港口生产结构，不断提升青岛港的服务质量和技术等级，提升港口的能力，打造核心竞争力，使青岛港成为实力雄厚、功能完善、用户满意的现代化国际亿吨大港。

（三）实施中心战略，建设区域性国际航运中心，做强青岛港（2001~2005年）

面对我国加入世界贸易组织和经济全球化不断发展的新形势，加强与大船公司、大货主联盟，实施“一大转移”，发展“三大中心”，建设大型集装箱码头等“八大工程”，带动“十大关联产业”（即实施集装箱由老港区向新港区的战略性大转移；培育、发展航运信息中心、现代物流中心、融资中心；建设前湾三期、四期等八大工程；带动港口机械制造、港口工程建设、船舶后勤供应、船舶货物代理等十大关联产业），把青岛港发展成为区域性国际航运中心，实现港口全面协调可持续发展。9家世界500强企业落户青岛港。外贸吞吐量保持全国沿海港口第二位，2005年青岛港集装箱吞吐量达到630万标准箱，成为区域性国际航运中心。2004年外贸进口矿石完成4130万吨，超过荷兰鹿特丹港（3770万吨），跃居世界港口第一位，全国每5吨进口铁矿石中就有1吨是从青岛港进口的。进口原油始终保持全国沿海港口第一位，每4吨进口原油中就有1吨是从青岛港进口的。

（四）实施创新战略，建设创新型港口，做久青岛港（2006~2010 年）

青岛港把自主创新作为企业的生命，坚持科技强港，港口生产方式实现了由劳动密集型向技术密集型的根本性转变，港口发展进入创新驱动、内生增长的发展轨道。青岛港站在新起点上，致力于打造平安福港、效率快港、实力强港，建设自主创新型、资源节约型、环境友好型、质量效益型、管理精细型、亲情和谐型港口，为货主和船东创造更优越的港口条件，提供更快捷高效的服务。紧跟国际航运业的发展步伐，在进行大规模建设改造、实施能力结构调整的同时，大力实施码头专业化重组，调整生产结构，将铁矿石、煤炭、外贸集装箱全部由老港区转移到新港区，构建新的生产格局，实现了专业化管理、集约化经营、规模化生产。2009 年，港口吞吐量 3.15 亿吨，跃居世界大港第七位。其中，集装箱吞吐量 1025.8 万标准箱，跃居世界第十位；外贸吞吐量居我国沿海港口第二位，仅次于上海港；进口铁矿石居世界港口第一位；进口原油居全国沿海港口第一位。2012 年，青岛港吞吐量一举超越 4 亿吨、集装箱实现 1450 万标准箱，进口铁矿石吞吐量仍保持世界港口第一位，进口原油吞吐量居我国港口第一位，外贸吞吐量居我国港口第二位，集装箱装卸效率、铁矿石卸船效率始终保持世界第一。

（五）实施强港战略，由世界大港向世界强港转变（2011 年至今）

“十二五”开局之年，青岛港又决定实施“强港战略”（文化强港、科教强港、科技强港、人才强港），建设集装卸物流产业三位于一体、综合实力强大、功能配套、优势明显、具有区域资源配置能力的东北亚国际航运中心，实现由世界大港向世界强港转变。当前，青岛港正在董家口港区大规模开发建设一批矿、煤、油、散杂货深水码头，全面发展港口综合物流、专项物流、加工、保税、仓储、商贸、信息、金融和综合服务等功能，打造国际物流中心、资源配置中心、临港加工中心、港航金融中心和信息交流中心。同时，加快青岛老港区转型升级，建设世界级的邮轮母港。到 2015 年，青岛港将建成为年吞吐能力 6 亿吨、集装箱 2000 万标准箱的世界一流大港。到 2020 年，青岛港将建成为年吞吐量 8 亿吨、集装箱 3000 万标准箱的世界著名强港。

三、实施“四大结构调整”，打造港口核心竞争力，引领世界港口发展新潮流

港口是运输服务企业，只有与国内外经济发展的脉搏一起跳动，才能实现持续发展。青岛港领导班子，努力把握宏观经济发展趋势、市场供求关系变化和世界航运业的最新发展，适时实施战略性大调整，改造了一个百年老港，建设了两个现代化新港；在全国沿海港口中率先建成了一批世界级大码头，目前世界上有多大的船舶，青岛港就有多大的码头，保证了青岛港这艘巨轮始终保持正确的航向。

（一）调整主业结构，培育核心业务

过去别的港口能干的青岛港也能干，青岛港能干的别的港口也能干，没有自己的核心业务。20世纪80年代末，领导班子对所经营的近百个货种逐一进行市场预测，选准市场定位，将集装箱、煤炭、原油、铁矿石作为青岛港的四大核心业务，集中全集团的力量优先发展。现在青岛港的进口铁矿石吞吐量居世界港口第一位，进口原油居全国港口第一位，集装箱吞吐量居全国第三位，煤炭是全国五大重点下水港口之一。

（二）调整市场结构，扩大港口辐射深度

计划经济时期，青岛港的市场主要是山东省及周边省份，狭小的市场极大地制约了青岛港的发展。随着我国经济体制由计划经济向市场经济转变，领导班子确立了“眼睛向外，面向社会的市场观念；敢为人先，争创一流的名牌观念”等八个新观念，确立了以服务全国、联通世界为目标，海向陆向双向扩张市场的市场开拓战略。打破传统经济腹地观念的束缚，树立起“港口生产的主战场在港外”、“青岛港是全国的港口、世界的港口，青岛港要为全国、全世界服务”的思想，实现了港口生产经营重点从港内到港外、从现场到市场的战略性转变，变等货上门为上门揽货，找米下锅，北上南下、国内国外召开货主用户座谈会、港口推介会，广揽货源。陆向在全国内陆主要城市建立了服务终端，为货主提供一条龙服务；海向与130多个国家和地区的450多个港口开通了航线，实现了全球通，构筑起辐射全国、联通世界、适应港口大发展需要的广阔市场。

积极响应国家西部大开发战略，发挥港口优势，在海关的大力支持

下，把“出海口”直接搬到了内地城市的“家门口”，积极建设“内陆港”。在全国沿海港口率先开通了集装箱“五定班列”，联通河南、陕西、河北、山西、四川、甘肃、青海、宁夏、新疆等地区。2009年，海铁联运集装箱运量18万标准箱，同比增长12.5%；过境大列箱量6.3万TEU，位居全国港口第一。对拉动我国内陆地区外向型经济和中亚5国、俄罗斯、日韩、东南亚等远东地区的国际贸易发挥了重要作用。

进入21世纪，国家开放政策力度日益加大，世界500强企业、跨国公司、大商社非常看好中国的经济发展，以前所未有的规模和态势纷纷挺进中国市场。青岛港顺势而为，适时提出了“高层次招商引资”的对外开放新观念，坚持“不求所有，但求所在，以我为主，为我所用”的新理念，依托港口优势，博揽众长，积极推进强强联合、共赢发展的国际化强港之路，实现本土化与国际化的最佳融合，以更加开放的姿态和更加开放的层次走向国际、国内社会。一是三国多方强强联合，打造东北亚国际航运中心，开创了国内外港航企业多方合作的崭新模式，开启了青岛港集装箱发展的崭新时代。二是与石化巨头全面合作，打造全国最大的原油进口中转基地，有力地保证了青岛千万吨级大炼油项目和国家原油战略储备基地的顺利实施，进一步拉动了青岛市以及周边地区石化产业的发展。三是与周边港口合资合作，打造半岛集装箱内支航线网络中心，与日照、烟台签署了战略联盟框架协议，加快推进“东北亚国际航运中心”的建设步伐。四是与亚洲顶尖医院合作，打造半岛心血管病治疗中心，为青岛市、山东省乃至周边省市的人民群众做了一件利国利民的大好事，受到了社会各界的广泛赞誉和好评。进入21世纪以来，已经有9家世界500强企业落户青岛港。

青岛港还与东南亚久负盛名的新加坡理工学院合作办学打造中国港航物流人才培养基地，与知名的油脂加工企业山东渤海油脂公司合作大豆临港加工等众多项目，把港口的码头服务优势与国内外跨国公司、大企业、大商社的资源优势紧密结合起来，走出一条适应世界经济全球化时代潮流、建设国际化强港的发展之路。

（三）调整能力结构，适应国际航运业发展趋势要求

青岛港是一座百年老港，原有泊位基本上都是1万吨级的小型泊位，适应不了国际航运市场船舶大型化、深水化、专业化的发展要求。领导班

子紧跟国际航运业的发展步伐，围绕核心业务，坚持建设新港区与改造老港区相结合，实施超前发展竞争策略，实现了港口靠泊能力由万吨级到30万吨级的巨大飞跃。10万吨级、20万吨级、30万吨级超级巨轮频频进出青岛港。

（四）调整生产结构，构建现代化生产格局

在进行大规模建设改造、实施能力结构调整的同时，积极顺应国际航运业专业化发展的趋势，大力实施码头专业化重组，调整生产结构，将铁矿石、煤炭、外贸集装箱全部由老港区转移到新港区，构建新的生产格局，实现了专业化管理、集约化经营、规模化生产。

青岛港首先瞄准代表世界先进运输方式的集装箱业务，作为青岛港今后的发展方向。20世纪80年代末，青岛港仅有2万箱业务，不用说国际港口，就是国内不少兄弟港口也都远远超过青岛港。青岛港坚持从实际出发，把老码头改造成为集装箱专用码头，采用短、平、快的方式加快青岛港的集装箱发展。2002年，青岛港综合分析国际国内集装箱发展趋势，果断决策，成功实施了青岛港外贸集装箱由老港区向前湾新港区的战略性大转移，创造了世界港口新老港区布局调整的奇迹。

20万吨级二期油码头是国家出资3亿元专为原油出口建设的。20世纪80年代末建成后，由于无油出口而不能投产。风吹雨淋日晒，锈蚀日益严重。领导班子目光敏锐，超前决策，根据对我国原油需求形势的分析，对码头进行返输改造，使原油能进能出，同时建设油罐群，成功盘活了二期油码头。

1996年以来，随着矿石进口量的急剧增长，在多年论证的基础上，经国务院批准，又筹资18亿元，建设了20万吨级兼顾30万吨级的矿石码头。此项建设，大胆创新，研究制定科学工艺，组织大兵团海上陆上同时作业，仅用18个月就使码头建成投产，创造了港口建设史上的奇迹。

四、打造“诚纳四海”服务品牌，构建起为货主船东服务的世界级物流平台

计划经济时期的港口被社会称作“港老大”，企业惹不起港口。随着计划经济向市场经济转变，企业逐步成为港口的“上帝”。20世纪90年代初，在世界许多港口星期天不作业的情况下，领导班子结合“以客户为

中心”的管理理念，提出了国内外航运界熟知的青岛港为客户服务的“三项原则”：没有货主、没有用户，青岛港就没有饭吃；货主用户的满意就是质量工作的标准；手续便捷，价格优惠，24 小时服务。“宁肯自己千难万难，也不让货主船方一时犯难”，成功打造了“诚纳四海”服务品牌。集装箱核心班轮保班服务等八项服务被评为“全国用户满意服务”。

例如，小型钢厂进口矿石租不起大型船舶，租小船运费又高，青岛港就协调多家小型钢厂联合拼装 20 万吨级大船，与租用 5 万吨级船舶相比，每进口一吨矿石就为钢厂节省 5~8 美元。有的钢厂、电厂在生产过程中需要对不同品质的矿石、煤炭进行混配，青岛港就通过改进工艺流程，利用港口先进的生产系统在装车、装船时免费为钢厂、电厂进行配煤、配矿，广大货主非常放心满意。啤酒装船国家规定允许有 3‰的破损率，而青岛港做到无一瓶破损，受到了货主高度赞扬，打造了“亿瓶精装”服务品牌。为保证原油“原来原转”不亏吨，投资近 400 万元购买了雷达液位计量装置。职工不仅爱惜贵重货物，而且对大宗散货的一颗一粒也都倍加珍惜。在矿石卸船时，每人都随身带有一把小铁铲、一把小扫帚，“变大扫帚为小扫帚，把矿粉当作面粉”，随时把船边、车边等边边角角的矿石清扫干净，既保证颗粒归垛，又保证不同品质的矿石不混质，为货主减少了损失，并有效地保持了地面清洁、保护了环境。货主感慨地说：“我们想到的事情，青岛港都做到了，我们没有想到的事情，青岛港也都为我们做到了！”

以为货主、船东创造更大的价值为导向，开启生产效率秒时代。据测算，港口生产每提前完成作业 1 秒钟，就可为大矿石船货主节省 1 美元，为大集装箱船货主节省 2 美元的船舶租费。青岛港向 1 秒钟要效率，每装卸一钩矿石压缩 2 秒，每装卸一个集装箱压缩 15 秒。集装箱装卸“振超效率”、铁矿石装卸“孙波效率”、纸浆作业效率刷新世界纪录，打造了世界闻名的“效率快港”。如今，北起内蒙古，南至重庆、成都，西至乌鲁木齐，都有青岛港的货主和用户。

面对世界经济全球化的发展趋势，领导班子审时度势，大力推进港航联盟、港货联盟、港港联盟。目前已有 9 家世界 500 强企业落户青岛港。其中，2003 年 7 月 21 日，青岛港与丹麦马士基集团、英国铁行集团、中国中远集团，“三国四方”在人民大会堂隆重签约，共同出资 8.87 亿美元，打造了世界级集装箱码头公司，时任总理温家宝、英国首相布莱尔率

两国多位部长亲自出席了签约仪式。青岛港与世界500强中石化联手，合资成立了青岛实华原油码头有限公司。青岛港与世界500强日本三菱集团合资建设了散装水泥分拨基地。青岛港与全球最大冷藏物流运营商冰岛怡之航合作建成了前湾新港区5.5万吨冷库项目。与山东渤海实业发展有限公司合作发展大豆加工基地。2009年6月29日，“三国五方”（青岛港集团、阿联酋迪拜环球集团、丹麦马士基集团、中远集团、香港泛亚国际航运有限公司）投资14亿美元开发建设的前湾四期集装箱码头开业运营。2009年12月18日，与招商局合作，成立了联合集装箱码头有限公司（QQCTU），新合资公司开业首年箱量就过百万。2010年6月5日，又与招商局成立青岛前湾西港联合码头有限责任公司，把合作领域扩大到散杂货。2011年5月19日，“三国六方”又与新加坡海皇集团和海丰集团共同投资设立新合资公司“青岛前湾新联合集装箱码头有限责任公司”（QQC-TUA），青岛口岸东北亚国际航运中心建设大大提速，在国际航运界引起很大反响。实施“走出去”战略，2006年1月6日与威海港合资成立了青威集装箱码头公司，合资第一年实现了集装箱箱量增长70%、利润增长5000万元，目前是威海地区最大、最具活力和竞争力的集装箱龙头企业；2007年5月10日与日照港合资成立日青集装箱码头公司，当年即实现箱量增长70%。

2008年以来，国际金融危机席卷全球，国际航运业遭受重创。面对困境，领导班子果断提出“在青岛港没有金融危机，只有机遇”、“沧海横流方显英雄本色”，提出“坚持科学发展不动摇，增长指标不动摇，造福职工不动摇”，带领职工做到“三个破除”（破除盲目乐观，破除等待观望，破除惊慌失措），树立“三个意识”[“三感”意识（危机感，责任感，紧迫感），机遇意识，大局意识]，加强“三个研究”（研究市场，研究政策，研究内部）；积极创建“平安年，创新年，管理年”三个特色年，在危机中实现了逆势上扬。

五、推行卓越绩效管理，打造资源节约型、环境友好型、质量效益型港口

青岛港领导班子既面向世界、学习借鉴先进的管理经验，又立足现实、一切从青岛港的实际出发，博采古今中外管理之长，打造科学发展的管理模式。

（一）转变港口发展方式，打造资源节约型港口，让“1>2”变为现实

受条件限制，青岛港通过能力严重不足。青岛港积极转变发展方式，向“五大创新”（科技、管理、技改、信息化、大练兵）要能力。现在青岛港两个集装箱泊位吞吐量相当于世界效率第二的日本神户港三个集装箱泊位吞吐量；一个20万吨矿石码头相当于其他港口两个甚至三个矿石码头的作业量；用仅占全国港口1.3%的码头岸线完成了全国港口6.9%的吞吐量，用10多平方公里的面积完成了其他港口50~100平方公里面积的活，用一个青岛港的设计能力完成了三个青岛港的业绩。

大力实施工艺流程再造，创新管理工作法，如“四无”工作法（泊位利用无空闲、争分夺秒无待时、货物疏运无堵塞、市提市入无压车）、“零极限”工作法（抓观念实现思想零障碍，抓衔接实现环环零缝隙，抓攻关实现流程零缺陷，抓人本实现岗岗零制约）等，内部挖潜提高能力。据世界最大航运公司马士基集团最新统计，青岛港两个集装箱泊位完成了世界第二位日本神户港三个泊位的箱量，完成了其他港口四个、五个泊位的箱量。“十一五”以来，青岛港吞吐量翻了一番多，综合能源单耗下降了21.6%，每年节约能源3.1万吨标煤、减少二氧化碳排放6.72万吨，走出了一条高效集约、创新驱动、内生增长的发展道路。2008年，青岛港荣获山东省节能突出贡献奖，是五家获奖企业的唯一一家交通企业，并获得政府奖励100万元；交通运输部先后三次召开会议，推广青岛港的节能减排做法和经验。

青岛港致力于以构建低能耗、低污染、低排放为基础的港口发展模式，不断强化全员节能环保意识，在全港牢固树立起“节能环保是科学发展观的必然要求，是企业义不容辞的社会责任，是增强企业核心竞争力的战略举措”等观念，以“节能环保是给自己干的，不是给别人看的”姿态，全港上下从港口发展战略到建设改造、生产管理、各个岗位，都把节能环保放在突出的位置，积极推进港口发展“由主要依靠物质能源消耗向主要依靠科技进步、劳动者素质提高、管理创新转变”，大力建设资源节约、环境友好、质量效益型港口。

（二）实施“三大工程”，打造环境友好型港口

青岛港始终坚持实施蓝天、碧水、绿地“三大工程”，高标准打造环

境友好型港口，实现了装卸生产全过程无污染作业，做到了节能、防污、减排、增效。港口绿化面积达100多万平方米，港区三季有花，四季常青。许多中外宾客都高兴地称赞说："你们管理得很好，干煤不见煤尘，干矿不见矿粉，码头干干净净。"青岛港先后被评为全国造林绿化300佳单位、全国绿化模范单位、全国首批（8家）国家环境友好企业、第四届世界环保大会"碳金创新价值奖"，被世界环境中心与中国企业联合会共同授予"节能环保最佳企业"荣誉称号。青岛港成功打造了环境友好、绿色生态港口。

（1）实施蓝天工程，空中不见黑烟尘。为了防止煤尘、矿粉污染，针对矿、煤等散杂货作业的特点，从卸船开始，到运输、堆码、出港等各个环节采取了一系列防尘措施，实施全方位立体大防护。投资4000多万元建成了高18米、长2公里的散货环保防风抑尘墙，同时投资上百万元在港区周边栽种高大树木，既美化了环境，又有效遏制了粉尘污染。在堆场内安装高架喷淋设施，实施喷淋抑尘。从事矿煤散货作业的前港公司还结合生产实际，成功研制了一种抑尘剂并获得国家专利，通过喷淋，使矿石粉尘凝结，给矿石垛"打摩丝"；对煤炭、矿石用篷布苫盖，给货垛"盖被"，保证不扬尘；每天安排专门机械和人员不间断冲洗港区道路和码头，给码头道路"洗脸"，保证码头道路24小时保洁；在港区出口处设置多个洗车池，对出港的市提车辆进行冲洗，给市提车辆"洗澡"，保证车辆干干净净上路。从事煤炭和矿石作业的职工把"矿粉、煤粉当面粉"，随身带着一把小扫帚，把码头上和道路上的矿粉和煤粉清扫起来，装袋后放回货主的货垛，既维护了货主利益，也保护了环境。

（2）实施碧水工程，海域清澈洁净。对到港的油轮全部实施围油缆作业，并配备了现代化的防污设施和专用的环保船舶。每年用资近百万元，设8条专船配专人打捞海上漂浮物。为防止船舶垃圾入海，对停泊在锚地的船舶配有专业垃圾船接收，对靠岸船舶设专车每天接收。在油港和前湾两个港区均建立了生活污水处理场，港区生活污水处理率达到100%，并全部用于矿石煤炭作业的喷淋抑尘和绿化浇灌、道路清洗，不仅实现了生活污水的零排放，而且节约了水资源。

（3）实施绿地工程，建设花园式港口。港口绿化面积达100多万平方米，三季有花，四季常青。实现了人与自然、生产与环境、港口与社会的和谐统一。

（三）推行卓越绩效管理，打造质量效益型港口

青岛港创新管理体系，率先开始加强“三无班组”（无违章违纪、无事故、无犯罪）建设和“五个文明”管理，大力加强基层、基础工作、基本功训练的“三基”管理。在中国港口中率先通过了质量管理体系、职业安全健康管理体系、环境管理体系三大体系认证。2002 年，青岛港将三大体系整合，整体通过了中质协认证，使管理体系更协调、更科学、更有效。

再造流程，管理重心下移，将传统的金字塔垂直式管理再造为扁平式管理，创建了集团为决策层、公司为经营层、基层队为管理层、班组为操作层、车（工序）为执行层的五级管理新格局。坚持“队为核心”，把基层队建成“五个平安”、敢打必胜的战斗堡垒，自主创新、管理精细的经济实体，岗位成才、与时俱进的学习团队，以人为本、亲情和谐的职工家园。

坚持集中统一，所有码头、堆场、仓库、人力、机械设备等统一调度、资源共享，充分发挥资源的最大效益。建立了 1654 项企业管理标准，研究制定了对三级班子（集团、公司和基层队的领导班子）、两级机关（集团和公司机关）6488 项内容的考核办法，月月考核兑现，充分调动各级各方面的积极性。加强精细化管理，全面推行单车、单班、单货种、单项工程核算，人人增产增收、节约开支。

建立了“三对比一分析”绩效分析制度。每季度对比标杆、竞争对手和自己的目标，进行趋势、差距和因果分析，持续改进，实现了港口经营绩效年年大幅度提高。青岛港连续五年在市企业经营业绩考核中名列 A 级企业之首，连续七年荣膺中国企业 500 强。世界第一大会计师事务所普华永道给予青岛港“管理好，效益实”的充分肯定。

六、坚持以人为本，着力推进人才强港战略

以“坚持以人为本，就是要以实现人的全面发展为目标”为指导思想，大力实施“人才强港、科教强港”战略，持续开展“创争”（创建学习型港口，争做知识型员工）和“五学”活动（学政治、学业务、学技术、学文化、学实践），坚持“只要肯学肯干，人人都可以成才”的人才观，“德才兼备”的育人观，“德为重，信得过，靠得住，能干事”的选人观，“以能力论英雄，谁干得好就叫谁干”的用人观，培养德才兼备的领导班子和三支队伍（知识分子、技术工人和农民工队伍），积极推动港口

实现科学发展、和谐发展和率先发展。

青岛港认为，企业用人决不能唯学历、唯职称、唯资历、唯身份、唯年龄，关键在能力。青岛港提出了“人人都可以成才”的人才观。唯贤是举，唯才是用，谁干出成绩就肯定谁，为广大员工发挥聪明才智和实现自我价值搭建了广阔的舞台。青岛港重视职工的主人翁地位，关心职工的生活，全心全意依靠职工搞好国有企业。多年来，青岛港形成了“一年召开两次职工代表大会、两级一把手星期天职工接待日、职工代表每年评议领导、领导与基层建立联系点、职工代表与领导民主对话”等 20 条民主管理渠道，使广大职工在青岛港有家可当、有主可做。青岛港 80%以上的领导干部都来自基层、来自一线。青岛港年年组织职工民主评议领导、人事部门考评领导，凡员工不满意、考评不合格的坚决撤换。每年用员工的名字隆重命名表彰“员工品牌”、“行业专家”，已命名“员工品牌”1380 多个，涌现出 1800 多个绝活儿，树立了员工自己的明星。

全面加强核心价值体系教育，提升思想道德素质。坚持“改革是解放生产力，思想政治工作也是解放生产力，精神文明建设出生产力”的理念，先后开展了“科学发展观”、“学振超精神、创振超效率”、“八荣八耻”荣辱观、“八个方面的良好风气”、“平安是福”等主题思想教育；组织“三百”、“三千”乃至万人报告团；在集团内部巡回宣讲，让有理想的人讲理想，有道德的人讲道德，身边人讲身边事，身边事教育身边人，教育广大员工把自己的命运与国家的命运、港口的命运紧密地联系在一起，坚守信仰，干事创业，为港口发展提供了强有力的思想、信念和文化保证。

全面建设学习型港口，提升科学文化素质。根据港口实际，建立了一整套涵盖港口生产管理所有岗位的职称评聘机制，打破条条框框限制，按实际能力评聘相应级别的职称。扛大包的许振超成为了新时期产业工人的杰出代表。种地的徐万年、皮进军成为了全国优秀农民工、全国十大杰出进城务工青年。院校毕业的邵泽山成为了全国二十佳优秀青年技师。扛枪的港口公安局局长隋振坤成为了全国 29 位“任长霞式公安局长”之一。在青岛港，人人都可以成才，人人都能够成才。多年来，青岛港持续开展全员脱产大培训、技术工人考工晋级、技术大比武。特别是在金融危机面前，把开展培训、提升人的素质作为战胜危机的重要法宝，2009 年，青岛港举办了 5191 名专业技术人员参加的 69 个专业、168 个类别的职务职称任职资格考试，6429名技术工人参加的49个工种、201个级别的考工晋级考试和1800多名选手参加的12个赛区、37个项目的集团第21届技术大比武。2010年4月11日，首期港口管理专业研修班正式开学，用3个月的时间分九期、八个专业（港口业务管理、安全技术管理、水工土建管理、财务管理、人力资源管理、政工管理、行政综合管理和统计管理）对1645名管理人员进行为期一周的脱产专业培训，全港专业技术人员、技术工人和农民工的脱产大培训也全面展开。2011年，青岛港制订了详细的计划，组织全港2万多人分期分批参加140个专业的集中脱产培训。经过多年坚持不懈的岗位培训，青岛港已由过去77%的职工、12000多人只有初中以下学历，发展到现在的以6000多名专业技术人员和8000多名技术工人为主体的高素质职工队伍，80%以上的技术工人都成为了高级工、技师和高级技师，远远高于发达国家30%的平均水平。2011年5月17日，中宣部、全国总工会等六部委联合在人民大会堂举办了“学习就是力量——青岛港学习型组织创建模式座谈会”，向全国推广青岛港创建学习型组织的先进经验。

全面加强班子队伍建设，提升科学发展水平。集团各级领导，坚持“五个面向”（面向基层、面向职工、面向市场、面向货主、面向外部），不仅跑市场，而且跑现场。青岛港各级领导班子始终坚持工作上向高标准看齐、生活上向低标准看齐。关系职工切身利益的事，都是先基层后机关，先职工后领导。每年大年三十晚上，领导班子都与一线职工一起度除夕、迎新年；元旦、春节、五一、国庆节，领导班子下基层走访先模人物、离退休老同志，坚持“港外过节，港内大干；职工过节，领导上班；辛苦少数人，幸福大多数”。向员工承诺“向我学习，向我看齐”，“5+2”（5个工作日加上2个双休日）、“白加黑”（白天加黑夜），带领职工艰苦创业。青岛港干部每年都有两次深入基层的特殊“体验”——“冬练三九，夏练三伏”，每年夏天最热的时候、冬天最冷的时候，集中30多天到一线劳动、调研，体察职工冷暖疾苦，为基层排忧解难。全力建设一支德才兼备、又红又专、真才实学的干部队伍，为港口长盛不衰提供了强有力的组织保证、思想保证和智力支持。

七、坚持一心为民、造福职工，广大职工成为改革开放的最大受益者

青岛港把“让职工成为改革开放的最大受益者”纳入深化改革的纲领文件中，大到职工的政治地位和待遇、经济收入、住房等大事，小到职工的就医、就餐、就浴、乘车等困难，事无巨细，坚持将“职工的事再小也是大事，再难也要办好”作为决策者和中层领导的办事原则；把职工和老同志当成宝贵财富，年年“冬送温暖，夏送清凉”，节日走访慰问。广大职工摆脱了贫困、摆脱了落后、摆脱了愚昧，成为改革开放的最大受益者，生活得更加幸福、更有尊严。

坚持发展为了职工，发展依靠职工，让职工共建共享港口发展成果，建设亲情和谐型港口。青岛港先后购建了近7000套房子，建房面积达39.7万多平方米，在住房改革以前实现了“八个全部解决”（解决了129名住房“特困户”问题、240名离休老干部住房不达标问题、440户港内临时住户的住房问题、280户“团结户”问题、1600多名职工结婚无房问题、岗位工龄满20年人均居住面积不满6平方米的装卸一线职工的住房问题、单身职工宿舍改善问题、棚户区改造问题），人均住房面积由1988年的4.5平方米增加到房改前的25平方米。每年为职工和离退休老同志提高收入、健康查体、跟踪治疗、赠送生日蛋糕等。广大职工包括农民工“八子登科”（位子、票子、房子、车子、脑子、身子、老子、孩子），港口成为一个充满亲情和谐幸福的大家庭。

坚持“就业是民生之本”，不把一名职工推向社会。领导班子经常深入基层装卸一线，听取民意、了解民情，时刻把职工冷暖挂在心上。青岛港出台了向装卸一线工人倾斜的“21条”政策。20多年来，青岛港转岗分流上万人次，没有一人下岗回家，特别是在金融危机中，青岛港不仅保职工岗位，而且保职工收入。在大批企业金融危机期间纷纷破产倒闭、裁员减薪的“经济寒冬”里，领导班子越发关心职工，保证人人有岗位、人人创效益。金融危机期间，青岛港职工不下岗、不降薪，转岗分流1000多人，包括9500多名农民工在内的全体员工没有一人下岗，而且还新招收700多名大中专毕业生，积极扩大就业。2009年，青岛港全体员工工资收入同比增加4%，农民工收入同比增加高达13%。

在港口以人为本“三支队伍”建设中，时时处处把农民工当成自己的兄弟姊妹，结合港口实际，认真落实国家有关政策，采取有针对性的措施，因地制宜、因人而异、因材施教，积极推动农民工逐步实现由技能匮乏向又红又专转变、由挣钱吃饭向实现价值转变、由短期务工向当家做主转变、由打工者向新时期产业工人转变的“四个根本性转变”，使广大农民工从单一的装卸工种发展到调度员、理货员、装卸司机、修理工、船舶水手等工种，从普通工人岗位发展到车长、班组长、正副队长、公司副经理、公司党委书记等重要管理岗位，成为了港口生产建设发展的主力军。青岛港先后涌现出以全国优秀农民工和全国“五一”劳动奖章获得者徐万年、党的十八大代表和全国十大杰出进城务工青年皮进军、全国优秀农民工朱广田和王召利等为代表的一大批优秀典型。2010 年 8 月 15 日，中宣部、全国总工会、国务院农民工工作办公室等八部委在人民大会堂召开了“农民工——新时期产业工人的生力军‘青岛港经验’高层研讨会”，专门总结推广青岛港经验。

八、勇担社会责任，当好社会发展的中流砥柱

青岛港全港上下有一个共同的理念，那就是“青岛港是‘国家队’，要当好共和国的长子、祖国母亲的孝子、社会发展的中流砥柱”。领导班子带领全港员工，肩负“精忠报国，服务社会，造福职工”三大使命，使青岛港总资产从 1978 年的 1.8 亿元增值到 2012 年的 330 多亿元，上缴地税连续八年青岛市第一，上缴国有资本收益连续四年占青岛市一半以上。

青岛港高度重视社会公益事业。大力支持文化教育事业，投资 4 亿元建设港湾职业技术学院，开办的集团幼儿园成为了省级示范幼儿园。大力支持社会卫生事业，成功实现了港口医院与北京阜外医院强强联合，有效解决了山东半岛地区心血管病患者看病难、看病贵的问题。大力支持社会慈善事业，为灾区和贫困地区捐款捐物。2008 年，集团和广大职工捐款 645 万元支援抗击雨雪冰冻灾害，捐款 1826 万元、衣被近 3 万件支援抗震救灾，被青岛市授予突出贡献特等奖。近年来，青岛港向贫困地区和社会捐款 2350 多万元，捐衣物 30 多万件，捐书籍 20 多万册，被民政部授予全国爱心捐助奖、中华慈善奖。大力支持社会公益事业，2008 年浒苔灾害严重影响青岛奥帆赛，青岛港员工和青年志愿者义务劳动 30000 多人次，昼夜奋战保奥帆，投入 6 个黄金泊位，海上清理、码头接卸浒苔 10 万多吨。青岛港还始终坚持国威至上、军威至上，大力开展军交运输正规

化建设，走出了一条军民融合、共赢发展的新路子。2009年，青岛港迎接海军建军60周年工作中，投入2000多万元实施了十大类59个环境项目整治，让出老港区5个码头中的4个给海军使用，确保了庆祝活动圆满举行。2012年，青岛港在中俄海上联合军事演习活动中，又投入2000多万元，为活动的顺利举行做出了贡献，为中国人争了光、添了彩。

领导班子以国家利益为重，不顾个人安危，先后组织指挥了“华海一号”油轮、新基轮、北拖710舰等十几次海上、陆上港外灭火抢险，次次成功，为保护人民生命和国家财产安全做出了重要贡献。

青岛港先后荣获全国文明单位、首批全国创建学习型组织标兵单位、袁宝华企业管理金奖、国家环境友好企业、全国十大国家质量管理卓越企业、中国十大最具影响力品牌、五一劳动奖状、中国企业管理杰出贡献奖、全国思想政治工作优秀企业、全国模范劳动关系和谐企业奖、中国企业500强、中国最具影响力企业等荣誉称号。领导班子于2006年被中组部、国务院国资委党委联合授予“全国国有企业创建‘四好’领导班子先进集体”荣誉称号。2011年，在纪念建党90周年时，青岛港又荣获全国、全省、全市“先进基层党组织”称号。

第五节　领导经验

改革开放以来，在从计划经济体制向市场经济体制转轨的过程中，市场化浪潮对国有企业形成了强烈冲击，国有企业到底能不能搞好、怎样才能搞好成为了社会的热点、难点问题。青岛港领导者在发展实践中总结出搞好国有企业的“五个必须”。

一、必须坚持一切从实际出发，企业才能把握自己的命运

“实践是检验真理的唯一标准”，只有一切从实际出发，才能找准工作的出发点和切入点。在计划经济向市场经济转轨、没有任何经验可借鉴的情况下，始终坚持一切从实际出发，不唯书、不唯上、只唯实，科学决策、超前决策，确立了正确的指导思想和检验工作的“四条标准”，找准了出路，把准了方向，使青岛港在重重困难面前闯出了一条振兴国有企业

的成功之路，创造了国有企业改革发展的成功模式。

二、必须坚持自主创新，企业才能掌握发展的主动权

自主创新是决定企业生存和发展的关键。20世纪80年代末，针对机械设备落后、缺少资金和技术的现状，青岛港依靠自主创新，集中人力、财力、物力大打技改攻坚战，以短、平、快的方式把青岛港老码头改造成为集装箱专用码头，使集装箱生产迅速形成规模。在一次次关系到港口前途和命运的历史性转折中，青岛港依靠思想、管理、生产、市场等方面的创新，拓展出广阔的新天地。在市场经济的大潮中，只有坚持自主创新，不断解放思想，破除条条框框，年年都有新思路，事事都有新举措，才能变劣势为优势，转被动为主动，化危机为机遇。

三、必须坚持苦练内功，企业才能强基固本、脱胎换骨

内功是企业将自己的发展愿景转化为现实的能力，是一个企业综合实力的重要组成部分，也是衡量一个企业发展后劲的重要标准。企业要长盛不衰，必须要苦练内功，从基础、基层、基本功入手，以“一点也不能差，差一点也不行”为标准，下“笨”功夫，做“细”工作，精雕细刻，精益求精，牢牢打实管理基础，为发展提供可靠保证。

四、必须坚持树好风气，企业才能锻造钢班子、铁队伍

“决策失误、全盘皆输，风气不正、一事无成”，只有树好风气，企业才能够拥有强大的凝聚力和向心力。青岛港始终大力弘扬领导干部以身作则的工作作风，向职工承诺“向我学习，向我看齐”，大兴密切联系群众之风、求真务实之风、艰苦奋斗之风、批评和自我批评之风，加强各级领导班子建设，建钢班子带铁队伍，带领职工艰苦创业。

五、必须坚持以人为本，企业才能获得内生动力

改革发展的最终目的就是让老百姓生活得更加幸福、更有尊严，这是构建和谐社会的重要内容之一，也应当成为企业加快发展的出发点和立足点。青岛港把职工“拥护不拥护，赞成不赞成，高兴不高兴，答应不答应”作为办一切事情的出发点和落脚点，不仅重民生，而且重民意，广大职工当家做主，群策群力，生活得更幸福，干得更有尊严。

第五章　激励机制

激励，是指组织通过设计适当的奖酬形式和工作环境，依靠一定的行为规范和措施，借助信息沟通，激发、引导、保持和归化组织成员行为，有效实现组织及其成员个人目标的系统活动。激励概念通常包含以下内容：激励的出发点是满足组织成员的各种需要，即通过系统设计适当的外部奖酬形式和工作环境来满足企业员工的外在性需要和内在性需要；科学的激励工作需要奖励和惩罚并举，既要对员工表现出来的符合企业期望的行为进行奖励，又要对不符合员工期望的行为进行惩罚；激励贯穿于企业员工工作的全过程，包括对员工个人需要的了解、个性的把握、行为过程的控制和行为结果的评价等；信息沟通贯穿于激励工作的始末，从对激励制度的宣传、企业员工个人的了解，到对员工行为过程的控制和对员工行为结果的评价等，都依赖于一定的信息沟通；激励的最终目的是在实现组织预期目标的同时，也能让组织成员实现个人目标，达到组织目标和员工个人目标在客观上的统一。

调动员工的积极性、激发员工的创造力，是人力资源开发的最高层次目标。作为企业，需要塑造激发员工创造力的环境和机制：一是创造一个鼓励员工创新精神、冒险精神的宽松环境以及思想活跃、自由探索的氛围；二是建立正确的评价和激励机制，重奖、重用有突出业绩的开拓创新者；三是强化企业内部的竞争机制，激励员工去研究新动向、新问题，并明确规定适应时代要求的技术创新和管理创新的具体目标；四是企业必须组织员工不断学习以更新知识。总之，有效的激励会点燃员工的激情，促使员工工作动机更加强烈，将员工潜在的巨大内驱力释放出来，员工会产生超越自我和他人的欲望，愿意为企业的远景目标而工作。

在具体激励模式方面，学术界有多种理论和方法，著名的有马斯洛的需求层次理论、赫茨伯格的激励—保健双因素理论、弗鲁姆的期望理论、亚当斯的公平理论。其实，诸多模式都不外乎两个激励手段：正激励和负激励。正激励是指当一个人的行为符合组织的需要时，通过奖赏的方式来鼓励这种行为，以达到持续和发扬这种行为的目的。负激励是指当一个人的行为不符合组织的需要时，通过惩罚和制裁方式来抑制这种行为，以达到减少或消除这种行为的目的。正激励与负激励，作为激励的两种不同类型，目的都是对人的行为进行强化，不同之处在于二者的取向相反。正激励起正强化作用，是对行为的肯定；负激励起负强化作用，是对行为的否定。

青岛港在企业管理实践中，探索与创新了适合港口实际的有特色的激励机制，走出了一条以人为本、人才强港、学习创新、科学发展之路。青岛港坚持以人为本，把全心全意依靠职工办企业贯穿于企业经营管理和改革发展的全过程；不断创新厂务公开、民主管理的制度机制，搭建民主管理平台，拓展职工当家做主的渠道，将民主管理落到实处；建立起职能清晰的岗位管理体系和“双岗并存、末位待岗”的竞争机制，形成了一种能上能下、能进能出，充满活力的进退留转机制；建立起以业绩为关键指标、责权利综合评价的员工考核体系和“三对比一分析”的绩效管理评价机制；创建以贡献为主兼顾公平的收入分配和晋升机制，实现了岗位与薪酬一致、贡献与表彰一致、技能与津贴一致、成果与奖励一致；创建学习型组织，广泛开展“五学”活动，树立全员学习、全程学习和岗位学习理念；加强农民工管理和激励，实现了农民工的“四个根本性转变”。总之，青岛港通过有效的激励机制设计，营造了职工干事创业有激情、有奔头、有价值的良好氛围，激发了职工的主人翁意识，形成了和谐向上的发展环境。

第一节　以人为本

青岛港把职工视为企业的第一宝贵资源，真心实意地尊重职工的主人翁地位，通过凝聚职工的智慧和力量使企业始终充满生机和活力。青岛港的管理经验本质上是企业职工主体地位与积极作用得以充分发挥的实践结晶。

一、以人为本理念

青岛港的以人为本理念是，“一心为民，造福职工”、“职工的事再小也是大事，再难也要办好”；“人人都可以成才”的人才观、“德才兼备”的育人观、“谁能干谁干”的用人观。以人为本理念为青岛港广大员工发挥聪明才智和实现自我价值搭建了广阔舞台。

以人为本理念的最终目标是实现员工发展与企业发展的和谐统一。青岛港通过持续不断的努力，构建一流的人力资源管理运作体系，赢得并保持企业人力资本的竞争优势；通过专业化、系统化的人力资源服务，满足员工的发展需求，使员工成为企业变革的推动者和战略伙伴。青岛港的以人为本理念以企业文化为基础，通过组织结构、人力资源规划、招聘与配置、用工与员工关系管理、绩效与薪酬管理、员工发展与培训六项职能，达到吸引人才、留住人才和激励员工的目的，最终实现员工与企业共同发展。青岛港以人为本的人力资源管理体系如图 5-1 所示。

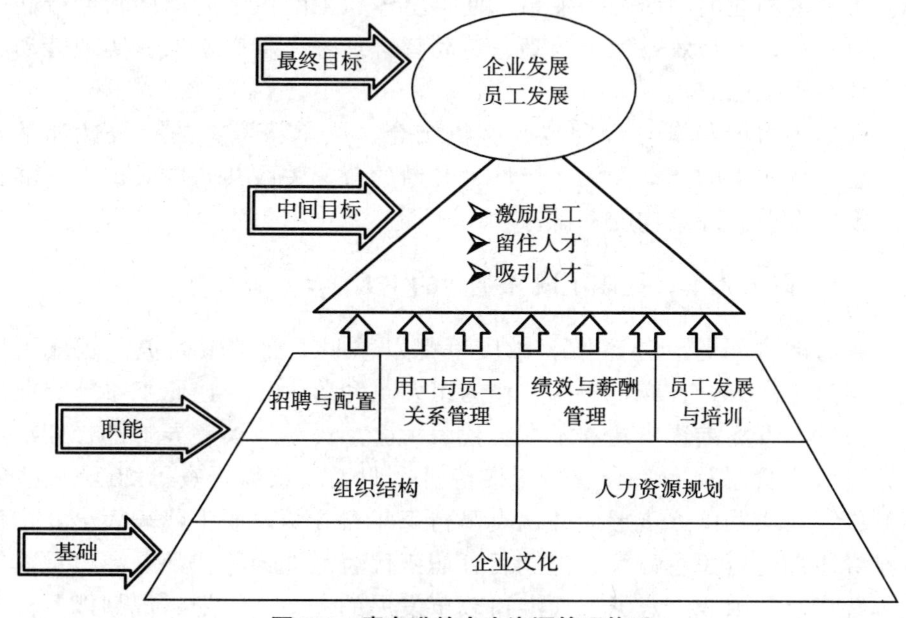

图 5-1 青岛港的人力资源管理体系

青岛港的以人为本理念具体体现为如下三个方面。

（一）以人为本，构建和谐劳动关系

发展必须全心全意依靠职工，是青岛港劳动关系价值观的核心。青岛港认为，只有妥善处理好企业与劳动者之间的利益关系，才能保障劳动者的经济权利、民主权利和发展权利，实现劳动者的全面发展，充分体现以人为本的科学发展观。青岛港在构建和谐劳动关系过程中，始终遵循“规范有序、公正合理、互利双赢”的和谐劳动关系准则。

规范有序是指劳动关系法律法规基本健全，劳动关系调整机制比较完善，劳动关系依法建立和运行，劳动关系主体双方诉求渠道畅通，劳动纠纷能依法得到及时、有效处理。

公正合理是指调整劳动关系的法律、制度充分考虑劳动关系主体双方的特点，按照社会公正和公平的原则，明确双方的权利义务和利益关系；企业利益分配制度科学合理，劳动者的经济利益和民主权利得到落实。

互利双赢是指劳动关系主体双方建立起相互理解、信任、合作的关系。青岛港构建的和谐劳动关系，使得全体职工的主观能动性和创造性得到充分发挥，港口效益稳步提高，劳动者合理分享港口成果，实现劳动关系主体双方互赢。

青岛港将劳与资合理配置、有机结合，既承认资本的有效性和基础性，也承认职工的能动性和主导性，和谐的劳资关系共同构成了青岛港以人为本的企业治理结构的基础。

（二）以人为本，使职工成为企业的主人

青岛港想问题、办事情、做决策都以“职工拥护不拥护，赞成不赞成，高兴不高兴，答应不答应”作为出发点和落脚点，让职工参与企业决策全过程。青岛港逐步建立了职工代表大会、民主评议领导干部、四级厂务公开、干群恳谈问答会、员工接待日、职工满意度调查等 20 项民主管理制度。在实践中逐步形成并认真坚持每年召开两次职工代表大会、定期对领导干部进行民主评议、定期召开职工代表恳谈会等。凡是港口重大问题，都广泛征求职工意见，而港口改革发展的方案、计划、规划以及涉及职工切身利益的问题，都要通过职工代表大会讨论审议。每个基层队开办“民主公开栏”，每月公示目标任务、收入分配、人事管理、政策制度、福利待遇、考勤情况、评比奖罚等内容。开通职工网上论坛，每季度组织职

工“金点子”评比。为了更好地了解职工所思所想所盼，青岛港领导班子常常深入工作一线，及时回应职工的诉求和建议，每位职工都感受到人格上的尊重和人生价值上的自豪。

（三）以人为本，不把一名职工推向社会

改革开放以来，青岛港发生了脱胎换骨的变化，但始终不变的是，坚持全心全意依靠职工办企业，让职工与企业同命运、共发展。

改革之初，青岛港管理机构臃肿、管理职责模糊、人浮于事，严重阻碍了青岛港事业的发展。如果简单采取下岗分流等“减员”措施，也能实现“增效”，但这会把职工推向社会，最终增加社会负担。青岛港领导班子深切地认识到，广大职工是企业改革发展必须依靠的根本力量，必须想方设法激发职工与企业同呼吸、共命运的内生动力。他们做出一个至今让职工想起来都十分动情的决定：不把一名愿意干活的职工推向社会。

市场竞争不会同情弱者，只有把企业发展好，职工才能有饭碗、才能多分“蛋糕”。为此，一方面，青岛港向外大发展：深入分析市场发展趋势，适时改造老港区，建设新港区，抢占发展先机，并通过发展服务业、延伸产业链、学习培训等途径，为职工创造就业岗位，转岗分流10000多人。另一方面，青岛港对内强身健体：按照“管理重心下移、组织架构扁平化”的原则，对集团机关缩编消肿；创建权责清晰的“集团、公司、基层队、班组、车”五级管理格局；实行多种分配形式和“双岗并存”用工制度，向装卸一线、科技人员、关键岗位倾斜。通过一手抓企业生产、一手抓职工生活，青岛港实现了“不把一名职工推向社会”的庄重承诺。广大职工的主人翁意识被极大地激发出来，学习钻研、干事创业的积极性不断高涨，企业发展潜力空前释放。

二、树立“四个观念”，创造员工成才条件

青岛港在以人为本管理中，树立起“人人都可以成才”、“发展造就人才，人才支撑发展”、“人才提升岗位，岗位检验人才”和“工作学习化，学习工作化”四大观念。

（一）树立人人都可以成才的观念，鼓励广大员工成才

青岛港提出“凡是能够进行创造性劳动，为港口发展解决问题、做出

贡献的，都是港口需要的人才”，这激发了员工成才愿望、增强了成才信心。青岛港每年投入大量资金开展全方位、多途径的培训。员工队伍的技术和知识水平发生了显著变化，由过去绝大部分员工只有初中以下文化程度变为现在以各类专业技术人员和技术工人为主体的高层次、高素质人才队伍。

（二）树立发展造就人才、人才支撑发展的观念，实现发展与人才培养的良性互动

青岛港注重在创新发展中锻炼队伍，培养人才。在码头通过能力严重不足的情况下，青岛港组织广大员工持续深入开展管理挖潜活动，创新创造了“四无”工作法（泊位利用无空闲、争分夺秒无待时、货物疏运无堵塞、市提市入无压车）、“零极限”工作法（抓观念实现思想零障碍、抓衔接实现环环零缝隙、抓攻关实现流程零缺陷、抓人本实现岗岗零制约）等一大批科学工作法和先进经验。“振超团队”完成的集装箱轮胎吊“油改电”技术改造项目，填补了该领域的国际空白，年节约资金 3000 万元以上，同时大幅度降低了大气和噪声污染。集装箱轮胎吊“油改电”、“学良节油工作法”、门机作业自动计量系统应用被交通运输部评为全国交通行业节能减排示范项目。

（三）树立人才提升岗位、岗位检验人才的观念，激发员工岗位成才

青岛港树立“小岗位可以成就大事业，低学历可以掌握高技能，低层次可以干出高水平”的理念，引导员工自觉立足本职，岗位成才。许振超坚持“知识改变命运、岗位成就事业”，几十年如一日，爱岗敬业，刻苦学习钻研技术，由一名普通技术工人成长为桥吊专家，在平凡岗位上做出了不平凡业绩，被选为新时期产业工人的杰出代表、全国优秀共产党员、全国劳动模范、全国敬业奉献模范，并当选中共十七大主席团成员和全国十一届人大常委。农民工徐万年和皮进军，扎根海港，苦干实干巧干，在装卸生产中分别创出“万年速装”、“进军灌包”员工品牌，为港口发展做出了自己的贡献，分别被授予“全国优秀农民工”和“全国十大杰出进城务工青年”荣誉称号，皮进军还当选为中共十八大代表。中央各大媒体多次聚焦青岛港，分别集中采访报道了他们的先进事迹。集团每个行业、专业和工种都涌现出数名乃至数十名领军人物，造就了一大批拔尖人才、数

以千计的练就一身绝活儿的专门人才和数以万计的“五好岗位”员工。

（四）树立工作学习化、学习工作化的观念，引导员工干中学、学中干

深入开展“创建学习型港口，争做知识型员工”等活动，引导员工不断学习新知识、钻研新技术、掌握新本领。许多过去“扛大包”的装卸工，成长为“点鼠标”的专业技术人才，“用鼠标革了铁锨的命”。全港上下积极开展“创争”、“岗位练兵”等活动，岗位练兵、岗位成才蔚然成风，练出绝活儿1800多项，港口生产效率不断提高。“振超效率”8次、“孙波效率”19次、纸浆效率15次刷新世界纪录，开启了青岛港生产效率的“秒时代”。

三、做到“三个坚持”，优化员工成才环境

青岛港的以人为本理念，还体现在“坚持全心全意依靠职工，建设亲情融融的港口大家庭”、“坚持工作创新，营造有利于各类人才干事创业的氛围”、“坚持‘四个尊重’方针，关心爱护各类人才”三个坚持上。

（一）坚持全心全意依靠职工，建设亲情融融的港口大家庭

全心全意依靠职工和全心全意为职工谋利益、建设亲情和谐港口大家庭，是员工成长成才的重要前提和重要环境。青岛港在政治上尊重职工的主人翁地位，港口重大问题都广泛征求职工意见，港口建设与发展规划都要通过职工代表大会讨论审议；在制度上保证职工主人翁地位，多项制度建设拓宽了职工行使主人翁权利的渠道，使广大职工在民主管理中发挥聪明才智，当家做主；在生活上实现、维护、发展职工的根本利益，坚持共享港口发展成果，年年给职工长工资，努力改善职工的工作条件、候工条件和生活条件。

（二）坚持工作创新，营造有利于各类人才干事创业的氛围

定期召开港口科技大会，总结科技兴港、人才强港经验，提出新的目标任务；表彰港口三个文明建设的优秀成果和做出突出成就的各类人才；发布科技攻关招标项目，组织专业技术人员进行科技攻关；出台科技兴港、人才强港政策等。2004年第四届科技大会出台了人才强港战略35条措施，2007年第五届科技大会出台了56条激励措施，2010年第六届科技

大会出台了加强知识分子、技术工人和农民工队伍建设的“三个决定”，2012 年第七届科技大会出台了 60 条激励机制，充分营造了各类人才干事创业的良好氛围。

（三）坚持“四个尊重”方针，关心爱护各类人才

始终坚持和落实“尊重劳动、尊重知识、尊重人才、尊重创造”四个尊重方针，搞好人才服务工作，营造鼓励人才干事业、支持人才干成事业、帮助人才干好事业的环境。

（1）制度上保证。坚持实践锻炼制度，把经营人才放到市场上去锻炼，培养开拓能力；把专业技术人才放到科技一线进行锻炼，培养创新创造能力。青岛港把引进来的港口机械、电气自动化专业的本科以上学历的大学生，全部放到装卸生产一线进行锻炼，他们逐渐成长为港口大型机械主管、技术主管等，承担着港口大型机械设备的管理和维修保养，发挥着骨干作用。

（2）工作上支持。对关系港口发展的战略规划和技术难题等，放手交给专业技术人才，并拨专款支持开发。建立了全国沿海港口第一家博士后科研工作站和国家级技术中心，为各类人才进行技术交流、科技攻关和多出成果、快出成果提供了良好条件。

（3）生活上关心。加强对优秀人才特别是高层次人才的服务，坚持和完善各级领导和人事部门与优秀拔尖人才的联系制度，定期征询意见，帮助解决人才在工作、生活中的实际问题。对引进的高层次人才，集团安排住房，实行协议工资，并根据承担任务的考核情况，年底进行一次性奖励；对生活上遇到的困难，积极帮助解决。解决了后顾之忧，各类人才才能够全身心投入到港口发展建设事业中。

四、让广大职工充分共享企业发展成果

企业发展的目的，不是单纯的财富积累，而是同时要增进职工的福祉，让职工成为企业发展的最大受益者。青岛港每出台一项政策，都围绕着如何在保证企业快速发展的同时，确保职工充分共享企业发展成果。职工与港口结成了目标一致的命运共同体。

（一）让职工工资待遇与企业效益同步增长

处理好生产发展与职工收入增长的关系，一直是青岛港决策层考虑的头等大事。

（1）把“年年为员工增加收入”作为制定工资制度的基本原则。青岛港年年给职工长工资，力争使广大职工包括农民工“八子登科”（位子、房子、票子、车子、脑子、身子、老子、孩子），使他们生活得更加幸福、更有尊严。即使面对国际金融危机的不利影响，青岛港仍出台激励政策，继续全员增资，鼓励大干多超、多劳多得。

（2）坚持“共建共享，同工同酬”。青岛港在增资改革中广泛征求并采纳职工意见，2010 年召开增资改革讨论会 3700 多场次，20332 名职工参加问卷调查，长时间病伤等非在岗职工和离退休老同志的待遇也相应有所提高。

（3）坚持“一心为民、造福职工”，时刻把职工冷暖放在心上。青岛港努力改善职工的工作条件和生活水平，投资改善职工食堂并加强管理，使大家在良好环境中吃得营养、吃得健康、吃得舒心。为了让一线职工吃到热乎乎的工作餐，克服种种困难把食堂搬到作业现场。为了解决职工的后顾之忧，给全体职工缴足社会保险、发放住房补贴，为困难职工家属安排就业，为职工子女解决上学难题。为了全面提升职工的生活品质，每年举办职工海港文化艺术节、运动会，并给全港职工包括离退休老同志送去节日、生日慰问。集团领导连续多年同一线码头工人吃年夜饭，连续多年在气候条件最恶劣、装卸生产最困难的时候到装卸一线跟班劳动。共享发展成果使青岛港大家庭充满亲情。

（二）在企业发展中搭建职工提升自身素质的平台

青岛港通过学习培训和技术竞赛等机制，为职工搭建提升自身素质的平台。

（1）把学习培训作为一项战略性、基础性工作，大力提升职工队伍素质。连续多年开展“五学”活动（学政治、学业务、学技术、学文化、学实践），建立了“211”带薪学习制度（每月 2 次政治学习、1 次安全学习、1 次业务学习），广泛开展宣讲会、报告会、主题班会等教育活动，广大职工树立了爱岗敬业的共同价值观。

（2）加强岗位技能学习培训。青岛港年年组织全员脱产大培训和技术工人考工晋级，考试合格者可享受多种技能津贴；组建专业化学训基地，举办脱产专业研修班，鼓励员工参加学历教育。

（3）设立各种学练技能的竞赛、评比制度。青岛港连续多年开展技术岗位“大比武”，广泛开展争创“工人先锋号”、“巾帼示范岗”等劳动竞赛。鼓励职工立足岗位搞创新，对其创新成果和练就的绝活，用他们的名字命名成为“员工品牌”，给予物质和精神双重重奖。一大批具有创新活力的一线人才脱颖而出。

（三）提拔优秀职工到管理和领导岗位

在全体职工实现同工同酬同待遇的同时，青岛港不断完善公开选拔、竞争上岗、双向选择、优胜劣汰的选人用人机制，按照职工的能力和业绩贡献培养提拔管理领导干部。以能力为核心、谁干得好谁干的用人观，为德才兼备的员工追求自我价值实现提供了机会。在这一政策激励下，青岛港涌现出数以万计的“五好岗位”职工和一大批劳动模范，一批实绩突出、群众公认的优秀知识分子、优秀工人、优秀农民工被选拔到管理和领导岗位。

第二节 民主管理

青岛港在人力资源管理和激励方面确立了公平、公正的价值观，建立起以权利公平、机会公平、规则公平、分配公平为主要内容的价值引导机制，让企业中的劳动、知识、技术和管理等生产要素的活力竞相迸发，让企业所有的财富源泉充分涌流，为全体职工搭建了一个施展才能、表现才华的广阔舞台。

企业实行民主管理，既要有制度引导，更要有内在需求。青岛港的民主管理有许多新措施、新做法、新经验，而贯穿于其中的一条主线，就是尊重职工主体地位、信任职工职业操守、认同职工创造能力、维护职工合法权益的以人为本的企业管理理念，体现了信息公开、程序科学、决策民主的特征，极大地调动了广大职工的积极性和能动性。青岛港坚持把厂务公开、民主管理作为职工当家做主的重要载体，搭建了职工民主参与、民主管理、民主监督平台，为维护职工合法权益、促进企业健康发展奠定了坚实制度基础。

一、坚持问政于民，确保决策的科学性

青岛港始终坚持全心全意依靠职工办企业的根本方针，将职工作为最可靠、最核心、最根本的依靠力量，企业管理理念就是让职工人人自觉参与管理、人人自觉服从管理。领导班子尊重职工的主人翁地位和当家做主的权利，以“职工拥护不拥护，赞成不赞成，高兴不高兴，答应不答应”作为想问题、办事情、做决策的出发点和归宿，确保了决策主体民主性、决策方法科学性、决策结果正确性，使各项工作获得了最广泛、最可靠的群众基础和力量源泉。

（一）主要领导一线问政

集团领导常年坚持“五个面向”（面向基层、面向职工、面向市场、面向货主、面向外部）、“五到现场”（领导工作到现场、安全质量管理到现场、生产组织到现场、设备管理到现场、思想工作到现场），始终站在调查民情、了解民意的第一线。集团领导成员都在基层建立了联系点，并利用网络视频开通了“职工心声热线”，坚持每年两次大规模劳动调研、每周至少一次深入基层一线，零距离听民声、纳民意。特别是涉及港口建设、改革等重大事项的决策时，集团领导都要带领一班人下基层、进班组，到群众中去寻计问策，集中民智科学决策。

（二）完善机制保障问政

对各项决策事项都按要求进行公开，广泛征求职工的意见和建议，通过党政工联席会集体研究讨论，并及时向职工进行反馈，确保条条有回音、件件有答复。集团在制定“十一五”、“十二五”发展规划和每年的工作要点时，都要层层召开座谈会，发动广大职工参与讨论，广泛征求职工的意见和建议，还成立专家组反复调研论证。对广大职工提出的意见建议，由集团班子成员分工负责，决策层部室牵头落实，并将研究结果及时反馈。在制定青岛港“十二五”发展规划时，先后召开各层面座谈会150多场，征集各类建议530多条、采纳450多条，最终形成了高质量、高水

平的发展规划。

（三）监督考核促进问政

建立了厂务公开一把手责任制和监督检查、考核评价制度，把民主管理实施情况作为考核领导班子的重要依据，把厂务公开、队务公开、“创先争优”活动、“四好班子”建设、廉政建设等工作有机结合，一起部署、一起落实、一起检查、一起考核。各级领导班子每年都要向职工代表述职述廉，接受职工的民主评议，集团每年都要对直接管理的干部作全面考察和考核。通过民主公开、民主监督、民主评议，让广大职工参政议政有平台、干事创业有标准、评议干部有依据，有效地促进了各级领导主动深入基层、主动问政于民，为推动港口科学发展提供了坚实的政治和组织保证。

领导班子坚持问政于民，使广大职工有机会广泛参与到青岛港各事项的讨论中，从而对港口的现状及前景有了更深切的了解。在这种情况下，企业确定的奋斗目标具有充分的群众基础，制定的措施也会得到职工的理解、支持与响应。对于分解到每个公司、每个科室、每个班组甚至每个岗位的指标，职工们更能各尽其责，进而在整个港口形成团结高效的工作氛围。民主、公开、透明的管理化解了诸多矛盾与纠纷，使青岛港职工在工作生活中能够始终保持心情舒畅，为生产经营创造了一个政通人和的良好环境。

二、拓宽渠道，创新民主管理机制

青岛港多年来不断拓宽民主管理渠道，不断创新机制，加强载体建设，拓宽公开渠道，先后制定了《关于全心全意依靠职工群众办好企业的意见》、《关于推行厂务公开制度的实施意见》、《青岛港加强民主管理规定》等一系列规章制度。进入21世纪，青岛港又将厂务公开民主管理纳入集团卓越绩效管理框架体系，制定完善了厂务公开民主管理标准、职代会民主评议领导干部标准、职代会管理标准等文件，实现了民主管理的制度化、规范化、程序化。

（一）四个民主管理系统

（1）高层决策的民主渠道，主要由党政工联席会、企管会、党委会和

行政办公例会体现民主决策，工会直接参与企业重大决策。

（2）职代会系统的民主渠道，由集团、公司、队、班组构成四级网络。

（3）工会组织系统的民主渠道。

（4）全员参政议政的民主渠道。

青岛港健全的四个民主管理系统，使职工不但能及时了解企业经营状况，而且能对重大问题的决策发表意见，一方面提高了职工参与港口生产经营活动的积极性，另一方面也增强了职工对港口的认同感。

（二）六连环民主工作法

青岛港把职代会制度创新作为深化厂务公开民主管理的关键。“抓好中间，延伸两头”，建立职代会民主决策的“六连环”工作法。在制定港口“十二五”发展规划时，青岛港严格执行“六连环”流程：

第一环，民主审议，对规划草案提交职工代表讨论；

第二环，项目上榜，向全体职工张榜公示，职工提出意见、建议530多条，采纳450多条，并由职代会审议通过；

第三环，定向问责，将规划中的各项任务全部明确责任部门和责任人；

第四环，过程控制，实施过程全公开，并将规划任务细化分解到每年的工作要点和每月的工作安排中；

第五环，细节透明，在每次月度例会和职代会上公布落实情况；

第六环，结果公开，到“十二五”末将对规划完成情况进行全面评估，让职工心里有数、明明白白。

（三）二十条民主管理渠道

二十条民主管理渠道分别是：职代会、总裁公开电话、职工代表上岗巡视、周六员工接待日、民主恳谈问答会、队务公开、领导干部基层联系点、职工合理化建议、评选“金点子”、先模人物座谈会、向职代会报告集体合同履约情况、民主推荐“职工贴心人”、廉洁从业监督检查、机关干部面向基层调研、队长信箱、职工心声热线网上视频、“纳民意、话心声”职工论坛、职工提案、民主管理主题班会、为老同志“冬送温暖，夏送清凉”听取建议。

青岛港这二十条民主管理渠道，让职工愿意提“金点子”，乐意说心里话。信息化手段，让职工足不出户，就能通过“心声热线”与集团领导

“面对面”交流，通过“队长直通车”随时找到队长。“职工想知道什么，我们就公开什么”，层层明确了厂务公开的主体责任。集团研发了“作业计量信息一卡通”，职工人手一卡，下班时轻轻一刷，干了多少活、挣了多少钱，清清楚楚，明明白白。青岛港多样而完善的民主管理渠道，是企业职工表达利益诉求和化解矛盾冲突的重要途径，增强了职工对港口的认同感。

（四）四十项公开

四十项公开：战略规划、深化改革、物资设备管理、目标任务、生产绩效、职工提案、机关干部结对子、技术改造、工作考勤、招待费使用、民主恳谈、民主评议、健康查体、廉洁从业、劳动调研、领导干部联系点、信访接待、干部聘任、“双千元”活动、人员变动、考核奖罚、农民工转合同制、职工培训、职称评审、“金点子”、收入分配、当班工时、集体合同、满意度调查、规章制度、劳动保护、“五个平安”信息、40 分钟离港、带薪休假、节日物品、班中餐核算、生日蛋糕、捐款捐物、退休老同志活动、走访慰问。

公司和基层单位全部设置“一点通”查询机，做到事事透明；400 多个基层队全部实行队务管理“十公开”，每月张榜公示；全港职工人手一张“民主管理万能卡”，工时、工资、考勤、奖罚等信息一目了然；通过厂务公开栏、《青岛港报》、现场交流会等形式，实施动态信息公示，及时发布职工关心的事。

厂务公开是企业信息公开的制度化过程。青岛港以厂务公开作为民主管理的基点，由此建构、强化和完善民主管理机制，抓住了当前国有企业治理结构中的薄弱环节。职工参与企业管理的实际效果，体现在职工能够做出有效判断和决定上，而这必须以真实、充分、准确和及时地获得信息为前提。没有获得厂务信息的权利与渠道，所谓职工参与管理、参与决策都只能是形式意义上的。青岛港在企业民主管理中创新的厂务公开的形式与方法，是现代企业治理的制度创新源泉，其产生的影响并不限于企业管理体制内，也为我国整个企业法制建设提供了建构动力和经验基础。

（五）职代会

青岛港职代会是职工当家做主的主要舞台。会议开始前，都要认真征

集职工的意见建议，召开团（组）长联席会议，讨论提交职代会审议的各项议程。会议过程中，都要召开民主恳谈问答会，与职工面对面进行交流、答复。会议结束后，都要对职工提案的答复落实情况进行跟踪。

多年来，职工代表提出的上万件提案，件件有答复，事事有回音。特别是自 1988 年青岛港新领导班子上任以来，青岛港做出的各项重大决策，都是经由上述系统和渠道，经职工充分讨论酝酿、广泛集中民智而产生的，切实反映了广大职工群众的意愿。例如，1991 年相继出台的向装卸一线倾斜、向科技人员倾斜的“83”条，1994 年出台的“34 条”，都是经过职代会多次讨论、多次征求职工群众意见后民主决策的结果。每次涨工资都下发调查问卷，层层召开座谈会，反复征求职工的意见。根据职工建议，青岛港投入巨资建造了两座装车楼，使新港区火车疏运能力由昼夜装车 800 车猛增到 2200 车，职工的“金点子”变成了港口发展的“金元宝”。在 2011 年增资改革中，召开座谈会 1700 多场，发放调查问卷 21057 份，收集意见和建议 421 条，十易其稿形成增资改革方案，提交职工代表大会表决通过，真正做到让职工给自己涨工资。“十一五”以来的 5700 多件职工提案，答复率、职工满意率均达到 100%，职工参与管理、献计献策的积极性持续高涨。

广大职工的广泛参与，使青岛港制定出的各种“游戏规则”都具有公平、合理的特征。广大职工当家做主、心顺气顺，对港口的认同感、归属感、责任感越来越强，说主人话、办主人事、负主人责的意识深入人心。

三、拓展范围，延伸民主管理领域

青岛港把厂务公开民主管理贯穿于港口经营管理的全过程和各领域，打造了科学管理和民主管理相融的企业制度。

（一）民主管理向经营管理的重点问题延伸

将厂务公开民主管理纳入集团卓越绩效管理框架体系，根据集团为决策层、公司为经营层、队为管理层、班为操作层、车为执行层的“五级管理模式”，层层明确厂务公开的主体责任，创新完善五级公开体系，上到企业大政方针，下到班组管理细节，都在职工的参与和监督范围内。

（二）民主管理向干部管理的焦点问题延伸

民主管理与党务公开、创先争优活动、“四好班子”建设、党风廉政建设等工作有机结合，层层建立廉洁从业公开考核机制，健全完善从集团到基层三级党务公开阵地，以无记名方式评议领导干部。重大问题决策、重要干部任免、重大项目投资决策、大额资金使用，时时刻刻都在职工的监督之下，有效地促进了领导干部廉洁自律。

（三）民主管理向民生建设的热点问题延伸

在港口深化分配改革、体制改革过程中，不仅把话语权交给职工，而且把决策权也交给职工。在尊重广大职工意愿的基础上，先后出台了深化港口内部改革的“21条”、“83条”，彻底打破了大锅饭和铁交椅、铁饭碗、铁工资这“一大三铁”，极大地激发了广大职工的劳动热情。职工在生产作业中自觉提出了“爱护每一吨货，服务每一条船，赢得每一位用户信任，实现每一位用户期望，达到每一位用户满意”的工作标准，用优质的服务为企业赢得了信誉，赢得了发展。

（四）民主管理向合资企业延伸

在港口实行对外合资过程中，坚持股东权益不能取代职工的主人翁地位、法人治理结构不能弱化全心全意依靠职工办企业的根本方针，坚决将厂务公开、职代会建制工作纳入新合资公司，同步成立工会组织。集团十几家中外合资企业的厂务公开、职代会建制率达到了100%，落实了职工的主体地位。民主管理融入合资企业管理制度之中，很好地凝聚了来自不同国家合作方的力量，创造了和谐上进的氛围，成为企业文化的重要组成部分。

（五）民主管理向农民工延伸

青岛港有农民工9000余人，占全体职工的1/3。青岛港把农民工当成家人，强调“谁瞧不起农民工，就是瞧不起俺爹俺娘”。农民工一样可以当代表参加职代会，多人当选为集团职代会代表，2人当选为主席团成员，农民工实现了“由技能匮乏到又红又专、由挣钱吃饭到实现价值、由短期务工到当家做主、由打工者到新时期产业工人”的根本性转变。

第三节　岗位管理

青岛港经过多年的管理体制、组织结构和人力资源管理改革，形成了职能清晰的基于五级管理模式的岗位管理体系，完善了岗位和人才的匹配机制，建立了一种能上能下、能进能出、充满活力的进退留转机制。

一、岗位管理体系

青岛港以“精简、统一、效能”为目标进行机构设置、理顺职责，确定了“集团为决策层、公司为经营层、队为管理层、班组为操作层、车组为执行层”的五级管理格局，健全完善了公司经营管理和岗位管理体系。

（一）界定机构职能，明确各单位各部门的职责

为提高工作效率，各单位各部门的职能界定和职责明确是必不可少的。青岛港对集团 8 个职能部门（七部一室）和 30 多个下属单位的机构职能、工作职责进行了明确界定。集团决策层集中精力抓宏观、抓决策、抓大事，经营层集中精力抓市场、抓经营，队作为管理层成为真正的管理主体。各部门职责清晰，反应快速，工作高效。

（二）明确岗位职责，明晰岗位工作流程

岗位职责是岗位人员开展工作的依据和标准。青岛港按纵向权力分布对领导干部、管理人员、技术人员和工人的岗位进行明确的职责规定，按横向业务对一、二、三线的岗位进行明确的职责规定。详细说明任职资格、岗位权限、工作职责、工作流程、工作目标、工作场所、岗位激励和晋升标准，使全体员工对自己的工作目标、工作标准和预期奖励了然于心。

（三）健全管理制度，规范各项工作的管理程序

没有健全的管理制度和规范的工作管理程序，企业管理就缺乏必要的执行保障。青岛港在近几年逐步完善了 109 项企业管理标准，集团直属单

位制定了1567项实施细则，保证了各项基础管理工作有章可循。

二、竞争上岗

青岛港在全集团范围内建立健全有效的岗位竞争机制，形成全员、全岗位的动态竞争局面，即“全员考评、公平竞争、合格在岗、优胜劣汰”的岗位竞争管理办法，使竞争时刻存在、考评动态进行、岗位能上能下，以达到人员精干高效、潜能充分发挥的目的。

坚持德才兼备，谁能干谁干。坚持“德为重、信得过、靠得住、能干事”的选人观，特别注意从优秀工人、优秀知识分子中选拔领导干部和各类人才。以发展论英雄，以干事创业论英雄，谁最能胜任工作就选谁，谁最能干好事业就用谁，谁最能加快发展就让谁干，不唯学历、不唯职称、不唯资历、不唯身份、不唯年龄，一大批德才兼备的优秀人才在港口发展中脱颖而出，走上各级领导岗位和管理岗位。

坚持能上能下，谁干得好让谁干。牢固树立岗位靠竞争的观念，谁勤于学习、勇于投身港口事业，谁就能获得发挥聪明才智的机会。每年进行全员考核，干得好的该重用的重用、该聘用的聘用，不合格的该待岗的待岗、该转岗的转岗。

青岛港在注重全员、各岗位动态竞争这个统一性的同时，还根据领导干部、管理人员、技术人员和生产人员的工作特点，分层次、分类别地制定了不同的工作标准和实施办法，完善了岗位竞争机制。

三、双岗并存，末位待岗

青岛港创建了“双岗并存，末位待岗”的岗位动态管理激励机制，实行“优者上，庸者让”的动态用人管理办法，这是青岛港岗位管理机制的一个创新。“双岗并存，末位待岗”，就是在岗和待岗同时存在，胜任者在岗，不合格者待岗、接受培训、竞争上岗，实行动态管理。不胜任现岗位的，区分不同层次对待：对各级领导干部，凡是工作不称职、群众不拥护的，该免降职的免降职；对专业技术人员和一般员工，达不到满意岗、满负荷要求的，该待岗的待岗、该转岗的转岗。

具体来说，对各类人员均制定相应的考核标准和办法，不符合考核标准并需要待岗的要与原职位脱钩并进行待岗培训。待岗期限一般为1~3个月，待岗期间只发生活费。待岗期满要接受考试、考核，合格者可竞争上

岗，不合格者继续待岗。为便于执行和操作，青岛港规定，凡符合下列九条标准中的任何一条者即待岗。

（1）因个人原因不能履行或履行不好岗位职责者。

（2）因生产结构调整或执行定职标准而出现的富余人员且不服从单位转岗分配者。

（3）待岗培训期满后，考试、考核不合格者。

（4）未能竞争上岗者。

（5）违章违纪或受各种处分者（含通报批评）。

（6）旷工一天及以上者。

（7）对外造成不良影响者。

（8）长病及请长期事假复工后单位暂时无法安排适当岗位者。

（9）其他符合待岗条件者。

在岗，是一种正激励；待岗，是一种负激励。如果没有待岗的负激励，在岗也就不会有强有力的正面激励作用。正面激励和负面激励并存，有效地激发了职工干事创业的热情和爱港敬业的精神。

四、转岗分流

青岛港在人力资源招聘、任用和组织实施中按照“先内部挖潜，后外部招聘”的原则进行，在满足岗位需求方面首先通过内部挖潜和转岗分流解决，以保证内部人力资源的合理流动性。

（一）建立人员调配机制

按照因事择人和人事动态平衡的原则，对员工进行适当合理的调配，根据不同员工的工作能力和各项工作的不同要求，为员工安排适当的工作岗位。把培养多知识、多技能、跨岗位、跨工种的复合型员工队伍，作为职业技能开发的主攻方向，以实现“一人多岗、一专多能”，最大限度地提高人力资源的效率。

（二）举办内部劳务市场

根据需要常设内部劳务市场，及时收集分析集团各单位各岗位的人力资源供求信息，建立供求档案；及时发布供求信息，提供需求岗位；按照“公开招聘，双向选择，择优录用”的原则，严格对应聘人员的资格能力进行审核，必要时相关部门负责人对应聘人员进行面试、筛选。通过举办内部劳务市场，达到调剂余缺、优化配置、优势互补、共享劳动力资源的目的。

（三）内部转岗分流

赋予职工终身在企业劳动工作的权利，是职工在青岛港拥有利益主体地位、真正成为港口主人的直接证明。在不少国有企业精简人员、职工大批下岗的情况下，青岛港走出了一条与众不同的发展道路。1988 年，新上任的领导班子向港口全体职工庄严承诺，“只要愿意干，好好干，尽职尽责地干，就决不撒手不管，不推向社会”，“治懒、治滑；不治老、不治病”，“改革的目的是使广大职工人人有岗位，每个家庭都能安居乐业”。多年来，青岛港视岗位为职工的命根子，不把任何一名职工推向社会，想方设法创造岗位，转岗分流万余人，没有让一名职工下岗，极大地激发了职工的归属感和工作积极性。特别是在 2008 年金融危机面前，青岛港坚持不下岗、不降薪，千方百计为职工找岗位、找饭碗，做到了没有一人下岗、人人有岗位、人人创效益。

第四节　绩效管理

青岛港的绩效管理以业绩为关键指标，基于责权利相统一的原则进行绩效评价与考核。2006 年起，青岛港全面推行卓越绩效管理，修改完善了 1676 项（其中集团 109 项，基层单位 1567 项）管理细则，全面构建了经营管理标准体系，为绩效管理和分析奠定了坚实基础。现重点说明青岛港的员工业绩管理和财务绩效管理。

一、员工业绩管理

业绩管理的内容有业绩考核和业绩分析。青岛港的业绩考核分为组织考核和个人考核两个层面，并创建了“三对比一分析”的绩效分析方法。

（一）组织层面考核

组织层面考核主要是制定对单位（部门）的考核目标和考核标准，并通过目标责任书来实现。每年集团与集团各部室签订管理目标责任书，与下属分公司签订经营目标责任书。目标责任书规定具体的考核指标体系（含五个平安目标、管理绩效目标、创新管理目标、文化建设目标）和制度体系，并且详细规定了奖惩措施。

以集团与大港公司签订的经营目标责任书为例。目标责任书把社会治安、环境保护和重特大责任事故作为否决目标，如未达到这些目标，视为未能完成年度目标，经营者不再实行年薪制，只发生活费。在责任书中，责任目标占考核比重的60%，主要含安全质量、生产任务、经营绩效、科技管理、改革管理、薪酬管理和精神政治文明管理等目标；制度体系占考核比重的40%，主要规定安全质量、生产任务、经济效益、科技进步、改革管理、精神政治文明建设等制度体系的维护和创新；最后明确规定对经营者的具体奖惩方案。

（二）个人层面考核

个人层面考核包括对领导干部、管理人员、技术人员和员工的考核。

领导干部考核主要以业绩为主，全面考核德、能、勤、绩、廉等方面。考核程序坚持定期考核与日常考核、组织考核与民主评议相结合，突出年度考核、任期考核、重大事项考核和日常考核。其中，年度考核在年终进行，主要程序为：领导干部述职；民主评议；组织谈话；形成考核材料向行政和党组织汇报；考核结果反馈和运用。任期考核安排在任期结束之前进行。重大事项考核根据工作需要适时进行。日常考核主要用来了解掌握领导干部的日常工作和生活表现等情况。考核结果作为领导干部使用的重要依据，并建立领导干部考绩档案。

管理人员考核按照“服务、把关、高效、优质”标准，年终进行一次考核，由集团或公司统一组织。具体方法为，本人写出年度工作总结、民主评议、部室鉴定并提出是否继续任用的意见。

专业技术人员考核实行日常考核与定期考核、定性考核与定量考核相结合的办法。定期考核年终进行，按照“谁聘任、谁考核”的原则，以部室为主体，组织相关部门参加。考核程序为：个人总结，民主评议，组织鉴定。

员工考核主要以“两满”（满意岗、满负荷）为标准，定量考核与定性评价相结合。根据岗位职责特点确定量化考核指标，难以实行量化考核的岗位也制定了可操作性强的考核标准。在考核员工遵章守纪、沟通协作、考勤等指标的同时，重点对员工的工作质量、数量、效率等绩效指标进行考核。岗位考核以班组为单位按月进行，采取民意测验、班组长评价等方法，考核结果每月公开，逐月统计汇总。基层队建立健全考核档案，真实记录每名员工的考核结果。根据考核标准分别设立杰出、优秀、良好、一般、不满意等评价等级，表彰考核中的杰出、优秀者，勉励考核中的良好者，督促和教育那些表现一般者，对考核中的不满意者则实行待岗。

（三）绩效分析

在业绩分析上，集团建立了“三对比一分析”（对比学习标杆、对比竞争对手、对比自己的目标，进行趋势、差距和因果分析）的绩效分析制度。每季度集团对直属各单位和子公司的经营绩效进行对比分析管理，召开绩效分析会，狠抓落实，把各项工作标准落实到单位、岗位和现场。每次分析会都要求各单位针对上次分析会发现的问题制定改进措施，以实现分析会“重在能应用、重在能创新、重在追求卓越”的目标要求。基层队坚持每月初召开月度工作例会，每月末召开经营绩效分析会，“三对比一分析”，不断查找问题，改进提高，以实现经营绩效的持续提升。

二、财务绩效管理

财务管理是企业管理的重要内容。财务管理既是企业组织财务活动、处理财务关系的一项经济管理工作，同时也可起到对企业和员工的业绩进行评价与考核、对员工的行为进行监督与激励的作用。青岛港在财务管理方面，针对港口资产投入大、回收周期长、维护成本高的实际，坚定不移地推行集中、统一、高效、稳健的财务管理模式，起到了促进各单位加强员工激励和推进全面绩效管理的效果。

（一）实行全面绩效管理，提高整体管控力度

建立全面系统的预算管理体系及卓越绩效指标考核评价体系，将年度

预算目标逐项分解到月，实行月度刚性考核和兑现，每月进行公布。在考核指标的设置上既有收入总量、上缴资金总量、实现利润总量等绝对性指标，又有应收账款周转率、总资产报酬率、成本费用利润率等相对性指标。科学严细的指标考核体系，极大地激发了各单位生产经营管理的积极性。各单位部门自觉地进行流程再造，不断提高管理的科学化和集约化水平。具体做法有：

（1）加强收入管理。实现了收入管理从生产到计费，到会计核算，再到监控的全过程“一条龙”无缝链接，形成了完整的费收管理体系，收入管理透明、公开和规范。集团可以实时对各单位收入的计费和入账情况进行监控。

（2）加强成本管理。根据成本支出渠道，划清重点控制单位及考核要求。生产直接成本费用，由各单位自行控制，严格预算考核；采购成本由物资设备招标采购中心集中管理和控制，严格按照市场价进行考核；工程成本由项目主管单位控制，严格预算审查和过程监控；制造成本由制造单位控制，按单项定价考核。青岛港还在职工中广泛开展节支降耗活动，节约观念深入人心、蔚然成风。集团员工养成勤俭节约的好习惯，节约每一张纸、每一个信封、每一度电、每一滴水、每一滴油、每一分钱，一根小绳、一个曲别针都多次重复利用，建设节约型、经济型、效益型港口。

（3）加强资产管理。年年进行清产核资，大幅度清理陈年老账。在摸清家底的基础上，建立起各类资产的实物台账，实现了资产的账、卡、物相符，为集团资产的网络化管理打下良好基础。提高资产设备的投入和更新，百年老港的资产成新度保持在70%以上。对资产购置及报废处置，严格按照制度办事，确保资产不流失。

（4）推行基层队经济实体管理。以集团基层队、车间、船、站为核心，把基层队打造成自主创新、管理精细的经济实体。有效赋予基层队经济管理的职能，明确收入、成本、资产和效益等经营管理指标，完善制度管理、定额管理和预算管理，加强核算、分析、评价与考核，实现了全员全过程管理控制。建立单人、单班、单车、单项工程绩效管理的长效机制，充分激发基层队的管理潜能，增强职工当家做主的主人翁责任意识，养成节约型生活方式和生产方式，使基层队成为“增收增效、节能节支”的高效管理单元。

（二）加强信息化建设，不断创新财务管理手段

随着青岛港业务的发展，集团财务借助信息化实现了由基础核算到集团管控的全面提升，具体表现为：

（1）收入管理信息化建设。在港口装卸生产中，以生产作业信息作为收入管理的源头，集团开发了集装箱计费系统、散杂货计费系统和应收账款核销系统，实现了收入管理从生产到计费、到会计核算、再到监控的全过程无缝链接，形成了完整的收入管理体系。借助这些系统，计费人员可根据网上传输的生产信息直接进行计费，并将计费资料通过网络上报会计部门，由会计人员根据上报信息，将计费资料直接生成收入会计凭证。这些系统实现了数据的自动传递和计算，避免了各环节数据的重复录入，提高了工作效率，减少了人工干预，保证了数据的准确可靠，使计费人员和财务人员从简单重复性劳动中解放出来，工作效率提高数倍以上。随着集团业务量的逐年增加，集团收入管理系统在计费、记账、核销中发挥的作用越来越大。

（2）资金管理信息化建设。青岛港实行高度集中统一的资金管理模式。2005 年，青岛港开发了内部结算网络系统，形成以企业为中心的资金结算体系，建立起严谨高效的资金监控体系，实现了资金管理的集中、高效和统一。集团所属单位均在集团结算中心内部开户，由集团对外统一结算。通过集团资金结算中心，实现安全、高效、灵活的资金调度，降低资金结算成本，提高资金使用效率。

（3）物资管理信息化建设。为节约成本开支，青岛港设立物资设备招标采购中心，采取物资集中采购模式。集团各单位按规定上报采购计划，由物资设备招标采购中心集中统一采购，借助规模效应，提高议价谈判能力，降低采购成本。集团开发实施了集团物资管理系统，建立了集团物资设备招标采购中心、公司和基层队三级管理体制，形成统一整体，共同完成物资管理流程。物资设备招标采购中心主要承担物资采购计划的汇总、物资的对外竞价采购、与供货商对账和物资管理等功能；公司主要承担物资采购计划的上报、物资的出入库管理、与采购中心的对账和公司财务接口等功能；基层队主要承担物资实物账的管理，包括队级物资采购计划和物资实际出入库管理。集团物资管理系统，运行顺畅，节支效益突出，有效保证了生产经营的顺利进行。

（4）固定资产管理信息化建设。固定资产是青岛港重要的生产资料，占集团总资产的70%以上。为加强固定资产价值与实物管理，集团主要运用固定资产价值管理和设备实物信息管理两大系统。2008年，集团开发了固定资产综合信息管理系统，将固定资产价值管理和实物管理整合到同一个系统中，实现了固定资产价值与实物管理的有机融合。

第五节　安全管理

按照马斯洛的需求层次理论，人的需求按层次由低到高可分为生理需求、安全需求、社交需求、尊重需求和自我实现需求。安全需求要求劳动安全、职业安全、生活稳定、希望免于灾难、希望未来有保障。安全需求是当生理需求得到满足后推动人们行动的动力，是一种重要的激励机制。

港口是一个生产事故多发的行业，港口生产点多、线长、面广、量大，多工种配合，24小时作业，装卸工人的劳动繁重而危险。过去，由于港口生产设施不完善，劳动保护工作跟不上，致使港口工伤事故屡屡发生，给职工和家庭带来极大的损失和伤害。改革开放以后，为了进一步贯彻执行“安全质量第一”的方针，加强对安全生产的领导和管理、保护职工的安全和健康，1981年5月，青岛港制定试行了《交通运输部青岛港务管理局各级行政领导人员安全责任制》。经过一年多的试行和修改后，于1982年6月正式颁布执行。1985年11月，青岛港先后制定实施了《安全生产管理制度》、《装卸安全技术操作规程》和《原木装卸安全操作规程》。1986年7月，为适应改革开放的新形势对劳动安全监察工作提出的新课题和新要求，青岛港制定实行了《港务局劳动安全监察员管理工作条例》，通过采取一系列安全生产管理措施，使港口工伤事故频率有所下降。1988年底，青岛港实行局长负责制以后，建立了港口安全生产管理新机制，将港口安全生产当作重中之重来抓。随之，更新领导观念，提高职工素质，落实安全规章，改善生产环境，控制安全隐患，逐渐改变了落后面貌，开创出港口安全生产的新局面。青岛港创新安全生产和“五个文明”管理工作，保证了港口平稳发展。

一、安全质量管理“三个第一”方针

青岛港通过反思港口安全生产的经验教训，深刻体会到“安全质量责任制是安全质量保证体系的核心，高度的主人翁责任感又是落实安全质量责任制的保证”。为此，青岛港牢牢抓住安全质量这根生命线，以对国家负责、港口负责、职工负责的高度责任感，提出了“以安全质量求生存、求发展、求效益”的指导思想，建立并坚持了安全质量“一把手”负责制，即“一把手”对安全质量负全面责任、分管领导负重要责任、其他领导按分工负综合治理责任的管理机制，不断深化对安全质量的全面管理。

青岛港结合港口生产实际，把安全质量管理上升归纳为“三个第一”方针：安全质量是港口第一位的工作、“一把手”应负的第一位的责任、检验各项工作成效的第一位的标准。安全质量“三个第一”方针要求青岛港的各领导、各单位一定要切实地负起责任来，要将心比心，要把职工当做兄弟姊妹，尽一切可能为他们创造安全、卫生、舒适、方便的劳动条件，采取各种必要的措施保障其在港口生产建设中的安全和健康。青岛港认识到，安全质量是企业转换经营机制、走向市场、参与市场竞争的需要，要在激烈竞争的市场经济中站稳脚跟、立于不败之地，就要靠安全优质生产来调动广大职工的积极性和创造性。

二、安全管理的“四个机制”

青岛港为深化全面安全质量管理，确保港口持续、快速、健康发展，建立实施了安全质量管理的“四个机制”，即运行机制、监控机制、自我调整机制和激励机制。

（一）建立并实施以领导责任制为主体的运行机制

青岛港以安全质量效益为目标，建立企业各级“一把手”负责的领导管理体系。主要包括：企业“一把手”对本企业的安全质量工作亲自领导、组织、部署、检查、总结、评比，每月主持召开一次集团安全委员会，每月组织一次集团领导带队的安全质量现场办公会；企业“一把手”对实现本企业安全质量目标承担全部责任，企业“一把手”与各单位“一把手”、各单位“一把手”与基层队（车间）“一把手”层层签订目标责任书，落实责任；上级对下级安全质量工作的考核，首先考核“一把手”；

企业“一把手”的经济利益与本单位安全质量工作的优劣挂钩，重奖重罚；建立党政工团领导目标一致、分工明确、相互协调的齐抓共管格局；以“一把手”负责为主体，建立其他领导分工负责并综合治理的领导责任体系。

（二）建立并实施以专项安全质量检查为主、专兼结合的监控反馈机制

健全专职安全质量检查管理网络，各装卸公司和500人以上的二、三线单位设置专职安全质量检查部门，500人以下单位配备专职安全干部，各基层队（车间）设专职安全员。健全以工会劳动保护监督体系为主、各基层队（车间）班组兼职安全质量员为骨干的群众监督管理网络。突出综合监督考核，按月由集团综合评价各单位安全质量管理情况。重点监控和日常监控相结合，制定强制隐患整改措施，达到定责任人、定完成时间、定措施的要求。强化信息反馈，强化专职安全干部的培训提高，强化基层班组的自控自检措施。

（三）建立并实施以逐级负责为基础的自我调整机制

建立健全了企业分块管理（按专业、按系统分块）、逐级负责（层层负责，层层保证）的多维管理网络，纵向管理、横向协调，分块管理、逐级负责，实现了全部门参与安全质量管理的目标。以逐级负责为基础，建立层层承包、层层保证的责任制体系和目标管理与考核体系，层层有目标、人人有责任，管理到人、人人参与。以落实责任制为基础，实现对生产全过程的每一个方面、每一条作业线、每一个环节、每一个人的安全管理监控，人人有事做、事事有人管，实现了从时间到空间的全面调控。

（四）建立并实施精神鼓励为主、物质鼓励为辅的激励机制

通过开展安全质量管理优秀厂长（经理）评选活动、先进单位月度考评、季度流动红旗评比、季度安全质量无事故竞赛等多种形式，对优秀者授予称号或颁发流动红旗、奖牌等给予表彰。采取有关倾斜政策，在集团推行安全质量工龄补贴制度，实施重大隐患发现奖和合理化建议奖，增加班组长补贴，加大装卸班组安全质量补贴在计件工资中的百分比，在管理中采取重奖重罚措施。这些激励措施有效地促进了全港职工做好安全质量

工作的自觉性和积极性，培养了各级领导和广大职工争优创先的意识。

三、“三无”班组建设

班组是企业的细胞，班组管理是企业的基础管理。青岛港在港口安全质量的基本功建设上，始终坚持以提高人的素质为基础，下大气力在班组管理的基本功上做文章。

1988年，原青岛港中港公司重新完善推行了1986年首创的“三无”班组（无违章、无违纪、无事故）建设活动，公司当年消灭了“五个重大”（重大伤亡、重大机损、重大货损、重大火灾、重大交通事故），负伤频率仅为3.27‰，明显低于交通运输部和青岛港务局的规定标准，货损率、货差率、赔偿率均为零。局领导发现和肯定了这一好的做法。1989年2月15日，青岛港总结推广了中港公司“三无班组”活动的经验，做出了《关于在全局开展创建“三无”班组活动的决定》，并且将原“三无”内容扩展为“无违章违纪、无事故、无犯罪”，分解为现场管理、基础管理、综合治理、民主管理和精神文明建设五大考核内容，使“三无”班组活动由单纯的生产管理延伸到两个文明建设管理，赋予了班组管理新的内涵。此后，各基层单位迅速制定创建“三无”班组活动的实施办法，采取目标展开、班组核算等多种形式，把安全、质量、效益、民主管理、思想政治工作等指标直接分解下达到班组，使这项活动有领导、有计划、有布置、有考核，切实把企业的重心放在基础建设上，做到重点在班组、成效在班组。

在充分听取职工意见和全面系统地总结全港创建“三无”班组活动经验的基础上，青岛港又制定了《“三无”班组建设年度目标责任制》，既规定了明确的管理目标和考核标准，又制定了具体的考核办法和奖罚措施，使“三无班级”活动与职工的经济利益紧密挂钩。在“三无”班组的考核步骤方面，每月由基层分管部门对所在班组进行考核，每季由集团主管部门进行抽查，每半年由各单位进行自查，全年由各单位进行总结检查，年终由集团主管部门根据各班全年的平均分数决定“三无”班组的级别（分一、二、三级），并统一进行表彰。各基层单位在贯彻中结合各自实际制定细则，使之更加具有针对性和可操作性，也使全港“三无”班组建设活动进一步走上标准化、制度化、科学化的轨道。

青岛港“三无”班组创建活动的深入发展，加强了以班组为基础的港

口管理工作，提高了港口的安全质量管理水平，增强了职工队伍素质，锻造并培养了一支“四有”海港职工队伍。广大职工在工作中爱岗敬业、尊客爱货，创出不平凡的业绩。大港公司装卸一队15班，在一次袋装滑石粉作业中，不仅做到整齐统一，而且主动用小绳加固，防止船遇风浪货物倒塌撒漏。货到日本港后，西日本贸易株式会社专门来函致谢，称“没想到中国港口能达到这么高的装船水平”。过去职工候工室是“门难进、脚难踏、脏乎乎、乱糟糟”，为彻底改变候工室面貌，各班组自己动手，粉刷墙壁，装饰布置，从家中搬来鱼缸，拿来鲜花，请女朋友制作窗帘、装饰品，使候工室由过去“脏、乱、差”变成职工的“第二家庭”。交通运输部领导参观后，赞扬青岛港工人候工室是“三星级宾馆”。此外，青岛港还编写了《职工礼仪手册》，用文明礼貌的标准规范员工的言行举止，以崭新的风貌塑造良好的社会形象。

青岛港创造性地开展的“三无”班组活动，把思想政治工作与基础管理工作紧密结合起来，体现了“人是管理第一要素”的原则。随着港口“五级管理”格局的形成，青岛港的“三无”班组创建活动，在新的形势下又有新的内涵，使班组建设沿着健康的轨道向前发展。

四、“五个文明”管理

1994年，交通运输部在全国交通行业推行“四个文明”（文明生产、文明装卸、文明施工、文明环境）管理。1994年12月，青岛港下发《关于进一步提高“四个文明”管理水平的安排意见》，对“四个文明”制定了新标准，同时成立现场管理、机械管理、港容港貌、文明施工、标志栏杆、道路交通6个常设工作组，负责“四个文明”管理监督、指导、考核、落实。青岛港还举办全港“四个文明”管理学习班，号召全港职工揭矛盾、找差距、上水平，全面开创了“四个文明”管理新局面，全面阐述了青岛港对“四个文明”管理的深刻理解：切实树立安全第一、质量兴港的思想；切实树立居安思危、为民负责的思想；切实树立事必躬亲、“五到现场”的思想；切实树立科学文明、重奖重罚的思想；切实树立逆水行舟、从严管理的思想。1995年5月6日，山东省和交通运输部联合举行现场会，推广青岛港的管理经验。在这次现场会上，交通运输部部长黄镇东有感于青岛港人良好的精神状态和对船方、货主的优质服务，在“四个文明”管理的基础上，又加上了“文明服务”一项，使“文明生产、文明装卸、文明施工、文明环境、文明服务”成为一体。

“五个文明”管理是青岛港在对港口货物装卸及客运服务过程中，为推行“以人为本”、强化优质服务而提出的，也是青岛港企业管理成功的经验之一。“五个文明”管理提出了生产作业现场管理的主要内容和基本要求，做到量化、细化；明确了各单位、各部门的职责，做到同心协力，狠抓落实；提出了生产作业现场管理的措施，做到加强领导，严格考核。在“五个文明”管理基础上，青岛港大张旗鼓地开展了安全质量管理的“三个深化”活动，即进一步深化两级机关的安全质量管理，理顺职能，明确责任，加强管理；进一步深化作业现场和重点部位的安全质量管理，达到标准化、规范化、经常化管理；进一步深化基层队、班组安全质量管理，夯实管理基础。为搞好现场管理，青岛港还针对现场管理的突出问题，提出了港口装卸生产的“八化”要求：行动军事化、着装统一化、工具标准化、作业前准备规范化、单船作业措施化、危险货物管理重点化、作业制度化、信息反馈及时化，以此创造出安全文明的生产环境和良好的生产秩序。“五个文明”管理通过严格标准、规范管理、不断提高、常抓不懈，使现场管理逐步走上正轨，安全生产实现了“五消灭一控制”，扎扎实实地夯实了安全质量的根基，有力地促进了港口安全质量的提高。

在“五个文明”管理的基础上，青岛港编制了《“五个文明”管理手册》，细化了30个管理单元，逐项细化标准，并从管理原则和目标、管理职责、管理标准、检查考核、奖惩激励等方面进行了具体规定，成为全港文明管理的标准和依据。青岛港本着“全面治理，精雕细刻，提高档次，再上水平”的原则，每年初都要按职责分工对全港的“五个文明”管理进行规划，提出年度规划整改项目，下发实施《青岛港“五个文明”管理规划方案》，落实责任，规定期限，抓好整改，加强检查考核。持续不断地规划整改和严格的现场检查，提升了青岛港“五个文明”的管理档次。

五、“四抓一树”

为使港口的安全质量管理工作再上新台阶，青岛港提出安全质量工作中要坚持做到“四抓一树”：抓实质、抓班组、抓交流、抓素质、树形象。

抓实质：对于安全质量不能当做一般的事情来抓，要从标本兼治、综合治理的高度来抓，不能就事论事，不能搞单打一。将安全质量看做是企业好坏的标志，看做是班子、队伍、管理综合素质的表现。

抓班组：要充分认识到班组是基层工作和基础工作的关键环节，要突出抓好班组长的选拔和培训，解决好班组长对班组成员的感情问题，切实解决好严管与厚爱的关系问题。

抓交流：不断完善民主制度，加强上下级之间和同事之间的沟通和交流，增进相互了解和理解，消除误解，及时发现安全质量隐患、工作薄弱环节和空白点，采取措施，认真整改，杜绝今后。

抓素质：坚持以人为本，提高人的敬业精神，干部职工都爱岗敬业。鼓励职工自学成才、岗位成才，夯实安全质量工作的根基。

树形象：要像爱护自己的眼睛一样，珍惜荣誉，爱护形象。从一点一滴做起，树立对内对外的新形象，使青岛港的工作让货主满意、让用户满意、让职工满意。

“四抓一树”的实质是以港口安全质量工作来统领各项工作。“四抓一树”把安全质量管理工作提高到一个新的水平，对加快青岛港各项工作的发展具有重要的指导意义。全港上下按照“四抓一树”的要求，落实职责、严细管理、遵纪守法、文明生产，树立了良好的港口形象。

为使“四抓一树”方针得到进一步落实，青岛港在安全质量管理方面又明确提出了“十项重点管理”：防火防爆管理、重点部门管理、“三不伤害”管理、船舶靠离管理、货物管理、火车装车质量管理、规范“三会”管理、文明生产管理、港区交通安全管理、环境保护和食品卫生管理。安全质量“十项重点管理”基本涵盖了青岛港安全质量管理的主要工作，强化了安全质量危险源评价和过程控制，强化了作业现场和重点部位管理，强化了各级人员责任制的落实，实现了人、机、料、法、环、信息管理的优化，成为青岛港安全质量管理长期坚持、重点抓好的工作。青岛港进一步创新安全生产“三基”工作，在基层队普及运用多媒体形象化安全生产教育系统，提高了职工安全操作技能培训质量。同时，识别、排查并建立了23类71个重大危险源管理档案，全面推行大型机械周期和状态检测，全面招标攻关安全生产难题，加大安全生产有效投入，针对重点危害运用系统管理方法综合整治。

青岛港通过深入落实“四抓一树”和“十项重点管理”，着重解决了现场管理缺陷，加强了“三不伤害”控制力，促进了“五个文明”管理，保证了港口生产稳步发展。

第六节　薪酬福利

薪酬福利是企业给员工们发放的报酬，以及给有贡献的员工的补助。薪酬福利是每个员工都关注的问题，是提升员工满意度的关键因素之一。因此，企业的薪酬福利体系对企业发展有举足轻重的作用。企业在薪酬福利上所犯的错误，如分配搞平均主义、人人有份、没有份额差别等，将极大损害员工的工作积极性和创造性。企业薪酬福利制度的目标，是激发员工创新精神，使员工行为与企业目标保持一致，最终实现企业发展。

一、薪酬激励体系

青岛港充分发挥思想舆论在利益整合中的导向作用，教育并引导企业员工正确处理个人利益和集体利益、局部利益和整体利益、眼前利益和长远利益的关系，使员工能正确地看待因客观能力、条件等不同而导致的利益分配差距，使员工的思想观念、价值取向、社会道德标准与时代步伐相协调。

青岛港创建了以贡献为主兼顾公平的高风险、高技能、高贡献、高激励分配机制，坚持向装卸一线、科技人员、关键岗位、重点岗位倾斜；坚持无论是物质文明还是精神文明，无论是自然科学还是社会科学，有成果就有奖励；坚持对专业技术人员、岗位首席人员、技术大比武优胜者、技师、高级技师等方面的人员，实行岗位津贴，带薪休假。在考工晋级、收入待遇等方面优先向“工人先锋”进行政策倾斜，激励先进，鞭策后进，做到人人有作为、有贡献。具体来讲，青岛港在薪酬激励和奖励方面力争做到“四个一致”。

（一）岗位与薪酬相一致

青岛港的工资体制基础是岗位工资制，即对单位、岗位划分不同类别，确定不同的工资级别。在岗位工资的基础上，为激励员工在岗位上做出更大贡献，创建了价位工资制、提成工资制、项目承包工资制、含量包干工资制、协议工资制等多种激励制度。在装卸一线全面推行全计件工资

制，并创建了按效率确定单价的计件办法；在二、三线职工的工资分配中，不断加大活工资在工资收入中的比例；在经营层收入分配中，能量化内容的岗位全部实行计件工资，不能量化的岗位按照“精简效能”原则制定合理的工资标准；对经营层和管理层领导人员和关键科室负责人，则按照责权利统一原则实行年薪制。另外，工资薪酬与业绩考核相挂钩，每年集团与公司、公司与科队分别签订“目标责任书”，并按月进行考核，实行以经营业绩为核心的考核分配模式；坚持向关键、重点和技术岗位倾斜，在每年增资中对专业技术人员、大型装卸机械设备主管、装卸一线机械司机、维修工等，按照集团人均增资标准的1~3倍增资。

（二）成果与奖励相一致

青岛港牢固树立“科学技术是第一生产力”的理念，坚持有成果就有奖励，出台了60条人才强港长效机制和加强农民工、知识分子和技术工人三支队伍建设与管理的“六个决定”118条激励措施，以充分调动各类人才争先创新的积极性。青岛港每年都进行科技进步奖和管理创新成果奖的评审奖励。每年评选一次科技进步成果奖、信息化成果奖、现代化管理创新成果奖、管理攻关奖、优秀科技人才奖、创新市场突出贡献人员奖、精神文明建设成果奖以及“行业专家”和“员工品牌”；大规模地开展群众性技术革新、千项软件开发应用等科技创新活动，每季度评选一次装卸工属具革新奖、千项软件开发应用成果奖、刷新装卸生产纪录奖；每年对获得市技能大赛通用工种前六名者分别给予奖励；积极鼓励自学上进并对获得相关技能资格证书、执业资格证书、大专以上学历者进行奖励。2004年以来，集团共完成科技成果5000多项，其中获得集团及以上奖励的达800项；累计完成计算机软件开发应用成果上万项，其中获得集团及以上奖励的成果达900多项。

（三）技能与津贴相一致

青岛港鼓励岗位成才，实行技能与津贴相一致的激励方式，引导员工提高技能水平。对两级机关管理人员分别给予每月500~1400元不等的机关补贴；对初、中、高级专业技术人员和高技能人才分别给予每月200~650元不等的职称补贴。定期召开港口科技大会，总结科技兴港、人才强港经验，提出新的目标任务，表彰港口三个文明建设的优秀成果和做出突出成就的各类人才；发布科技攻关招标项目，鼓励专业技术人员进行科技攻关，并给予相应的智力补偿。

（四）贡献与表彰相一致

青岛港在物质奖励的同时十分重视精神激励，每年对劳动模范、先进科技工作者进行表彰奖励，一大批优秀人才获得了国家、省市以及集团的各类荣誉称号。针对港口实际情况，建立了港内职称体系和评价标准，年年为港内管理岗位评聘职称，鼓励管理人员岗位学习、岗位成才。每年表彰一批员工“金点子”、科技创新成果，对练出绝活、创出纪录的员工，就用他们的名字命名“行业专家”和“员工品牌”。目前，集团造就了数以万计的“五好岗位”职工、数以千计的练就一身绝活的专门人才和一大批拔尖创新人才，过去只会搬搬抬抬的码头工人成为了有高技能的“金蓝领”。2004 年以来，隆重表彰了多名“金牌工人”、“创新明星”、“优秀队长”、“优秀班长”、“模范青年”、“行业专家”、“员工品牌”以及百名“五好岗位标兵”和千名“学振超先进个人”等。青岛港还通过港报、港刊和举办先进事迹报告会等多种方式对先进个人进行宣传表彰。

二、福利体系

青岛港在完善薪酬激励体系的同时，建立了比较完善的福利体系，突出体现在各类社会保险、医疗保障、员工生活关怀和员工退休福利保障等方面。

青岛港设立基本养老保险、基本医疗保险、失业保险、工伤保险、生育保险五类强制保险和补充养老保险（企业年金）、补充医疗保险两类补充保险，并建立严格有序的社会保险管理制度。

青岛港同北京阜外医院共同创办了青岛阜外医院，聘请专家和护理人员为青岛港职工和周边地区广大患者提供了良好的医疗服务。青岛港在各港区设立与青岛阜外医院沟通的医疗保健站，为广大职工提供及时有效的医疗帮助。每年对职工进行体检，保证职工的身体健康，生病住院的职工都能得到企业的慰问关心。

青岛港年年为广大职工和离退休老同志做好事、办实事、解难事。青岛港在国家“房改”前投入 4 亿多元，为职工购建住房 7000 多套，全港职工住房条件大为改善，人均住房面积由 4.5 平方米增加到了 25 平方米。

进入21世纪，青岛港又建设了“蓝色港湾”住宅小区，出租出售给新入港大学生，解决他们暂时买不起房的问题。青岛港为职工及家属赠送生日蛋糕，提供营养美味的班中餐，建设星级候工室和浴室，为老同志“冬送温暖、夏送清凉”。仅2010年，青岛港就投入1.5亿元为职工发放各种奖金、补贴，投入1.3亿元为职工建设候工楼、装修宿舍楼，免费为职工健康查体18793人次，发放生日蛋糕36847个，看望农民工家属3000多人次，走访250多名长病长伤职工。广大职工生活幸福、有尊严，成了港口发展的最大受益者。

坚持满足职工日益增长的精神文化需求。不仅让职工成为物质上的最大受益者，而且积极创造条件丰富职工的文体生活，提高精神文明建设水平。开辟《青岛港报》、《青岛港之窗》、青岛港网站等思想文化宣传阵地，多年连续举办职工运动会、老年人运动会、海港文化艺术节。在2011年青岛市举办的体育赛事中，青岛港职工连续13届蝉联青岛市“双冠王”，退休职工连续7届蝉联青岛市老年人运动会团体冠军。青岛港把离退休老人的精神生活作为港口的一项重要工作，开办了老年人大学，集团领导每年和老同志一起参加运动会，共度中秋节、重阳节和新春佳节，让老同志老有所养、老有所医、老有所学、老有所乐、老有所为。

三、发展与晋升

青岛港遵循以能力为核心，“能上能下”、“谁干得好谁干”的用人观。用人方面不唯学历、不唯职称、不唯资历、不唯身份、不唯年龄，干部可以在工人岗位，工人可以在管理岗位，谁能胜任工作就选谁，谁最能干好事业就用谁。在人力资源晋升和发展方面，特别注重内部培养与提拔，并对业绩突出的员工给予较大的晋升机会。

青岛港实行国家职称评审评聘和集团内部职称评审评聘并行机制，建立了规范、完善的职业发展晋升和管理制度。青岛港实行员工职业发展双通道模式（见图5-2）：所有职工可以凭借自己的素质、能力和业绩，参与管理岗位或技术岗位的公开选拔，通过岗位竞争、双向选择和优胜劣汰机制，逐步晋升。

管理岗位的晋升次序为：基层员工、技术工人、班组厂、队长、分公司职能部门负责人、分公司经理、集团职能部门负责人、集团领导。

技术岗位通过考工晋级按照职称序列晋升，晋升次序为：基层员工、技术工人、初级技术人员、中级技术人员、高级技术人员、高级总工程师(总经济师、总指挥)。

在青岛港，一大批在港口发展中表现突出的装卸工人、船员、电工、钳工，走上经理、厂长、职能部门负责人、工程师等管理岗位和技术岗位。

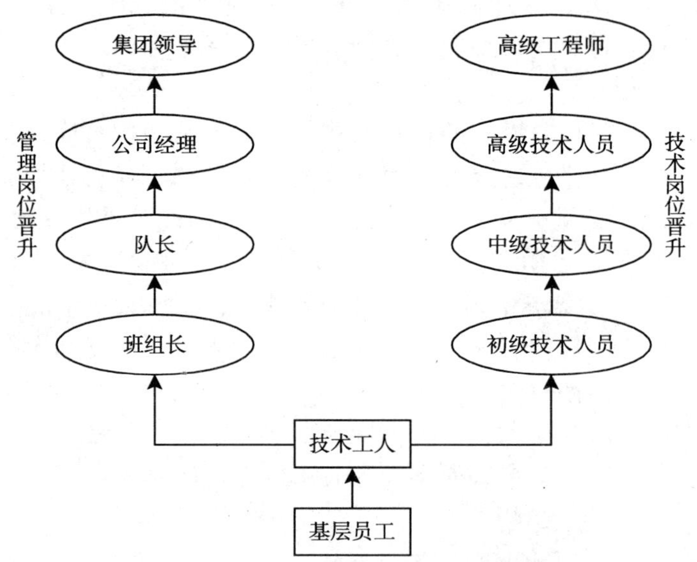

图 5-2　基层员工职业发展双通道模式

第七节　学习型组织

青岛港不仅是一个世界级大港，而且是一个育人成才的大熔炉、大学校。青岛港一直倡导建设一种学习型文化，并系统化为创建学习型组织，努力营造人人可以成才、人人干事创业、人人岗位奉献、人人发展提升的良好氛围，培养出一大批高素质知识型员工，取得了丰硕的社会效益。

一、“五学”活动

青岛港深入开展学政治、学技术、学业务、学文化、学实践的“五

学”活动。学政治，造就一支“德为重、信得过、靠得住、能干事”的职工队伍；学业务、学技术、学文化，培养员工世界眼光、战略思维和创新精神；学实践，提高员工干事创业的本领。

（一）学政治，造就一支“德为重、信得过、靠得住、能干事”的职工队伍

加强理论学习，坚持革命理想高于天。坚持举办读书班、培训班，开展先进性教育、学习实践活动，不断坚定理想信念。在学习中，始终坚持领导干部先学一步，当好表率，带动学习。用科学理论指导实践，用“精忠报国、服务社会、造福职工”三大使命统一思想，不断坚定国有企业一定能够搞好、青岛港自己的事情一定能够办好的信念。2009 年，面对国际金融危机的严重冲击，青岛港举办“坚定信心、战胜危机、科学发展”学习班，旗帜鲜明地提出“科学发展不动摇、增长指标不动摇、造福职工不动摇”三个不动摇，克难而上，港口吞吐量比 2008 年增长 5.1%，集装箱吞吐量比 2008 年增长 2.3%，利润比 2008 年增长 3%，上缴国家各项税费比 2008 年增长 3.3%，实现了危机中的逆势增长。

开展主题教育，坚持理直气壮讲奉献。坚持“风气不正，一事无成”的教育理念，结合港口实际开展主题实践活动，近年来先后集中开展了“学振超精神、创振超效率”主题教育和“抓风气、促创新、科学发展”专题教育活动，组织了规模宏大的先进事迹报告团，有理想的人讲理想，有道德的人讲道德，身边人讲身边事，身边事教育身边人。大力弘扬以“一心为民、造福职工”为核心的干部队伍“六种风气”（坚定信念、敢讲真话，一心为民、造福职工，真抓实干、艰苦奋斗，说到做到、三老四严，廉洁勤政、谦虚谨慎，勤奋学习、锐意进取），坚持“重在实际行动、重在持之以恒、重在形成机制”，领导干部带头做到荣辱分明、干事创业，并公开向职工承诺“向我学习、向我看齐”。

通过学习和教育，广大职工坚守“精忠报国、服务社会、造福职工”三大使命，大力弘扬“一代人要有一代人的作为，一代人要有一代人的贡献，一代人要有一代人的牺牲”的青岛港精神和“信念、感情、珍惜、奉献”的核心价值观，始终保持了昂扬向上、奋发有为的精神状态。领导干部把自己的命运与港口的命运紧密地联系在一起，发扬“五个面向”的优良作风（面向基层、面向职工、面向市场、面向货主、面向外部）和“五

种境界”（一心为民的志向，一身正气的胸怀，无私无畏的胆略，无怨无悔的心态，真抓实干的精神），用真理的力量启迪人心，用人格的力量激励人心，用情感的力量温暖人心，用民主的力量凝聚人心，带领广大职工艰苦创业、自强不息。

（二）学业务、学技术、学文化，培养员工世界眼光、战略思维和创新精神

大力营造重视学习、崇尚学习、坚持学习的浓厚氛围，确立全员学习、终身学习的理念，围绕集团发展战略和市场需求，建立起开放的学习培训系统和有效的学习制度，努力提高广大职工的科学文化和业务技术素质。

“干中学、学中干”，培养战略思维。青岛港努力把握宏观经济发展趋势、市场供求关系变化和世界航运业的发展脉搏，先后制定了“实施夯基战略，创建名牌港口，做好青岛港”、“实施超前战略，建设亿吨大港，做大青岛港”、“实施中心战略，建设区域性国际航运中心，做强青岛港”、“实施创新战略，建设创新型港口，做久青岛港”、“实施强港战略，建设世界一流强港”五大发展战略，实现了港口的跨越发展。每次确定新的发展战略，都通过举办培训班、研讨班等，组织干部和职工认真研讨、深入领会、准确把握，提高了员工的战略思维能力和落实港口发展战略的积极性。

“请进来、走出去”，培养世界眼光。青岛港与世界上130多个国家和地区的450多个港口有贸易往来，培养干部和职工的世界眼光和开放意识尤为重要。青岛港坚持“请进来”，通过邀请国内外专家学者来港举办高端讲座，举办“专家院士行”等活动，重点进行企业管理、航运物流等方面的培训，开阔员工的知识和眼界。坚持“走出去”，组织干部和专业人才到美国、日本、韩国等国家的著名港口和国内著名或新兴港口考察，选拔业务技术骨干到高等院校强化培训。通过“请进来、走出去”，有力地提高了企业员工的业务素质和准确把握世界航运发展趋势的能力。

（三）学实践，提高员工干事创业的本领

向实践学习，是提高职工本领的一个重要途径。坚持创新观念和政策激励，引导干部带领职工群众在实践中学习提高，增长干事创业的本领，

担负起港口又好又快发展的重任。

为促进广大干部职工岗位学习，集团每年投入上千万元实施“个十百千”工程（即发展好一个人才培训中心，建好十个科技创新基地，办好百个职工图书室和学习之家，用好千个职工学习园地），形成了“集团有中心、公司有基地、队里有阵地、班组有园地”的全员学习格局。

以能力培养为核心，不断创新培训模式，按照“干什么，学什么；缺什么，补什么；练什么，精什么”的原则，连续多年开展技术工人考工晋级和技术大比武。对考试合格的技术工人，晋升工资；对在技术大比武中获得名次者，给予奖励。长年实施“六个一”工程（即从班组到公司，每周解决一个生产管理中的难题，每月开展一个专题培训，每季推出一批科技招标攻关项目，每季召开一次科技成果总结表彰大会，每半年召开一次业务研讨会，每半年隆重命名表彰一批员工品牌、行业专家、三型团队、五好岗位标兵、生产纪录），大规模地开展群众性提“金点子”和技术革新、千项软件开发应用等科技创新活动，每季度对技术革新优秀成果进行表彰奖励。

青岛港在实践中培养造就了一大批杰出人才。码头工人队伍中走出的先进典型许振超成为了全国产业工人的杰出代表，港口公安局长隋振坤被评为“全国任长霞式公安局长”。以享受国务院特殊津贴的郭志渝、“全国技术能手”邵泽山和“山东省优秀青年知识分子”庄开宇为代表的一大批技术技能型、复合技能型和知识技能型的知识分子在青岛港脱颖而出，以徐万年、皮进军、朱广田、王召利为代表的一大批农民工兄弟也在青岛港成长成才。码头工人成为新时期产业工人的杰出代表，走进了首都，叫响了全国，走向了世界。

二、领导干部带头学

学习型组织首先是领导者带头学习的组织。青岛港大兴学习风尚，积极创建学习型港口，要求领导干部带头学，从而培育了青岛港逆境发展、竞争前进、斗争取胜的竞争优势，凝聚起发展的强大精神动力。

青岛港领导认识到，倡导全员学习，领导干部是关键，因此特别要求领导干部和管理人员在学习新知识、掌握新技术、提高新本领、开拓新领域上身先士卒。集团规定，领导干部再忙，也必须保证每周两个半天和周六的全天学习时间，每年集团副科副队以上干部和机关干部原则上保证集中封闭10天的全脱产学习。港口还本着“有用、有效”的原则，选择工商管理课程和港口管理知识教材，分批对各级领导干部轮流培训。2009年开始，青岛港联合大连海事大学用近两年时间，分五期对全部集团管领导干部进行了每期3个月的集中脱产培训。青岛港还以“重在实际行动、重在持之以恒、重在形成机制”为指针，开展了“抓风气、促创新、科学发展”专题教育活动，各级领导公开向职工承诺“向我学习、向我看齐”。广大员工也纷纷开展“自律、责任、使命”等主题活动，制定岗位标准，建立“小立法”、“小公约”，并落实到岗。

（一）用企业文化培育发展理念，促进港口科学发展

青岛港坚持对广大干部进行企业文化教育和培训，把企业文化作为每年各类各级培训班、研修班的必修课。在培训中，重点引导干部在企业文化熏陶下形成市场、经营、安全、创新、改革、效益等先进理念。通过培训，广大干部在发展理念上形成了共识，有力地促进了自主创新型、管理精细型和亲情和谐型港口的建设。

（二）用宗旨教育培育情感志向，促进港口和谐发展

青岛港始终高举“一心为民、造福职工”的旗帜，促使干部牢固树立“一心为民的志向、一身正气的胸怀、无私无畏的胆略、无怨无悔的心态、真抓实干的精神”五种境界，自觉做到“职工的事再小也是大事，再难也要办好”。多年来，青岛港坚持不把一名职工推向社会，保证职工人人有岗位，人人有活干，人人创效益。对合同到期职工全部续签合同，庄严承诺年年给职工涨工资。尤其是在国际金融危机形势下，坚持造福职工不动摇，克服困难、艰难决策，为职工大幅度增长了工资，并投资改善生产工作条件、创造更加良好的工作环境。集团党群、干群关系和谐融洽，港口大家庭充满亲情。

（三）用先模精神培育良好状态，促进港口率先发展

青岛港注重用先进模范人物的事迹引导和教育干部职工。深入开展向许振超学习活动，教育干部自觉弘扬“振超精神”，手把红旗不放，排头兵位置不让，人人争先创一流。领导干部带领广大员工积极开展“争创工人先锋号”劳动竞赛和奉献“金点子”等活动，再造工艺流程，创新工作

方法，推动港口管理挖潜、节支降耗和提速增效。集装箱装卸“振超效率”、铁矿石卸船“孙波效率”和纸浆接卸效率，多次刷新世界纪录，用1亿吨的能力干出3亿吨的业绩，创出“1>3”的发展奇迹。

三、全员参与“我要学”

为适应现代企业建设和市场竞争的需要，青岛港在对干部职工进行“双补”教育的基础上，从1989年起，按照“干什么，学什么；缺什么，补什么；练什么，精什么”的基本原则，充分整合港内外学习资源，以岗位学习、集中培训、社会教育“三位一体”的形式，坚持在干部职工中广泛开展学习活动。集团推行全员学习，上到老总，下到普通员工，都必须参加各种学习，提高自己。学习，对每位青岛港人来说，既是权利，又是义务。

青岛港于1994年提出了员工素质“五条标准”：纪律严明、作风过硬；岗位奉献、建功立业；文明工作、礼貌待人；敢打硬仗、善打胜仗；善于学习、提高本领，全面建设一支符合“四有”要求的职工队伍。善于学习是其中的一条。青岛港积极设计各种吸引职工加强学习的载体，深入开展读书活动，运用港口改革发展和职工生活水平显著提高的事例进行理论探讨和自我教育，广泛开展“我与主题思想教育”、“港口改革大家谈”等专题活动。

从制度建设上引导、促进并保证职工终身学习风气的形成。在青岛港，对职工个人来说，终身学习是一种保持不断进取、超越自我的意识；对于企业来说，职工的终身学习意识是保持企业竞争力的根基。市场瞬息万变，科技日新月异，企业职工只有通过终身不懈地学习，才能对市场和竞争伙伴有清醒、理性的判断，才能科学地配置与运用生产要素，才能在竞争中占据主动地位。因此，青岛港注重从制度建设上引导、促进并保证职工终身学习风气的形成。例如，建立人员在企业内部流动机制，双岗并存，末位待岗，动态管理，给每个职工一种无形的竞争压力，不积极进取，不努力学习新技术新方法，就难以适应岗位要求。同时，企业也注重从正向调动职工的学习热情，如开展的“我为海港献一计”、“金点子”等合理化建议活动和科技创新奖励等。广大职工“我要学”的积极性空前高涨，出现了人人是学习之人、处处是学习之所、时时是学习之机的良好局面。

树立“尊重知识、尊重人才”的良好风气。青岛港在建立学习型、知识型港口过程中，确立了科技工作在港口中的主导地位，在政策上注意向科技人员和技术工人倾斜，激发了科技人员和技术工人学习科学技术、钻研科学技术的积极性，科技人员和技术工人在港口受到了应有的尊重。同时，由于青岛港确立了职工群众的主人翁地位，在全港范围内实行民主决策、民主管理，制定重大决策和规章制度时都群策群力、广泛吸收全体职工群众的智慧和建议，因此，青岛港干部职工在经济学、经营管理学以及其他社会科学方面所具有的聪明才干同样能够得到充分发挥。此外，青岛港积极开展的诸如“我为海港献一计”等合理化建议活动，也起到了集思广益的重要作用。

采取有力措施，加强员工学习平台建设。一是加强资金保障，提供充足的教育经费。职工培训教育经费，专款专用，严格考核，其中约80%用于一线职工的培训教育。二是加强设备设施建设，为学习提供良好条件。投入巨资筹建了一个员工教育培训中心、十个科技创新基地、百个职工图书室和学习之家，确保队队有学习园地，班班有学习阵地。集团为基层队和班组配备了电视机、VCD、投影仪、数码照相机等现代化多媒体教育设备，建成了覆盖全港的局域网和有线电视，实现了网络化教育传输。三是加强软件投入，拓展学习渠道。集团每年花费百万元编写技术工人培训教材，投入资金为职工订购报刊、杂志和图书，并定期邀请专家来港举办高端讲座，形成了周周有培训、月月有练兵、季季有竞赛的良好局面，为职工学习搭建了良好平台。

通过不断学习，广大职工自觉地把自己的命运和港口的命运紧紧地连在了一起，形成了共同的理想和追求，具有了共同的价值观和行为规范，海港大家庭正气浓浓。2000年老港区一二号码头连体改造回填、2005年新港区小港池回填、2008年前湾四期工程建设、2011年董家口港区建设，全港老少包括家属齐上阵，利用上下班之际和休假日，用自行车、摩托车、三轮车，甚至租车来港送碎石，义务劳动，支援港口建设发展。各级领导坚持“职工的事再小也是大事，再难也要办好”，广大职工回应“港口的事再小也是大事，领导交办的任务再难也要完成”，在全港上下形成了一呼百应、众志成城的强大凝聚力、向心力，铸就了企业发展的强大精神支柱。

四、实践培训"干中学"

员工培训是指一定组织为开展业务及培育人才的需要，采用各种方式对员工进行有目的、有计划的培养和训练的管理活动，其目标是使员工不断更新知识、增长技能，改进员工的动机、态度和行为，使其更好地胜任现职工作或担负更高级别的职务，从而促进组织效率的提高和组织目标的实现。

青岛港持续开展"创建学习型组织，争做知识型员工"活动，靠知识摆脱愚昧、靠科学摆脱落后、靠发展摆脱贫困，形成了"集团有中心、公司有基地、队里有阵地、班组有园地"的全员学习格局。广大职工在培训中学习提高，增长干事创业的本领，担负起港口又好又快发展的重任。

（一）加强培训平台建设

青岛港鼓励职工"学习改变命运，岗位成就事业"，坚持"干什么、学什么，缺什么、补什么，练什么、精什么"的原则，持续开展"创争"和"五学"活动，打好学习培训持久战，使港口成为育人成才的大熔炉。

建立员工培训中心，构建起集团、公司、队、班组四级学习平台。年年编写上亿字的各类专业教材；文武双全、真才实学的知识分子、工人专家与农民工走上讲台，进行互动教学与研讨式学习；创建了"211"（每月2小时学政治，1小时学安全，1小时学业务）带薪学习制度，广大职工快乐学习、快乐工作、快乐生活。

开展大规模集中脱产培训。2009年以来，培训的投入更大，职工积极性更高，学习的针对性更强，取得的成效更实。近年来，青岛港每年都投入上亿元，组织两级机关和专业技术人员分专业、分类别参加集中全封闭脱产培训，技术工人分工种、分级别参加"队为核心"脱产培训，全港职工人人参加"五个平安"带薪脱产两天大培训，学好了披红戴花、名利双收。

坚持"请进来，走出去"培训方式。选派人员到国内外先进港口学习考察、到高等院校学习深造，邀请院士、专家来港举办各类高端讲座。全港上下大兴学习的风尚、研究的风尚，学做人、学做事，尊重学习、尊重知识的氛围十分浓厚。

（二）深化员工培训模式

青岛港依据目标绩效管理和员工职业发展通道，建立相应的培训体系——职前引导培训、任职资格培训、在职发展培训，培训管理模式如图 5-3 所示。青岛港还根据员工的不同职业发展阶段，采取有差别的培训方法，如表 5-1 所示。

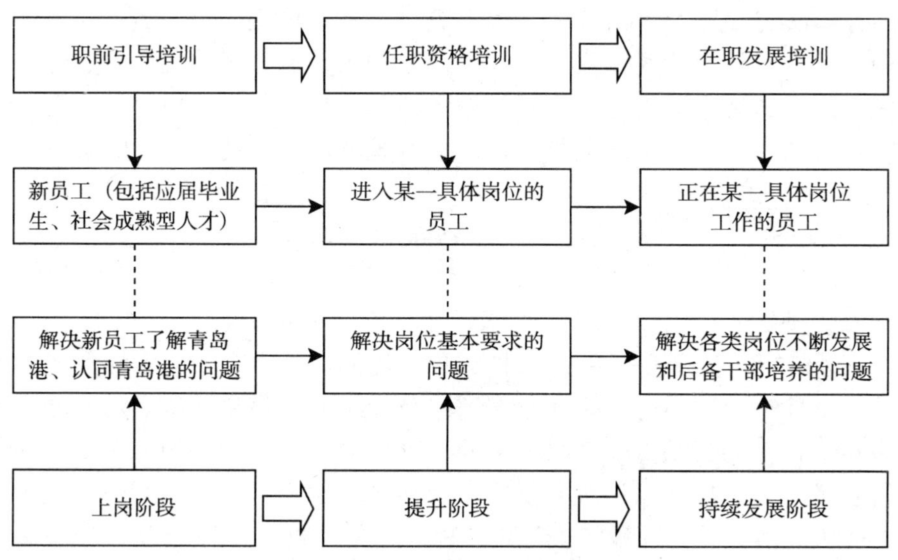

图 5-3　青岛港的培训管理模式

表 5-1　青岛港员工职业发展阶段与培训方式

发展阶段	培训方式	目　标
见习阶段	● 入门培训：讲解企业文化等入门知识 ● 导师辅导：导师帮助新员工尽快转变角色、熟悉企业；指导新员工了解基本流程、学习基础工作技能 ● 基础培训：工作技能、操作手册、岗位知识、团队合作等培训，使员工胜任岗位、知识结构更为完善	完成从校园人到青岛港人的转变，形成适应企业文化的工作思维
上岗阶段	● 新员工融入活动：通过部门介绍、专门辅导，使员工熟悉、掌握开展岗位工作的知识和技能 ● 业务基础培训：各部门识别出各岗位必须培训的业务内容，主要通过主管的亲自教授或示范完成	掌握胜任岗位工作的知识、技能，独立开展工作

续表

发展阶段	培训方式	目 标
提升阶段	● 导师带徒：队长、班组长、技术能手、特聘技术人员通过带徒分享他们的经验，员工学习前辈经验提升工作能力。员工要有学习热情和钻研精神 ● 知识分享：集团有庞大的知识库，包括案例、标准、培训教材等，员工通过自学、岗位学习和实践培训，提升工作能力。员工应清晰了解岗位所需的新知识、新技能，有针对性地制订自己的提升计划 ● 技术培训：作为培训的重点，每年均有上万人次参加各类技术培训和全脱产业务技能培训。鼓励员工积极参加能够提升岗位业务水平的内、外训项目	从普通人员成长为技术骨干或管理人员
持续发展阶段	● 参与项目攻关。通过项目攻关，解决各种实际问题，这是具有难度的临时性工作，是员工提升技能的有效途径。在岗位工作熟练后，员工可主动参与已有攻关项目或自己申请攻关项目 ● 学习分享经验、成为导师。从提升自己的技术水平到提升部门和公司的技术水平，培养带领一支技术团队，成为技术带头人 ● 在职学历教育：完善知识结构、夯实基础，可以支持员工走得更快、更远	成为能够推动公司技术发展或管理水平提升的专家

1. 职前引导培训

岗位适应性培训——即将从事的岗位的说明书、实习计划、安全教育、导师带徒等。

公司适应性培训——用人单位的工作职能、流程、目标绩效考核等。

集团适应性培训——企业文化、人事管理制度、精益生产方式等。

2. 任职资格培训

岗位管理知识培训——某一类级别的人员所必须学习和掌握的知识。

岗位技能培训——某一岗位的导师要求学习的、工作效果考评合格的技能。

3. 在职发展培训

绩效提升培训——根据个人绩效考核结果，为提升工作能力所需的、由其主管确认的培训。

新知识、新技能培训——企业发展对本岗位提出的新要求的培训。

高潜力人才培训——作为公司人才储备和培养对象的培训。

（三）采取针对性培训策略

青岛港围绕着发展战略和市场需求，结合干部和职工的素质状况，科学分析培训需求、有针对性地设计培训内容，抓好管理人员、专业技术人员和普通职工三大培训工作。

1. 抓好管理人员培训

坚持学以致用，通过科学分析港口发展要求和干部队伍素质状况，年年组织开展对各级管理人员的培训。2009 年，集团专门制定了《关于2009~2012 年青岛港干部教育培训工作实施意见》，以青岛港湾学院为依托，开展对集团中层和基层队领导干部、机关干部的集中全脱产培训，组织学习政治理论、企业文化、企业管理、科学文化等知识。集团举办了多期工商管理高级（TOP）研修班和工商管理中级（IBA）研修班，先后有近千名各级领导干部、管理人员脱产参加培训，系统学习企业管理知识，历练了思想、拓宽了视野、提高了素质。

2. 抓好专业技术人员培训

年年组织专业技术人员参加业务技术培训。培训内容涵盖港口企业文化、法律、计算机、环保等公共课知识和 69 个专业课知识，采取分级、分类、分系统培训模式，并通过考试对培训效果进行评价。专业技术人员通过参加考试，学到了真本事、考出了真水平。2009 年集团在培训的基础上，组织 5191 名专业技术人员参加了 69 个专业、168 个类别的考试，6429 名技术工人参加了 49 个工种、201 个级别的考试。

3. 抓好普通职工培训

集团每年投资百万元，专门编写港口专业工种中高级学习材料和习题集。基层单位和员工也根据工作实际，自行编写教材和操作手册。2009年，技术工人分 49 个工种，按照高级技师、技师、高级工、中级工、初级工 5 个级别参加脱产培训。农民工也参加脱产大培训，系统地学习港口企业文化、技术技能、安全生产、组织管理等知识，脱胎换骨，成为港口生产的主力军。青岛港还积极鼓励广大职工参加在职学历教育，并重点奖励取得大专以上学历的职工。

第八节　农民工管理

青岛港坚持以人为本，认真落实有关国家政策，使农民工有地位、有

作为，让农民工生活得更加幸福、更有尊严。

1988年起青岛港有了第一批农民工，当时的农民工思想很简单，就是能有固定岗位，挣钱吃饭。当时的工种也很简单，仅仅是装卸工种，他们在装卸一线辛勤劳动，为港口发展做出了突出贡献。现在，农民工队伍从20世纪80年代末的几十人扩大到9000多人，其中新生代农民工约占40%。较之老一辈的农民工，新生代农民工有着“三高一强一低”五个鲜明的特点：一是文化素质高。青岛港的新生代农民工基本都是高中以上学历，他们获取知识、信息的途径多种多样，知识更新快。二是职业期望值高。新生代农民工不再像老一代农民工把“进城挣票子、回村盖房子娶媳妇”作为进城打工的最终目标，不满足于简单、机械、重复的劳动，而是寻求更好的自我发展的机会，寻找立足城市的机会，或者为回乡创业打基础。三是利益诉求高。与老一代农民工相比，新生代农民工的利益诉求发生了三大变化，即由工资支付保障向社会保障转变，由以往进城挣钱回乡向融入城市生活转变，由改善住宿条件向要求城市提供公共服务转变。四是素质提升的愿望强烈。新生代农民工更加关注自身素质的提升，学本事、长见识、改变人生命运、实现个人价值成为他们的新追求，体现了从生存型向发展型、从体力型向技能型的转变。五是承受能力低。他们是在改革开放后长大的一代，很多是独生子女，成长环境、生活条件都相对优越，经受挫折少，阅历浅，缺乏吃苦耐劳的精神。

港口装卸生产劳动强度大，可以说是“脏、苦、累、险”的工作，与新生代农民工的期望相差较大。对此，青岛港采取了有针对性的措施，因地制宜、因人而异、因材施教，积极推动新生代农民工逐步实现“四个根本性转变”：由短期务工向当家做主转变，由技能匮乏向又红又专转变，由挣钱吃饭向实现价值转变，由打工者向新时期产业工人转变。农民工工种从单一的装卸工种发展到调度员、理货员、装卸司机、修理工、船舶水手等工种，岗位从普通工人岗位发展到车长、班组长、正副队长、公司副经理、公司党委书记等重要管理岗位。农民工成为港口生产建设发展的主力军，呈现出“稳定率高、安全指数高、人生愿景实现率高、幸福指数高、爱岗敬业热情高、业务技能强”“五高一强”的鲜明特点。

一、加强激励，促进由短期务工向当家做主的转变，在政治上更有尊严

坚持把政治上信任、人格上尊重作为农民工工作的首位要求，时时刻刻以农民工拥护不拥护、赞成不赞成、满意不满意、答应不答应作为想问题办事情的立足点和出发点，极大激发了广大农民工当家做主的积极性和责任感。

不断健全完善加强农民工队伍建设的各种管理制度。牢固树立“五个平安”高于一切、重于一切、决定一切的意识，始终把维护农民工的生命安全放在第一位。农民工新工人上岗前首先进行三级安全培训：公司培训一周；队培训三天；班培训一天。集团每年都开展安全专题脱产大培训，切实提高农民工的安全意识和安全技能，最大限度地维护好职工的生命安全。青岛港不断完善农民工队伍建设和管理的长效机制，针对农民工队伍的变化，根据农民工自己提出的意见和建议，广纳民意、与时俱进，制定了《关于加强合同制农民工动态管理的办法》，鼓励争先创优，极大调动了农民工队伍的积极性。同时，建立了每周一次例行检查制度、每月一次管理例会制度和劳务输出公司的自管自治制度。管理制度建设为推进新生代农民工队伍的“四个根本性转变”提供了有力保障。

让广大农民工爱岗敬业、争先创优。在每年的年终总评中，积极推荐优秀农民工参加劳动模范、优秀党员等荣誉称号评选，集团还专门设立了“优秀农民工”奖项，让农民工和城市员工一样披红戴花，登台领奖。对刷新生产纪录者和在技能、文艺、体育比赛中获得优秀成绩者，给予大力表彰、奖励。积极推荐优秀农民工参与国家、省、市评选，先后涌现出了以全国优秀农民工和全国“五一”劳动奖章获得者徐万年、全国十大杰出进城务工青年和十八大代表皮进军、全国优秀农民工朱广田和王召利等为代表的一大批优秀典型。扎根海港的优秀农民工皮进军，在港口担任了队长，带领全队 278 名农民工，创造了 66 项绝活，创出“进军灌装”员工品牌，多次刷新纸浆作业世界纪录，被团中央、劳动部等国家 13 个部委联合评选为十大全国杰出进城务工青年之一，2012 年又当选为党的十八大代表，光荣出席十八大。

让广大农民工当家做主、参政议政。集团出台涉及员工利益的政策时，总是广泛征求并听取农民工的意见，人人都有话语权，人人都能参政

议政，最大限度地体现农民工的愿望和要求。对于农民工提出的“金点子”和创造的科技成果，格外重视，件件有答复，件件能落实。集团召开职代会，选拔农民工代表参加，共商大计、参与决策，农民工徐万年、皮进军还光荣当选主席团成员。在 2009 年的“冬练三九”机关干部跟班劳动调研中，认真倾听农民工的心声，采纳他们提出的建议，针对生产繁忙、天气严寒的特点，出台了特殊时期的特殊激励政策，为广大一线农民工发放“大班补贴”和“严寒补贴”，使农民工月收入人均增加 1000 多元，受到了广大农民工的热烈欢迎。油港公司储运队运行班的农民工杨献鹏，入港仅 3 年就总结出了“追根寻源五字”（一听、二嗅、三看、四处置、五记录）巡检法，还先后提出一期、二期罐区排海口长杆阀改造、室外电动阀门防水改造、2 号泵站拌热工艺改造等多个建议，这些建议均被集团和公司采纳实施，并荣获了集团和公司的科技进步奖。外理公司的外轮理货员陈昭阳积极为集团发展提合理化建议，他提出的为每个理货队配备数码相机、向船方主动争取代为验残的建议，大大提高了集装箱验残效率和泊位利用率，为提高作业效率做出了贡献。农民工在青岛港不仅说话有人听，而且受重视，还能见到效益，真正当家做主人。

对农民工的一片真情，换来了农民工的倾情回报。广大农民工立足岗位，把自己的命运与集团的命运紧紧联系在一起，把岗位当成了自己的家，当好工作的主人、当好设备的主人。前港公司门机队的车长麻荣明在设备管理创新中自造吸水拖把，保养设备既省时省力，又节能减排；在落实“车为单元”标准化管理中，自己花钱制作“车组人员保养区域责任分工”标牌，安置在机房内，一目了然，便于维修保养。供电公司女农民工张兵兵每天走遍 17 号变电所 3 公里范围内的 37 个箱变，无论严寒酷暑天天巡检，以“不让设备遭罪”的朴素感情当好设备的“亲娘”；她还提出了“调节 35KV 侧主变分接开关”的建议，自己动手维修，彻底解决了个别用户屋内照明与现场灯塔不亮的矛盾，节省了大量维修材料费用，同时还练就了“设备一口清”、“‘两票’执行无差错”的绝活。轮驳公司的水手高建伟注意到，每天冲船舶甲板一次要 2 小时、近 2 吨水，遂琢磨出一个既快又省力的好方法：先用水把甲板浸湿，然后再冲刷，冲洗一次仅用 50 分钟，节水近 1 吨。

二、加强教育，促进由技能匮乏向又红又专的转变，在素质上更快提升

农民工作为国家改革开放和工业化、城镇化进程中涌现出的一支新型劳动大军，不仅要让他们摆脱贫困、摆脱愚昧、摆脱落后，还要让他们有理想、有目标、有贡献。对于新生代农民工，不仅要解决好其打工问题和社保问题，还要关注其素质提升问题。

加强思想教育，不断提升境界情操。青岛港坚持用先进的企业文化塑造人、培育人，从提高新生代农民工的政治素质入手，教育他们“做事先做人”，使企业文化真正融入每一名农民工心中，成为他们共同的理想和信念。持续开展“创建学习型组织、争做知识型员工”、岗位“五学”活动，通过宣讲会、报告会、企业文化培训、主题班会等形式，开展主题思想教育、职业道德教育、社会公德教育和文明礼仪教育，积极引导树立正确的世界观、人生观、价值观，使他们学有方向、赶有目标，尽快成为新一代有理想、有道德、有文化、有纪律的产业工人。

加强知识培训，不断提升技能水平。按照“干什么，学什么；缺什么，补什么；练什么，精什么”的原则，每年投巨资开展培训，提升农民工业务技术素质。广泛推广“一室三书一网”培训模式，在每个基层队设立员工学习室，购买大量科技、文化、专业书籍，设立队内“互联网”，使培训教育实现了集成式、网络化。每年集中对农民工进行大规模脱产培训，使广大农民工增长知识、开阔视野。在技术岗位工作的农民工参加每年一度的技术工人资格考核，考试合格并取得证书者，按规定享受技能津贴和考工补贴。

教育和培训提升了农民工的知识和技能，激发了农民工干事创业的热情，一大批农民工练就了岗位“绝活儿”，一大批人才脱颖而出，过去只会搬搬抬抬的农民工成为了身怀绝技的“金蓝领”。QQCT 的农民工刘京俊勇夺青岛市技能大赛轮胎吊司机“状元”。港机厂的农民工孙玉海荣获青岛市电焊工技能大赛第一名，并且考取了山东省“金蓝领”焊工技师。在集团近几年举办的技术比武中，近百名农民工取得了各工种前六名的好成绩。大港公司机械二队的农民工贾自刚夺取了 2009 年集团吊车比武第一名，他所驾驶的车辆被公司评为 2006~2007 年度“青年安全生产示范岗”。装卸六队农民工薛克清利用业余时间积极参加队组织的计算机培训

班，从一开始的计算机知识为零，提高到能够熟练掌握应用各种办公软件，担负起了本队队报的编辑、排版工作，由一名文化水平偏低的农家子弟成长为掌握现代化知识的新型海港工人。西联公司张立林刻苦好学，争做“驾”“修”两精的门机司机，由一名初中生成长为连续两年的“比武冠军”和“读书明星”。物流公司的叉车司机安立强立足岗位，在仓库货物码垛中练就了码垛“一钩准、一刀切”的绝活，在中央电视台全国状元技能挑战赛中勇夺冠军，2010 年被青岛市评为物流行业技术能手荣誉称号。前港公司堆装队的杜现福虽然仅有初中文化水平，但在集团的培训下已经身怀三样绝技，既是维修的一把好手，又是一名优秀的叉车司机，同时还是出色的电焊工，哪里需要哪里去，深得大家好评。油港公司的农民工张凤在岗位上不断提升技能，2009 年实现装车 7.7 万辆计量无差错，勇夺岗位“金牌”，同时还发挥特长，代表集团出征省、市职工运动会，在运动场上勇夺 5 枚金牌，成了名副其实的“金牌员工”。港湾学院的农民工王晓亭在实践教学中兢兢业业、不断提升自己，不仅在集团技术比武中荣获优异成绩，而且积极参与实训中心的项目设计制作，参与实训中心精品课《钳工工艺》、《数控加工实训》的编写与建设，其中《数控加工实训》被评为山东省省级精品课程。

三、加强培养，促进由挣钱吃饭向实现价值的转变，在工作上更受重用

坚持人人都可以成才的人才观、谁能干谁干的用人观，为农民工搭建起实现人生价值的大舞台。许多新生代农民工由普通工人成长为队长、班长和经理，成为“品牌”和榜样。

农民工在工作岗位上担任领导，发挥关键作用。截至 2010 年，农民工中已有 3075 人被录用为合同制工人，有 540 多人担任了班长、副班长，37 人担任了队长、副队长。农民工徐万年在担任西港公司副经理之后，2010 年又被提拔重用为西联公司的党委书记，成了装卸公司的“一把手”。大港公司装卸九队的副队长李波不仅积极当好队长的助手，而且带领员工创造出了“李波高效”品牌。物流公司的农民工、仓储中心副主任贾永旺，带领职工码的货垛就像艺术品，被公司提拔为副队级干部。大港公司装卸四队刘建成在担任班长后，在短时间里创造了氧化铝、化肥、硫黄等多项灌包作业的集团新纪录，把全队的“落后班”带成“尖刀班”。油

港公司的服务队副队长刘涛带领全体门卫人员创新“211+1”工作法和“盯、靠、防、严”巡逻法，节假日不休息，以身作则，率先垂范。大港公司装卸二队六班是农民工班，平均年龄20多岁，是全队最年轻的班组，在班长徐立凯的带领下，短短4年培养出22名班长和工序组长，是公司有名的“人才”基地。全班人员练就了颠钩“一钩准”、码垛“一刀切”等绝活和“四抓”作业法，共创集团、公司生产纪录18项次，被集团誉为散货灌装高效班。

农民工成为“品牌员工”，大有作为。青岛港大力倡导“无论是城市工还是农民工，都是港口财富创造者，凡做出贡献都是人才”的理念，引导农民工在“小岗位”做出大贡献。为表彰员工的优异成绩和发明创新，青岛港用员工名字命名“员工品牌”，极大激发了广大农民工岗位创新的积极性。大港公司装卸五队全部由农民工组成，创造了啤酒装船作业18亿瓶无破损的突出成绩，集团为之命名为“亿瓶精装”服务品牌，给予鼓励和褒奖。陈玉礼在来港7年的时间里，总结提炼了“卷钢吊带顶欠法”、“篷车小袋物快速卸车法”等6项工作法，他带领的班组在灌包作业中屡创高效，被命名为“玉礼灌包”品牌。张雷由一名普通的农民工成长为内燃装卸机械司机高级工，他结合自己的作业经验，认真总结提炼的“张雷当班安全生产六字工作法”（听、想、细、严、稳、找）成为了班组乃至队里安全生产管理工作的一条重要经验，“张雷提速”的员工品牌叫响了全公司。西联公司技术工人赵树双，在“岗位学习、岗位成才”的氛围中，勤奋学习、脱颖而出，为此集团专门设置了第一个农民工工作室——“树双工作室”，并配备笔记本电脑等学习用具，使其尽快成为一名出色的电器主管。在老式吊车“油改电”过程中，赵树双大胆推翻厂方专家的方案，提出新方案并改造成功，既节能又环保，近年来他提出的技改项目节约了大量维修费和材料费，赵树双被评为“山东省首届百名农民工之星”。西联公司装卸二队农民工创造的“成军一机多货种作业法”、“继举螺纹钢米字起脊法”、“培专五快工作法”、“元昌双排停车工作法”和“英吉纸浆半垛起脊法”等五项工作法，不仅使得该队的装卸效率提升了15%，而且也解决了螺纹钢锈蚀和纸浆水湿的问题，保障了货物储存的质量。前港公司的装载机司机郭凯在2007年山东省港航系统装载机技术比赛中荣获一等奖，在2009年集团装载机技术大比武中勇夺第一名，他刻苦钻研，在节能减排工作中，形成了以“操作、工艺、保养、质量、路线、检查”六

项节能方法为核心的“郭凯节油工作法”，2009年节油达3121升。物流公司的维修工张元涛，完成了斯太尔缸盖压力试验装置、增压器改造、进气道改造等技术革新项目十几项，每月完成修旧利废项目十几项，被集团授予“元涛快修”品牌。

四、加强造福，促进由打工者向新时期产业工人的转变，在生活上更加幸福

青岛港始终把农民工当成自己的兄弟姊妹，确保农民工有一个幸福生活的美好家园。目前，青岛港已经有1/10的农民工在青岛黄岛购买了住房，有1/5的农民工子女进入了城市学校，许多农民工真正成为了城市的一员，开始了名副其实的城市生活。1992年入港的农民工杨军田回顾自己的经历后深情地说：“是青岛港帮我找到了自我，找到了幸福，找到了亲情，找到了能让农民工干事创业的一片热土。”

同工同酬，让农民工在成果共享中得到实惠。在港口发展、效益增长的同时，把提高收入作为对农民工劳动价值的肯定，坚持每年按15%的增幅提高工资。2009年面对国际金融危机的冲击，不仅为农民工保岗位，还保收入，出台特殊时期的激励政策，鼓励大干多超、多劳多得。集团生产发展逆势上扬5.1%，全体员工工资收入同比增加4%，农民工收入同比增加高达13%。为农民工特别设立全勤激励奖、积累贡献奖、合同制津贴、住房补贴等，并落实国家政策确保农民工享受带薪休假。积极推进农民工参加社会保险，为全体农民工缴纳基本养老、医疗、工伤、生育、失业五项社会保险，解决了老有所养、病有所医等问题。

人人安居乐业。各级组织通力合作，解决农民工子女入学难问题，并每年组织“六一”儿童节、夏令营等活动。坚持年年为全体农民工发放节日物品、生日蛋糕等，免费提供班中餐。每年春节，都派专人将农民工的奖金和礼品送到家中。为坚持港口生产的农民工发放春节聚餐慰问金，由班长出面，邀请大家到酒店聚餐。农民工结婚，不少队长、班长都开着私家车，带着员工赠送的彩电、冰箱等，利用公休到老家祝贺。优先安排在岗优秀农民工家属到二、三线后勤岗位工作，解决农民工夫妻两地分居问题。

关注身心健康。年年为农民工健康查体，普及健康生活知识。不断投入巨资，建设“星级”候工室，整修改造港区现场食堂，让大家冬天用上

暖气，夏天用上空调，洗上热水澡，吃上可口的饭菜。把农民工宿舍改造成现代化公寓，并专门设立“温馨房”，为农民工家属探亲提供方便。积极修建员工文体场所，举办群众性文化体育娱乐活动，丰富农民工业余文化生活。坚持为农民工终生负责，对入港工作 15 年以上、年龄 45 岁以上因身体原因不能胜任一线岗位的农民工，经本人申请可照顾转岗到适应岗位。

第六章　创新精神

创新概念由经济学家熊彼特最先提出并系统论证。美籍奥地利经济学家熊彼特在其1912年的著作《经济发展理论》中把创新定义为“生产函数的变动”，指出创新是一种从来没有过的关于生产要素的“新组合”。他认为，创新是经济发展的第一推动力和企业超额利润的源泉，而企业家的职能就在于实现创新、不断地建立新的“生产函数”，也就是把一种从来没有过的关于生产要素和生产条件的“新组合”引入生产体系，造成原生产函数向新生产函数的转移。在熊彼特著作中，创新包括五方面内容：第一，引进消费者还不熟悉的新产品，或是产品质量或功能经过改进的消费者熟悉的老产品；第二，引进新的生产方法；第三，开辟新的市场；第四，控制原材料或半成品的新的供应来源；第五，创建工业上的新组织，比如制造一种新的垄断组织，或确定一种垄断地位等。[①] 熊彼特的创新概念，内涵广泛，包括技术层面的创新，也涵盖非技术层面的创新。在实际中，创新作为一个被广泛关注和使用的概念，可应用于技术、产品、组织、管理和制度等方面。

对于创新的重要性，熊彼特在其著作《资本主义、社会主义与民主》中提到：“真正占主导地位的并不是书中所说的那种竞争，而是新产品、新技术的竞争，这种竞争要求竞争者必须掌握决定性的成本和质量优势，与此同时，这种竞争冲击的并不是现存企业的盈利空间和产出能力，而是它们的基础和生命。”[②] 在实际的商业实践中，一些企业将创新作为主要的竞争武器，从而使其获得了竞争优势，实现了自身的良性增长，而一些企业之所以衰落乃至破产，主要原因之一是其丧失了创新能力，无法与竞争

---

① 约瑟夫·熊彼特. 经济发展理论［M］. 叶华译. 北京：九州出版社，2007.

② 约瑟夫·熊彼特. 资本主义、社会主义与民主［M］. 吴良健译. 北京：商务印书馆，1999.

对手进行强有力的竞争。因而，创新是现代企业获得持续竞争力的源泉，是企业发展战略的核心。创新则兴，是市场竞争的基本法则。未来若干年是中国经济发展的战略机遇期，也是中国企业从世界产业链低端向高端爬升的战略机遇期，而创新则是抓住战略机遇期和实现战略转型的关键。

传统体制下我国企业缺乏积累和创新的主动意识，因为企业只是政府机构的附属物，一切发展和创新都要听命于政府，不存在积累和创新机制作用的客观条件；企业创新者和决策者的利益与企业利益脱钩，从而也不具备形成积累和创新的主观条件；企业没有组织、技术、产品、市场和管理等各方面的竞争，因此也不具备积累和创新机制作用的外部条件。所以，企业的自我发展创新机制能否形成，取决于企业能否成为独立的商品生产者。在产权清晰、权责明确、管理科学的现代企业制度前提下，由于自主经营、自负盈亏，企业才有可能以市场为导向，自主地组织研究开发和各种创新。改革开放以来，随着企业所有权与经营权的分离，企业成为相对独立的经营主体，逐渐具备了创新的主客观条件。

青岛港以塑造学习型港口、知识型港口、创新型港口为目标，立足科学发展，探索出一条顺应时代要求、符合港情特色、发挥地域和潜在优势、反映员工意愿的创新之路。青岛港以理念创新为统领，导入市场机制，激发创新潜能，逐步形成以管理创新为支撑、以市场创新为关键、以技术创新为动力，全方位、多角度、开放式的创新格局。创新成为青岛港发展超越的动力机制。本章重点从理念创新、管理创新、市场创新、技术创新、信息化建设、绿色发展等角度对青岛港创新模式描述和分析。

第一节　理念创新

青岛港以理念创新为统领，逐步形成以管理创新为支撑、以市场创新为关键、以技术创新为动力，全方位、多角度、开放式的创新格局，其创新模式如图 6-1 所示。

理念创新是企业走向成熟的标志，但这不只是一种成就、一种收获，而是一种永不满足、不断追求的进取精神。青岛港的理念创新突出地表现在“与时俱进，创新观念”、“价值引领，创新文化”方面。

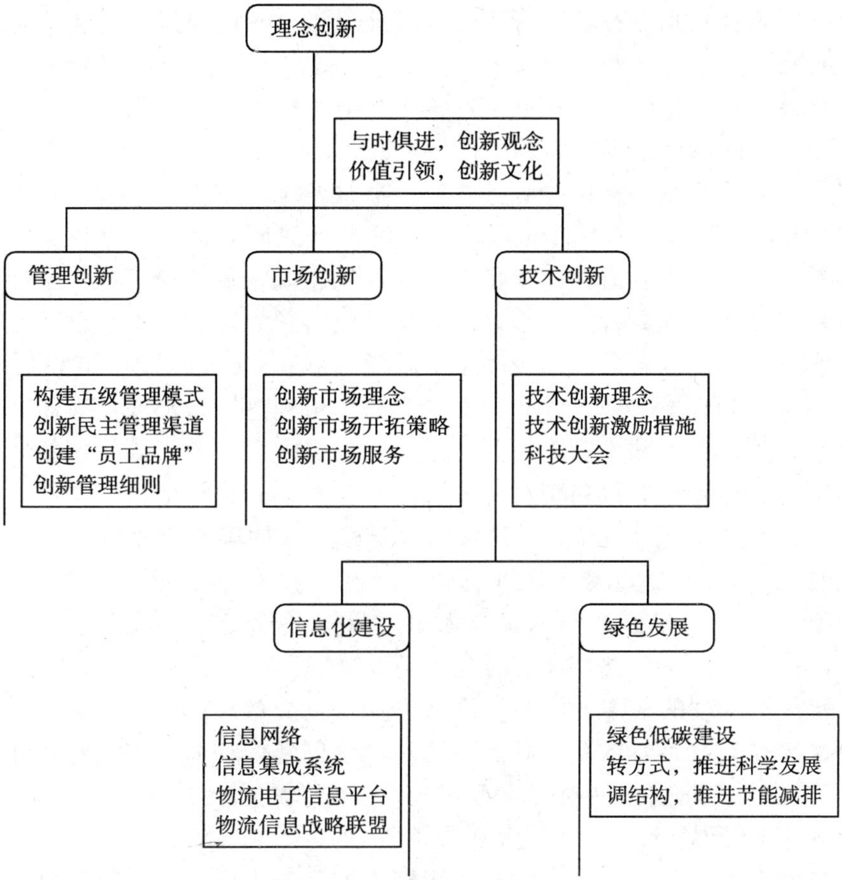

- 理念创新
  - 与时俱进，创新观念
  - 价值引领，创新文化
  - 管理创新
    - 构建五级管理模式
    - 创新民主管理渠道
    - 创建“员工品牌”
    - 创新管理细则
  - 市场创新
    - 创新市场理念
    - 创新市场开拓策略
    - 创新市场服务
  - 技术创新
    - 技术创新理念
    - 技术创新激励措施
    - 科技大会
    - 信息化建设
      - 信息网络
      - 信息集成系统
      - 物流电子信息平台
      - 物流信息战略联盟
    - 绿色发展
      - 绿色低碳建设
      - 转方式，推进科学发展
      - 调结构，推进节能减排

图 6–1　青岛港创新模式

一、与时俱进，创新观念

观念和思想创新是各项创新的前提。思想是行动的先导，没有先进思想就不可能有先进行动。作为港口来讲，自主创新，首先要观念创新、思想创新。在具体工作中，观念创新首先一定要做到实事求是、一切从实际出发。青岛港在港口改革开放实践中，认真落实“着力把握发展规律，创新发展理念，转变发展方式，破解发展难题，提高发展质量和效益，实现又好又快发展”的精神，把思想作为行动的先导，大力发扬求真务实精神，不断创新思想、转变观念。青岛港在发展过程中，多渠道地及时了解、掌握国内外经济发展脉搏、国内外港口发展动态、国际航运业发展趋势，牢牢把握新形势，研究新思路，超前思维，超前决策，超前行动。

明确树立指导思想，即坚持一切从实际出发，忠诚践行科学发展观，把青岛港自己的事情办得更好。在这一指导思想下，青岛港遵循中国的国情，研究青岛港的港情，探索有中国特色的、行之有效的管理思想和管理模式，确立了“精忠报国，服务社会，造福职工”三大使命和检验工作成效的“四条标准”，走好自己的路，办好自己的事，建好自己的家。既立足当前又着眼未来，既面向市场又扎根现场，既抢占高地又打牢基础，既重视发展效益更注重发展内涵，既满足物质需求更引领精神追求，青岛港以观念创新和思想解放全面带动了其科学发展。

树立“只有想不到，没有干不到”的思想观念。干部职工在使命中激发创新动力，在实践中凝聚创新力量，以思想的大解放带来了创新领域的大拓宽。青岛港让有创新精神的人讲创新，有创新成果的人讲创新，每年召开“创新英才报告会”，从领导干部开始人人明确为什么创新、怎么创新。特别是 2010 年以来，连续召开了八次“转型升级，创新成果”现场推进会，每一次推进会都创出一大批成果、涌现出一大批人才，人人创新、岗岗创新、零距离创新在青岛港蔚然成风。

坚持可持续的科学发展观。青岛港保持挑战意识和创业意识，保持强烈的发展愿望和良好的精神状态，通过持续创新带动增长方式转变和结构优化升级。管理层将创新理念变成每个员工的共识和行动，形成共同愿景，建立创新型管理文化，激励员工创新性行为。在建设学习型、知识型、创新型港口过程中，全体员工积极进取、努力学习、超越自我，思想观念和综合素质不断提升、知识层次不断提高、知识结构不断完善、管理水平不断攀升，为企业在瞬息万变的知识经济时代进一步发展壮大提供了强有力保证。

坚持发展年年升级。在实施夯基战略、超前战略、中心战略、创新战略和强港战略五大战略的基础上，青岛港坚持发展年年升级，从 2010 年的“三大战役”（“五个平安、五个文明”攻坚战、装卸生产大会战、董家口建设阵地战）、2011 年的“五大战役”（“三大战役”加上学习培训持久战、信息化建设升级战）、2012 年的“七大战役”（“五大战役”加上财务管理中心战、关联产业突破战）到 2013 年的“八大战役”（“七大战役”加上内控管理强基战），青岛港瞄准建设世界一流强港的宏伟目标，重点突破，强力推进转型升级。学习培训持久战，以实现人的全面发展为目

标，每年年初开始一月一个千人大培训，让广大职工早学、早干、早受益。信息化建设升级战，投入重金，全员发动，推动港口的根本转型。面向“十二五”，青岛港牢牢锁定强港战略，召开多个专题会，研究“十二五”发展大计，把全港上下的思想和行动统一到青岛港“十二五”发展大业上来。

二、价值引领，创新文化

唯有铸造企业的创新变革文化基因，才能从根本上建立制度性的而不是仅依赖于个人推动的创新机制，才能从根本上形成企业内生的而不是依赖于外在推动的变革动力，才能从根本上造就企业持续的而不是短期的变革能力。青岛港坚持“干就干一流，争就争第一”、“永不满足，永不灰心，永远前进”的文化理念，以成绩作为新的起点，自我加压，不断向更高目标冲刺。青岛港以“建设东北亚国际航运中心，营造平安和谐家园”为共同愿景，谨记建设世界强港的奋斗目标，在生产各环节想方设法创新、改进工艺流程、提高效率。

确立企业使命和精神。在“坚持一切从实际出发，忠诚践行科学发展观，把青岛港自己的事情办得更好”的指导思想下，青岛港确立了“精忠报国，服务社会，造福职工”三大使命和“一代人要有一代人的作为，一代人要有一代人的贡献，一代人要有一代人的牺牲”企业精神，确立了当好共和国的“长子”、祖国母亲的“孝子”的社会责任，形成了检验工作成效的“四条标准”（一是对国家的贡献要越来越大，二是港口发展后劲和竞争实力要越来越强，三是职工生活质量要越来越好，四是职工素质要越来越高）。青岛港的使命和精神构筑起全体员工共同认可和遵循的企业文化，成为企业持续发展创新的精神动力。

“三永精神”的创新文化。青岛港拥有“永不满足，永不灰心，永远前进”的创新精神，充分发挥个人创新的主动性和积极性，使人人成为创新的主体。在连续多年没有码头可建、码头超负荷运转、港口发展的外部环境远不及其他沿海港口的情况下，青岛港没有怨天尤人、自暴自弃，而是永不灰心、永远前进，实现了跨越式发展。青岛港员工共同挑战极限、科学决策、迅速行动，无论顺境还是逆境，无论条件好还是条件差，都始终志存高远，瞄准更高目标、向着更高标准前进，以创新创造奇迹，塑造未来。

"振超效率"的夺标文化。青岛港提出了"干就干一流，争就争第一"的夺标文化，要求员工学习"振超精神"，唯旗是夺，手把红旗不放，排头兵位置不让。全港员工始终把争第一、夺金牌作为必达的指向和工作的标准，不断克服前进道路上的一个又一个困难，以其特有的"精、气、神"坚定地向目标挺进。

"竞争创新"的时代文化。青岛港提倡求真务实、竞争创新、和谐共享企业文化，激励员工进行工具与工艺创新，提高生产效率。青岛港创造出"1>2"的奇迹，即用一个青岛港的能力干出了两个青岛港的业绩，相当于依靠挖潜再造了一个亿吨大港，实现了建码头发展、不建码头挖潜照样发展的目标。

第二节　管理创新

青岛港秉承"以我为主，博采众长，融合提炼，自成一家"管理原则，不照搬照抄，不随波逐流，将西方发达国家现代管理经验和中国传统管理思想有机融合，对管理制度、组织结构、文化理念进行适应性重新整合，逐步探索形成了独具特色的青岛港管理模式。青岛港在内部管理上的创新突出地表现在：构建五级管理模式、创新民主管理渠道、创建"员工品牌"、创新管理细则。

一、构建五级管理模式

从 1992 年开始，青岛港轰轰烈烈地拉开了缩编消肿、精简机构、转变职能的序幕，率先在青岛市实行全员劳动合同制改革，打破"一大三铁"(大锅饭、铁交椅、铁饭碗、铁工资)，调动职工积极性。此后，每年都按照"精简、效能、统一"的原则，大刀阔斧改革机构、分流冗员，集团机关从 1989 年的 28 个处室、908 人精简到 2011 年的 8 个部室、64 人。在班组基层，充分重视员工素质的提升，建设学习型组织，加强岗位培训、专业学习和业务练兵，创品牌、练绝活，使基层员工成为德才兼备、真才实学的创新型员工。

在长期管理实践的基础上，2002 年，青岛港提出"管理重心下移"的

全新思路。2003年，在由青岛港务局改制为青岛港集团的基础上，创建了“集团为决策层，公司为经营层，基层队为管理层，班组为操作层”的四级管理格局，2008年又扩大到“车为执行层”的五级管理模式。五级管理清晰界定了各层次的管理职能：决策层集中精力抓好宏观决策和过程控制，为集团决策、监控和融资中心；经营层集中精力抓市场、抓经营，将资源变财富，为集团的利润中心；管理层集中精力管好人、干好活，是集团基础管理的核心，也是收入实现和成本控制的中心；操作层重点抓好各项任务的实施，为管理任务的执行中心；车组抓好单车管理，为“单元”实体。五级管理模式的重点是管理重心下移，致力于将基层队打造成为“五个平安”、敢打必胜的战斗堡垒，自主创新、管理精细的经济实体，岗位成才、与时俱进的学习团队，以人为本、亲情和谐的职工家园。“队为核心”的扁平化组织结构，使青岛港管理机构大幅度精简，基层队由被动管理单位变为主动管理单位，成为责任与权利相统一的管理主体，实现管理效能的极大提升。

二、创新民主管理渠道

青岛港把厂务公开民主管理作为促进企业和谐、推动科学发展的基本保证，依靠职工干事创业，广大职工与港口成为命运共同体和利益共同体，企业越来越兴旺，职工的日子也越来越红火。

完善民主领导机制。从领导做起，从领导抓起，对各级领导班子加强考核，使各级领导始终站在企业高风险、高压力、高动力的第一线；创建“四好”领导班子，要求班子成员政治素质好、经营业绩好、团结协作好、作风形象好。坚持深入调查研究、一切从实际出发，领导干部要“冬练三九，夏练三伏”，即领导干部在冬天最冷、夏天最热的时候，去基层劳动调研，听取职工意见，制定相应政策。

民主决策“六连环”工作法。从1997年开始，青岛港先后制定了《关于全心全意依靠职工群众办好企业的意见》、《青岛港加强民主管理规定》等一系列规定，将厂务公开民主管理纳入集团绩效管理体系，制定完善了厂务公开民主管理的一系列标准，实现了制度化、规范化、程序化，使广大职工参与厂务公开民主管理有了制度保障。青岛港把职代会制度创新作为深化厂务公开民主管理的关键。“抓好中间，延伸两头”，建立职代会民主决策的“六连环”工作法。在制定港口《“十二五”发展规划》时，青岛港严格执行“六连环”流程：第一环民主审议，对规划草案提交职工代表讨论；第二环项目上榜，向全体职工张榜公示，职工提出意见、建议530多条，采纳450多条，并由职代会审议通过；第三环定向问责，将规划中的各项任务全部明确责任部门和责任人；第四环过程控制，实施过程全公开，并将规划任务细化分解到每年的工作要点和每月的工作安排中；第五环细节透明，在每次月度例会和职代会上公布落实情况；第六环结果公开，到“十二五”末将对规划完成情况进行全面评估，让职工心里有数，明明白白。

厂务公开。青岛港建立了职代会、民主恳谈问答会、民主管理主题班会等20条民主管理渠道，使职工愿意提“金点子”、乐意说心里话。员工积极参与企业决策、参政议政，凡是青岛港重大改革，比如机构改革、制度改革、调资、分房、医疗费改革等，都是领导和员工面对面座谈，听取员工意见后再做决策。每个星期日，员工可以直接找青岛港最高领导者交谈，因为这天是青岛港的领导接待日。接待日从1996年10月实行以来，这已经成为普通员工与管理层之间沟通信息、推心置腹地交流感情的无障碍通道。运用信息化手段，让职工足不出户，就能通过“心声热线”与集团领导“面对面”交流，通过“队长直通车”有事随时找队长。坚持“职工想知道什么，我们就公开什么”，层层明确了厂务公开的主体责任，层层确定了战略规划、生产绩效、收入分配等40项公开内容。集团研发了“作业计量信息一卡通”，职工人手一卡，下班时轻轻一刷，干了多少活、挣了多少钱，清清楚楚，明明白白。

职工做主，港口内动力更强。青岛港不仅在政治上，还在生活上给予职工最大的自主权。到目前为止，连续23年33次让职工自己给自己涨工资，先后进行食堂管理“四次革命”，不仅让农民工住进了城市楼房，还帮助农民工子女走进城市学堂，解决了农民工的后顾之忧。职工们回报给企业的，是以港为家，“自己的家自己建，港口的活抢着干”，先后涌现出1380多个员工品牌和1800多个绝活儿，集装箱装卸“振超效率”8次、铁矿石接卸“孙波效率”19次刷新世界纪录。

三、创建“员工品牌”

青岛港始终传承着“人人都是人才”的人才观。青岛港在对干部职工进行“双补”教育的基础上，从1989年起，按照“干什么，学什么；缺

什么，补什么；练什么，精什么”的原则，充分整合港内外学习资源，以岗位学习、集中培训、社会教育“三位一体”的形式，在干部职工中广泛开展以学政治、学业务、学技术、学文化、学实践为内容的“五学”活动，创建学习型企业，塑造知识型员工。从20世纪90年代初开始，青岛港每隔几年召开一次规模盛大的科技大会，对自下而上推选的科技拔尖人才和优秀科技人员进行表彰奖励。到目前为止，有多人被评为全国、省、市首席技师和突出贡献技师，受表彰的优秀科技人员达数百人，全港“精一专二会三”的复合型人才达到1700多人，807人具备技师、高级技师资格。在青岛港，专业技术带头人或技术项目负责人，在同等条件下，可优先享受分配住房、破格晋升职称和晋级工资等待遇。在工资晋级中，港口生产一线的专业技术人员和技术中心研发人员的晋级幅度高于其他港口员工。

青岛港针对员工的工作业绩，用员工的名字命名员工练出的绝活、创出的纪录，在企业内部创建了“员工品牌”。青岛港不仅把“绝活”创造者评为企业内部的优秀员工加以表彰，更重要的是把“绝活”创造者打造成了青岛港响当当的招牌。员工品牌这一创新性策略丰富和发展了企业内部激励管理思想。用员工的名字命名青岛港某项工作或服务，并在企业内和社会上宣传推广，这对品牌创造者来说是莫大的尊重和认同；同时，青岛港对贡献突出的员工除了命名“员工品牌”外，还根据其贡献大小进行一定的奖励，让优秀员工得到实实在在的物质利益。对品牌员工精神和物质的双重激励，大大鼓励了全体职工的工作积极性和创造性。从2004年开始，在“振超效率”的鼓舞下，广大员工苦练“绝活”，勇于拼搏，目前青岛港的“绝活”已达到1800多个，几乎遍布港口作业的每一个岗位。员工品牌为广大员工发挥聪明才智和实现自我价值搭建了广阔舞台，促使港口人才辈出。

员工品牌对外还发挥了重要的宣传作用。一方面，青岛港最著名的员工品牌，如“振超效率”和“孙波效率”，通过媒体的报道和宣传被社会广为了解，无疑快速提升了青岛港的知名度和美誉度；另一方面，青岛港大部分员工品牌都与客户服务密切相关，优质服务赢得了客户信赖，而客户口碑相传扩大了青岛港的市场影响力。客户可能不知道青岛港总裁常德传，但一定知道“振超效率”；可能不知道各分公司的经理名字，但一定知道“孙波效率”。很多客户通过员工品牌了解了青岛港，通过员工品牌信赖了青岛港。

四、创新管理细则

青岛港从基础、基层、基本功入手，下“笨”功夫，做“细”工作，精雕细刻，精益求精，强化企业管理细则。青岛港构建起了“六个一”管理体系：一套科学民主的决策体系，一套职责明确的责任分工体系，一套高度集中统一的资金管理体系，一套严密的绩效管理体系，一套高效完善的内审体系，一套民主公开透明的监督体系。

“三无”班组建设。1989年，青岛港开始了“三无”（无违章违纪、无事故、无犯罪）班组创建活动，将现场管理、基础管理、民主管理、综合治理、精神文明建设5大项64小项内容纳入“三无”班组建设的考核范围，实行年度目标责任制，大幅度提高了班组建设水平。2000年，青岛港在更高的层次上进一步苦练内功，开展了“抓实质，抓班组，抓交流，抓素质，树形象”“四抓一树”活动，使“三无”班组建设和“三基”工作更具实践性和可操作性，牢牢打实了管理根基。青岛港坚持安全质量是各级领导第一位的工作、第一位的责任、第一位的标准，肯定成绩、批评问题、指出方向，处理与教育并重、批评与表扬并重、处罚与奖励并重、教训与经验并重，确保了“五个平安”和“五个文明”建设，管理基础牢固，港口风清气正、政通人和。

业绩精细化管理。青岛港推行国际管理标准，在全国率先通过了质量管理体系、职业安全健康管理体系、环境管理体系三大体系认证，并在全国率先将三大体系整合整体通过了中质协的认证。2006年，以战略管理为统领，以更新观念为关键，以开发市场为前提，以财务管理为中心，形成了“十三项重点管理”（“五个平安”管理、“五个文明”管理、风险管理、财务资金管理、生产管理、机械管理、物资管理、节能减排管理、卫生环保管理、建设改造管理、职工生活管理、内部控制管理、班子队伍管理），积极推行“单车核算”、“单项工程核算”、“单货种核算”、“食堂单班核算”等精细化核算管理模式，月月坚持“三对比一分析”（对比学习标杆、对比竞争对手、对比奋斗目标，分析因果关系）。2007年，建立起职工考绩档案系统，健全积分考核体系，全面理顺和修订了1676项管理标准文件，修订完善了6488项内容的考核办法，建立了集中统一的长效考核体系。

物资集中招标采购管理。集团所有机械设备、建设物资、工程队伍、

生活物资等全部招标引进。要求各级领导干部坚持“三不”原则（不插手，不经手，不放手）和“四个坚定不移”（坚定不移地公开透明，坚定不移地规范厂商，坚定不移地抓好大户，坚定不移地扶正祛邪），做到公开、公正、透明，确保诚信服务、物美价廉。广大采购人员成为物资采购和食品采购的放心人。

第三节　市场创新

青岛港在全国沿海港口中率先走向市场，树立起为货主服务的“三项原则”（没有货主，没有用户，青岛港就没有饭吃；货主、用户的满意就是港口质量工作的标准；价格优惠，手续便捷，24 小时服务），坚持“质量、服务、信誉是港口的生命线”、“宁肯自己千难万难，也不让船东货主一时犯难”。青岛港用诚信和服务成功突破了腹地劣势，破解了市场难题，赢得了信誉，赢得了发展。

一、创新市场理念

计划经济时期，由于港口在经济生活中的地位，货主、用户多有求于港口，“港老大”观念在职工中根深蒂固，港口管理松懈，安全质量得不到保障，货损、货差经常发生。进入市场经济后，货主、用户成了港口的“上帝”，如果再像从前那样不顾货主的利益，港口就会在激烈的市场竞争中遭到无情的淘汰。

早在 20 世纪 90 年代初，当国内其他港口企业还囿于计划经济的桎梏，按国家指标进行经营时，青岛港就主动逐步转变生产观念，投身于市场经济。青岛港敏锐而迅速地提出“港口装卸生产主战场在港外”和“全国 960 万平方公里都是青岛港的经济腹地”的市场战略，确立了“没有货主，没有用户，青岛港就没有饭吃；货主、用户的满意就是港口质量工作的标准；价格优惠，手续便捷，24 小时服务”为货主服务的“三项原则”，经营理念从以生产和计划为中心向以市场和客户为中心转变。观念上的转变，市场营销“三项原则”的确立，引导着青岛港逐渐融入市场经济的洪流。

“没有用户，没有货主，青岛港就没有饭吃”，实在、质朴的语言中蕴涵着深刻的道理：摆正了青岛港与货主的位置，明确了谁是服务者、谁是被服务者，同时形象而实在地指出了客户的重要性。青岛港把客户比作“饭碗”，寓意深刻：没有客户，没有货源，港口就是无米之炊，职工就发不出工资，青岛港“不让一名职工下岗”的目标就落为空谈。“货主、用户的满意就是港口质量工作的标准”与“价格优惠，手续便捷，24 小时服务”紧密相连，前者指明了青岛港全体人员工作的基本标准，后者则是对客户满意的更具体的表述，也是对青岛港工作标准的具体要求。由于货种不同，客户的具体要求也多种多样，但客户都有一些共同的需求，那就是“价格优惠，手续便捷，24 小时服务”。“三项原则”质朴的语言中既蕴涵着以市场为导向的现代营销哲学，又概括了青岛港营销工作的基本标准，目前仍然是青岛港营销工作的最高原则和最基本的指导思想。青岛港不断开拓市场，在很大程度上正是由于对“三项原则”一丝不苟的坚持。

青岛港坚持为货主服务“三项原则”，不断创新市场理念。为把“三项原则”落到实处，青岛港把客户满意度作为员工考核的重要指标，设置了投诉热线，以随时了解客户满意度，只要客户有投诉，无论什么问题，也不管是什么原因，一律让被投诉者先学习、找原因并提出解决对策。青岛港生产主战场从“现场”搬到了“市场”，青岛港由“坐商”变成“行商”，创建了多个服务名牌。“诚纳四海”服务品牌成为青岛港“以德治企，以诚经营”的金字招牌。“魅力大港”、“卓越前港”、“追求您完全满意”、“10 小时保班”、“完美交付”、“铁路大列精品线”、“零时间签证”等服务品牌为青岛港赢得了四海宾朋、天下客商。青岛港以服务全国、接通世界为方向，海向、陆向双向市场扩张，经济腹地由“区域性狭小腹地”变成“大腹地”。如今，陆向北起东北三省，南至重庆、成都，西至乌鲁木齐，都有青岛港的货主和用户；海向已与 130 多个国家和地区的 450 多个港口开通了航线，实现了航线全球通。

二、创新市场开拓策略

青岛港视客户为上帝，不断创新市场开拓策略，文明服务、延伸服务、超值服务，受到货主、船东的高度赞扬。

（一）通过推介会广揽货源

计划经济时期，港口主要是按国家下达的计划指标安排生产经营活动，其市场就是周边经济腹地，而周边企业对港口也别无选择。1994 年，青岛港明确提出“港口装卸生产主战场在港外”的指导思想，青岛港由“坐商”变为“行商”，通过推介会广揽货源。举办推介会，就是业务人员走出港口，深入全国各地市场，宣传青岛港，广揽货源。

在业务推介中，青岛港通常联合海关、政府、船公司和货主一起举办推介会，为客户提供运输、通关等全方位的优越服务，不仅提高了办事效率，而且增强了推介活动的权威性和有效性。在内陆举办的推介会中，进出口企业在当地海关和青岛海关之间可以通过“属地申报，口岸验放”通关模式，实现“一次申报，一次查验，一次放行”。

推介会不但在广揽货源、开发市场方面发挥了重要作用，而且还宣传了青岛港的企业文化和品牌，扩大了青岛港的知名度。青岛港在推介会上表现出的创新精神、卓越服务和“诚纳四海”品牌理念，给参与推介会的企业和相关人员留下了深刻印象。

（二）通过办事处开发市场

青岛港在全国许多地区设置了办事处，了解全国各地市场情况，为客户及时提供咨询和服务。为了“走出去”开发市场，早在 1994 年，青岛港就提出了“占点、占线、占货”的思路。这“三占”之中，“占点”是“占线”和“占货”的前提条件。青岛港摸索出了在全国重要城市设置办事处的办法。青岛港的办事处主要有三方面的职责。

1. 介绍宣传青岛港，广揽货源，不断开发新客户

办事处工作人员主动走出去，深入企业，走访海关，通过各种方式在当地宣传推广青岛港，积极争取客户。为了把揽货工作落到实处，集团为每个办事处制定每月具体的揽货任务量，以此作为对办事处主任考核的指标之一，办事处主任再把任务下达到具体的业务员。考核结果与相关人员的报酬直接挂钩。

2. 进行市场调研，搜集市场信息

在日益复杂的经营环境下，做好市场调查和研究工作是做好营销工作的首要任务。分布在全国各地的办事处承担着重要的市场调研工作。研究

所在地区经济发展情况、分析青岛港客户流失情况及去向、关注竞争对手策略动向等工作，是青岛港办事处日常工作的重要组成部分。青岛港的每一个办事处每月都要向集团递交一份月度报告，报告除了包括业绩完成情况和当月主要工作外，还包括信息汇报。办事处是青岛港随时了解全国市场动向的重要渠道。

3. 为客户提供服务

青岛港客户服务的一个重要目标，就是实现门对门服务。办事处是实现这一目标的主要渠道。青岛港办事处对客户提出的所有问题，如规划运输路线、核算物流成本、寻找货代和船公司、选择运输航线、进出口通关事宜等，无论分内分外都协助予以解决。值得一提的是，青岛港办事处提供的这些服务均是免费的。办事处对于青岛港不断开拓市场、稳定客户发挥了重要作用。

（三）通过合作多赢开拓市场

市场是一个生态体系，消费者、供应商、销售商和企业员工都是市场生态体系的组成部分，共同组成企业市场利益的生成源泉和利益循环系统。从港口企业在物流链上的位置上看，货主是青岛港的直接客户也是最终客户，船公司和铁路部门是其密切合作者，而商品进出口所涉及的海关、检验检疫、海事、边检等国家有关机构和海事部门则是青岛港的重要相关方。青岛港在开拓市场过程中，非常重视与货主、船公司、铁路和相关国家机构的合作，在共赢中不断打造和优化自己的“市场生态体系”。

1. 与货主结成战略同盟

青岛港一边“走出去”广揽货源开拓市场，一边广开思路，探讨与用户之间更紧密和更长远的合作方式。早在20世纪90年代末，青岛港就注意到国内外港口企业与货主之间合资合作的发展趋势，进而积极寻找机会，与货主之间尤其是与大企业之间进行多种形式的合作。2001年，青岛港与具有“国企航母”之称的世界500强企业之一的中石化的强强联手，在青岛港与货主诸多合作中被广为称赞。这一打破行业壁垒、实施资产重组的双赢举措，对中石化而言，缓解了其原油储存能力不足的矛盾，降低了原油装卸成本，提高了企业经济效益；对青岛港而言，创造了稳定、可靠的货源，从而极大地规避了市场风险，进一步巩固了全国最大进口原油中转基地的地位。青岛港还广泛与钢铁厂等主要客户签订战略合作协议，这些客户承

诺每年将原料需求中的一定比例从青岛港走货，而青岛港则承诺以优质服务回报客户。合作共赢的指导思想，使青岛港拥有了一批稳定的客户资源。

2. 与船公司合作

抓货源固然是最终目的，但不能就货源抓货源。货主既不是追求运费最低，也不是追求服务最好，而是强调在物流链上取得最大化的综合价值。多年的实践使青岛港认识到，要想为货主创造最大价值，只靠青岛港自身的能力是很难实现的，还必须依赖物流链上其他相关单位的合作。其中，如何实现与包括铁路、陆路、水路多种运输方式的有效衔接，使货物顺畅地到达青岛港并从青岛港疏导出去，达到无缝链接，显得尤为重要，这也是青岛港与货主的战略同盟得以成功的前提条件。为此，青岛港在与船公司和铁路部门的合作方面做了许多有益探索，并取得了显著成效。

青岛港顺应港口与船公司合作的发展趋势，积极寻求机会与世界上著名大船公司合资合作，实现联手共赢发展。2003 年，青岛港与世界第一大航运公司丹麦马士基集团、世界第二大航运公司英国铁行集团、中国最大航运公司中远集团，“三国四方”共同出资 8.87 亿美元，成立了青岛前湾集装箱码头有限责任公司（QQCT）。这是一次真正的强强联合、共赢发展的合作。青岛港的这一壮举，把世界级的航运巨头集于一方，实现了引资金、引技术、引货源的多重效果。“三国四方”合作当年，青岛港就新增航线 25 条，箱量同比增长 28%。青岛港携手世界航运巨头发展集装箱事业，从“两国两方”（中国青岛港、英国铁行）到“三国四方”（“两国两方”加丹麦马士基、中国远洋），再到“三国五方”（“三国四方”加中国香港泛亚）和“三国六方”（“三国五方”加招商局集团），2011 年又实现了“四国八方”（“三国六方”加美国总统轮船、海丰国际）的合资合作，凝聚起四面八方的强大力量，开创了世界港航企业多方合作的崭新模式。

3. 与铁路部门合作

青岛港始终将铁路疏运作为自身发展的重大战略举措。青岛港把港口搬到内陆，集装箱大列以价格优惠、安全可靠、快捷便利的巨大优势，打造了全方位快速、经济、顺畅的疏港通道，吸引了八方货源，成为推动内陆地区外贸发展的重要保证。1989 年 2 月 18 日，青岛港集装箱公司首批共 15 个集装箱装上铁路列车运往郑州、西安等地，这是青岛港集装箱运输首次开展的集装箱海铁联运业务，打破了过去集装箱仅靠汽车运输到内地的单一方式。1997 年 8 月，济南铁路局和青岛港务局共同组建了铁路青岛港站，这是当时全国最大的集装箱海铁联运港站。随后，青岛港站陆续开通了青岛至济南、济宁、郑州、西安、成都、新疆阿拉山口等直通式海铁联运和“五定班列”（定时间，定班次，定线路，定价格，定地点）业务，并成功启动了新亚欧大陆桥集装箱过境运输和危险品接卸转运业务。“五定班列”使内地拥有了自己的“码头”，极大地促进了内地的经济发展，同时也为港口赢得了滚滚货源。现在，青岛港在郑州、西安、成都、兰州、太原、乌鲁木齐等地设立了办事处，还相继开通了淄博、青铜峡、侯马、漯河等地的大列，大列线已延伸至内陆10多个省份。

青岛港还与国外铁路公司合作，广开货源渠道。黄岛港站于2008年3月开通了国际过境大列，解决了青岛港集装箱西移后新港区没有国际过境大列的问题，使日本、韩国和东南亚地区的货物通过阿拉山口，走向了中亚五国、俄罗斯及欧洲地区。青岛港抓住时机，多次与“西中物流”、“中外运陆桥”等大的过境大列代理洽谈，签订战略合作协议；利用海运年会的机会，与拉脱维亚、美国的铁路公司达成了合作意向，并与拉脱维亚铁路公司互设了办事处，建立起与海外发货人的沟通渠道，将揽货工作做到境外；与拉脱维亚铁路公司联手，将烟台“富士康”电子产品通过国际大列出口到莫斯科。

4. 与相关国家机构合作

商品进出口要进行“一关三检”（海关申报，商品检验，动植物检验，卫生检验）。我国内地海关设置少，在过去，内地客户必须把货物先运抵青岛港，然后再等待“一关三检”的繁杂程序，这给客户的进出口业务带来许多不便。为了解决客户的困难，青岛港联合青岛海关，通过推介会等形式深入内地，使客户在当地就可办完所有的进出口手续。青岛港不但把港口搬到了内地，还通过与海关及有关部门合作，把关口前移，一直延伸到制造业工厂，大大方便了内地客户办理出口手续，使客户货物运到青岛港就可以直接装船，减少了等待时间。同时，提前办理报关手续，还可以使客户提前收到出口退税款，方便了资金周转。青岛港与青岛海关的合作，也促进了青岛海关的服务质量和工作效率的改善。为此，青岛海关被海关系统评为“红旗关”。随着青岛港腹地市场的纵深发展，青岛港联合青岛海关已在西安、重庆等国内城市开通了自动转关运输服务，在山东省内的济南、潍坊等城市开通了直通口岸服务。

此外，青岛港还与边防检查、海事等相关部门合作，开展多种形式的文明共建活动。密切的合作为青岛港便利、快捷、优质的客户服务创造了有利条件。

5. 与国内同行合作

伴随着经济的快速发展，我国港口业发展迅猛，港口数量和吞吐能力迅速增长，并初步形成了长三角港口群、珠三角港口群、环渤海港口群、东南沿海港口群和西南沿海港口群五个港口群。山东沿海港口群就包括青岛、烟台、日照及威海等港口。港口数量多，竞争激烈，是目前我国港口业面临的基本现状。在这种情况下，港口之间密切合作，形成强大的港口联合体，是港口企业迅速提升竞争力、实现共赢发展的重要途径。正是在这一思路下，青岛港不仅重视与物流链上相关单位的合作，而且积极开展与国内同行的合作，通过优势互补、联合共赢，增强竞争力。

青岛港与同行合作的基本战略是，充分发挥龙头作用，积极进行省内资源整合，通过资源优势互补，努力打造东北亚国际航运中心。其中，与威海港和日照港的合作是青岛港在同行合作方面迈出的第一步。2006 年，青岛港与威海港联手成立了威海青威集装箱码头有限公司。2007 年，青岛港又与日照港合作成立了日照日青集装箱码头有限公司。经过与威海港、日照港的资源整合和互补合作，青岛港吞吐量大增，实现了港口发展从“请进来”到“走出去”的重大转变。总之，与物流链上相关单位和同行的各种形式的合作，为青岛港构造了稳定的市场网络，为青岛港持续稳定发展打下了坚实的市场基础。

三、创新市场服务

优质服务是港口企业获得高市场份额的关键，也是企业获得竞争优势的重要途径。青岛港为客户服务的“三项原则”，既是青岛港对客户的承诺，也是对自身服务工作的基本要求。建立在信任与互利的基础上，青岛港维持和发展与客户之间良好的伙伴关系，用现代物流思想重新审视港口业务，服务内容也从传统的装卸、转运扩展至装卸、转运、加工、交易、配送等多个环节。青岛港的服务创新主要体现在超值的装卸服务和物流链上的延伸服务两方面。

（一）超值的装卸服务

青岛港灵活扎实的服务工作首先体现在港口业务的传统装卸服务上。

在这方面，青岛港想客户所想，急客户所急，尽一切努力满足客户需要。用青岛港人自己的话说就是，“宁肯自己千难万难，也不让船东货主一时犯难”。下面的例子就非常集中地体现了这一服务理念。一次，某矿务局向青岛港紧急求助，因为一名煤矿工人不慎将一把扳手掉到一批出口煤中。这把扳手可能随车运到了青岛港，如果运出去，可能损害对方设备，引起索赔，影响信誉。在60000吨煤堆里找一把扳手无异于大海捞针，青岛港派专人负责，天天盯着，历时1个月，硬是找到了这把扳手，为货主保住了信誉，避免了损失。青岛港这种把困难和麻烦留给自己，急客户所急、帮客户所需的优质服务赢得了货主的充分信任。

青岛港不仅是应客户要求而提供服务，而且主动为客户着想，提供超出客户要求范围的服务。例如，青岛港前港公司面对周边港口矿石大码头群起、矿石货源格局剧变的新情况，及时开拓创新，将市场竞争策略由及时接卸和疏运转变到为货主计算成本和提高服务上来，想客户所想，保客户所需，建立了与客户双赢的服务网络，进一步扩大了货物中转量。又如，矿石码头装卸完毕总会遗留矿粉，过去青岛港也是与其他港口一样，用大扫帚把矿粉扫到大海里。后来，青岛港意识到，这样做不但给货主造成了一定程度的货物损耗，而且污染了码头环境。青岛港本着为客户着想和环保的原则，提出了把“把矿粉当面粉”的口号，而且还发动职工特制了专用的小扫帚。现在矿石码头装卸完毕，员工先用大扫帚扫一遍，再用特制的小扫帚把大扫帚无法扫到的边边角角扫一遍，然后把扫起来的矿粉堆放到货主的货物上。青岛港这种主动服务的思想和细致周到的做法赢得了广大客户的赞许。

集装箱班轮保班率是衡量一个港口服务能力的重要指标。由于集装箱运输易受潮汐、风浪等自然因素及挂靠港服务能力、装卸效率等人为因素的影响，有时造成船舶晚班、脱班，进而直接影响到船方、货主的利益。青岛港给自己制定了近乎苛刻的保班标准：保班率100%；按船公司要求，纠班率100%；货损率为零；船方满意率100%。青岛港按照“泊位、船时、单机”三大效率标准和“计划兑现率、装箱到位率、单证准确率三个100%”的具体要求，围绕“人员零差错，流程零缝隙，设备零故障，桥吊零待时”的作业方案，精心打造效率快港。2002年，青岛港成功实现集装箱战略西移之后，青岛港创造出以“10小时保班”为核心的“振超效率”，并通过培养绝活团队、开展流程攻关，促使“振超效率”不断攀

升、服务质量不断提高。

（二）物流链上的延伸服务

青岛港不仅为客户提供超值的装卸服务，而且把服务向物流链的上游和下游延伸，在不断巩固传统服务优势的同时，又创造了新的竞争优势。在物流链上的全方位服务延伸，使青岛港由过去只是提供简单装卸服务的运输中心逐渐发展成为具有整合物流链能力的综合物流中心。

1. 提供简单加工方面的附加服务

进口什么样的货物以及对所进口的货物如何进行加工本来属于货主的事情，但青岛港为客户着想，主动而且免费为客户承担了部分这方面的工作。比较典型的例子是青岛港为货主提供的配煤和配矿服务。青岛港从1995年就开始为一些客户承担了配煤的工作。例如，客户需要标准为5000大卡的煤，但进的货只有5200大卡和4800大卡，如果用5200大卡的就造成浪费，而用4800大卡的则达不到要求。在这种情况下，青岛港认真研究，多次试验，通过改进工艺，主动为客户承担了配煤工作，解了客户的燃眉之急。多年来，只要客户需要，青岛港就无偿提供配煤服务。与配煤服务类似，青岛港还为一些货主提供配矿服务。如某钢铁厂进口的一批铁矿石因品位太低而无法使用，青岛港就把低品位的铁矿石与高品位的铁矿石混合，搭配出货主所需要的铁矿石。

2. 搭建沟通平台提供附加服务

青岛港是我国最大的铁矿石进口港，国内许多矿石贸易商和钢厂都经由青岛港进口矿石。由于条件所限，贸易商之间、钢厂之间以及贸易商与钢厂之间，沟通起来并不容易。青岛港就利用自己熟悉各方的优势，经常组织由贸易商和钢铁厂参加的交流会。交流会一方面为贸易商与钢厂之间牵线搭桥，促成交易；另一方面也为钢厂之间搭建了货物置换平台，解决了钢厂的实际困难。对于货主来说，置换平台之所以重要，是因为钢厂进口的矿石往往品种不一（矿砂、矿粉和块状矿石等），但各钢厂对不同种类矿石的需求时点是不同的（比如，甲厂储备的是矿砂但急需的却是矿粉，而乙厂可能恰恰相反）。在这种情况下，由青岛港组织的交流会为货主进行货物置换提供了便利。

3. 组装市场提供超值服务

青岛港前港公司坚持“只有开发不了的思想，没有开发不了的市场”

的思路，在矿石揽货中，首创了拼装大船、组装市场的方式，为货主节省了大量运费，赢得了货主的真诚支持。例如，一些小型钢厂一次进口矿石数量较少，租用小船运费较高，青岛港就组织多家小型钢厂联合拼装20万吨级大船，既为货主节约了费用，又为自己赢得了市场。再如，当某一货物其运量小于某船的载货容量时，青岛港就负责将别的同一方面的其他货物进行拼装合运，尽量使货船满载，从而使货主和船主双方都受益。

4. 多方合作方便内地企业进出口业务

青岛港不断提升综合服务能力，形成了以港口为核心的信息服务、海关协调、铁路运输等公共服务平台，为货主创造了良好的运输环境。青岛港与海关、铁路、船公司合作，开通青岛至内陆主要城市的集装箱“五定”班列和海关直通式运输，货主在当地就可办完所有的进出口手续，真正地实现了青岛港“全国960万平方公里都是青岛港的经济腹地”的市场目标。例如，郑州“东风日产”汽车公司2007年开始运作时，选择的是距离较近的港口，但由于班列不能保证，发运不及时，给企业的生产经营带来极大困难。青岛港按照“货主的困难就是我们的工作重点，货主的要求就是我们的工作目标，货主的满意就是我们的工作标准”的要求，主动拜访，把港口的优惠政策和服务承诺送上门，协调船公司、海关等部门，做到“三个保证”（保证提前请关，保证卸船立即进站，保证及时发运），打造了一条绿色通道，确保了“郑州日产”大列周一、周二准点发运，满足了该公司“零库存”要求，降低了企业物流成本。2009年9月，针对漯河、濮阳等地造纸厂因公路运输导致进出口成本过高、制约发展的问题，青岛港设计了大列“重进重出”的对流方案，即利用船公司的空箱将进口纸浆带进当地，再将成品纸装箱出口。

5. 应对金融危机的服务举措

面对国际金融危机的冲击，青岛港主动走访船东、货主、合作伙伴，与它们抱团取暖、共渡危机。受金融危机的影响，世界各大船公司运量锐减，造成众多集装箱闲置。针对国外港口堆存费用昂贵的状况，为帮助船公司解决运力过剩、空箱率居高不下的困扰，青岛港先后与中国远洋、中国海运以及马士基、美国总统、达飞等10多家船公司签订了空箱堆存协议，推出了免费（3个月的免费堆存期）空箱堆存服务，为船公司节省了巨额费用。青岛港还认真研究设计物流通道和物流方式，形成以海铁联运为主体、公路配送相结合的港口物流链；积极协调铁路部门，为各大钢

厂、铝矾土等企业开通铁路专列，为货主节约大量物流成本；通过提高装卸效率、提供优惠费率等方式，为船东、货主创造价值，也增加了港口货物吞吐量。青岛港与兄弟港口联手发展、稳固市场，走访连云港、日照、烟台、威海等周边港口，积极协调，稳定价格，避免恶性竞争；与日照港、烟台港签订了战略联盟框架协议，牵头开通内支线，既增加了港口运量，又降低了货主成本；与营口港联手，形成了在青岛港灌袋包装、到营口港分拨给厂家的氧化铝物流运营模式，实现了“两港增量增收，货主节约成本”的三方共赢。

第四节　技术创新

青岛港的技术创新紧紧围绕着港口发展规划目标而展开，充分调动青岛港技术中心和基层单位技术人员的创新积极性，不断推进港口经济增长方式转变。

一、技术创新理念

青岛港致力于建设创新型企业，大力开发具有自主知识产权的关键技术和核心技术，努力提高原始创新、集成创新和引进消化吸收再创新能力，把增强自主创新能力作为企业长期战略。

坚持自主创新理念。着眼长远，加强基础研究和前沿技术研究，在一些前沿科技领域超前部署，提高原始创新能力，打造青岛港成为港口技术创新的重要基地；加强集成创新能力，形成港口单项相关技术的集成创新优势，努力实现关键领域的整体突破；加快引进消化吸收再创新，形成后发优势。

坚持自主创新与技术引进相结合理念。青岛港按照产业发展、规模发展和扩大国际合作的要求，充分利用全球科技资源，积极引进国外先进技术，积极参与国际科技交流与合作。

深入实施科技兴企、人才强企战略。青岛港以自主创新、重点跨越、支撑发展、引领未来为方针，深化科技创新体系改革，建立适应市场经济的科技激励机制和薪酬分配体系，调动人才的积极性和创造性，鼓励人才多出成果、快出成果。

营造和谐的创新氛围。和谐氛围是自主创新的土壤。企业和谐，员工才能迸发出创新活力与激情，才能持续涌现创新成果。青岛港坚持人人是创新主体、时时创新、事事创新的原则，打造民主、自由、竞争的创新氛围，实现企业与社会各方和自然环境的和谐共赢。

二、技术创新激励措施

技术创新具有很大的外部性，为激励创新，创新收益应尽可能地“内在化”，即创新收益要在创新各当事人中进行合理分配：一方面，要对创新所费资产和劳动（即创新成本）进行补偿；另一方面要对创新主体，特别是创新骨干给予奖励。因为创新是有风险的，必要的奖励使得企业和有关人员愿意在激烈的市场竞争中从事创新行为。仅有市场拉动和科技推动，而没有企业内部正确有效的激励政策，市场再好，科技再先进，也无法促使企业员工主动进行创新。青岛港通过制定各种激发员工创新积极性、鼓励员工创新的政策和措施来推进企业不断创新发展，制定的科技创新激励政策主要有：

（1）制定了“科技兴港”发展战略。青岛港第一届科技大会提出了“科技兴港”战略，从此“科技兴港”观念深入人心，变成了每个人的具体行动；确立了“科技以人为本”观念，人是研发新技术的主体，又是推广新科技成果的主体，“人才强港”变成了“科技兴港”密不可分的“战略盟友”。依托“科技兴港”战略和“科技以人为本”观念，青岛港建立、发展和完善了科技长效机制，成功塑造了全员、全过程、全方位创新的文化氛围。

（2）建“三型团队”（学习型、创新型、实干型）和“五好岗位”（爱岗好、学习好、创新好、诚信好、奉献好），鼓励员工练绝活、攻难关、创纪录。

（3）陆续出台了面向全体技术人员的考工晋级制度，对专业技术人员进行专业技术评聘，对突出贡献人才进行奖励。

（4）建立知识分子继续教育专用经费制度，增加了科技发展基金预备基金。

（5）大力开展争创“工人先锋号”劳动竞赛，形成了争先创优、比学赶超的浓厚氛围，激发了员工的工作热情和创造积极性。

（6）以打造技艺精湛、技术高超的高素质职工队伍为目标，鼓励广大员工岗位练兵，年年组织专业技术人员和技术工人参加不同专业、级别、工种的技能考试和技术大比武，广大技术人员学到了技术、练就了绝活。

（7）年年开展“导师带徒”活动，调动了师徒间比学赶超钻研技术的积极性，徒弟表现突出、技术过硬可以得到一定的物质奖励，师傅也会因为技艺传授得到相应的奖励。

（8）年年把科技贡献突出的人员评聘为“行业专家”，对在生产革新上有创意的科技人员进行大张旗鼓的表彰奖励。

（9）投入重金组建了多个专业化实训基地，选派技术人员和业务骨干到国内外先进港口学习考察、到高等院校强化培训，邀请多位院士、专家来港举办各类高端讲座。

技术创新激励政策调动了青岛港科技人员的主观能动性和首创精神，广大员工依托创新舞台，人人贡献聪明才智，人人创新、岗岗创新、零距离创新蔚然成风。一系列技术创新项目被应用到港口生产中，增大了劳动安全系数，减轻了劳动强度，提高了生产效率，促进了港口发展，也使科技人员自身的价值得到充分实现。“十一五”期间，青岛港完成科技创新和工属具革新成果1500余项，获得专利131项，获得国家、省市、部级各类成果奖21项，获得市级以上信息化成果奖20项、软件著作版权19项，对外签订产学研合作项目10项，累计完成群众性“千项软件”开发5800项。集装箱轮胎吊“油改电”、拖轮“学良节油工作法”、“门机作业自动计量系统”被评为全国交通行业节能减排示范项目。“双车翻车机技术改造”等多个项目荣获国家或省市表彰。

三、科技大会

从1988年起，青岛港陆续制定了《科技成果管理办法》、《科技管理工作条例》、《科技难题招标管理办法》、《培养选拔局级专业技术优秀人才管理办法》等有关政策，着手建立局、科、队（车间）三级科技管理网，为青岛港科技兴港总体战略的实施提供了保障。

1990年，青岛港召开了百年历史上的首届科技大会，发出了“科技兴港，事关大事，时不我待，势在必行”的疾呼。在首届科技大会上，青岛港大张旗鼓地表彰了为港口做出突出贡献的科技人员，青岛港2000多名科技人员备受鼓舞，科技人员和一线技术工人看到了港口兴盛的曙光。

科技大会的召开，有力促进了青岛港的科技工作，从此，科技大会被作为一项制度在青岛港确定下来，科技兴港遂成为青岛港的一项战略决策。此后，一届届科技大会的召开不断从根本上扭转了人们对科技工作存在的不正确认识，科学技术在港口各项事业中的地位和作用不断提高和加强。

1994年9月6日，第二届科技大会确立了人人参与科技兴港、培育造就高素质科技队伍的发展目标。

1998年5月12日，第三届科技大会提出以科学技术进步和全员素质提高推动各项事业发展，把青岛港建设成为国际亿吨港口、世界名牌港口和北方航运中心的战略任务。

2004年4月29日，第四届科技大会提出的发展战略为：以“三个代表”重要思想为指针，坚持以人为本、人才强港战略，树立和落实科学的发展观和人才观，大力弘扬“振超精神”，以机制创新为动力，培养造就“德为重，信得过，靠得住，能干事”的高素质员工队伍。

2007年2月1日，第五届科技大会确定的发展战略为：全面贯彻和落实科学发展观，以人为本，大力实施科技兴港、人才强港战略，不断深化创新、激励、用人、管理等机制，不断提高自主创新能力和科技水平，全面建设创新型港口、加快向第三代港口转变步伐、实现更好更快发展。

2010年6月12日，青岛港召开第六届科技大会，总结表彰2007年以来的237项突出创新成果、10名突出拔尖人才和53名突出贡献人才，确定了“科教强港，科技强港，人才强港”战略，明确了转型升级、创新发展的思路。这次科技大会将“转型升级，更新换代，建创新型大港”作为全港转方式、调结构的奋进方向，强力激发职工创新发展的热情，掀起“人人都是发明家，岗岗都是创新岗”的创新热潮；强调以人为本，把人才作为第一资源，要求员工发扬新时代“头悬梁，锥刺股”的苦学精神，全力打造一支规模宏大、德才兼备、又红又专、真才实学、干事创业的干部职工队伍。在“三个强港”战略指引下，百年老港焕发“科技新春”：积极推动“蓝天，绿地，碧水”环保体系升级；积极推广“油改电”、“油改气”改造和低碳技改升级，打造了中国北方地区第一家拖车“油改气”项目示范基地；全速推进新港区、油港区相关工程改造和矿石码头建设，加快实现矿石、散货、燃油接卸能力的裂变剧增。

2012年4月14日，青岛港召开了第七届科技大会。在这次科技大会

上，41名突出贡献人才、拔尖人才和57项突出成果受到隆重表彰，81位职工被聘任为岗位首席，116位职工被新聘为不同装卸工艺等级工人，403名优秀农民工转为集团合同制工人，476名职工获得“青岛港功勋奖”、“装卸生产功臣奖”、“金牌基层带头人”等荣誉称号和奖励，23名优秀大学生装卸工中8人被提拔为队长助理、15人被提拔为班长。这次科技大会出台了60条激励机制，进一步明确了文化强港、科教强港、科技强港、人才强港“四大强港”战略，明确了建设世界一流强港的奋进方向，进一步调动起广大职工的积极性。

自第六届科技大会以来，青岛港以破解“五大难题”（确保安全，降低劳动强度，提高生产效率，促进节能减排，缩短在港时间）为主攻方向，连续举行了多次“创新成果，转型升级”现场推进会，鼓励人人创新、岗岗创新、零距离创新。全港上下创新愿望强烈，创新成果突出，工人发明家层出不穷，提出合理化建议5600多条，涌现出了“殿信给力”等以工人名字命名的各类创新成果2000多项。杂货作业研制出“六大发明”（自动码包机，智能平车机，原木抓取机，冻货推进器，袋装货堆码器，装卸机械手），散货作业实施了“六大改造”（环境改造，结构防腐，积料处理，管路现代化，电气标准化，机房规范化），集装箱现场实现了自动化作业，原油实施了全程安全监控，生产调度实现中央控制室统一指挥，全港生产实现了集约化、信息化和智能化。

四、技术创新培育强大驱动力

在“科技兴港”战略方针指导下，青岛港把改革创新精神贯彻到港口发展的每一个环节，港口技术进步的速度和技术创新的力度远远超过青岛港发展史上的任何时期，技术进步对港口产出的贡献率越来越高。科技创新培育了企业发展的强大驱动力，集中表现在生产效率进入“秒时代”、创新成果成为全国行业标准、装卸工属具不断革新、信息化建设卓有成效和节能减排带来高效益等方面。

（一）生产效率进入“秒时代”

青岛港不仅一举成为全国第一个国际集装箱中转港、昂首跨入世界大港行列，而且还创造了一系列令国人赞叹、世人瞩目的技术绝活，推进生产效率进入“秒时代”。

青岛港在实践中确立了“疏运量决定吞吐量”和“零库场”理念，坚持实施“计划编制好、重点突出好、现场文明好、安全质量好、对外服务好，船舶靠离快、生产组织快、工作转换快、车船周转快、作业效率快”的“五好五快”工作法。在生产组织上，集团所有的码头、机械、库场等，实行资源共享、统一调度、统一指挥，由粗放式管理向集约化、精细化管理转变，向管理要效益，向效率要效益。在生产作业中，把一秒钟变成两秒钟来抢，力争“一个月干的比一个月多，一个月干的比一个月好”，先后创造了集装箱装卸的世界纪录——“振超效率”和矿石接卸的世界纪录——“孙波效率”以及纸浆、钢材装卸等一大批世界纪录。集团上下用效率破效率，以名副其实的效率快港的魅力吸引着八方货源。

青岛港先后创出集团新纪录718项次，涌现出1380多个员工品牌和1800多个绝活，其中87项装卸生产作业纪录被评为中国企业新纪录，居全国交通行业第一位。QQCT“振超团队”8次刷新集装箱装卸世界纪录，前港公司“孙波团队”19次刷新铁矿石接卸世界纪录。QQCT完成的集装箱轮胎吊“油改电”技改项目，填补了该领域的国际空白，年节约资金3000万元以上，基本实现了废气零排放；大港公司带领职工创造了自动码包机、智能平车机、原木抓取机、冻货推进器、袋装货堆码器、装卸机械手“六大发明”，改变了杂货公司装卸货物肩扛手搬的历史；西联公司带领职工发明了“人木分离”装卸法。青岛港的各项技术创新成果使装卸生产进入“秒时代”。

（二）创新成果成为全国行业标准

青岛港成功实施的集装箱轮胎吊“油改电”，彻底改变了轮胎吊的操作模式，不仅取得了明显的经济效益，而且让轮胎吊作业告别了噪声和污染，产生了巨大的社会效益，全国港口纷纷前来学习仿效。为进一步指导、规范标准，全面推广应用这项科技创举，2012年，交通运输部首次颁布由青岛前湾集装箱码头有限责任公司（QQCT）参与编写的电动轮胎式集装箱门式起重机作为行业标准。

青岛港作为轮胎吊“油改电”项目的首创，交通运输部把《“刚性滑触线式”电动轮胎式集装箱门式起重机》行业标准的编写任务交给了青岛港。青岛港高度重视，选定了QQCT工程技术部陈树程和张常杰两位同志主力编写。作为“轮胎吊油改电”攻关组的机械、电气主要设计人，凭着

对“刚性滑触线式”电动轮胎式集装箱门式起重机技术的全面了解和丰富的使用管理经验，二人如期完成了标准的编写任务，并一次性通过了专家组的评审。该标准已经通过交通运输部批准并颁布实施，填补了这一领域的空白，验证了青岛港科技创新在全国港口企业的引领作用。

（三）装卸工属具不断革新

青岛港加大科技攻关力度，投入重金，对老旧码头和机械设备进行技术革新和改造，组织实施了矿石码头多次大规模的流程化改造等一大批重大技术改造。同时，高度重视装卸工属具的自主研究开发和技术革新，广大职工立足岗位成为创新的主体。近年来，完成科技创新和工属具革新成果几百项，完成千项软件开发，这些成果直接应用于港口装卸生产，在提高装卸作业效率、降低资源消耗、保障生产安全中取得了十分显著的成效。青岛港自主制造的 16 吨变频调速门机获国家新产品奖，直臂架门座式起重机和轮胎式集装箱龙门起重机获青岛市科技进步一等奖、二等奖。近年来，全集团取得国家专利近 300 项。目前，码头泊位的平均利用率高达 70%以上，装卸机械设备的平均利用率高达 55%以上，关键设备如矿石卸船机的平均利用率高达 70%以上。

（四）信息化建设卓有成效

青岛港加快推进信息化建设，围绕“一个目标”（建设东北亚国际航运信息服务中心）、“两个中心”（港口国际化物流信息服务中心、港口物联网技术应用研发中心），以信息化带动港口建设发展的现代化。青岛港先后投资 3 亿多元，自主研发建设了国家重点项目——《青岛港信息港技术改造工程》和几百项集团信息化项目，率先建成了国内沿海港口规模最大的 EDI（电子数据交换网络）中心，集成度最高、技术最先进的生产指挥中心，功能强大、覆盖青岛地区的物流信息中心，沿海港口规模最大、功能最全的青岛港公安指挥中心，为港口生产安上了“千里眼”和“顺风耳”。青岛港长年坚持群众化路线，把软件开发从专家的手中解放出来，软件开发成为广大职工的新式武器，“用鼠标革了铁锹的命”。“十一五”期间，完成群众性“千项软件”开发成果 5800 余项、科技创新和工属具革新成果 1500 余项，连续三年荣获“全国企业信息化 500 强”荣誉称号，被评为“‘十一五’交通运输行业信息化工作先进单位”。青岛港成为国际一流的信息化港口。

（五）节能减排带来高效益

青岛港大力推进节能减排工作，实施“蓝天，碧水，绿地”三大工程，建设资源节约型、环境友好型港口，实现绿色智能可持续发展。“十一五”期间投入26.5亿元，购置、制造技术先进、环保节能的机械设备，开展生态保护和污染防治。在煤炭、矿石作业中，建设了十几公里的防风抑尘墙，采取了洒水喷淋、“打摩丝”（喷洒抑尘剂）、“盖被”（篷布苫盖）、“洗脸”（冲洗码头道路）、“洗脚”（建设洗车池冲洗市提车辆）等措施，达到了干煤不见煤尘、干矿不见矿粉的效果。

加强能源管理，实施能源革命，大力推广电能等清洁能源，推广轮胎吊“油改电”和拖车“油改气”项目，为1400余辆设备全部安装了燃油计量仪，为1012台流动机械安装了GPS，实现了精细化、集约化管理。“振超团队”完成的集装箱轮胎吊“油改电”技改项目，填补了该领域的国际空白，基本实现了废气零排放，年节约资金3000万元以上。“十一五”期间，港口吞吐量增长了一倍多，综合能源单耗下降了21.6%，每年节约能源3.1万吨标煤，减少二氧化碳排放6.72万吨，走出了一条高效集约、创新驱动、内生增长的发展道路。青岛港被授予首批国家环境友好企业、世界节能环保最佳企业。在2011年6月18日召开的第四届世界环保大会上，青岛港又荣获了“碳金创新价值奖”荣誉称号。

第五节　信息化建设

随着经济全球化的快速发展，港口逐步由第一代的装卸基地发展成为第二代的运输枢纽和工业发展基地，然后向以信息中心和物流中心为特征的第三代港口转变，现在正向具备生产力要素聚集、整合、配置和综合服务功能的第四代港口全面转变。过去搬搬抬抬的生产方式、写写画画的管理方式、电话传真的联络方式，根本无法满足如今港口的生产管理需要。信息化建设是提升港口生产管理水平的必然要求。青岛港将信息化视为管理问题和发展问题，从实际出发，走自己的信息化发展之路。青岛港在全面普及计算机应用和技术培训的基础上，打破软件开发的神秘性，连续多年在全集团开展群众性的“千项软件”开发应用活动，使软件开发应用进科室、进基层、进班组，软件开发成为员工的新式武器。

青岛港信息化建设取得了一系列成果，获得了多项荣誉。2001 年以来，青岛港有 20 项计算机软件开发应用成果获得国家、省部级和市级科技进步奖、计算机应用优秀成果奖。《青岛港船舶动态监控及电子海图管理信息系统》被评为“国家优秀倍增计划项目”、山东省计算机应用优秀成果二等奖、青岛市科技进步一等奖、中国航海科学技术奖三等奖、第二届国家安全科技成果三等奖。《集成可视化港口生产指挥系统》荣获山东省计算机应用优秀成果一等奖、中国航海学会科学技术奖三等奖。《港口物流信息及电子商务系统》荣获山东省计算机应用优秀成果三等奖、青岛市科技进步二等奖、中国航海学会科学技术奖三等奖。《前湾三期智能生产控制系统》荣获青岛市科技进步二等奖、山东省计算机应用优秀成果三等奖。《公安计算机信息系统运作与管理项目》获得青岛市企业管理现代化创新成果一等奖，等等。

一、信息化建设历程

青岛港信息化建设经历了从无到有、从小到大、从弱到强、从分散到集成的发展过程，其过程大致可以分为四个发展阶段。

（一）第一阶段（1990~1995 年）：信息化基础应用

为了支持青岛港夯基战略的实施，青岛港开始了基础管理应用软件开发和专业开发人员、计算机应用人员培养。在开发建设劳资管理、财务管理、集装箱生产管理及计划统计管理系统的同时，青岛港开始建设集团机关、大港公司、集装箱公司等单位各自独立的网络管理信息系统。同时，青岛港积极采用先进的信息化技术，加快对港口传统生产模式的现代化改造，实现了煤、油、矿装卸作业的计算机自动控制，保证了安全，提升了效率。

（二）第二阶段（1996~2000 年）：信息化重点接轨

为适应国际航运市场和国际集装箱运输事业发展变化，青岛港提出了信息化建设贴近发展、贴近生产的目标。青岛港集中技术力量，实施了青岛港国际集装箱 EDI 系统示范工程，建设了具有互联性和分局管理功能的 EDI 平台和国内沿海港口规模最大、技术先进的 EDI 中心，实现了集装箱单证传递电子化、无纸化作业，提高了信息传输的及时性和准确性以及集装箱运作效率和工作质量。青岛港将当时集装箱公司的 EDI 中心和通信公司的计算机中心组建成集团信息中心，建设了覆盖全港的光纤网络，开发出大型、专业化集装箱码头生产管理信息系统及覆盖全港的人事、劳资、财务等管理信息系统。

同时，青岛港大力实施全集团的信息化大培训，分期分批地为集团领导干部脱产培训计算机知识，为管理人员开展计算机知识普及大培训，为财会人员开展技术业务和计算机大培训。信息化培训强化了员工信息意识，提高了员工素质，为深入开展信息化建设奠定了基础。

（三）第三阶段（2001~2005 年）：信息化创新

在青岛港全面实施中心战略的指引下，青岛港信息化建设以建设与北方国际航运中心相适应的信息中心为目标，大力实施创新战略。按照青岛港“十五”信息化发展战略，青岛港投资 1 亿多元，开展了信息港技改工程国家重点项目和近百项信息化项目，使青岛港生产和管理全面实现机算机化，在沿海港口中率先建成了集成度最高、技术最先进的生产指挥中心和技术先进、服务功能强大的物流信息平台，构建了港口信息化“高速公路”。

青岛港先后开发建设了集成可视化港口生产指挥系统、港口物流信息网、集装箱智能生产控制系统、船舶动态监控及电子海图管理信息系统、港口公安计算机信息系统和 110 视频监控系统、物流配送系统、航运物流信息管理系统、外理理货信息管理系统，集团生产、财务、人力资源、物资、工程管理、设备管理系统，以及集团门户网站、电视会议系统、数字化视频监控系统、网络安全系统等一系列信息化项目，实现了港口信息资源的整体规划利用和业务流程再造。同时，青岛港进一步加快对集装箱、煤炭、原油、铁矿石、粮食五大核心货种生产模式的现代化改造，全面实现生产的自动化和流程化作业，推动港口从劳动密集型向技术密集型转变。

2004 年，青岛港深入开展了群众性“千项软件”开发活动，青岛港在大港公司、港口医院召开软件开发应用成果现场经验交流会，解放思想，转变观念，大胆创新，将软件开发从专家手中解放出来，成为广大员工的新式武器。群众性“千项软件”开发和应用活动，使软件开发应用进科室、进基层、进班组，造就了全面推进信息化建设的全新氛围。群众性“千项软件”开发，成效显著，2004 年完成 1148 项软件开发，2005 年完成 1198 项软件开发。软件开发应用与生产实际紧密结合，提高了工作效率和管理水平，全港上下在思想观念、管理方式和经营绩效等方面发生了新转变。

（四）第四阶段（2006 年至今）：信息化中心战略

2006 年后，青岛港信息化建设围绕着由第二代港口向第三代港口转变而开展，随着董家口港区的建设发展，2011 年以来信息化建设则围绕着由第三代港口向第四代港口转变而开展。青岛港根据信息化发展战略，不断优化、改进、建设现代化的港口管理信息系统，全面提升港口信息应用水平。

青岛港按照“一网一库两大平台”（港口枢纽信息网，港口信息资源库，港口公共信息平台和港口 GIS 平台）的建设目标，加快港口业务与管理的数字化、网络化、集成化建设，加快数字港、电子港、信息港建设。青岛港建成了生产管理、船舶资料、财务管理、资产管理、人力资源管理、设备管理、物资管理、工程管理八大主题数据库，实现了所有系统的数据集成和信息化系统应用的集成，构建了包括交通运输、仓储配送、流通加工、信息网络等功能的现代物流体系，建设了功能强大、覆盖青岛地区的物流信息中心及沿海港口规模最大、功能最全的青岛港公安指挥中心。

青岛港以物流信息为方向，促进港口物流向周边延伸，加快与北方国际航运中心相适应的信息中心建设，发挥青岛口岸物流信息中心的枢纽作用，不断进行港口生产作业模式的优化，并利用自动化与信息技术提高企业技术创新能力。

群众性“千项软件”开发继续深入，技术人员、管理人员和生产人员结合生产、管理的实际，积极参与软件开发。信息技术在港口各个领域得到广泛应用，“鼠标革了铁锨的命”，极大地提高了港口作业效率和现代化管理水平。

二、信息化建设的主要内容

（一）建立完善的信息网络

根据港口生产管理的特点，青岛港将信息化建设划分为客户服务信息化、港口生产信息化、港口管理信息化和现代物流信息中心四大板块。客户服务信息化是实现与国内外船东、货主、代理、一关三检等口岸部门的电子数据交换；港口生产信息化是实现港口生产工艺的系统化、自动化和流程化；港口管理信息化是在港口管理中广泛应用计算机管理和电子网络；现代物流信息中心是汇集港、航、货等各方面物流信息，形成完整的港口信息系统。经过多年的建设发展，青岛港已拥有了一支国内港口一流的信息化建设队伍，信息化水平在国内港口中处于领先地位。

根据港口信息化发展规划，青岛港从整体上把握信息化建设的业务逻辑架构、物理架构、技术支持体系架构及部署层次，确定建设系统工程所需的信息化技术。按照港口地理位置、生产布局和生产方式特点，青岛港成功建设了紧密结合港口管理及生产应用各种需求的多层网络架构，在整个数据传输中横向将各个公司分为各个独立的子网，纵向将财务、生产等业务信息分为各个独立的子网，相互之间根据业务需求，进行可控、有限的安全访问与传输；对于部分无法直接进行物理连网的特殊地域或移动式业务处理设备及终端，采用 VPN 及无线传输技术，实现了相应的空间网络接入。青岛港成功建设了电信城域网应用级别的跨海光纤系统，满足复杂地理环境、多维条件相对独立划分的分布式立体空间信息网络，有 35 个无线基站组成的无线网络和远距离点对点无线链路，覆盖全港的数字化视频网络，实现了视频资源与海关、海事局等政府部门的共享。青岛港还为船公司、箱站等外部单位提供连接 EDI 系统的网络线路和互联网接口，实现了电子单证的多途径交换和转发。

（二）建立完善的信息集成系统

青岛港对信息资源进行整体规划利用和业务流程再造。青岛港对外建立了以青岛港网站和青岛港物流信息网为主的信息门户和现代物流支撑平台；对内建立了生产管理、船舶引航、设备管理等基础应用系统，建成了生产管理数据库、船舶资料数据库、财务管理数据库、资产管理数据库、

人力资源管理数据库、设备管理数据库、物资管理数据库、工程管理数据库八大主题数据库，实现了所有系统的数据集成和部分系统的应用集成。根据数据集成或分析模型建立的核算与监控系统，以及根据预测性分析模型建立的决策支持系统等应用系统，使得信息化建设与港口经营发展策略紧密配合，自上而下、由内到外，形成了集成统一的信息化应用。

（三）构建青岛口岸物流电子信息平台

早在20世纪90年代中后期，青岛港就以建设现代物流信息为中心，以推进港口由第三代向第四代转变为目标，结合口岸、国际贸易业务、国际集装箱运输EDI对数据的需求，搭建起了口岸物流电子信息平台，并在国内首次实现港口电子商务运作。在平台系统上建立了标准校验、转换、传输体系，生成了适应口岸业务单证电子报文的模板库，制定了包括港名、船名、箱尺寸类型、包装、航线、泊位等代码标准，确定了口岸业务系统EDI交换标准编制框架和主要原则。该平台结合青岛口岸电子商务应用的特点，将第三方物流信息管理、一站式服务应用、EDI、数据集成和分拨、个性化服务应用及安全体系等技术集于一体，以口岸实际操作为基础，集成了大量的口岸相关业务单位的信息资源，为各类用户群提供了船、箱、货动态跟踪和船舶申报、国检码头快速查验、国际集装箱中转、危险品申报、货物订舱、网上在线竞价招标等多项电子商务应用服务功能，实现了青岛口岸物流的“一站式服务”。

青岛港大力推广应用EDI技术，将国内多个船公司、集装箱场站与青岛港连为一体，建成了大陆沿海港口中规模最大的EDI中心，大大提高了EDI用户的工作效率和工作质量，码头利用率提高7%，堆场利用率提高15%，核心班轮在近些年准班率始终保持100%，加快了船舶周转速度，降低了航运成本。

（四）现代港航物流信息服务产业技术创新战略联盟

为进一步提升港航物流信息产业的技术创新能力和核心竞争力，加快以青岛为龙头的国家蓝色经济区建设，青岛港集团以国家信息化发展战略为导向，以打造全新的港航物流信息服务模式为核心，联合国内著名高校、科研院所、大型港航物流企业、大型制造企业、高新技术企业及相关行业协会，共同发起成立了现代港航物流信息服务产业技术创新战略联盟。2011 年 12 月 9 日，联盟成立大会暨第一届理事会在青岛港隆重召开，首批 31 家联盟理事单位的代表出席大会。大会宣读了《关于确认成立青岛市现代港航物流信息服务产业技术创新战略联盟的批复》，与会代表一致表决通过了《联盟章程》。

在当前全球经济一体化的强力推动下，世界贸易往来越来越密切。世界贸易往来靠物流，而发展物流的信息服务是大势所趋、不可或缺。在这种新的形势下，成立战略联盟，预示着今后青岛港将在现代物流信息技术方面迈出新的步伐、做出新的更大贡献。

三、信息化建设的作用

信息化建设用“鼠标革了铁锹的命”，使青岛港由劳动密集型港口向技术密集型港口转变，创造了巨大的经济效益和社会效益。

（一）改造了传统产业

信息化建设使青岛港由传统的人工码头转变为自动化、无纸化、数字化的电子港和信息港。青岛港的集装箱、铁矿石、原油、煤炭、粮食五大货种全部实现了中央控制室调度指挥，可进行系统化、流程化作业。青岛港在全国沿海港口率先建成的集成度最高、技术最先进的中央调度室，可实现生产、引航、船舶调度三位一体的功能。青岛港以国内规模最大的 EDI 中心为基础的物流信息网平台，可向国内外用户提供全方位信息服务。借助于已建成的信息中心、指挥中心和物流信息中心，青岛港对从世界任何一个港口起锚前来的货轮航线、到达时间、装卸数量、船内箱位以及停靠时间等信息都了如指掌。青岛港与国际国内各大港口、各大船公司、货主、代理及海关、商检等口岸部门，实现了电子数据的自动交换，创出了口岸物流“一站式服务”品牌。

（二）提升了青岛港在物流链上的枢纽地位

青岛港的 EDI 信息建设使青岛港汇集了丰富的信息资源，实现了贸易过程中相关单位信息资源的共享，为客户提供了信息传输、资源共享、联合互动等服务，使青岛港成为了物流链上的储运中心、服务中心和信息中心，从而提升了青岛港在物流链上的枢纽地位。

港口物流信息平台为口岸通关服务提供便利条件。青岛港依托港口优

势，以国际集装箱运输为核心，应用信息公网资源，整合、优化口岸物流信息资源，拓展和完善了以国际贸易过程中的单证电子化传输、转换和信息增值服务为基础的青岛港物流信息和电子商务“一站式”服务平台功能，为口岸物流业务单位提供了信息互动、信息共享、信息增值服务的统一应用平台，实现了口岸船、箱、货动态跟踪和物流配送等功能，为大通关提供了有力支撑。

关港合作，实现联网和信息交换。青岛港对信息流程进行了重新梳理，通过互联网和专线两种方式，实现了港口与海关两个平台的信息互联，并设立了关港联网数据交换栏目，实现了对外信息的展示。青岛港与海关实现了出口货物申报信息、海关码头之间闸口比对信息、船舶动态信息、场站装箱单申报信息、完船装载清单信息、拼箱货物申报信息、内陆监管直通箱货物信息、舱单信息、海运相关标准等信息的实时交换共享和信息的无缝链接。

港检合作，加快码头快速查验系统的开发和应用。青岛港为检验检疫开发了方便、快捷、准确的码头快速查验系统，并成功地与检验检疫业务管理系统进行对接，实现了货物现场验放的大通关目标，最大限度地方便了客户，减少了通关环节、节约了通关成本、提高了通关效率。

港海合作，实现信息共享。青岛港和海事局积极配合，共同合作，实现了全港海域船舶动态信息和港口船舶引航动态监控信息的交换和共享，提高了船舶引领和靠离的及时性和安全性。青岛港将船舶引航动态监控信息提供给海事局，使海事局可以更加直观地全面掌握和监控全海域船舶情况，提高了船舶引领和靠离的安全性。同时，根据交通运输部海事局业务系统建设的目标，青岛港完成了与海事内部业务系统的 EDI 接入，实现了船舶进出港申报、进出口货物危险品申报、船舶保安信息等网上申报功能及现场危险品的动态监控，为货物快速验放和海事监管提供了便利。

拓展信息共享范围，提升增值服务功能。青岛港与边防、船公司、船代、码头、外理、箱站、货主等用户进行广泛联网和信息共享、信息交换，并为船代、船公司提供完整而准确的生产作业信息。此外，青岛港为船公司、货代提供了货物订舱应用服务，实现了信息的互联互通和订舱信息的网上查询等功能。

（三）实现了业务流程再造

信息化建设使青岛港实现了生产业务流程的优化，提高了工作效率，改善了工作质量，使港口整体管理水平显著提高，港口竞争实力和发展后劲明显增强。在信息化建设支持下，青岛港作业流程得以简化整合，生产效率得到巨大提高，先后创造了集装箱、铁矿石、纸浆装卸等多项世界纪录，码头利用率提高 7%，堆场利用率提高 15%。按照行业规则，外轮理货签单允许在完船 2 小时之内完成，而青岛港则运用现代化信息手段实现了理货签单与装卸作业的同步完成，创出了外轮理货签单“零时间签证”服务品牌。与此同时，港口信息的准确及时，也给船代、货代、报关行制单、报关、结汇带来了极大便利和实惠。企业可以通过互联网向海关、检验检疫部门传送电子单证和申请，海关、检验检疫部门网上审核放行只需 10 分钟，企业整体通关速度提高了 5 倍以上。

（四）提升了决策的科学化程度

青岛港开发建设的系列信息化项目，实现了港口信息资源的整体规划利用和业务流程再造。信息系统应用在全港生产和管理的所有领域，而且逐步由单项应用向信息集成、协同办公方向发展，形成了集团内部集成信息管理平台和外部集成信息服务平台。这些信息系统的广泛应用，提升了决策的科学化程度，提高了决策效率。

第六节　绿色发展

青岛港积极转变发展理念，全力抓好节能减排和环境保护工作，致力于打造资源节约型、环境友好型绿色港口。青岛港被评为我国首批国家环境友好企业、全国造林绿化 300 佳单位、全国绿化模范单位。世界环境中心与中国企业联合会共同授予青岛港“节能环保最佳企业”荣誉称号。2008 年，交通运输部三次召开会议，推广青岛港节能减排经验。集装箱轮胎吊“油改电”、“学良节油工作法”、“门机作业自动计量系统应用”被交通运输部评为全国交通行业节能减排示范项目。2009 年，青岛港被山

东省政府评为全省五家“山东省节能突出贡献企业”之一。青岛港实现了港口发展与环境保护的和谐统一。

一、以创新环境为责任，着力推进绿色低碳大港建设

青岛港把环境保护作为企业义不容辞的责任，坚持走生产发展、生活富裕、生态良好的文明发展道路，建设资源节约型、环境友好型港口。

（一）节约挖潜，让“1>2”变为现实

在港口通过能力严重不足的情况下，青岛港转变发展方式，以信息技术改造传统码头工艺，以技术改造解放码头能力，以设备更新引进再造高效、节能码头，走内涵式、集约化发展的路子。青岛港的集装箱、铁矿石、原油、煤炭、粮食五大货种，全部实现了中央控制室调度指挥、系统化、流程化作业。信息技术在港口各个领域得到广泛应用，极大地提高了作业效率和现代化管理水平。大力实施工艺流程再造，创新管理工作法，如“四无”工作法（泊位利用无空闲，争分夺秒无待时，货物疏运无堵塞，市提市入无压车）、“零极限”工作法（抓观念实现思想零障碍，抓衔接实现环环零缝隙，抓攻关实现流程零缺陷，抓人本实现岗岗零制约）、“522”工作法（装卸车每列节省5分钟，每钩多抓2吨货，每钩缩短2秒钟）、“零时间签证”（按规定，船舶装卸完后，外轮理货签证需要2个小时的时间，青岛港外理公司在船舶作业完毕后能够立即制作出签证，每年可为船公司节省900多万美元，对港口相当于增加了900多万吨的通过能力），大幅度提高了内部挖潜能力。青岛港大力开展“学振超精神，创振超效率”活动，开启生产效率“秒时代”。现场人员都手握秒表挖潜力，集装箱装卸“振超效率”8次、铁矿石装卸“孙波效率”19次打破世界纪录。用占全国港口1.8%的码头岸线干出了6.9%的吞吐量，用1亿吨的能力干出了3亿吨的业绩，用350万标准箱的能力干出了1000多万标准箱的业绩，创造了具有特殊含义的“1>2”的奇迹，即用一个青岛港的能力干出了两个青岛港的业绩，相当于依靠挖潜再造了一个亿吨大港，实现了建码头发展、不建码头挖潜照样发展。

（二）节能减排，低消耗换来高效益

青岛港不仅高度重视吞吐量、经济效益等预期性指标，而且高度重视

节能、环保等约束性指标，以最少的资源消耗创造最大的财富。青岛港是能源消耗大户，年耗电达到 1.8 亿度，耗煤 19000 多吨，耗油 34000 多吨，耗水 240 多万吨。青岛港积极推进技术改造，投入 4.46 亿元购置、制造了 214 台技术先进、经济安全、环保节能的机械设备，保证了安全，提高了效率。青岛港集装箱轮胎吊“油改电”技术改造和拖轮“学良节油工作法”，降低了能耗、提高了效率。青岛港大力发展循环经济，修旧利废，变废为宝，对生活污水净化处理后用于卫生保洁、绿化浇灌和煤、矿抑尘喷淋，对车船装卸辅助用的垫木、草垫、小绳和钢丝绳、旧轮胎等回收、加工再利用等，节约了资源，减少了污染。

在五级管理体制下，青岛港全面推行单车核算、单船核算、单班核算、单货种核算、单项工程核算，为全港 1000 多台装卸机械设备设置了车长，安装了燃油计量仪，并按机种、型号、使用年限、货种制定了不同的能源消耗定额，为大型电动机械设备和冷藏箱插座平台安装了高精度的电表，做到车车有车长，车车有标准，车车有计量，并将节能减排与个人薪酬挂钩，按月考核，奖罚分明，实现了节能减排的长效化。

（三）实施“三大工程”，打造环境友好型港口

（1）实施蓝天工程，空中不见黑烟尘。青岛港为了防止煤尘、矿粉污染，针对矿、煤等散杂货作业的特点，从卸船开始，到运输、堆码、出港等各个环节采取了一系列防尘措施，实施全方位立体大防护。投资 4000 多万元建成了高 18 米、长 2 公里的散货环保防风抑尘墙，同时投资上百万元在港区周边栽种高大树木，既美化了环境又有效遏制了粉尘污染。在堆场内安装高架喷淋设施，实施喷淋抑尘。从事矿煤散货作业的前港公司还结合生产实际，研制成功了一种抑尘剂，并获得国家专利，通过喷淋，使矿石粉尘凝结，给矿石垛“打摩丝”；对煤炭、矿石用篷布苫盖，给货垛“盖被”，保证不扬尘；每天安排专门机械和人员不间断冲洗港区道路和码头，给码头道路“洗脸”，保证码头道路 24 小时保洁；在港区出口处设置多个洗车池，对出港的市提车辆进行冲洗，给市提车辆“洗澡”，保证车辆干干净净上路。从事煤炭和矿石作业的职工把“矿粉、煤粉当面粉”，随身带着一把小扫帚，把码头上和道路上的矿粉和煤粉清扫起来，装袋后放回货主的货垛，维护了货主利益，同时也保护了环境。

（2）实施碧水工程，海域清澈洁净。对到港的油轮全部实施围油缆作

业，并配备了现代化的防污设施和专用的环保船舶。每年用资近百万元，设8条专船配专人打捞海上漂浮物。为防止船舶垃圾入海，对停泊在锚地的船舶配有专业垃圾船接收，对靠岸船舶设专车每天接收。在油港和前湾两个港区均建立了生活污水处理场，港区生活污水处理率达到100%，并全部用于矿石煤炭作业的喷淋抑尘和绿化浇灌、道路清洗保洁，不仅实现了生活污水的零排放，而且节约了水资源。

（3）实施绿地工程，建设花园式港口。港口绿化面积达100多万平方米，三季有花，四季常青，实现了人与自然、生产与环境、港口与社会的和谐统一。

二、转方式，推进科学发展，实现向低碳港口转型

青岛港按照国家号召，积极发展低碳经济，计划到2020年港口万吨吞吐量能源单耗比2005年总体下降40%、年均下降3.35%以上。为实现这一宏伟目标，青岛港结合港口实际，制定了发展低碳经济、打造绿色港口的指导意见，提出大力发展绿色经济、培育以低碳排放为特征的新的经济增长点的战略任务。

（一）转变发展方式，创造港口新优势

青岛港将低碳、绿色港口规划纳入港口发展的总体战略，倡导“低排放、高增长”的发展战略模式，利用低碳技术抢先发展低碳港口，在21世纪国际港口竞争中抢占战略制高点。“十二五”是青岛港扩大规模发展建设时期，在各项大规模工程基础设施设计阶段，青岛港综合考虑能源利用效率，深入研究能源结构走向和用能质量，从源头上控制污染，严格控制新污染和生态破坏，努力做到增产不增污。

（二）转变思维方式，推广全员低碳理念

青岛港将低碳经济贯穿于港口发展战略、建设改造、生产组织、管理体系等各环节和各部门。以“节能宣传周”、“环境保护日”、“全民节能行动”和“能源紧缺体验日”等活动为载体，充分利用港报、宣传栏、队报、黑板报等媒介，大力宣传低碳的重要意义，大力倡导低碳理念，积极推动绿色企业文化建设，形成全员建设绿色港口的强大声势和浓厚氛围。在全港牢固树立“低碳生活人人有责”、“全方位、全过程、全员打造低碳

港口”、“低碳从源头抓起、从点滴做起”等低碳、绿色、环保理念，积极推进港口发展由主要依靠物质能源消耗向主要依靠科技进步、劳动者素质提高、管理创新转变，大力建设资源节约型、环境友好型、质量效益型港口。

（三）转变生产方式，大力推进低碳发展

随着低碳经济的发展，低碳技术及标准将逐步形成。青岛港坚持面向未来、前瞻部署，集中力量加快低碳技术攻关，创造港口新增长点。

1. 大力实施科技进步

从发展绿色经济、实现自主减排目标出发，着力发展节能减排和低碳技术。以集团62项重点节能项目为载体，开展节能技术改造。大力推广绿色照明，推广节能灯具应用，货场照明实现遥控技术以及照明电路的智能化控制。积极研究无功补偿自动投切，减少电能损耗。

2. 充分发挥信息技术的作用

找准切入点，在装卸主业生产调度流程、集装箱国际大中转业务、多式联运模式、物流领域等各方面开发重点项目；加快海铁公联运信息共享系统建设；加快信息化与生产主业的融合，推进低碳模式下的信息化进程。

3. 大力发展循环经济

抓住循环经济试点机遇，大力发展循环经济，促进港口可持续发展。在董家口港区做好中水利用规划，实现水资源高效利用及清洁循环；加强船舶废气循环利用研究，大力推进废气热量再利用，减少污染；加强可再生资源的回收和再生利用，大力倡导修旧利废，以废旧轮胎、废机油、低值易耗品、包装废弃物和生产辅助材料回收利用为重点，建立和完善再生资源回收利用和无害化处理系统。

4. 加强产学研合作

借助科研单位和大专院校的新能源关键技术研究成果，开展混合动力在港口装卸设备中的应用、可再生能源供热的应用、太阳能风能发电等能源技术课题的研究，加快港口能源结构调整。

5. 加大节能环保设备投入

专题研究港内机械设备现状，提出更新意见，选购清洁型、环保型机械设备，分期分批淘汰能耗高、效率低、排放不达标的老旧设备。

6. 抓好低碳源头控制

对于新建、扩建、改建项目，严格落实环保全过程动态管理。环保设施的设计、工艺的选定和设备的选型，都应该在充分调研的基础上科学论证，采用节能环保的工艺与设备。

7. 增加港区林业“碳汇”

碳汇是指植物能够吸收大气中的二氧化碳并将其固定在植被或土壤中，从而减少二氧化碳在空气中的浓度。要在港区及周边栽种高大树木，做到港口建到哪，绿化、美化铺到哪，特别是董家口港区要加大绿化覆盖面积。要使港口三季有花，四季常青，实现人与自然、生产与环境、港口与社会的和谐统一。

（四）转变生活方式，倡导绿色健康理念

1. 倡导绿色消费

鼓励全港员工在日常的生产生活中，养成良好的节能减排的消费习惯和生活方式。引导员工及其家属主动摒弃日常生产生活中浪费能源、增排污染的消费模式、生活方式和不良嗜好，倡导通过简单的生活方式达到高质量的生活。

2. 减少私家车使用

提倡采用步行、骑自行车或乘坐公共交通工具上下班或出行。

3. 严格控制室内空调温度

办公区域、候工楼、值班室、会议室、餐厅等夏季室内空调温度设置不得低于 26℃，冬季室内空调温度设置不得高于 20℃。

4. 减少“一次性”用品的使用

集团各单位要减少一次性办公用品（纸杯、签字笔等）的使用，通达公司宏宇酒店、琴海酒店不主动提供一次性洗漱用品和一次性筷子。

5. 教育和发动全港员工人人树立低碳意识

管理者要以身作则，节约办公用品和节约用车，集团内部信函往来一律使用旧信封。从小处入手，从点滴做起，充分发挥消费生活领域节能减排的巨大潜力。

三、调结构，推进节能减排，实现向低碳港口发展

随着低碳经济时代的到来，国际间港口的竞争将不仅仅是码头资源、

服务质量的竞争，而是碳生产率（单位二氧化碳的GDP产出水平）的竞争。青岛港加快内部调整，挖掘潜力，提高核心竞争力，实现港口安全高效、节能环保生产。

（一）调整能源结构，扩大新能源应用

低碳经济引发的是一次以能源革命为核心的新技术革命，青岛港积极推进新能源开发利用，将港口能源消耗转向清洁能源消耗。

1. 继续推进“油改电”应用

一是扩大集装箱轮胎吊“油改电”工程。二是扩大吊车“油改电”工程。三是加快全港燃油灶“油改电”改造。

2. 专题研究“油改气”

前期工程机械叉车“油改气”项目环保效果明显。在此基础上，青岛港组织港内外专家，加大港口运输机械“油改气”的可行性研究力度，开展好混合动力在港口装卸设备中的应用研究；结合老旧设备更新，研究使用燃气拖车的可行性，实现使用绿色能源、减少尾气排放、降低燃油消耗的目标。

3. 开展可再生能源应用研究

一是积极研究太阳能发电项目，在董家口港区主干道开发并建设太阳能照明示范道路。二是研究空气源热泵、地源热泵及海水源热泵等技术在董家口港区应用的可行性，将绿色港口理念贯穿于整个设计和建设过程中，打造新能源港区。

4. 扩展船舶岸电技术应用

一是在能够利用船舶岸电技术的泊位继续扩大应用范围。二是研究新港区杂货码头、董家口等新建扩建码头利用船舶岸电技术的可行性。三是业务部积极与船方沟通，鼓励船舶使用岸边供电，提高岸边供电设施的利用率，以减少船舶停靠时的污染物排放、降低噪声，提高海水清洁度，保护资源环境。

（二）调整管理结构，完善长效保障机制

1. 明确低碳港口管理机构，建立健全低碳港口管理网络

青岛港成立了低碳港口研究领导小组，各单位成立了以“一把手”为总负责的组织领导体系，明确责任，细化分工。全员、全过程、全方位齐

抓共管，为打造低碳港口提供了强有力的组织保障。

2. 坚持减排人人有责原则

各单位研究量化了单人单机的“碳排放”标准和“按人配额”细则。

3. 调整考核机制

由过去只注重装卸主业能源使用单位考核变为生产调度和后勤生活耗能综合考核，并对各单位的生产和环保进行双重考核。

4. 强化节能鼓励措施

设立节能奖励专项资金，对优秀的节能型生产工艺、新能源等应用项目给予奖励；对有效利用新能源、新技术、新产品的项目给予资金上的大力扶持；对成绩突出的基层单位和个人给予大力表彰。

（三）调整工艺结构，再造生产流程

1. 建设集约化码头

以建设专业化、集约化码头为中心，提升港口综合实力。集中计划、集中调度、集中组织，完善集疏运体系，合理利用堆场，科学组织生产，提高设备的有效利用率，降低生产成本和能源单耗。

2. 重点实施码头生产优化

充分发掘原有流程化作业线设备和场地的潜力，实现各系统之间的互通连接。

3. 重点实施集装箱作业流程优化

加强集装箱码头桥吊“重进重出”和集卡“重来重回”研究；加强船舶和车辆直接进入前沿岸边装箱直取作业研究，以减少中间环节、降低费用。

（四）调整技能结构，提升全员素质

建设低能耗、低污染的新型港口，涉及港口生产经营活动的方方面面，需要全体员工的共同参与。一是开展形式多样的低碳教育，让广大员工充分认识到低碳的重要性和紧迫性，以建设低碳、绿色港口为共同责任。二是将低碳知识作为全员培训、专业技术人员培训的重要内容，层层开展低碳技术交流会，邀请新能源、新技术厂商进行低碳技术讲座培训，培养一批懂低碳知识、会低碳技术、能低碳操作的技术型骨干。

第七章　品牌理念

品牌，简单地讲是指消费者对产品及产品系列的认知程度，是产品综合品质的体现和代表。品牌是给拥有者带来溢价、产生增值的一种无形资产，其载体是用以和其他竞争者的产品或劳务相区分的名称、术语、象征、记号或者设计及其组合，增值源泉来自消费者心中形成的关于其载体的印象。“品牌”（Brand）不是“商标”（Trade Mark）。“品牌”指的是产品或服务的象征，“商标” 指的是符号性的识别标记。品牌所涵盖的领域包括商誉、产品、企业文化以及整体营运管理。因此，品牌不是单薄的象征，是一个企业总体竞争或企业竞争力的总和。品牌具有以下功能：

（1）产品或企业核心价值的体现。将产品销售给目标消费者或用户后，要使消费者或用户通过使用产品而对其产生好感，从而重复购买，不断宣传，形成品牌忠诚。一些企业为自己的品牌树立了良好的形象，赋予了美好的情感或代表了一定的文化，使品牌及品牌产品在消费者或用户心目中形成了美好的记忆。

（2）识别商品的分辨器。品牌是消费者或用户记忆商品的工具。品牌的建立是由于竞争的需要，用来识别某个销售者的产品或服务。互不相同的品牌各自代表着不同形式、不同质量、不同服务的产品，可为消费者或用户购买、使用提供借鉴。

（3）质量和信誉的保证。一种产品或服务一旦上升为名牌，就代表了产品的质量和信誉，就能获得超越一般水平的竞争力。

（4）企业竞争的武器。树品牌、创名牌是企业在市场竞争的条件下逐渐形成的共识。品牌，特别是名牌的出现，使用户形成了一定程度的忠诚度、信任度、追随度，由此使企业在与对手竞争中拥有了后盾基础。企业可以利用品牌的市场扩展能力，带动企业进入新市场，或带动新产品打入市场；企业也可以利用品牌的资本运营能力，通过特许经营、合同管理等形式进行市场扩张。

（5）企业的“摇钱树”。品牌以质量取胜，品牌常附有文化、情感内涵，所以品牌给产品增加了附加值。同时，品牌有一定的信任度和追随度，企业可以为品牌制定相对较高的价格，获得较高的利润。

青岛港的发展不仅反映在其有形资产的增长上，还反映在其无形资产尤其是品牌资产的增长上。目前，虽然还无法确切评估青岛港的品牌资产，但从青岛港在我国港口业和区域经济中日益增强的地位、从媒体及社会各界对青岛港的赞扬声中、从客户对青岛港的高度评价中，可以深切地感受到青岛港品牌日渐增强的影响力。20 世纪 90 年代初，青岛港就认识到品牌是企业最宝贵的资产，在实施“夯基战略”时就明确提出了“创建名牌港口”的品牌战略。青岛港的名牌战略，力图做到“货主的困难就是青岛港的工作重点，货主的要求就是青岛港的工作目标，货主的满意就是青岛港的工作标准”，树立起青岛港自己的形象。在名牌港口战略实践中，青岛港无论是在品牌规划，还是在品牌传播方面，都有不少可圈可点之处。本章梳理了青岛港的品牌理念、品牌架构、品牌培育和品牌传播四个方面的内容。尤其是，青岛港把“绝活”创造者打造成青岛港响当当的招牌、用员工名字命名其练出的绝活和创出的纪录，是青岛港品牌建设中最具特色的部分。

第一节　品牌理念

品牌是一种重要的无形资产，代表了优质、声誉、信用以及企业的整体形象。青岛港秉承诚信是最过硬的品牌、效率也是品牌和市场检验品牌的品牌理念，将诚信和效率作为品牌的内在本质，将市场作为检验品牌的唯一标准。

一、诚信是最过硬的品牌

诚信是市场经济的“通行证”，是打开市场之门的金钥匙，是企业的立身之本、兴业之道、形象之源。信誉是最大的品牌，老百姓的口碑是最好的广告。只有守信用、讲品德，才能从根本上做好企业品牌、树立良好企业形象。唯有诚信至上，企业才能长盛不衰。

讲诚信贵在始终如一，坚持不懈。人做一件好事不难，难的是一辈子做好事。企业也一样，做一次令用户满意的服务并不难，难的是长期为用户提供不厌其烦、不畏其难的优质服务。青岛港始终坚持以诚为本、以和为贵、以信为先的优良传统，表里如一、始终如一，形成了人人诚信、事事诚信、处处诚信的良好氛围。诚信为青岛港竖起了以德治企、以诚经营的金字招牌，为青岛港赢得了天下客商、四海宾朋。

把诚信作为港口的生命线。青岛港把客户利益放在第一位，把服务、质量、诚信作为港口的生命线，把“货主满意就是青岛港质量工作的标准”作为市场服务理念。青岛港从 20 世纪 90 年代初就广泛征求货主、用户对港口装卸质量和服务的意见，提出了“没有货主、船东，青岛港就没有饭吃；货主的满意就是青岛港质量工作的标准；价格优惠，手续便捷，24 小时服务”的“三项原则”；率先在全国沿海港口中向广大船东、货主和社会各界郑重宣布了《青岛港社会服务承诺制度》；每年召开多次货主座谈会，定期下发“用户质量评价表”，主动征求货主用户的意见。在客户需要青岛港的关键时刻，青岛港更是挺身而出，宁可自己千难万难，也不让客户一时犯难。2008 年下半年开始的国际金融危机期间，青岛港与合作伙伴抱团取暖，合作共赢，投入几千万元，拆除了一批办公楼、食堂，将堆场扩大了 25 万平方米，为钢厂多创造了五六百万吨的堆存量。金融危机导致国际贸易量骤减，船公司在世界各地堆存了大量的空集装箱，青岛港伸出援手，为他们免费堆存，赢得了船东和货主的信任。

坚持做到对投资商的诚信。青岛港本着对投资商负责的原则，加强与投资商的沟通，增进了解，共同发展，共同受益，与投资商共同实现价值最大化。2003 年，青岛港在与英国铁行成功合作的基础上，联手马士基、中远共同投资 8.87 亿美元，实现了“三国四方”的携手合作。2009 年 6 月 29 日、12 月 18 日，青岛港又先后与香港泛亚、招商局集团实现了合资合作，一年内由“三国四方”扩大到“三国六方”。2011 年又实现了“四国八方”（“三国六方”加美国总统轮船、海丰国际）的合资合作，凝聚起四面八方的强大力量。青岛港还与全球最大的冷藏物流运营商冰岛怡之航进行冷库合作，与日本七家物流商合资运营港盛冷库，年年盈利，成效显著。青岛港的多家合资公司，在成立当年就实现了盈利，兑现了青岛港对广大股东“互惠互利，合作共赢”的郑重承诺。

诚信已内化为青岛港全体员工的共同品格。员工是企业的主体，员工形象代表着企业形象，员工诚信度直接影响到企业的服务质量甚至企业命运。青岛港员工队伍，在企业诚信文化的熏陶下，树立起诚实守信的职业道德，时刻坚持诚信原则，诚实生产，真诚待客，对产品负责，处处为顾客着想，从而促使企业实现快速稳步发展。诚信成为青岛港全体员工共同认可的价值观，并且成为每一名员工的自觉行为。广大员工在各个生产和服务环节自觉自愿地为船东、货主着想，真正把他们当成了自己的“上帝”，有力地吸引了八方货源，巩固了老客户，开发出新用户。广大员工在生产作业中自发提出了“爱护每一吨货，服务每一条船，赢得每一位用户信任，实现每一位用户期望，达到每一位用户满意”的服务标准。从事煤炭和矿石作业的员工把“矿粉、煤粉当面粉”，随身带着一把小扫帚，把撒漏的矿粉和煤粉清扫起来，颗粒归仓，维护货主利益。

忠实履行社会责任，节能减排，绿色发展。青岛港把资源节约、环境友好作为其发展过程中必须履行的社会责任。港口企业既是向经济和社会发展提供服务的基础性行业，也是能源消耗增长较快的高能耗行业。青岛港以刻不容缓、只争朝夕的姿态，在发展低碳经济上，全力打造“六型”港口（自主创新型，资源节约型，环境友好型，质量效益型，管理精细型，亲情和谐型），大力实施“蓝天，碧水，绿地”三大工程，大力推进轮胎吊“油改电”和拖车“油改气”项目，大力实施科技节能、管理节能、操作节能，加快淘汰高排放、高污染、高能耗的落后产能，同时加大信息技术、新能源、新材料、节能环保、低碳技术等新兴技术的研发使用力度，实现了企业发展与社会、自然发展的良性互动。

青岛港的发展实践证明，诚信是最过硬的品牌。青岛港在发展道路上重道义、讲感情、守信用，从而赢得了竞争力，赢得了市场，赢得了财富。青岛港也在一次次脱胎换骨式的市场经济洗礼中，实现了港口生产经营从港内到港外、从现场到市场、从计划经济到市场经济的伟大转变。

二、效率也是品牌

在激烈的市场竞争中，船东、货主越来越重视效率，因为节省 1 小时的在港时间，对船东和货主而言，都意味着增加不少的财富。作业效率高，船东、货主受益，就更愿意做“回头客”。所以，港口发展到一定程度后，作业效率的高低就成为企业的无形品牌，成为吸引客户的重要资源。青岛港倾力打造效率快港，推进生产效率进入“秒时代”，坚持“10

小时保班”和“零时间签证”服务，在新老客户中树立了良好声誉。

倾力打造效率快港。港口作为服务性行业，货主最需要的港口服务是又好又快的装卸服务。如何在保证装卸质量的同时，尽可能地提升装卸效率，一直是青岛港努力的方向。在装卸同样货物时，比别人装得更好更快，既能为货主争取更多时间，也能为自己争得更大的市场份额。青岛港以货主需要作为其努力方向，树精品意识，倾心打造“诚纳四海，效率快港”服务品牌。“效率快港”不仅蕴涵着极高的知名度和有口皆碑的美誉度，也是青岛港特有的企业文化。

作业效率进入“秒时代”。2003 年，青岛港诞生了集装箱装卸的“振超效率”，这是集装箱作业的世界第一效率，以后青岛港又 7 次刷新世界纪录。“振超效率”的诞生，开创了青岛港生产的“秒时代”，对青岛港领跑港口生产效率、发展港口物流，有着重要的战略意义。据世界最大航运公司马士基集团 2006 年的统计，青岛港 2 个集装箱泊位相当于日本神户港 3 个泊位，相当于其他港口 4~5 个泊位。在金融危机中，青岛港的效率优势更加凸显。当众多船公司纷纷削减欧美两大主干线时，并没有在青岛港减少一条航线，反而为青岛港增加了南美、中东等区域的 15 条新航线。2008 年 12 月 25 日，在载箱 10000 多箱的“地中海弗朗西斯卡”轮作业中，青岛港以 498 自然箱/小时的效率第 8 次刷新了“振超效率”，船方在感谢信中由衷地感叹：“事实证明，选择青岛港是正确的！”金融危机中，青岛港不但为船东、货主赢得了时间、赢得了效益，也为自己赢得了货源、赢得了效益。除“振超效率”外，青岛港的铁矿石卸船“孙波效率”已经 19 次打破世界纪录，1 个码头干出了 5 个码头的活。纸浆作业 15 次打破世界纪录，作业效率是日本港口的 2.5 倍。青岛港员工也通过苦练绝活，提高效率，一名普通的司磅员练就了“手脑眼嘴脚”并用的硬功夫，将每辆车的称重时间从 36 秒缩短到 33 秒，节省了 3 秒，每年就可以多通过上万辆矿石车。高效率作业为青岛港赢得市场创造了有利条件。

“10 小时保班”和“零时间签证”服务。青岛港承诺，在青岛港作业的船舶，无论大小，集装箱作业一律“10 小时保班”。除了青岛港，国际上还没有哪个港口敢做出这样的承诺。青岛港自我加压，给自己制定了近乎苛刻的保班标准：保班率 100%；按船公司要求，纠班率 100%；货损率为零；船方满意率 100%。在签证方面，按常规，船舶装卸结束后的 2 小时为整理理货单证、办理货物交接和签证手续的时间。青岛港创建了理货

“零时间签证”品牌：港口装卸作业完毕时，理货签证也办理完毕。“零时间签证”为集装箱班轮提前赢得开航时间，有利于集装箱班轮“保班纠班”，降低班轮的“误班”几率，为船公司带来更多经济效益。据统计，“十一五”期间，外理公司共为船方节约租船费超过5000万美元。仅2010年，外理公司实现“零时间签证”13021艘次船舶，为船方压缩24786小时在港时间，为船方节省费用约1030万美元。

三、市场检验品牌

在激烈的市场竞争中，一方面，拥有过硬的品牌可以赢得客户和市场，另一方面，市场不断对品牌提出新要求，品牌需要经受市场的考验。青岛港以客户需要为市场导向，树立精品意识，在市场竞争中创新品牌、维护品牌和推广品牌。青岛港员工也像爱护自己的眼睛一样，爱护青岛港的形象，珍惜青岛港的荣誉，在服务质量上精益求精，不断提升青岛港的知名度，把“青岛港”这三个字做成了船东、货主眼中的名牌。

在市场竞争中与时俱进，创新品牌。从为货主服务“三项原则”到“诚纳四海”，从“一切以客户为中心”到“讲责任，讲人格，讲诚信”，青岛港在市场竞争中精心打造品牌，赢得了市场尊重，经受了市场考验。20世纪90年代初，青岛港提出了闻名港航界的为货主服务的“三项原则”，传递了青岛港以诚待人、以信达人的诚信精神。在“三项原则”的基础上，青岛港又打出了“诚纳四海”服务品牌。“诚纳四海”服务品牌是由“振超效率”、“孙波效率”、“零时间签证”等世界级品牌组成的品牌群，其核心内容是诚信承诺：遵守对客户的一切承诺，为客户提供最好的服务。青岛港承诺集装箱作业一律“10小时保班”，集装箱作业“振超效率”先后8次刷新世界纪录。随后，在青岛港相继诞生了铁矿石装卸“孙波效率”、纸浆作业效率等一大批世界纪录，全集团先后创出了1380多个员工品牌和1800多个绝活。青岛港在市场竞争中不断开拓创新，以“诚纳四海”为代表的系列品牌为青岛港争取了长期稳定的货源，打造了青岛港的核心竞争力。

在市场竞争中用“心”服务，维护品牌。发自内心的服务融入了感情，倾注了心血，具有极大的感染力和生命力，最容易为用户认同和接受。“用心”的关键是对货主讲感情，将心比心。青岛港视货主为“衣食父母”，牢固树立大服务的观念和意识，在服务过程中注重细节、注重过

程、注重延伸服务，设身处地为客户着想和考虑。一次，一条油船到达青岛港后，突然下起大雨，商检人员担心开罐后原油进水，宣布不能量罐，而厂家急等用油。此时，青岛港员工冒险在几十米高的油罐上搭起大篷布，为油罐遮雨，工作人员则在篷布下取样化验。这种做法既保证了原油质量，又节省了用户的时间和费用。厂家对青岛港的服务非常满意，当即决定此后全部货物走青岛港，并且基于对青岛港的高度信任，不再派人来港监督运油。青岛港通过用心服务、超值服务，在市场中创出声誉和品牌。

在市场竞争中合作多赢，推广品牌。市场竞争的核心不是对抗，而是根据市场实际、竞争者在市场中的地位、竞争者的态度等，与竞争者建立相应的竞争和合作关系。青岛港在市场竞争中实现了跨越发展和品牌推广。青岛港打破港口发展的禁锢，将市场从传统意义上的腹地，一举拓展到“全国960万平方公里”上。不仅如此，青岛港还利用战略联盟、合资合作等方式，大力拓展海外市场，世界前20名的大船公司纷纷落户青岛港，或开通航线，或合资合作。青岛港创造了“四国八方”的合作模式，创造了港港合作的发展模式，“诚纳四海”服务品牌名扬四海。

第二节　品牌架构

在品牌管理方面，青岛港在实践中不断总结经验，逐渐形成了集团品牌、公司品牌和员工品牌三级品牌架构（见图7-1），而且每一级品牌都有明确的品牌定位和品牌理念。“诚纳四海”为集团品牌，它是作为青岛港集团整体的服务品牌；公司品牌为集团分公司和子公司的品牌，以服务或工艺命名；员工品牌是分公司和子公司内部的品牌，以员工名字和其创造的绝活命名。员工品牌虽是公司内部的品牌，但其影响力扩大后也可成为集团甚至全国的品牌，例如“振超效率”和“孙波效率”。公司品牌是青岛港“诚纳四海”品牌精神的坚实基础，员工品牌是青岛港“诚纳四海”品牌最有力的支撑和最人性化的诠释。三级品牌相互支撑，密切关联，共同塑造了青岛港形象。

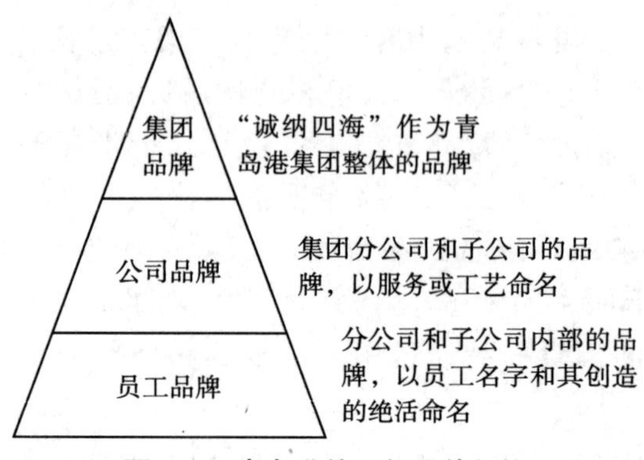

图 7–1 青岛港的三级品牌架构

一、集团品牌

青岛港根据港口服务业特点，把“诚纳四海”作为企业整体的品牌形象。“诚纳四海”既体现了青岛港人以德兴港、诚信为本的服务理念，也生动体现了青岛港人服务全国、走向世界的海纳百川的气魄和胸怀。青岛港从苦练基本功、苦练内功抓起，以服务质量和信誉求发展，成功创建了“诚纳四海”服务名牌。

1997 年 12 月 14 日，青岛港的“氧化铝装卸灌包服务”和“核心班轮保班服务”被中国质量管理协会评为“全国用户满意服务”。过去脏、苦、累、险的装卸生产成为了青岛港的服务品牌，而且是全国名牌。从这一年起，青岛港围绕创建名牌进行了一系列卓有成效的工作。

1998 年，青岛港开始实施名牌战略。当我国大多数港口企业还囿于计划经济的传统思维、安于做“港老大”时，青岛港却提出了建名牌港口的战略，这突出说明了青岛港的远见卓识和敢为人先的创新精神。从此，创建国际一流的名牌港口成为全体员工孜孜以求的重要战略目标。截至 2001 年，青岛港已有集装箱核心班轮保班服务、氧化铝装卸灌包服务等 8 项服务被评为“全国用户满意服务”国家级名牌。“振超效率”、“孙波效率”、“万年速装”、“进军灌装”、“琳琳快磅”等员工品牌，成为世界航运界具有影响力和感染力的优质服务品牌，成为青岛港整体竞争实力的生动写照。

伴随着这一系列品牌的诞生，青岛港需要一个统领的品牌，以塑造出青岛港的整体品牌形象。注重诚实劳动、诚信经营的青岛港把目光聚焦到

了“诚信”上。在反复研究的基础上，2003年2月27日，青岛港提出了集团服务品牌——“诚纳四海”。“诚”就是以诚信为本，对国家忠诚，对客户和员工真诚，说到做到，三老四严，讲信用、不失信；“纳”就是以卓越的服务、雄厚的实力、广阔的胸怀，像海纳百川一样，赢得社会各界、广大船东货主的广泛信赖和倾力支持；“四海”就是从战略的高度，放眼全球，迎送天下客，装卸万国船，使青岛港成为世界五大洲四大洋广大货主用户的忠诚合作伙伴，强强联合，共赢发展。从此，青岛港有了代表企业整体形象的服务品牌，并以其优质服务、信誉和质量赢得了广大客户的信任。

2004年3月4日，青岛港“诚纳四海”服务品牌被认定为“青岛名牌”。

2006年1月13日，青岛港迎来了鼓舞人心的喜讯。在第二届中国品牌大会上，“诚纳四海”服务品牌被授予“中华第一港口服务品牌”荣誉称号，青岛港获得“中国十大公众形象最佳品牌”称号。

2006年12月23日，在北京人民大会堂举行的中国品牌建设大会上，“诚纳四海”服务品牌被评为“世界著名品牌”。12月27日，“2006年山东省服务名牌”授牌典礼在济南隆重举行，外理公司的“集装箱船舶理货零时间签证”服务品牌金榜题名，成为全国外轮理货系统的第一金牌。

2012年9月9日，在香港举行的第七届亚洲品牌盛典上，青岛港荣膺“亚洲品牌500强”大奖。

在“诚纳四海”品牌理念感召下，青岛港人视品牌为企业的生命，爱岗敬业，小心翼翼地呵护着青岛港品牌，从而赢得了客户的信赖，也赢得了社会的认可。“诚纳四海”服务品牌成为青岛港“以德治企，以诚经营”的金字招牌。从“青岛港”走向“中国”，再从“中国”走向“世界”，“诚纳四海”品牌和以“诚纳四海”为中心的品牌群，已经成为青岛港生动的形象代言，在世界港口中散发着独特的魅力和光彩。

二、公司品牌

青岛港集团拥有大港公司、油港公司、前港公司、西联公司和QQCT等一线装卸公司，同时还拥有外理分公司、物流分公司等若干个二线辅业分公司和三线关联产业分公司。这些分公司，尤其是一线装卸公司，由于货种的差别，在装卸服务中遇到的问题也各不相同。青岛港支持各分公司根据自身业务特点打造公司级品牌，以充分体现各分公司真诚、超值、亲情化和个性化的服务特色。各分公司在发展实践中分别创出了自己的服务品牌，赢得了客户和社会的认可。公司级品牌的建设，成为青岛港弘扬“诚纳四海”品牌精神的坚实基础。集装箱核心班轮保班服务、原油装卸中转服务、煤炭装卸服务、铁矿装卸服务、外轮理货服务等多项服务被评为“全国用户满意服务”国家级名牌。名牌服务战略大幅提升了青岛港的知名度，为青岛港积累下巨额无形资产。青岛港近年来几个重要的公司服务品牌。

（一）QQCT服务品牌——“振超效率”

集装箱“振超效率”以当代中国产业工人的杰出代表许振超的名字命名，以“泊位效率、船时效率、单机效率”三大效率和“计划兑现率、装箱到位率、单证准确率”三个100%为核心，精心打造“10小时保班”服务名牌，全心全意为船公司和广大货主提供一流的装卸服务。目前，青岛港“振超效率”已8次打破集装箱装卸世界纪录。

集装箱保班率是衡量一个港口服务能力的重要指标。由于集装箱运输干线是远洋运输，受潮汐、风浪等自然因素及挂靠港不同的服务能力、装卸效率等人为因素的影响，有时造成船舶晚班、拖班，直接影响船方、货主的利益。青岛港人给自己制定了近乎苛刻的保班标准：保班率100%；纠班率100%；货损率为零；船方满意率100%。下面这个例子充分说明了青岛港的优质保班服务。2007年2月8日，“北欧亚沙伊敦”轮靠泊QQCT码头，为了保证船期，船方希望青岛港能在10小时内完船。由于箱量大、船舶作业条件差，保班难度非常大。为确保船公司准时离港，青岛港操作部计划员提前联系出口预配图，在场地取箱、机械安排、作业线路、桥吊使用等每一个环节上都力争精益求精、科学合理。在作业过程中，计划员根据实际情况随时调整作业线路，作业人员团结协作、分秒必争，作业环节环环相扣、流畅推进。经过计划组和作业组员工的共同努力，QQCT用了不到10小时结束全船装卸，为船公司抢回了宝贵时间，并创出190自然箱/小时的泊位高效率。看着如此之高的作业效率及抢回的时间，该轮印度籍船长马尼莎竖起了大拇指，连称：“Qingdao port，very good！”

（二）大港公司服务品牌——“魅力大港”

大港公司坚定不移地贯彻落实为货主服务“三项原则”，以集团“诚纳四海”服务品牌为统领，叫响“魅力大港”服务品牌，全力做到“环境优美——处处是景点；服务完美——满意无缺陷；操作精美——岗岗有绝活；品牌全美——事事创品牌；亲情和美——人人见人亲”，积极打造竞争实力最强的散杂货综合装卸公司。

（三）大港公司服务品牌——“亿瓶精装”

大港公司秉承“一切为货主、满意在大港”的服务理念，以追求卓越为目标，以促进共赢为方向，提出“啤酒作业全过程一瓶不碎”的郑重承诺，积极创建啤酒“亿瓶精装”服务品牌。

围绕“亿瓶精装”，公司制定了《创建啤酒作业品牌的措施及承诺》、《啤酒作业机械安全操作要点》等一系列规章制度。在啤酒装卸过程中，实施“专库、专队、专班、专泊位、专司机、专人管理”，认真落实“皮垫护货法、捆钩拴绳法、垛上成组法、船边挂钩法、上杆看钩法、舱内卸货法”六步工作法，并制作了“啤酒防震护垫”、“啤酒捆钩带”等新型装卸工属具，加强技术培训，改进装卸工艺，落实过程控制，不仅保证了装卸啤酒一瓶不碎，而且外包装也做到了完好无损，叫响了“亿瓶精装”服务品牌。

自 2005 年“亿瓶精装”品牌创建以来，公司创造了装卸啤酒 18 亿瓶无破损的纪录，按照国家有关标准计算，约为货主减少损失近 1500 万元。近年来，“亿瓶精装”服务品牌，先后被中央、省、市等各大媒体广为报道。2006 年 12 月，大港公司装卸五队的啤酒专业队被青岛港集团授予“装卸啤酒服务品牌”。2007 年 9 月，“亿瓶精装”荣获了由山东省名牌战略推进委员会、山东省质量技术监督局、山东省质量评价协会联合颁发的“山东省服务品牌”。2008 年，从事啤酒作业的公司装卸专业班组被中国质量协会、中华全国总工会、共青团中央、中华全国妇女联合会、全国用户满意工程联合推进办公室联合授予“全国用户满意服务明星班组”。

（四）前港公司服务品牌——“卓越前港”

前港公司按照青岛港“诚纳四海·振超效率”服务品牌的要求，大力倡导“货主就是上帝、货主永远是对的、货主的要求就是号令、货主的满意就是标准”的理念，以“三个一流”潜心打造“卓越前港”服务品牌，用真诚感动客户，用真心赢得货源，用实干促进发展。

用一流的服务，感动货主赢得货源。全面实施接待“零”距离、服务“零”投诉、数量“零”误差、质量“零”混质、装卸“零”间隙、交付“零”待时的服务标准，以方便、快捷、热情、周到的服务赢得了货主的信赖。

用一流的效率，为货主创造最大的价值。公司创新“四位一体八统一”、“双移双靠”等生产模式，“十一五”累计刷新集团以上纪录342项次，其中全国纪录71项次、世界纪录9项次，仅2010年就3次刷新“孙波效率”。

用一流的环境，提供优质服务。近两年公司投入2000多万元持续开展1200多项现场整治，为优化货物堆存和疏运创造了良好条件。公司以优美的环境、良好的精神状态、文明的生产秩序和超值的服务，塑造了良好形象，赢得了大批忠诚客户舍近而来，为建成首个亿吨公司奠定了坚实基础。

（五）西联公司服务品牌——“完美交付”

青岛港西港分公司（现青岛前湾西港联合码头有限责任公司）创造的件杂货物装卸“完美交付”服务品牌，2008年获青岛市服务名牌，2009年获山东省服务名牌、山东省港航系统“十佳服务品牌”。“完美交付”服务品牌，追求卓越无止境、创造完美无极限，其主要内容如下。

延伸服务：从货物集港到离港，业务人员全过程跟踪服务，第一时间答复顾客的意见建议，第一时间协助货主和船公司解决装卸中的难题。

零缺陷服务：装卸货物全过程质量控制，做到“零批注”、“零缺陷”，清洁提单，让货主、船方完全满意。

超值服务：无偿提供破损、散件、弯曲货物的打包、矫正等工作，根据货物特性设计堆存、苫盖方式，为客户提供超出期望值的服务。

（六）西联公司服务品牌——“纸浆世界效率”

西联公司积极开拓进口纸浆市场，在与广大浆厂和造纸企业密切合作的基础上，又与全球几大著名纸浆船公司加强合作，建立了战略合作关

系，开辟了多条纸浆班轮航线。为了给客户和船公司提供优质服务，公司精心研究提高纸浆接卸效率的方法，不断创新接卸工艺和流程，连续15次刷新纸浆接卸世界纪录，创下单机卸率1390吨/小时的世界纪录。年纸浆吞吐能力近200万吨。西联公司瞄准纸浆国际大中转港的新目标，正与各大船公司、国外纸浆厂密切合作，力争打造一个全新的北方港口纸浆分拨中转基地。

（七）西联公司服务品牌——“铸管精装”

铸管货种1999年落户青岛港西联公司。公司坚持“货主的满意就是我们质量工作的标准”，严抓铸管装卸质量。一是严把入货装船关，通过一系列的装卸工属具改进，最大限度地提高了铸管卸车和装船效率，杜绝了作业货损；二是严格计算、精密配载，每次船舶到港，公司揽货和业务人员精心研究船舶舱容结构，最大限度地利用舱容空间，增加载货；三是时刻与货主保持联系，提前做好相关方的工作，尽可能直取装船，为货主减少物流成本。通过坚持不懈的努力，西联公司造就了“铸管精装”品牌，得到了货主和社会各界的高度认可，运量从1999年的5万吨增长到2010年的25万吨，市场占有率节节攀升。目前，西联公司已经成为全海区年出口铸管量最大的沿海港口，成为了全国的铸管出口基地。

（八）青岛外轮理货有限公司服务品牌——集装箱船舶理货“零时间”签证

集装箱班轮在港时间主要包括联检时间、装卸作业时间、理货签证时间等。青岛外轮理货有限公司创建的集装箱船舶理货“零时间”签证服务品牌，通过完善签证管理流程，改进签证工艺，加强理货作业过程控制，将交通运输部规定的两个小时的理货签证时间降低为“零”。“零时间”签证，加快了船舶周转率、提高了码头有效利用率、降低了生产成本和能源单耗、提高了碳生产率。

集装箱船舶理货“零时间”签证，每年为进出青岛港的集装箱船舶节省租船费1000多万美元，节省在港燃油消耗1.6万多吨，减少二氧化碳排放4.9万吨；提高了码头泊位利用率，相当于为港口增添了2.76个泊位，增加了150万标准箱的通过能力。

集装箱船舶理货“零时间”签证服务品牌的打造，引起了新闻媒体、中外口岸和航运界的广泛关注。中央电视台《新闻联播》、世界各大口岸城市的新闻媒体先后进行过报道，将“零时间”签证和青岛港的另一个服务品牌“10小时保班”并喻为青岛港制胜的“两大撒手锏”。青岛市领导曾先后两次做出批示，要求市口岸办“认真总结，大力推广”。口岸办专门下发了文件，充分肯定了“零时间”签证对于优化口岸软环境、塑造口岸新形象、提高口岸通关效率起到的积极推动作用，并对其进行了广泛宣传和推广。

（九）通信公司服务品牌——“诚传心声”

通信公司秉承“诚信为本赢客户，精细服务保畅通”的核心服务理念，恪守“为建设数字港口打造一流的通信基础平台，努力实现社会、客户、合作伙伴共赢”的企业宗旨，弘扬“三个一代人”港口精神，发挥人才、科技和装备“三大优势”，着力整合语音通信网、视频监控网和数据网，通过延伸服务，致力打造“诚传心声”服务品牌，使公司服务凸显“诚”和“精”。“诚传心声”荣获2010年度山东省服务名牌称号。

“诚传心声”商标图形，以字母“T”居中、两边以红心和通信电波为设计主体。“心”取“信”的谐音，“T”和“心”连在一起，既代表着通信公司，又表达着通信人传送周到温馨超值的一体化综合信息服务的诚心，意味着通信人与海港员工、服务客户间的血脉相连、心心相印。并排着的两颗“红心”，体现着通信公司像家一般的温馨，彰显着港口通信人发展通信事业的坚定信念和火热激情；同时，从外形上看又像数学符号“∞”，预示着港口通信与客户感情源远流长、互动共赢、基业常青。动态的电波，强调了通信公司与客户、港口息息相关的行业特点，象征着通信人以无限的传播将超值服务传遍五湖四海。从字意上来讲，“诚”是指诚信为本，对客户忠诚，诚则守信，信则必赢；“精”是指精细管理、精益求精，忠诚践行为客户服务的“三项原则”。

作为通信信息服务单位，“质量、服务、诚信”是公司的生命线。公司着力在服务标准化、精细化、亲情化、个性化、安全化五个方面下苦功夫，坚持服务领先战略，以“沟通零距离、服务零缺陷、客户零投诉”为目标，注重为客户服务的每件小事，从细微之处体现“诚信为本，用心服务”的服务特色。通信公司以为客户创造价值为中心，不断深化品牌内涵和扩大覆盖面，为客户提供了全方位、多层次的差异化、个性化和立体化

服务，通过便捷、高效、畅通、超值的服务和技术，打造了集声、像、图、文各种信息资源于一体的智能化“数字港口”基础平台。通信公司通过内抓服务，外树形象，叫响了“诚传心声”服务品牌，持续打造市场竞争优势，致力构建国际一流的信息化创新示范基地，最终实现共赢与持续发展。

（十）青岛阜外心血管病医院服务品牌——“生命之桥”

青岛阜外心血管病医院秉承“用心守护健康”的核心服务理念，恪守“坚持为病人提供一流质量的医疗服务，促进当地心血管诊疗技术发展”的办院宗旨，牢记“精忠报国，服务社会，造福职工”三大使命，以“建设国内一流的心血管病诊疗中心，打造爱民医院”为目标，以“信念、感情、珍惜、奉献”为核心价值观，外树形象，内抓服务，努力解决心血管患者看病难、看病贵的实际困难，全力打造“生命之桥”服务名牌。北京阜外医院常年派驻20名各专业国内顶尖专家，开展心血管外科、介入治疗、先心病矫治、电生理等国内一流的心血管治疗，使众多危重心血管病患者重获新生，搭建了通往健康的“生命之桥”。

三、员工品牌

用员工的名字命名员工练出的绝活、创出的纪录，是青岛港品牌建设中最具特色的部分，这一创新性策略丰富和发展了传统的品牌管理思想。青岛港不仅把“绝活”创造者评为企业内部的优秀员工加以表彰，更重要的是把“绝活”创造者打造成了青岛港响当当的招牌。“员工品牌”与青岛港集团品牌、下属公司服务品牌共同构成了青岛港独具特色的三级品牌架构，成为青岛港“诚纳四海”品牌最有力的支撑和最人性化的诠释。

青岛港员工品牌策略的正式提出与优秀员工许振超有着直接的关系。许振超在青岛港工作了30多年，爱岗敬业、刻苦钻研技术，练就了一身现代桥吊技术的“绝活”，从一名只有初中文化程度的基层桥吊操作人员成长为“桥吊专家”。2003年，许振超带领桥吊队进行了桥吊设备“轮胎吊驱动方式技术改造”等技改项目，并把技术改造成果应用于实践，在集装箱装卸作业效率中创出了世界纪录。由于其杰出贡献，许振超于2004年荣获中华全国总工会颁发的“全国五一劳动奖章”，被选树为新时期产业工人的杰出代表，成为全国产业工人学习的榜样。许振超的事迹被《人民日报》头版头条以长篇通信《新时代的中国工人许振超》和评论员文章《当代产业工人的杰出代表》报道以后，全国许多媒体相继报道了他的事迹。许振超身上所体现的产业工人精神，成为了时代的强音和宝贵的精神财富。

媒体的报道和中央领导的重视，使全社会迅速了解了许振超，也大大提升了青岛港的知名度和美誉度。青岛港领导者从2004年的“振超效应”中敏锐地意识到，优秀员工不但具有新闻价值，而且还具有很好的品牌推广和形象宣传效应。因此，自2004年许振超被树为全国产业工人学习典型后，青岛港开始实施员工品牌策略，“振超效率”成为青岛港的第一个“员工品牌”。在“振超效率”激励下，青岛港的练“绝活”和岗位竞赛活动开展得更加广泛、更有动力，也更加富有成效。2004年起，青岛港以职工名字命名表彰了“孙波效率”、“万年速装”、“敦福大件”、“琳琳快磅”、“学良节油”、“管辉电气”、“树双技改”、“石磊驾技”、“李军刀艺”、“边莉吊装”等一大批员工品牌，极大地丰富了青岛港“诚纳四海”品牌的形象，使青岛港的知名度越来越高。目前，青岛港已逐步形成了较为完善的员工品牌系列，从桥吊到装车，从采购到回收，各个岗位都有自己的员工品牌。

青岛港的员工品牌具有激励和宣传的双重功能。首先，员工品牌在青岛港内部发挥重要的激励作用，成为员工工作积极性和创造性的重要推动力。用员工的名字命名青岛港某项工作或服务，并在企业内和社会上宣传推广，这对品牌创造者来说是莫大的尊重和认同；同时，青岛港对贡献突出的员工除了命名“员工品牌”外，还根据其贡献大小进行一定的奖励，让优秀员工得到实实在在的物质利益。对品牌员工精神和物质的双重激励，大大鼓励了全体职工的工作积极性和创造性。从2004年开始，在“振超效率”的鼓舞下，广大员工苦练“绝活”，勇于拼搏。目前，青岛港的“绝活”已达到1800多个，几乎遍布港口作业的每一个岗位，相应的，员工品牌也遍及各个岗位。员工品牌为广大员工发挥聪明才智和实现自我价值搭建了广阔舞台，促使港口各类人才辈出。

员工品牌对内激发了员工的积极性，对外还发挥了重要的宣传作用。一方面，青岛港最著名的员工品牌，如“振超效率”和“孙波效率”，通过媒体的报道和宣传被社会广为了解，无疑快速提升了青岛港的知名度和美誉度；另一方面，青岛港大部分员工品牌都与客户服务密切相关，优质

服务赢得了客户信赖，而客户口碑相传扩大了青岛港的市场影响力。客户可能不知道青岛港总裁常德传，但一定知道“振超效率”；可能不知道各分公司的经理名字，但一定知道“孙波效率”。可以说，很多客户通过员工品牌了解了青岛港，通过员工品牌信赖了青岛港。

第三节 品牌培育

打造一个国内外知名品牌，需要长期扎实而艰苦的努力，不能浮躁，不能急功近利。青岛港以诚信为本，通过培育独具特色的港口企业文化、培养造就金牌员工队伍和打造世界级大港，形成了全体员工共同认可的品牌发展理念，调动起全体员工创造港口品牌的热情。

一、培育独具特色的港口企业文化，形成共同的品牌发展理念

品牌在很大程度上体现了一个企业的文化价值。换句话说，没有文化的企业是很难培育出知名品牌的，每一个知名品牌的背后都有着丰富的企业文化内涵。企业文化通过潜移默化形成员工共同的思想理念，促使员工同心协力打造出企业独具特色的品牌。

青岛港注重信誉、知名度、美誉度、企业文化等无形资产的积累和创新。这些无形资产是青岛港在科学发展中经过主观努力创造和积累起来的，是青岛港名牌战略的重要资本。正是依托这些重要的战略资本，全体员工形成了共同的文化理念、服务理念和工作理念，塑造了“诚纳四海”服务品牌的独特气质，打造了一系列独具特色的公司服务品牌和员工品牌。

（一）培育员工形成共同的文化理念

青岛港的品牌立港，是在培育员工形成共同的文化理念过程中逐步形成的。在企业文化指引下，品牌立港有了厚实的文化支撑。

首先，在全港员工中倡导形成了“一代人要有一代人的作为，一代人要有一代人的贡献，一代人要有一代人的牺牲”的青岛港精神。在这一精神的指引激励下，青岛港员工展现出艰苦奋斗、无私奉献、创新发展、敢

为人先的精神境界，以顽强的意志、超前的胆识和大无畏的气概，共同打造了“诚纳四海”服务品牌，成就了港口发展大业。

其次，树立了员工共同的发展愿景。一方面，把握国际航运业发展趋势，将发展目标定位为“建设东北亚国际航运中心”；另一方面，从创造和谐美好的内部关系以形成强大的凝聚力、向心力和战斗力出发，“营造平安和谐家园”，将青岛港建成充满亲情、人气旺盛的港口大家庭。

最后，确立了全体员工的核心价值观。在工作中，信念是一个人的灵魂，没有信念就没有执著的追求；对企业没有感情就不会爱岗敬业，工作也就不会有水平；只有珍惜才会看重，才会维护，才会发展；奉献是一种美德，只有人人奉献，企业才会兴旺发达、长盛不衰。由此，青岛港把“信念，感情，珍惜，奉献”作为企业的核心价值观，用真理的力量启迪人心，用人格的力量激励人心，用情感的力量温暖人心，用民主的力量凝聚人心。全港员工坚定共同愿景一定能够实现的信念，不断增进对国家、对港口、对客户的感情，珍惜港口来之不易的成绩，珍惜自己的工作岗位，把自己的命运同港口命运紧密联系在一起，在平凡的岗位上干出不平凡的业绩。

青岛港用“三个一代人精神”激励员工，用“建设东北亚国际航运中心，营造平安和谐家园”的共同愿景引导员工，用“信念，感情，珍惜，奉献”的核心价值观团结员工，最终形成了全体员工共同认可的品牌发展理念。

（二）培育员工形成共同的服务理念

计划经济时期，港口被社会称作“港老大”，客户惹不起港口。在市场经济条件下，要树立港口的服务品牌，就必须树立起全新的服务理念。青岛港确立了“港口生产主战场在港外”的市场战略，变“坐商”为“行商”，变等货上门为上门揽货；在全港员工中树立“质量、服务、信誉是港口的生命线”的观念；确立了“没有货主、船东，青岛港就没有饭吃；货主的满意就是青岛港质量工作的标准；价格优惠，手续便捷，24 小时服务”为客户服务的三大原则。广大员工不分分内分外，只要货主用户需要，就努力做到，宁肯自己千难万难，也不让货主船方一时犯难，千方百计为货主解决困难、创造价值。例如，内陆货物进出口有困难，青岛港就争取铁路、海关、船公司的支持，开通青岛至内陆主要城市的集装箱“五

定”班列和海关直通式运输，货主在当地就可办完所有的进出口手续，从而把青岛港“搬”到内地，架起了内陆企业通往国际市场的桥梁。

青岛港在全体员工中牢固树立起“信誉第一，货主至上”的服务观念、“敢为人先，争创一流”的名牌观念、“居安思危，如履薄冰”的风险观念等八种新观念。青岛港在全国沿海港口中率先向社会做出“青岛港社会服务承诺”，以服务全国、联通世界为方向，海向陆向双向市场扩张，实现了港口市场从山东到全国、从中国到世界的战略性大突破。“诚纳四海”和“振超效率”等服务品牌也随之名扬四海。

（三）培育员工形成共同的工作理念

要打造国内外知名港口品牌，就必须提高员工的工作能力。青岛港把“干就干一流，争就争第一”作为员工的工作理念，激励员工追求卓越、争创一流、品牌化服务。品牌和服务意识已经内化为每名员工的共同品格，贯穿于工作的点点滴滴中。广大员工在生产作业中自发提出了“爱护每一吨货，服务每一条船，赢得每一位用户信任，实现每一位用户期望，达到每一位用户满意”的工作标准。

“干就干一流，争就争第一”的工作理念，使青岛港品牌涌现、人才辈出。青岛港的装卸运输服务、集装箱核心班轮保班服务、原油装卸中转服务等八项服务被评为“全国用户满意服务”。许振超被选树为新时期产业工人的杰出代表，“振超效率”开启了青岛港生产效率的“秒时代”。“诚纳四海”不仅成为全国航运界一流的服务品牌，而且成为国际航运界一流的服务品牌。广大员工在“振超精神”的激励下，建“三型团队”（学习型，创新型，实干型）、“五好岗位”（爱岗好，学习好，创新好，诚信好，奉献好），练绝活，攻难关，大比武，创纪录。目前，青岛港已涌现出“十大行业专家”、“十大员工品牌”、“五好岗位标兵”等3000多个先进群体和个人，“绝活”项目达1800多个。

二、培养造就金牌员工队伍，动员全体员工共创港口品牌

打造一个知名品牌，需要全体员工的共同努力。青岛港始终坚持以人为本的强港战略，着眼于人力资源开发和员工队伍建设，培育金牌员工，造就金牌团队，打造金牌港口。

（一）不断创新教育机制，提升员工创建品牌的能力

青岛港坚持年年开展“创建学习型港口，争做知识型员工”和“学政治，学业务，学技术，学文化，学实践”“五学”活动，保证员工知识和技能及时更新换代、与时俱进。为广大员工提高技能搭建平台、创造条件，青岛港每年投入上千万元开展培训教育，长年组织开展“每周一题，每月一卷，每季一会，每年一评”活动，年年开展技术工人考工晋级、技师考评、操作技术大比武、科技难题招标攻关，举办院士、专家讲座等。打破岗位、工种界限，培养一专多能复合型员工，使员工做到“精一、专二、会三”，近年来已有500多名技术工人获得第二技能国家职业资格证书。

（二）不断创新分配机制，激发员工创建品牌的积极性

据美国哈佛大学权威专家研究发现，在缺乏激励的环境中，人员的潜力只发挥了20%~30%，但在良好的激励环境中，同样的人员却可发挥出潜力的80%~90%。多年来，青岛港年年为员工提高工资，并同步改革完善分配制度。青岛港每年都历时近半年时间，进行增资改革调研，如何增、给谁增、增多少，充分听取职工的意见，力争达到人人满意。20世纪90年代初，青岛港实行了“向装卸一线倾斜，向科技人员倾斜”的分配政策，适应了青岛港当时劳动密集型发展的需要。近年来，随着港口由劳动密集型向技术密集型的转变，青岛港又提出了“向装卸一线倾斜，向关键岗位、重点岗位倾斜”的分配政策，按每人创造的价值、贡献的大小、责任的轻重进行分配，对专业拔尖人才、高技能人才、专业技术人员给予岗位津贴。经过多年的改革，青岛港已形成了计件工资制、岗位工资制、项目承包工资制、含量包干工资制等多种分配形式，将收入与工作绩效直接挂钩，充分调动起员工“干一流，争第一，创品牌”的积极性。

（三）不断创新用人机制，为创建品牌提供充足的人才保证

青岛港坚持“人人都可以成才”的人才观，“德才兼备”的育人观，“德为重，信得过，靠得住，能干事”的选人观，“以能力论英雄”的用人观，不唯学历，不唯职称，不唯资历，不唯身份，唯贤是举，唯才是用，谁能干就让谁干，谁干出成绩就肯定谁。

创造条件让员工立足岗位、苦练绝活，做到“干什么，学什么；练什

么，精什么”。层层组织员工大教育、大培训、大练兵、大比武，轰轰烈烈地开展创建“工人先锋号”活动，人人争先创优、比学赶超，人人练绝活、创品牌。青岛港列出装卸效率排行榜，定期公布，定期奖励，引导员工苦练绝活、岗位成才，由此开辟了装卸生产的“秒时代”。“练绝活”说到底是争一流，就是在工作中自己和自己较劲，自己突破自己，自己超越自己。青岛港员工的绝活是市场竞争中的砝码，是强有力的竞争力。

练绝活、创品牌为港口培养了一支高素质的人才队伍。“振超效率”、“孙波效率”等行业效率享誉中外，桥吊专家、信息专家、揽货专家等行业专家各显神通，“零时间签证”、“亿瓶精装”等行业品牌驰名国际航运界，“万年速装”、“学良节油”等员工品牌闪亮海港。这些都成为青岛港“诚纳四海”品牌的有力支撑。现在，港口每个行业、专业和工种都涌现出数名乃至数十名领军人物，造就了数以万计的“五好岗位”员工、数以千计的练就一身绝活的专门人才和一大批拔尖创新人才。练绝活、创品牌，不仅成就了员工，而且使企业综合竞争力显著增强。

三、打造世界级大港，成就港口服务品牌

品牌也是企业实力的体现，没有强大的实力就难以塑造出知名品牌。青岛港瞄准国际航运业发展前沿，先后实施“夯基战略，创建名牌港口”、“超前战略，建设亿吨大港”、“中心战略，建设区域性国际航运中心”、“创新战略，建设创新型港口”、“强港战略，实现由世界大港向世界强港转变”五大战略，改造了一个百年老港，建设了三个现代化新港；在全国沿海港口中率先建成了一批世界级的集装箱、铁矿石、原油等大码头，做到了“世界上有多大的船舶，青岛港就有多大的码头”；培育了在我国沿海港口中独具特色的“五大综合优势”（集装箱、煤、油、矿、粮）。在青岛港做大做强的同时，“诚纳四海”服务品牌也随之名扬四海。

“诚纳四海”品牌既是青岛港集团整体实力的写照，同时也有力地推动了企业发展。“诚纳四海”品牌的打造，形成了一个巨大的“磁场”，吸引着国内外客户，推动了港口生产的快速跨越发展。如今，陆向北起东北三省、内蒙古，南至重庆、成都，西至乌鲁木齐，都有青岛港的货主和用户；海向已与世界上 130 多个国家和地区的 450 多个港口开通了航线，实现了航线全球通。

青岛港下属分公司也积极培育和维护自己的公司品牌，成为“诚纳四海”集团品牌的坚实支撑。以前港分公司的“卓越前港”服务品牌为例。前港公司按照青岛港“诚纳四海·振超效率”服务品牌的要求，以“用一流的服务，感动货主赢得货源；用一流的效率，为货主创造最大的价值；用一流的环境，提供优质服务”三个一流潜心打造“卓越前港”服务品牌，用真诚感动客户，用真心赢得货源，用实干促进发展。前港分公司“卓越前港”服务品牌为货主、用户提供优质服务承诺如下：

（1）以进一步落实港口对外服务的“三项原则”为主线，不断强化全员优质服务意识，建立对外服务过程记录台账，对各项对外服务进行全过程跟踪管理，重点加强对外服务“首问负责制”的推行，确保对外服务件件服务到位、管理到位，为顾客提供优质服务。

（2）加强对市场开发人员、调度人员、库场理货人员等关键岗位的服务意识教育，尤其注重对外答复问题、待人接物、业务交往等方面的言行举止，自觉增强优质服务意识，树好服务形象，以服务赢得客户信赖，培养忠诚客户群，促进港口发展。

（3）加强公司内部的行风廉政建设，加大内部监管力度，定期征求基层单位以及外部各相关方的意见和建议，有效杜绝吃拿卡要等方面问题。如有此类现象，坚决进行严肃处理，绝不姑息迁就。

（4）保证全天候地为顾客提供服务，24 小时装卸作业，24 小时办理入、提货手续，节假日港口生产照常进行、各种业务照常办理。

（5）关注顾客经济利益，合理安排生产作业，提高生产效率，压缩在港停时，保证在规定的时限内为顾客提供及时的装卸作业服务。

煤炭装船效率：昼夜 5.1 万吨以上。

矿石接卸效率：小港池昼夜卸矿 4.5 万吨以上；65~68 区昼夜卸矿 3.5 万吨以上；20 万吨码头昼夜卸矿 11 万吨以上。

市提车辆平均 4 小时内出港。

货物亏耗率控制在行业标准以内。

以优质、高效、低耗方式组织生产，降低客户成本，为客户提供超值服务，为公司争取更多货源，实现互惠双赢。

（6）坚持以顾客为中心，不断挖掘服务潜能，拓宽服务功能，主动地、创造性地为顾客提供个性化的、情感化的超值服务。

承办各种港口业务手续，做到简单、便捷；

协助客户办理、协调关、检、铁路等手续；

提供信息平台查询、联络、休息等服务。

（7）加强“货主之家”建设和管理，忠实地为顾客提供咨询、联络、休息等服务，急顾客所急，为顾客排忧解难。

（8）公司领导每年不少于两次、业务人员每季度不少于一次走访货主、用户。每年至少召开一次货主座谈会，至少组织一次集中的用户满意度调查，及时与货主、用户沟通交流。对货主、用户的意见、建议和投诉认真进行调查处理和整改，并在3日内反馈处理情况，不断增强顾客满意度。

第四节 品牌传播

品牌传播是品牌管理的重要内容。企业的品牌识别、品牌理念必须通过有效的传播手段，才能在客户和公众中形成一定的品牌形象。从我国企业品牌传播的实践看，大多数企业都是借助广告、促销等手段进行品牌传播。青岛港根据自身行业特点和企业实际情况，更善于利用媒体的新闻效应和借助社会力量进行品牌传播，通过媒体记者的新闻报道、专家学者的推广宣讲、各级政府的表彰奖励、广大客户的口碑相传，进行富有成效的品牌传播。从实践看，青岛港的品牌传播策略具有投入低、效果好、权威性强、可信度高的特点。

一、媒体新闻报道宣传品牌

港口行业属于服务业，其服务对象主要是货主和船公司。从信息传播的角度看，视听广告具有快速、传播面广等特点，但相对于消费品企业而言，它们并不特别适合于港口企业。青岛港很少做视听广告，而是另辟蹊径，借助媒体之力，利用新闻效应进行品牌传播和形象宣传。借助媒体新闻进行品牌传播，资金投入少，淡化了商业色彩，同时提高了品牌的可信性和可靠性。

青岛港改革开放以来创造的发展奇迹为媒体新闻报道提供了丰富素材。青岛港吞吐量由1978年的2000多万吨增至2011年的3.72亿吨，增长了17.6倍，2012年则一举超越4亿吨；集装箱吞吐量从1000个标准箱增至2011年的1302万标准箱，增长了1.3万多倍，2012年则实现了1450万标准箱；港口资产从1978年的1.8亿元增值裂变到2011年的300亿元，增长了166倍，2012年总资产则达到330多亿元。截至2011年，青岛港为国家创造了290多亿元优良资产和1700多亿元的海关入库收入来源。青岛港坚持“以人为本”，培育了一大批像许振超一样的新时代产业工人。青岛港从实际出发，走出了一条中国特色国企发展之路。这一切成绩，引起了从中央到地方各路媒体的广泛关注，他们从不同角度、不同侧面纷纷报道青岛港。自2006年以来，《人民日报》、《光明日报》、《经济日报》、《科技日报》、央视《新闻联播》等多家媒体，多次报道青岛港的先进经验和事迹。这些新闻报道，使社会各界逐步了解了青岛港，青岛港品牌知名度随之迅速上升。

二、专家学者调研推广品牌

青岛港的成就，引起了从事企业管理研究的专家学者们的关注。他们纷纷来到青岛港进行调研，用专业的视角，从理论的高度总结提炼青岛港的成功经验，发现青岛港在发展中存在的问题，以期对我国企业尤其是国有企业的改革和发展提供借鉴。青岛港本着对社会负责的使命感，以虚心请教的态度，热情接待来自高校和学界的学者们。

仅以近年的情况为例。我国企业管理界元老袁宝华先生虽年事已高，但仍多次来青岛港进行调研和指导工作，高度赞扬青岛港取得的成绩，积极向企业界推广青岛港经验。2003年，中国企业联合会潘承烈教授来青岛港调研，撰写了《百年老港换新颜——青岛港改革和发展的启示》的调研报告，该报告得到了中央领导的高度重视。中外管理杂志社社长杨沛霆教授率记者来青岛港调研、了解青岛港先进经验后，于2003年在中外管理杂志上发表文章隆重推介青岛港。目前，针对青岛港而写成的公开出版的著作有《常德传与青岛港》、《青岛港成功之道》、《新哥德巴赫猜想》和《腾飞的青岛港》。另外，中国人民大学、清华大学、中国社会科学院等国内多家高校和研究机构的专家学者先后到青岛港进行调研，把青岛港的成功之道撰写成论文、报告在媒体上发表，或编写成教学案例在课堂上宣讲。

媒体记者的调研主要是以新闻的视角解读青岛港，专家学者的调研则更多是从理论的高度探究青岛港的成功之道。专家学者的调研成果，无论

是在媒体上发表，还是在课堂上宣讲，或是上报上级领导，一方面可促进青岛港进一步改进工作，另一方面客观上对青岛港的企业形象和品牌起到了宣传作用。

三、政府表彰弘扬品牌

青岛港的发展经验和模式，引起了各级领导的高度重视。各级政府和有关机构给予了青岛港及其领导者和优秀员工许多表彰和荣誉。

近年来，青岛港先后获全国优秀企业、全国质量管理奖、全国文明单位、全国“五一”劳动奖、中国企业文化建设先进单位、全国创建和谐劳动关系模范企业、全国学习型组织标兵单位等数百项荣誉称号，成为全国港口行业唯一的示范“窗口”。2007 年 7 月，中共中央宣传部、中华全国总工会、交通运输部、中共山东省委、中共青岛市委在北京人民大会堂联合举办青岛港科学发展模式高层研讨会，主题是“科学发展观在青岛港的成功实践”。来自中央政策研究室、国务院研究室、国家发改委、中国社会科学院、中国人民大学、中央党校、北京科技大学、《人民日报》等单位的知名专家学者在发言中认为，青岛港尊重广大职工的主体地位和首创精神，推进科学管理，强化机制创新，承担社会责任，在坚持科学发展、构建和谐型创新型企业方面创造和积累了宝贵经验。在研讨会上，专家学者给予青岛港极大的荣誉，提高了青岛港的知名度。

青岛港获得重要表彰和荣誉后，媒体都给予热情的报道，政府领导也号召全国企业向青岛港学习，从而在客观上形成了对青岛港的宣传效应。许振超荣获“全国五一劳动奖章”后，其事迹被媒体新闻广泛报道，温家宝、贾庆林、曾庆红、黄菊、李长春五位中央政治局常委，王兆国、刘云山、贺国强三位政治局委员，都对学习、宣传许振超做出过重要批示。全国各大媒体先后播发了 600 多篇几十万字的长篇报道。在中宣部、交通运输部、全国总工会的统一安排下，许振超先进事迹报告团先后赴北京、上海、广东、青海等 14 个省市巡回宣讲 26 场次，在社会各界引起强烈反响。

政府给予的荣誉和肯定，无疑对青岛港的品牌传播发挥了极为重要的作用。在获得各种荣誉后，青岛港并没有满足现状，而是抓住各种表彰所带来的机遇，寻找差距，不断完善，使企业管理水平不断登上新层次、企业绩效不断攀升。

四、推介会和恳谈会传播品牌

青岛港每年都联合船公司、海关等机构到全国各地举办推介会。重要的推介会，有时由集团董事局主席亲自带队。在推介会上，青岛港不仅介绍自己的港口条件、优质服务、合理费率，以利益吸引客户；而且还同时介绍青岛港的企业文化、品牌理念，以精神力量赢得客户信赖。此外，青岛港还经常组织由客户参加的恳谈会。恳谈会既是了解客户需求的好方式，也是青岛港展示自己的好机会。青岛港利用推介会和恳谈会这样的途径传播自己的品牌形象，虽不如广告的传播面广，但针对性更强，而且这种人与人之间的直接交流，使品牌更可信赖、更具有感染力。

第八章　企业文化

美国哈佛大学教授特雷斯·迪尔和麦肯锡咨询公司顾问阿伦·肯尼迪于1981年出版了《企业文化——企业生存的习俗和礼仪》。该书成为论述企业文化的经典之作。该书用丰富的例证指出：杰出而成功的企业都有强有力的企业文化，有为全体员工共同遵守、但往往是自然约定俗成的而非书面的行为规范；有各种各样用来宣传、强化这些价值观念的仪式和习俗；企业文化这一非技术、非经济的因素，影响了企业决策、人事任免和员工们的行为举止；在其他条件都相差无几的两个企业中，文化的强弱对企业发展所产生的后果完全不同。

企业文化是企业在生产经营实践中逐步形成的、为全体员工所认同并遵守的具有本组织特点的使命、愿景、宗旨、精神、价值观和经营理念，以及这些理念在生产经营实践、管理制度、员工行为方式与企业对外形象上的体现的总和。企业文化包含着非常丰富的内容，其核心是企业的精神和价值观。企业精神是指企业基于自身特定的性质、任务、宗旨、时代要求和发展方向，并经过精心培养而形成的企业成员群体的精神风貌。企业精神以价值观念为基础，以价值目标为动力，对企业经营哲学、管理制度、道德风尚、团体意识和企业形象起着决定性的作用。企业价值观，是指企业职工对企业存在意义、经营目的、经营宗旨的价值评价和为之追求的整体化、个异化的群体意识，是企业全体职工共同的价值准则。只有在共同的价值准则基础上才能产生企业正确的价值目标，有了正确的价值目标才会有奋力追求价值目标的行为，企业才有希望。因此，企业价值观决定着职工行为的取向，关系企业的生死存亡。

企业文化是企业不断开拓创新、发展进步的灵魂，尽管无声无息，却力大无比。企业管理的最高境界是文化管理，企业的最强竞争力其实是文化力。企业文化具有以下功能：导向功能，企业文化对企业领导者和职工起引导作用；约束功能，企业文化通过完善管理制度和道德规范来约束员工行为；凝聚功能，企业文化可以在企业中造就一种团结友爱、相互信任的和睦气氛和团体意识，增强企业的凝聚力和向心力；激励功能，共同的价值观念使职工感到自己存在，理解行为的价值，自我价值实现是人的最高精神需求的一种满足，这将形成强大激励力量；辐射功能，企业文化不仅在企业起作用，也能通过各种渠道对社会产生影响。

文化基因是成就青岛港的重要元素。企业生存和发展从根本意义上取决于“道”和“术”两个层面。企业基于“术”的层面的成功，能迅速完成创业期的高速成长，赢得相对比较优势，取得生命周期中阶段性的辉煌和胜利。然而，企业的可持续发展最终取决于“道”的层面，“道”的层面上的成功，本质上是文化意义上的成功。青岛港坚定不移地以文化为载体，牢固树立起“三大使命”、“三个一代人”精神和“建设东北亚国际航运中心，营造平安和谐家园”的共同愿景，成功构建了广大员工共有的精神家园。青岛港人以顽强的意志、超前的胆识和大无畏的气概，创造出丰厚的港口物质文化；以持续的学习、不断的创新和扎实的管理，探索出科学的港口制度文化；以坚定的信念、真挚的感情、无比的珍惜和无私的奉献，打造出意境高远、催人奋进的港口精神文化。

第一节　使命与精神

企业文化总体上可分为核心层文化和表层文化两部分。核心层文化是企业文化的灵魂，是企业长期经营管理实践的精华，由企业使命、企业精神、核心价值观和经营管理理念所构成。其中，企业使命、企业精神和核心价值观是企业文化的统领，而经营管理理念是企业使命、企业精神和核心价值观在企业经营管理领域的具体体现。表层文化是企业核心层文化的外在表现形式，是企业文化最直观的部分和人们最易于感知的部分，包括形象识别、行为识别和环境识别。青岛港的企业文化体系如图 8-1 所示。

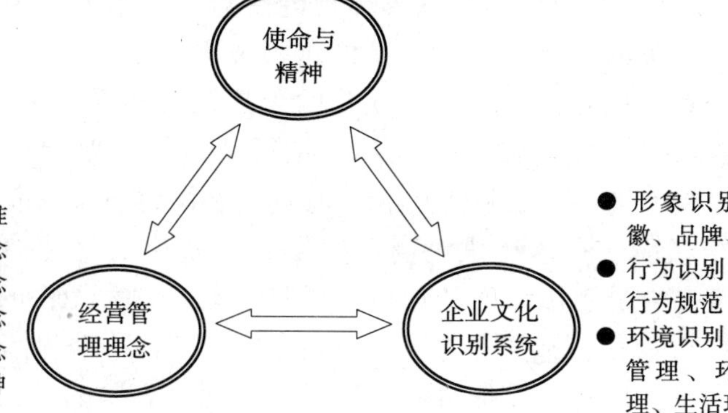

图 8–1 青岛港的企业文化体系

青岛港在发展实践中形成了"三大使命"、"三个一代人"精神和"信念，感情，珍惜，奉献"的核心价值观，构筑起全体员工共同认可和遵循的企业文化。这些使命、精神和核心价值观，既是企业过去经营管理实践经验的总结，也是企业未来持续发展的精神动力。

一、青岛港的使命和精神

青岛港企业文化的核心，一是青岛港的发展使命，"精忠报国，服务社会，造福职工"；二是青岛港精神，"一代人要有一代人的作为，一代人要有一代人的贡献，一代人要有一代人的牺牲"。

"三大使命"产生于 2005 年 7 月召开的青岛港九届十五次职代会，该会正式将"精忠报国，服务社会，造福职工"明确为青岛港的发展使命。"三个一代人"精神最早产生于 1988 年底，当时青岛港处于计划经济向市场经济转变的关键时期，需要广大干部承担起发展港口、为国家多做贡献、让职工过上好日子的职责。青岛港领导者率先垂范，发挥先锋模范带头作用，提出"一代人要有一代人的作为，一代人要有一代人的贡献"，带领广大港口职工团结一心，共同奋斗。后来，在青岛港港口战略西移过程中，近万名职工顾全大"我"、牺牲小"我"，"一代人要有一代人的牺牲"成为广大青岛港员工的自觉行为。进而，"一代人要有一代人的作为，一代人要有一代人的贡献，一代人要有一代人的牺牲"成为青岛港精神。

“三大使命”和“三个一代人”精神是青岛港企业文化的灵魂，是青岛港整体的精神写照。“三大使命”体现的是国家、集体、个人三者之间的关系；“三个一代人”精神体现的是为己、为人、为公的关系。正是因为有这样强烈的使命感和崇高的精神境界，青岛港员工展现出艰苦奋斗、无私奉献、创新发展、敢为人先的崇高境界和硬骨头精神，爱心、奉献、沟通、协调成了青岛港员工的自觉行动，使青岛港不仅具有“干就干一流，争就争第一”的精神风貌，而且具有团结友善、信任协作、温馨和谐的精神氛围。在这种意境高远的发展使命和企业精神的强力支撑及引导下，青岛港员工以顽强的意志、超前的胆识和大无畏的气概，成就了港口的发展大业，打造了丰厚的文化底蕴，造就了“金牌工人”、“金牌团队”和一大批“德为重、信得过、靠得住、能干事”的员工队伍，形成了万众一心、众志成城的良好态势。下面从三个方面来阐述青岛港企业文化的灵魂——青岛港的使命和精神。

（一）“三大使命”和“三个一代人”精神，体现了职工命运、企业命运和国家命运的和谐统一

青岛港的“三大使命”，其具体含义，对国家，是顶天立地的共和国的长子，是当之无愧的祖国母亲的孝子；对社会，是坚不可摧的中流砥柱，是以港兴市的开路先锋；对员工，是员工大有作为的广阔舞台，是员工施展抱负、营造幸福生活的坚强后盾。“三个一代人”精神，则体现了青岛港人艰苦奋斗、无私奉献、创新发展、勇争第一的精神风貌。从“对国家的贡献要越来越大”，到当好共和国的“长子”，再到“三大使命”和“三个一代人”精神，青岛港企业文化的内涵更加丰富，意义更加深远，境界也越来越高，体现了职工命运、企业命运和国家命运的和谐统一。

“三大使命”和“三个一代人”精神，坚持尊重人的尊严、关注人的价值、保障人的权益，努力实现人的全面发展，而且将个人价值实现与社会发展和国家命运有机连接。从青岛港实践看，要做有理想、有道德、有文化、有纪律的“四有”青岛港人，青岛港人要恰当地扮演自己的角色，以自己的合法劳动从社会获取应得的利益，从而能够各尽所能、各得其所；随着社会发展进步，青岛港人要成为不断学习、终身学习的学习型人员，以适应现代学习型社会的要求；从资源配置方面看，要建立有效的激励机制，在合理的社会差别的基础上，把社会资源和社会机会尽可能公平

地分配给每一位员工，并通过流动机制使员工都有机会通过努力实现自己的理想，最终达到企业成员多赢互利、企业稳步发展和社会和谐统一的目的。

在这种精神感召下，青岛港培育了以许振超为代表的爱岗敬业、无私奉献的金牌工人队伍，培育了“一心为民，造福职工”的金牌领导班子，培育了人老志强、干劲不减当年的老同志队伍，培育了一心为港、无怨无悔的家属队伍，创出了强港富民的辉煌业绩。

（二）“三大使命”和“三个一代人”精神，体现了继承与创新的和谐统一

“三大使命”和“三个一代人”精神，是一切从实际出发的结果，是“不唯书，不唯上，只唯实”的结果，是不断发展、与时俱进的结果。青岛港的指导思想、“四条工作标准”、“六大关系”和“八个始终坚持”是青岛港“三大使命”和“三个一代人”精神的生动写照，体现了青岛港企业文化继承与创新的和谐统一。

青岛港的指导思想：以科学发展观统领全局，坚持一切从实际出发，实事求是，把青岛港自己的事情办得更好。

青岛港的“四条工作标准”：是否有利于增加对国家的贡献；是否有利于增强港口的发展后劲和竞争实力；是否有利于提高职工的生活质量；是否有利于提升职工的素质。

需要正确处理的“六大关系”：一是正确处理继承与创新的关系；二是正确处理发展与造福的关系；三是正确处理决策与风气的关系，四是正确处理承诺与责任的关系；五是正确处理信念与求实的关系；六是正确处理班子与队伍的关系。

青岛港的“八个始终坚持”：始终坚持港口的发展要瞄准世界先进的航运市场；始终坚持一切以客户为中心的服务理念；始终坚持改革开放和管理；始终坚持一心为民、造福职工，职工的事再小也是大事、再难也要办好，使广大员工成为改革开放的最大受益者；始终坚持以人为本、苦练内功，狠抓“三基”，使港口的基础越来越坚实，抵御各种风险、战胜各种困难的信心更加牢固；始终坚持主业兴、百业旺；始终坚持“两手抓、两手都要硬”，使港口的精神文明和物质文明同步发展，使港口员工的政治素质、业务素质和技术素质更加适应现代化港口的需要；始终坚持行之有效的各种方针政策，并且在实际工作中很好地运用。

指导思想的精髓是解放思想、实事求是、与时俱进，目的是“走好自己的路，办好自己的事，建好自己的家”；“四条工作标准”是决定港口各项改革措施取舍和检验各项工作得失的根本标准，正确处理“六大关系”是工作的着力点，“八个始终坚持”显示了青岛港的信念和品格。从指导思想到“四条工作标准”、“六大关系”和“八个始终坚持”，青岛港所有的理论经验和实践目的，始终围绕的是“三大使命”，始终依托的是“三个一代人”精神。“三大使命”和“三个一代人”精神，既把握了指导思想和“四条工作标准”的政治基调，又承载了“六大关系”和“八个始终坚持”的丰厚内涵，既体现时代性又富有创造性。“既不割断历史，又不迷失方向；既不落后于时代，又不超越阶段”，是对青岛港“三大使命”和“三个一代人”精神所体现的继承与创新和谐统一的生动表述。

（三）“三大使命”和“三个一代人”精神，体现了责任和服务的和谐统一

青岛港对自身价值和作用的定位，始终站在科学发展观的高度上，以“三大使命”和“三个一代人”精神为企业行动纲领，做到责任和服务的和谐统一，使企业经济效益和社会效益相得益彰。

青岛港使命和精神中所蕴涵的责任和服务的统一，首先体现在成就员工上。青岛港始终坚持“只要肯学肯干，人人都可以成才”的人才观，“德才兼备”的育人观，“德为重，信得过，靠得住，能干事”的选人观，“以能力论英雄，谁干得好就叫谁干”的用人观，为广大员工的成长搭建了广阔舞台。在青岛港，人人都可以成才，人人都可以圆梦，人人都可以成为港口建设发展的中流砥柱。

“诚纳四海”，诚心实意地服务客户，是青岛港责任和服务和谐统一的又一体现。面对港口由管理型向服务型的转变，青岛港敏锐而迅速地明确提出“港口装卸生产主战场在港外”和“全国960万平方公里都是青岛港的经济腹地”的大市场、大服务观念，提出了“没有货主、没有用户，青岛港就没有饭吃；货主满意就是港口质量工作标准；价格优惠，手续便捷，24小时服务”为货主服务的“三项原则”，树立了“以市场为导向”、“以客户为中心”的生产经营理念。后来，青岛港继续将这一理念升华为“诚纳四海”服务品牌。如今，“诚纳四海”和“振超效率”一起，成为青

岛港的象征，叫响世界航运界。青岛港宁肯自己千难万难也不让货主、船东一时犯难，不分分内分外，只要货主、用户需要，就努力做到。内陆货物进出口有困难，青岛港就联合海关、铁路、船公司开通直达青岛港码头前沿的集装箱直通式运输，把青岛港“搬”到了内地。对货主的货物，青岛港把“矿粉当面粉”，员工随身都带有一把小扫帚，随时打扫，颗粒归垛。

青岛港还充分发挥港口的独特作用，积极推动腹地经济发展。青岛港的发展有力地促进了青岛市财政税收的增加，也有力地带动了海运业、集疏运业、仓储业等港口关联产业，保税业、造船业、贸易、石化等港口依存产业，以及与港口经济活动有关的金融、保险、土木工程、旅游等港口派生产业的发展，为青岛市和山东省的经济发展增添了强大动力、做出了突出贡献。同时，青岛港致富不忘回报社会，不忘国企的社会责任，年年开展向贫困地区捐助活动、与革命老区对口帮扶活动。

二、青岛港的核心价值观及其基本要素

企业价值观是企业全体员工对企业的生产、经营、服务等活动的一般看法或基本观点。企业核心价值观为企业的生存发展提供了基本的方法和行动指南，为企业成员形成共同的行为准则奠定了基础。企业核心价值观是整个企业文化系统，乃至整个企业经营运作、调节、控制与实施日常操作的文化内核。许多著名企业家都认为，一个企业的长久生存，最重要的不是企业的资本或管理技能，而是正确的企业价值观。

青岛港的核心价值观是“信念，感情，珍惜，奉献”。青岛港的核心价值观产生于1994年。自1988年青岛港新领导班子上任以来，群众性的思想教育活动一直是青岛港工作的重要组成部分。1994年，领导干部到基层11个单位参加“夏练三伏”劳动调研，在八易其稿的基础上，青岛港制定了“为装卸一线服好务，为广大职工多办事”政策。1994年8月，青岛港举办局处室领导和基层单位一把手学习班，贯彻“为装卸一线服好务，为广大职工多办事”决定，并围绕着“信念，感情，求实，谨慎，奋进”集中讨论如何当一名合格的干部。在该学习班上，青岛港提出企业的思想政治工作应围绕“信念，感情，珍惜，奉献”而开展，由此最终形成了青岛港的核心价值观。

青岛港核心价值观的含义如下：信念，是指在市场经济和改革开放的新形势下，青岛港要坚定国有企业一定能够搞好的信念，坚定落实青岛港

的指导思想和执行“四条标准”的信念。感情，要切实增强对中国的感情，对港口发展事业的感情，对自己工作岗位的感情；领导对职工要有感情，职工对企业要有感情，使港口成为充满亲情、人气旺盛的大家庭。珍惜，要珍惜、维护和发展青岛港今天来之不易、安定团结、政通人和的大好局面，并且把这种珍惜转化为认识上的居安思危、作风上的卧薪尝胆、工作上的爱岗敬业。奉献，要坚持人民群众的利益第一，坚持港口发展的大局第一，无怨无悔、身体力行、自觉奉献。奉献是坚定信念、增进感情和加倍珍惜的集中体现。青岛港的核心价值观，体现了员工个体价值与企业价值的一致性，因而成为全体员工的共识，成为企业持久发展的精神支撑。

青岛港“信念，感情，珍惜，奉献”的核心价值观由四个基本要素来支撑，即发展、风气、机制和伦理。

（一）发展

发展是和谐的基础。中国古代思想家管仲曾说：“凡治国之道，必先富民。民富则易治也，民贫则难治也。”发展，是科学发展观的应有之义，也是青岛港核心价值观的体现和支撑力量。青岛港深刻把握科学发展观的精髓所在，遵循“一切妨碍发展的思想观念都要坚决突破，一切束缚发展的做法和规定都要坚决改变，一切影响发展的体制弊端都要坚决革除”的原则，在思想上脱胎换骨，在改革上大胆突破，不仅闯出了一条独具特色的科学发展之路，而且创造了一套越来越成熟的和谐文化。

青岛港在发展实践中，先后实施了“夯基战略、做好青岛港”，“超前战略、做大青岛港”，“中心战略、做强青岛港”和“创新战略、做久青岛港”等四大发展战略，使青岛港不断迈上新台阶。青岛港的发展理念也实现了从“自我加压，加快发展”，到“历史从来不加注解，发展创造一切”，再到“挑战极限，突破瓶颈，超越自我，实现1>2”的历史性跨越。近年来，青岛港又提出“科学发展，长盛不衰”和“以人为本，人才强港”战略。这一系列的发展观点和理念，既是对已有发展的经验总结，也是对未来发展的思路指导，对企业文化形成起到了至关重要的推动作用。

（二）风气

青岛港认为，没有发展，就没有和谐；没有良好的风气，也没有和谐。青岛港一贯强调“决策失误，全盘皆输；风气不正，一事无成”。大多数人评价领导，一是看领导平时怎么干，二是看领导在关键时刻怎么干。青岛港在企业文化建设中，尤其强调领导干部风气的重要性。

青岛港确立了领导干部的“六种风气”：坚定信念，敢讲真话；一心为民，造福职工；真抓实干，艰苦奋斗；说到做到，“三老四严”；廉洁勤政，谦虚谨慎；勤奋学习，锐意进取。领导干部的“六种风气”始终是青岛港干部队伍建设的“座右铭”。干部队伍以良好的风气弘扬了正气，在员工中树立起良好形象，推动了港口发展。

青岛港十分重视领导干部的以身作则。正如常德传所说：“一个人处在领导岗位，下面有几千只眼睛、几万只眼睛在盯着你，听你的言，观你的行，在心中给你打分，感觉着值不值得跟着你干。如果一个领导者总是让群众去奉献，自己总是贪图享乐，那在这个集体里永远也不会形成奉献之风。”因此，青岛港把“如何做一个合格的干部”当作重要问题反复强调，并组织开展“我心中企盼的领导干部”的大讨论，启发领导干部的良知，教育干部对上负责、让领导放心；对下负责、让职工满意；对自己负责、终生无悔。

青岛港提出，各级领导干部要“让职工踩着自己的脚印上班，自己踩着职工的脚印下班”，领导干部要始终坚持“冬练三九，夏练三伏”劳动调研。在节假日，往往是“职工过节，领导过关”。领导干部的行动成了无声的命令，其奉献精神对全港员工产生了巨大的激励和教育作用，全港正气蔚然成风。

（三）机制

不存在速成的企业文化，因为企业文化的建设和形成需要长期的艰苦努力。完整的企业文化手册、规范的制度文化和形象识别系统，仅仅是企业文化建设的开始。青岛港核心价值观的形成，是在长期的发展实践中经验的积累，不断完善的机制建设是其形成和有效实施的保障。

青岛港年年不断、系列的教育活动给青岛港织就了一张无形的文化管理网，形成和巩固了青岛港的核心价值观，通过沟通信仰、传递愿景和企业实践，孕育着青岛港的企业文化，强化着核心价值观。除了系列教育和学习之外，青岛港结合港口实际，坚持以人为本管理理念，形成了一套完善的组织机制、激励机制、领导机制和创新机制，这些机制既是企业价值观和企业文化的具体表现，又是企业价值观和企业文化的保障机制。

青岛港形成了职能清晰的基于五级管理模式的岗位管理体系，建立了一种能上能下、能进能出、充满活力的进退留转机制；基于责权利相统一的原则进行绩效评价与考核，对员工的工作绩效给予科学评价；创建了以贡献为主，兼顾公平的高风险、高技能、高贡献、高激励的分配机制，激励先进，鞭策后进，做到人人有作为、有贡献。在这一系列机制设计下，领导者行为、员工行为和企业的生产、经营和管理活动都以企业的核心价值观作为基本准则。在这种鲜明价值观和企业文化的指引下，企业员工按照行为准则行动并自我激励，每个岗位都充满生机和活力，每名员工都自觉学习和积极工作。

（四）伦理

企业伦理，是企业为社会或某团体所期望的行为规范，而且是已经超越了法律要求范围的行为规范。企业伦理包括社会期望、公平竞争、合作行为、社会责任等行为规范。青岛港的企业伦理突出表现在对领导干部的要求上：在发展上，先港口之忧而忧，后港口之乐而乐；在造福上，先员工之忧而忧，后员工之乐而乐。

在青岛港，领导和员工之间利益的先后选择，塑造了良好的港口风气。在关系员工利益的事情上，青岛港秉承先员工后领导、先一线后机关的原则。青岛港要求领导干部：工作上向高标准看齐，生活上向低标准看齐。正是因为这样，各级领导干部起到了良好的表率作用，极大增强了港口的凝聚力和向心力。

在青岛港，领导和员工之间的和谐相处，打造了融洽和睦的人文环境。青岛港企业文化倡导互相信任、互相尊重、宽容谦让和上下平等，对人性的尊重和信任主要表现在授权管理、民主管理、创造融洽和睦的人际关系及宽松愉快的精神环境。在青岛港，随处都能感受到一种和谐亲情的氛围，一种博大深邃的企业精神，这种向心力、凝聚力的巨大效能，有企业文化对员工的熏陶和感染，也有企业文化对员工利益和成长的重视。

在青岛港，对于义、利的正确选择，实现了青岛港与社会的和谐一致。义利统一也就是精神与物质的统一，二者兼顾是企业发展中应尽的义务和应有的责任。从长远看，企业如果急功近利、唯利是图，甚至见利忘义，最终必然丧失信誉，失去顾客的信赖和支持，失掉整个市场。青岛港

恪守企业道德，坚持义利统一，提高了企业的美誉度和社会地位。

第二节　核心层文化

核心层文化是青岛港企业文化的灵魂，是青岛港长期经营管理实践的精华和思想精髓。青岛港核心层企业文化由企业使命、企业精神、核心价值观和经营管理理念构成。企业使命、企业精神和核心价值观为经营管理理念奠定了基调，而经营管理理念是企业使命、精神和核心价值观在经营管理领域的具体体现。

一、指导思想

指导思想：坚持党的基本路线，坚持邓小平理论、"三个代表"重要思想，全面贯彻落实科学发展观，一切从实际出发，把青岛港自己的事情办得更好。

港口事业须以正确的理论为指导，解放思想、实事求是、与时俱进，走好自己的路，办好自己的事，建好自己的家。

二、发展使命

发展使命：精忠报国，服务社会，造福职工。

青岛港对国家，是顶天立地的共和国的"长子"，是当之无愧的祖国母亲的"孝子"；对社会，是坚不可摧的中流砥柱，是以港兴市的开路先锋；对员工，是员工大有作为的广阔舞台，是员工施展抱负、摆脱贫困、营造幸福生活的坚强后盾。

（1）精忠报国。坚持科学发展观，讲责任、讲诚信、讲人格，一心为民、一心为公、一身正气，把个人命运与港口命运紧紧联系在一起，为国家建设做出青岛港人应有的贡献。

（2）服务社会。始终坚持为货主用户服务的"三项原则"，"宁可自己千难万难，也不让货主用户一时犯难"。每名青岛港人都要追求卓越，以一流的质量、一流的效率、一流的发展，为客户赢得一流的效益，为社会贡献一流的业绩。

（3）造福职工。“一心为民，造福职工”是领导干部六种风气的首要内容。领导干部要带领职工发家致富奔小康，使广大职工摆脱贫困，摆脱落后，摆脱愚昧，过上红红火火、幸福美满的新生活。广大职工当家做主，安居乐业。港口大家庭充满亲情，人气旺盛。

三、企业精神

企业精神：一代人要有一代人的作为，一代人要有一代人的贡献，一代人要有一代人的牺牲。

企业精神是一个企业的精神支柱，对整个企业文化起着统领作用，成为凝聚企业成员共同奋斗的精神源泉。在长期的港口发展过程中，青岛港码头工人展现出艰苦奋斗、无私奉献、创新发展、勇争第一的精神风貌，孕育出“三个一代人”精神的崇高境界，为企业改革发展稳定提供了不竭的精神动力。

（1）一代人要有一代人的作为。以加快港口发展为己任，牢记“三大使命”，永葆创业本色，瞄准港口长盛不衰的战略目标，做到与时俱进、深化改革、加快发展、永不满足、永不灰心、永远前进。

（2）一代人要有一代人的贡献。通过全港员工的共同努力，使青岛港对国家的贡献越来越大，港口发展后劲和竞争实力越来越足，职工生活质量越来越好，精神文明建设水平越来越高，打造出一个更大、更美、更富、更强的全新青岛港。

（3）一代人要有一代人的牺牲。胸怀强烈的事业心和责任感，为了港口事业发展勇于牺牲、甘于奉献、弘扬正气、淡泊名利，把对事业的追求融于岗位奉献中，在青岛港发展中实现自身价值。

四、核心价值观

核心价值观：信念，感情，珍惜，奉献。

（1）信念。在市场经济和改革开放的新形势下，坚定走建设有中国特色社会主义道路的信念；坚定国有企业一定能够办好的信念；坚定落实青岛港的指导思想和执行“四条标准”的信念。

（2）感情。没有感情，就没有水平。要切实增强对中国社会的感情、对港口发展事业的感情、对自己工作岗位的感情。领导对职工要有感情，职工对企业要有感情，使港口成为充满亲情、人气旺盛的大家庭。

（3）珍惜。珍惜、维护和发展青岛港今天来之不易、安定团结、政通人和的大好局面，并且把这种珍惜转化为认识上的居安思危、作风上的卧薪尝胆、工作上的爱岗敬业。

（4）奉献。坚持人民群众的利益第一，坚持港口发展的大局第一。无怨无悔、身体力行、自觉奉献，为港口事业做到生命不息、奋斗不止。

五、共同愿景

共同愿景：建设东北亚国际航运中心，营造平安和谐家园。

（1）建设东北亚国际航运中心。把青岛港建设成东北亚国际航运中心，是基于青岛港的现有实力、发展潜力，特别是在全国港口乃至世界航运界的突出地位和发展前景而确定的战略目标。认清青岛港对青岛市和全国经济发展的推动作用，认清青岛港建设东北亚国际航运中心的基本条件和存在的差距，卧薪尝胆，奋发图强，承担起历史重任。

（2）营造平安和谐家园。保证政治平安、生产平安、治安平安、消防交通平安，创造港口发展稳定的环境。不仅要营造干群之间、上下级之间、单位之间、工序之间、工种之间的和谐关系，还要营造人与自然、生产与环境、港口与社会之间的和谐关系，使员工成为改革发展的最大受益者，不断增强港口的向心力、凝聚力，建设幸福和谐的港口大家庭。

六、工作标准

工作标准：是否有利于增加对国家的贡献，是否有利于增强港口的发展后劲和竞争实力，是否有利于提高职工的生活质量，是否有利于提升职工的素质。

青岛港的“四条标准”是青岛港于1992年借鉴邓小平提出的“三个有利于”标准并结合港口实际而提出来的。“四条标准”是港口改革发展理论与实践的有机结合，是决定港口各项改革措施取舍和检验各项工作得失的根本标准。青岛港的各项工作，是给自己干的，不是给别人看的；目标是“对国家的贡献越来越大，港口发展后劲和竞争实力越来越强，职工生活质量越来越好，职工素质越来越高”。正是坚持解放思想、实事求是和检验工作的四条标准，青岛港才能明确工作的着力点并不断校正港口发展的方向。

七、发展理念

发展理念：自我加压，加快发展；历史从来不加注解，发展创造一切。

对企业发展而言，不进则退，小进也是退，只有企业发展了，问题和矛盾才会迎刃而解。面对港口的新形势，唯一的出路就是走自主创新型、资源节约型、环境友好型、质量效益型、管理精细型、亲情和谐型的发展道路，手把红旗不放，排头兵位置不让，自力更生，艰苦奋斗，牢牢把握自己的命运，不断超越自我，实现长盛不衰。

青岛港的发展理念是在企业发展过程中逐渐形成并完善的，表达了青岛港人与时俱进、挑战极限、高速发展的决心。发展理念的内涵有以下五点。

（1）自我加压，加快发展。无论外部形势怎么变化，无论顺境还是逆境，青岛港始终“咬定青山不放松”，坚定国有企业一定能够搞好的信念，准确把握市场经济的脉搏，卧薪尝胆、奋发图强，不断挖掘新的增长点，创造了一个又一个令世人瞩目的斐然成就。

（2）历史从来不加注解，发展创造一切。市场经济不相信眼泪，发展上去就是英雄好汉，发展不上去，就没有必要也没有颜面强调曾经遇到过多大困难，又为之付出过多少努力。青岛港正是因为把发展这个永恒的真理升级成为永恒的追求，才使青岛港人最终告别了几代人受苦受穷的历史，摆脱了贫困、摆脱了落后、摆脱了愚昧，过上了美满幸福的新生活。

（3）数字思维，实现快、新、高。在信息时代，用数字思维逐渐替代模拟观念，不断地开拓新出路、寻求新突破，并通过“快、新、高”实现飞跃。“快”，是快节奏、高效率，任何工作一秒一秒地挤、一分一分地抢。“新”，是新流程，推行科学流程，追求卓越绩效。“高”，是高科技，站在科学高端，走在技术前沿，靠科技强管理、深挖潜。

（4）挑战极限，突破瓶颈，超越自我，实现“1>2”。以人的潜能开发为动力，以资源挖潜和深度开发并举为模式，以一个港口产生两个港口的效益为目标，使“1>2”、“l>N”这些理论上的不可能变成实践中的可能，推动港口跨越发展。

（5）大兴“四大风尚”。面对新起点、新机遇、新阶段，要大兴学习的风尚、研究的风尚、创新的风尚、造福的风尚，全港上下挑战极限，超越自我，走出一条自主创新型、资源节约型、环境友好型、质量效益型、亲情和谐型的科学发展之路。

八、管理理念

管理理念：苦练内功，强基固本；以我为主，博采众长；融合提炼，自成一家。

青岛港在管理理念上，遵循世情、国情、社情，既立足现实，又面向世界，既充分发挥国有企业的传统优势，又积极吸纳先进的现代管理理念。青岛港构建起职责明确的“五级管理格局”，创建了“员工品牌”激励机制和“三对比一分析”绩效分析方法等一系列行之有效的管理方法，全面修订了企业管理标准，探索形成了独具特色的青岛港管理模式。

九、经营理念

经营理念：质量、服务、信誉是青岛港的生命线；港航联盟、港货联盟、港港联盟，实现本土化与国际化的最佳融合。

青岛港以诚信服务赢得客户，以合资合作拓宽市场，牢牢把握资金这条港口发展的生命线，深入开展科技创新，不断挖掘资源潜能，引领中国沿海港口资源整合、裂变扩张的新思维，用大智慧、大谋略赢得发展新格局。青岛港采取“内抓管理，外塑形象”的经营策略，对内实施“质量兴港，科技兴港，实干兴港”的经营方针，不断加强管理，追求卓越，以此赢得客户，揽取货源，为港口快速发展奠定坚实的基础；对外实施“合作为仁，实现共赢”的经营方针，港航联盟、港货联盟、港港联盟，为港口发展创造良好的外部环境。青岛港经营理念的具体内涵有以下四点：

（1）质量兴港。青岛港牢固树立“质量、服务、信誉是青岛港的生命线”的观念，不断加强“五个文明”（文明装卸、文明生产、文明施工、文明环境、文明服务）管理，大力实施名牌战略，坚定地走质量效益型发展道路。全港形成了把保证质量和服务、维护信誉作为第一需要和自我要求的浓厚氛围。

（2）科技兴港。青岛港贯彻“科学技术是第一生产力”的方针，注重科学技术与生产实践的紧密结合，紧紧围绕港口装卸主业，以工属具革新和装卸工艺改进为重点，不断加快科技成果转化为港口生产力的步伐，不断开创港口科技工作的新局面。

（3）实干兴港。青岛港以真理的力量、人格的力量、情感的力量和民主的力量团结职工队伍。全港员工以蓬勃的朝气、昂扬的锐气和浩然的正气，提高素质，求真务实，真抓实干，为青岛港的跨越大发展、共奔新小康做出了贡献。

（4）合作为仁，实现共赢。“仁”是含义深刻的道德规范。合作为仁，是用一种仁爱的道德与客户合作；实现共赢，是既站在自身角度争取利润，又站在客户角度让渡利润。这种理念，既是青岛港“回头客”源源不断的重要缘由，也是青岛港在国内外争取更多客户的重要举措。在这种理念指引下，青岛港以服务全国、连通世界为方向，海上、陆向双向扩张市场，与许多客户和公司实现了港航联盟、港货联盟和港港联盟，实现了本土化与国际化的最佳融合。

十、创新理念

创新理念：人人创新，岗岗创新，共建创新强港。

青岛港创新理念的具体内容是：创新思想，不断超越自我；创新目标，实现更好更快的发展；创新效率，创造更多的全国、世界纪录；创新服务，让“诚纳四海”、“振超效率”名扬四海；创新机制，使港口发展的活力竞相迸发；创新开放，引进更多的世界500强；创新管理，展示青岛港现代化国际亿吨大港的风范；创新队伍，人人都脱胎换骨，做到“德为重，信得过，靠得住，能干事”，一身正气，一心为公。

青岛港树立岗岗创新、行行创效的科技观，开展全员全过程的主体创新、全面创新、应用创新，构建起全员参与的创新体系，人人参与创新，人人参与攻关，使青岛港不断焕发出勃勃生机。在创新中提高，在创新中发展，在创新中超越，使青岛港欣欣向荣、朝气蓬勃。

青岛港每年开展“千项软件开发”活动，鼓励人人用科技武装自己，人人参与科技开发，人人助推科技升级，着力破解“五大难题”（确保安全、提高生产效率、降低劳动强度、促进节能减排、缩短在港时间），实现从劳动密集型到技术密集型、从传统装卸服务到现代航运服务、从“信息孤岛”到“信息集成”、从“单项应用”到“协同应用”的革命性转变，在技术上不断转型升级和更新换代，在科学发展道路上不断阔步前进。

十一、人才理念

人才理念：科教强港，科技强港，人才强港；谁能干谁干，人人都可以成才。

企业之间的竞争，归根结底是人才的竞争。人才是企业兴盛之基、发展之本。青岛港在生产经营过程中逐渐形成了独具特色的人才理念，营造了人人可以成才、人人干事创业、人人发展提升的良好氛围，增强了员工成才的信心和愿望。青岛港以“德为重，信得过，靠得住，能干事”为标准，不唯学历、不唯职称、不唯资历、不唯身份、不唯年龄，用先进的文化凝聚人、培育人，用灵活的机制激励人、鼓舞人，造就了以许振超为代表的一大批高层次的科技人才和敢打必胜的职工队伍，为企业发展提供了强有力的人才保证。概括来说，青岛港人才理念的内涵有以下两点：

（1）德为重，信得过，靠得住，能干事。这是在青岛港践行多年的用人理念和标准。德为重，体现了中华民族的评人论事的标准；信得过，是群众路线在用人上的反映；靠得住，则是前两条的归宿和结果；能干事，是出业绩、有成绩的基本条件。

（2）谁能干谁干，人人都可以成才。在青岛港，只要通过努力，人人都可以成为人才。青岛港的育人观是“德才兼备”，不仅重视业务技能的培养，而且特别重视德的培养，用真理的力量、人格的力量、情感的力量、民主的力量激励员工全面发展。青岛港的用人观是“谁能干谁干”，不唯学历，不唯职称，不唯资历，不唯身份，不唯年龄，唯才是举，唯才是用，谁能干就让谁干，谁干出成绩就肯定谁，为广大员工发挥聪明才智和实现自我价值开辟了广阔天地。

十二、学习理念

学习理念：学政治，学业务，学技术，学文化，学实践；知识改变命运，岗位成就事业。

青岛港把培育和造就一支德才兼备、又红又专、真才实学、干事创业的员工队伍作为企业的神圣使命，在发展企业、创造财富的同时，不断对职工从思想境界上进行教育，从业务技能上进行培训，持续开展“五学”活动，引导员工树立“小岗位可以成就大事业”的观念，搭建干事创业的平台，使企业成为教育人、培养人、锻造人的大熔炉和大学校。

工作学习化、学习工作化，全员学习、全程学习、团队学习，在青岛港蔚然成风。与时俱进的青岛港全力打造学习型港口，培育知识型职工。在青岛港学习理念的引导下，员工不断学习新知识，刻苦钻研新技术，努力掌握新本领，大量员工成为产业工人中的佼佼者，涌现出一大批行业专家和拔尖人才。学习理念是对青岛港众多“文化不高，年龄不小，成就不凡”典型人物成功奥秘的诠释。

十三、造福理念

造福理念：一心为民，造福职工；职工的事再小也是大事，再难也要办好。

青岛港坚持发展为了造福，造福为了发展，要求领导干部树立以“一心为民，造福职工”为核心的六种风气，要求领导干部做到“职工的事再小也是大事，再难也要办好”。造福理念，拉近了干部与职工的距离，唤起了职工发自真心的“港口的事再小也是大事，领导交办的任务再难也要完成”的亲情回应。青岛港员工体面劳动，尊严生活，分享着港口大发展的丰硕成果。

（1）一心为民，造福职工。在青岛港，“一心为民，造福职工”就是一心一意为职工办实事，一心一意为职工谋福利，让职工始终成为改革开放的最大受益者。这一理念是青岛港多年来忠诚践行的“三大使命”之一，是青岛港多年来所奉行的一贯宗旨。

（2）职工的事再小也是大事，再难也要办好。为把海港建成一个亲情融融、人气旺盛的大家庭，领导干部在做决策、办事情时，始终坚持“员工的事再小也是大事，再难也要办好”的原则，始终坚持以“职工拥护不拥护，赞成不赞成，高兴不高兴，答应不答应”为出发点和归宿。大到职工在港口的政治地位、经济收入、住房等大事，小到职工的就医、就餐、洗浴、乘车、取暖、防暑、过生日、子女入托上学等困难，事无巨细，都以“让职工满意”为标准。

十四、平安理念

平安理念：平安是福；“五个平安”高于一切、重于一切、决定一切。

青岛港建立了港口安全生产管理机制，将港口安全生产当做重中之重来抓。青岛港以统一思想为重点抓好政治平安，以严、细、实、全为重点抓好生产平安，以严防死守为重点抓好治安平安，以化解矛盾为重点抓好信访平安，以查找隐患为重点抓好消防交通平安，在生产中坚持“抓实质，抓班组，抓交流，抓素质，树形象”，实施“文明装卸，文明生产，文明施工，文明环境，文明服务”。青岛港牢记“五个平安”是港口最薄

弱、最敏感、最关键、最重要的环节，确立了“安全第一，质量兴港”的方针，把安全质量作为第一位的工作、“一把”手应负的第一位的责任、检验各项工作成效的第一位的标准，致力于打造平安福港。

十五、振超精神

振超精神：爱岗敬业、无私奉献的主人翁精神；艰苦奋斗、努力开拓的拼搏精神；与时俱进、争创一流的创新精神；团结协作、相互关爱的团队精神。

许振超是青岛港集装箱桥吊队队长，2003 年他率领团队，仅用 6 小时 15 分完成了全船 3400 个标准箱的装卸，创出了每小时单机效率 70.3 自然箱和单船效率 339 自然箱的世界纪录，因而被集团命名为“振超效率”。目前，振超团队已经多次破集装箱装卸世界纪录，雄踞全球各大集装箱码头作业效率之首。2004 年 6 月 21 日，时任总理温家宝专程看望许振超、视察青岛港，将“振超精神”定义为“爱岗敬业、无私奉献的主人翁精神；艰苦奋斗、努力开拓的拼搏精神；与时俱进、争创一流的创新精神；团结协作、相互关爱的团队精神”。

当代产业工人的杰出代表许振超，在平凡的工作岗位上创出了不平凡的业绩，在他身上所展现的这四种精神，是产业工人优秀品质和优良传统的集中体现。“振超精神”成为这个时代的强音，成为现代化建设的宝贵精神财富。

十六、八大精神

八大精神：“三个一代人”精神，永葆本色精神，“三不”精神，学习精神，创新精神，求真务实、真抓实干精神，万众一心精神，率先垂范精神。

“八大精神”是青岛港企业文化的内核，是青岛港坚守信仰的核心灵魂。在振兴国企的征程中，“八大精神”深深地熔铸在每一个青岛港人的钢筋铁骨中，融化在每一个青岛港人的血液中，融合在青岛港的每一步发展中。面向未来，面对港口转型升级、更新换代的历史重任，面对更加复杂多变的经济形势和外部环境，青岛港更加需要全港员工一个信仰、一个声音、一个劲头，需要全港员工坚守“精神高地”、坚守共同的理想信念和价值追求，从而为实现青岛港的基业长青、长盛不衰提供强大的思想保证和不竭的内生动力。

第三节　形象识别

企业文化要通过一定的媒介或方式展现出来。表层文化是企业文化内容的体现，是企业文化最直观的部分，也是人们最易于感知的部分。青岛港在积极进行文化理念创新、提高企业凝聚力的同时，也对外展示了良好的企业形象，实现了内树风气与外树形象的有机结合，提高了企业的知名度和美誉度。

青岛港企业文化的形象识别系统主要包括港徽、服务品牌和港歌。

一、港徽

青岛港港徽如图 8–2 所示。整个港徽的基本色调为蓝色和白色。蓝色代表大海，突出了港口行业特色，同时象征着青岛港人的胸怀像大海一样宽广、博大。白色喻示着纯洁，展示了青岛港“人与自然和谐相处”的绿色环保意识。

图 8–2　青岛港港徽

造型图案主要有三层含义：

图案右边向上飞溅的三朵“浪花”，强调了港口与大海息息相关的行业特色，同时代表着青岛港飞腾崛起、蒸蒸日上的发展态势。

图案左边的圆弧与浪花对应，构成快速航行中的帆船，象征着青岛港直挂云帆、乘风破浪，喻示青岛港人诚纳四海、誉满五洲、与世界牵手、和谐双赢的美好心愿。

图案左边的“白帆”与底部的一横组成了一只展翅飞翔的“海燕”，象征着青岛港的事业朝气蓬勃、欣欣向荣。

二、服务品牌

青岛港集团的服务品牌：“诚纳四海”（见图 8-3）。

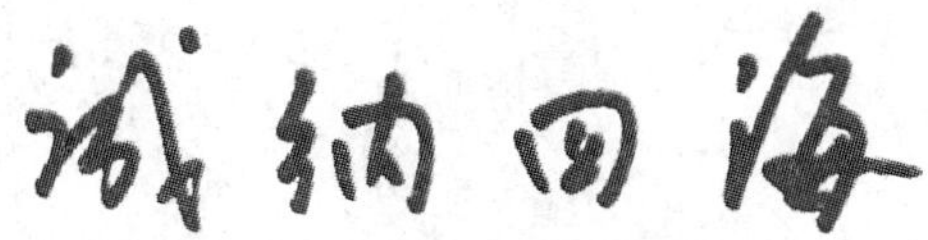

图 8-3 青岛港集团服务品牌

青岛港“诚纳四海”服务品牌，经过几代人的精心培育，于 2004 年 12 月 28 日在中国工商行政管理局成功注册，并获山东省著名商标称号。

服务品牌的含义：“诚”是核心，以诚信为本，对人真诚，对客户忠诚；“纳”取自“海纳百川”，以卓越的服务、广阔的胸怀，赢得社会各界、广大船东货主的广泛信赖和倾力支持；“四海”是以战略的高度放眼全球，以大海般的情怀和超值的服务，迎送天下客，装卸万国船。“诚纳四海”服务品牌意味着，青岛港人愿以金子般的诚信、优质的服务，成为世界五大洲四大洋广大货主用户的忠诚合作伙伴，实现共赢与持续发展。

青岛港始终恪守诚信准则，把诚信作为企业的立身之本、兴业之道、形象之源，坚持“质量第一、诚信第一”，诚实生产，真诚待客，处处为顾客着想，宁可自己千难万难，也不让客户一时犯难。留住了老客户，争取了新客户，赢得了船东、货主的信任，使青岛港在激烈的市场竞争中立于不败之地。

除集团服务品牌外，集团下辖各公司有其各自的服务品牌，还有根据员工名字命名的员工品牌。集团品牌、公司品牌和员工品牌三级品牌相互支撑、密切关联，构成青岛港别具一格的品牌架构，共同体现着青岛港独具特色的企业文化。

三、港歌

青岛港港歌：《美丽的青岛港》，如图 8-4 所示。

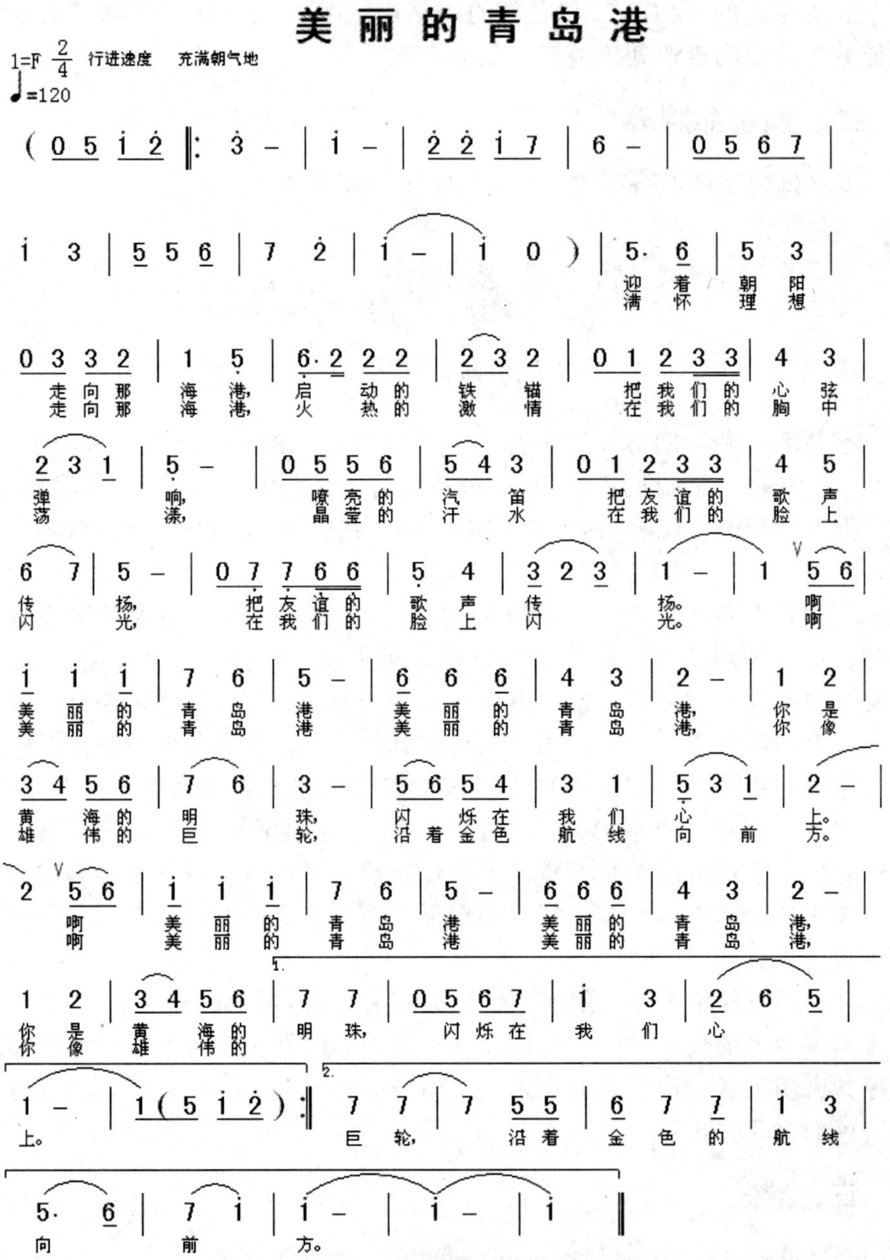

美丽的青岛港

1=F $\frac{2}{4}$ 行进速度 充满朝气地

♩=120

迎着朝阳
满怀理想

走向那海港，启动的铁锚把我们的心弦
走向那海港，火热的激情在我们的胸中

弹响，嘹亮的汽笛把友谊的歌声
荡漾，晶莹的汗水在我们的脸上

传扬，把友谊的歌声传扬。啊
闪光，在我们的脸上闪光。啊

美丽的青岛港 美丽的青岛港，你是
美丽的青岛港 美丽的青岛港，你像

黄海的明珠，闪烁在我们心上。
雄伟的巨轮，沿着金色航线向前方。

啊 美丽的青岛港 美丽的青岛港，
啊 美丽的青岛港 美丽的青岛港，

你是黄海的明珠，闪烁在我们心
你像雄伟的

上。

巨轮，沿着金色的航线

向前方。

图 8–4 青岛港港歌《美丽的青岛港》

第四节 行为识别

行为识别主要体现在员工的行为规范上。员工行为规范是在企业理念统率下逐步培养起来的全体员工自觉遵守的行为方式和工作方法，是企业文化理念在员工行为上的表现。青岛港在管理实践中形成了领导干部和员工的行为规范。

一、员工行为指导理念

（一）社会主义荣辱观

2006 年初，胡锦涛总书记对社会主义荣辱观做出了“八荣八耻”的重要论述。青岛港也将其作为企业员工的最基本的价值取向和行为准则。其内容是：

以热爱祖国为荣，以危害祖国为耻；
以服务人民为荣，以背离人民为耻；
以崇尚科学为荣，以愚昧无知为耻；
以辛勤劳动为荣，以好逸恶劳为耻；
以团结互助为荣，以损人利己为耻；
以诚实守信为荣，以见利忘义为耻；
以遵纪守法为荣，以违法乱纪为耻；
以艰苦奋斗为荣，以骄奢淫逸为耻。

（二）公民基本道德规范

爱国守法，
明礼诚信，
团结友善，
勤俭自强，
敬业奉献。

（三）领导干部的“五种境界”

一心为民的志向，
一身正气的胸怀，
无私无畏的胆略，
无怨无悔的心态，
真抓实干的精神。

（四）领导干部的“六种风气”

坚定信念，敢讲真话；
一心为民，造福职工；
真抓实干，艰苦奋斗；
说到做到，“三老四严”；
廉洁勤政，谦虚谨慎；
勤奋学习，锐意进取。

（五）员工职业行为“五条标准”

纪律严明，作风过硬；
岗位奉献，建功立业；
文明工作，礼貌待人；
敢打硬仗，善打胜仗；
善于学习，提高本领。

（六）员工社会行为规范

文明礼貌，助人为乐；
讲究科学，破除迷信；
崇尚和谐，保护环境；
遵纪守法，热心公益。

（七）员工家庭行为规范

夫妻互敬，邻里和睦；
尊老爱幼，亲朋友爱；

讲究文明，移风易俗；
勤俭持家，弘扬美德。

二、员工行为规范

（一）安全公约

平安是集团最大的造福，也是个人最大的责任。

“五个平安”（政治平安、生产平安、治安平安、信访平安、交通消防平安）高于一切、重于一切、决定一切。

“五个平安”是第一位的工作、第一位的责任、检验工作成效第一位的标准。

员工要自觉遵守安全公约“十禁止”：

禁止擅自离岗、睡岗、玩岗，带酒上岗；
禁止不穿戴、不使用劳动保护用品作业；
禁止无证从事电气、起重、电气焊等特种作业；
禁止擅自使用明火和在禁烟区吸烟；
禁止在设备运行时进行维修、保养；
禁止使用不安全的设备；
禁止违反安全操作规程操作机械或从事装卸作业；
禁止未经批准的车辆进入危险品库、油罐区或接近易燃易爆物品；
禁止破坏各类防火防爆设施及拆除安全装置；
禁止迟报、漏报、谎报和瞒报“五个平安”各类信息。

（二）服务公约

质量、服务、信誉是青岛港的生命线。

遵守对客户的一切承诺，为客户提供最好的服务。必须做到：

热情服务，关注客户的需求；
周到服务，提高操作的技能；
真诚服务，传递我们的友谊；
高效服务，兑现我们的承诺；
超值服务，赢得客户的满意。

（三）职业道德规范

员工职业行为要遵循“五条标准”。

1. 纪律严明，作风过硬

坚守信仰，忠于职守，时刻保持强烈的责任感和进取心，做到“三老四严”、无怨无悔。

2. 岗位奉献，建功立业

“干一行，爱一行，精一行”，以满腔的热情踏实工作，尽职尽责、争先创优。

3. 文明工作，礼貌待人

落实“五个文明”，诚实守信，做到“人要精神，物要整洁，港要亮丽”。

4. 敢打硬仗，善打胜仗

坚持“逆境发展，竞争前进，斗争取胜”的真正优势，不畏艰辛，锐意进取，确保“冲得上，拿得下，打得赢”。

5. 善于学习，提高本领

立足本职岗位，干什么、学什么，缺什么、补什么，练什么、精什么，做到学以致用、业务精通。

（四）日常行为规范

每一名青岛港员工都应注意自身修养，树立良好的形象，创造和谐的办公环境。

1. 仪容仪表

（1）工作时间着装整洁得体，精神饱满，形象端庄。在工作现场，统一着本岗位的工装。

（2）外事活动或重要场合，男性应穿深色西装、白衬衣、深色袜子、黑色皮鞋；女性应穿套装，不穿低胸、露背、露脐、超短裙等休闲装。

（3）男性不留长发、不蓄胡须；女性不留长指甲、涂染指甲、不染艳丽彩发、不佩戴夸张性饰物。勤剪指甲，保持洁净。

2. 作风纪律

（1）严格遵守工作纪律，不迟到、早退，不擅离职守，不在上班时间干与工作无关的事情。

（2）保持工作环境整洁有序，上班应提前15分钟到办公室，打扫室内外卫生，做好上班前的准备。下班前清理当日工作，做到日事日毕，离开办公室前关好门窗和电灯、空调等电器。

（3）强化服务意识，接待来访、办理业务要热情，主动起立问候；客人告辞、业务办理结束，应起立道别或送至门外。严格按照有关规定办理，不故意刁难，不无故拖延。

（4）严格遵守保密纪律和规定，不对外提供不应公开的信息；不违规转借、复印秘密文件资料；不擅自处理应上交的秘密文件；遵守集团关于互联网的使用规定，自觉维护港口的政治声誉和对外形象。

3. 言谈举止

（1）不在公共场所吸烟，不随地吐痰、乱丢杂物，不大声喧哗。

（2）注意保持良好的站、坐、走姿，保持真诚友好的微笑，不乱用不恰当的手势，不做随意的小动作。

（3）会见客人讲究握手礼仪，一般应是主人、年长者、身份较高者、女性先伸手，客人、年轻者、身份较低者、男性见面应先问候，待对方伸手后，再与对方握手。

（4）介绍客人应用手示意，先将年轻的介绍给年长的、职位低的介绍给职位高的、男性介绍给女性。介绍时，应简要说明被介绍人所在单位、职务等有关情况。

（5）递接名片应用双手。递名片时，名片应正面向着对方，要热情并目视对方。接受他人名片时，要仔细看一遍。放在桌上时，名片上面不应再放其他物品，会谈或宴会结束时，不要遗忘。

（6）与他人交谈时，目光要注视对方，以示尊重。谈话应口齿清晰，举止要文雅大方，谦虚有礼。

（7）遵守会议制度，不迟到、不早退，手机静音，不在会场内拨打、接听电话。尊重他人意见，不随便打断他人发言。

4. 电话礼仪

（1）接电话。

①及时接电话。一般来说，在办公室里电话铃响3遍之前就应接听，6遍后就应道歉："对不起，让你久等了。"电话接通后要先说"您好！"，并告诉对方自己的单位和姓名。

②确认对方。对方打来电话，一般会自己主动介绍。如果没有介绍或

者你没有听清楚，就应该主动问："请问您是哪位？""我能为您做什么？""您找哪位？"等。

③讲究艺术。接听电话时，应注意使嘴和话筒保持 4 厘米左右的距离；要把耳朵贴近话筒，仔细倾听对方的讲话。应让对方自己结束电话，然后轻轻把话筒放好。最好在对方之后挂电话。

④调整心态。亲切、温情的声音会给对方留下良好印象。声音不宜过大或过小，吐词清晰，保证对方能听明白。

⑤办公电话用左手接听，右手准备纸笔，随时记录有用信息。

（2）打电话。

①选好时机。如非重要事情，尽量避开受话人休息、用餐的时间。

②掌握通话时间。打电话前，先想好要讲的内容，以便节约通话时间，不要现想现说，"煲电话粥"，通常一次通话不应长于 3 分钟。

③态度友好。通话时不要大喊大叫，震耳欲聋，语气要平和，使用礼貌用语。与上级部门、领导通话，应对方挂机后再挂机。

④用语规范。通话之初，应先做自我介绍。请受话人找人或代转时，应说"劳驾"或"麻烦您"。语言清晰简明，通俗易懂。对方如听不清或听不懂，应放慢语速，确保有效沟通。

（五）接待礼仪规范

1. 来访接待

（1）在外事接待中，应注意维护国家主权、权益、民族尊严、保守党和国家的秘密。

（2）要根据对方的身份，同时兼顾对方来访的性质以及双方的关系，安排接待的规格，认真制订接待计划，明确责任人。

（3）这接待时要讲究礼宾秩序，热情周到地做好食宿安排、迎接宾客、协调日程、组织活动、安排返程等工作。

2. 外部协调

（1）对外协调工作，口头、书面均要用敬语，请字当头、结尾致谢。

（2）这加强内部沟通，统一对外口径。对外答复问题要注意身份，不无故拒绝、拖延，不随便承诺。

（3）代表集团外出参加会议，不提未经讨论、未经领导确认的思路、打算；不公开未经确认的政策和统计数据等。

3. 会见洽谈

（1）详细确认被会见方及主要客人的基本情况、来访目的等。

（2）落实来访人员名单。视情况打印中外文桌签；准备鲜花茶水、会见材料；安排翻译、新闻报道、多媒体演示等。

（3）会谈人员的谈吐要轻松自如，举止文雅大方，谦虚有礼，分寸得当；商讨问题时耐心倾听，坦诚回答，心平气和，理智争辩。

第五节 环境识别

环境识别包括现场管理、环境管理和生活环境管理等方面。通过企业的工作现场及其环境，可以推断整个企业的管理水平和员工的士气。井井有条、干净整洁的工作现场和生活环境，反映了职工的敬业精神和进取精神。今天的青岛港，碧海蓝天，绿树成荫，鲜花似锦，可以用“美丽的港口，温馨的家园”来以形容。气派宽阔的码头、高大油亮的机械设备、现代化的仓库、豪华的船舶、格调高雅的雕塑、码放得如同艺术品般的货物，凸显了现代化花园式港口的主要特征。

一、现场管理

现场管理反映企业的整体形象和员工的精神面貌，是企业管理基本功和企业素质的体现，也是企业重要的无形资产。青岛港按照“外抓市场，内抓现场”的思路，高度重视现场的安全质量标准化建设和软硬件建设。“现场”连着“市场”，现场管理搞好了，就有了货源和市场。

（一）健全完善作业现场管理

青岛港的作业现场管理围绕着安全与文明而展开，采取的主要措施有以下五项：

（1）有针对性地组织管理人员和工人学习安全操作规程和劳动纪律。对危险品、大件、木材、五金和绞车手等特殊工种举办专业培训班、进行岗位安全培训教育。发动职工详查身边的安全隐患。在各大装卸公司安质科的安全质量隐患记录本上，记录着职工发现的每一个隐患。这些记录成为企业安全生产的重要保障。

（2）积极推进港口生产的机械化和自动化建设。实施装卸工属具革新以及大规模的生产工艺革新，实行人货分离，把工人从最累、最危险的作业环节中解脱出来，从根本上杜绝、减少工伤和工亡事故的发生。

（3）正确使用机械设备。在机械设备的使用上，青岛港设置了四道安全关口：不符合国家安全技术标准的不准使用，没有安全制度和操作规程的不准使用，没有安全保护装置的不准使用，没有专人管理的不准使用。

（4）花巨资为职工购买劳动保护用品。港口每年给每名职工发放五套工作服，包括两套夏装、两套秋装、一套冬装。夏天有背心、短裤，冬天有棉工作服、棉大衣、棉鞋，有的工种还配上了皮大衣。安全帽分夏、冬两用。工作服根据不同工种和单位分为橘红、绿、蓝等颜色，还有迷彩服。鞋分胶鞋、绝缘鞋、特制皮鞋。手套有线的、皮的。劳保用品配置尽量尽善尽美，努力做到“冬天不能冻坏一名工人，夏天不能热坏一名工人”。

（5）严格规章制度。青岛港全面系统地制定了有关安全质量的各项规章制度，并在实践中不断加以完善和补充。青岛港安全质量方面的规章制度具备以下三个特征：一是合理、科学；二是注重现场管理、基础管理，便于执行和贯彻；三是职工理解和支持管理制度并愿意施行。实际上，青岛港许多安全质量方面的规章制度都是在总结和吸收职工的经验和意见的基础上形成的。“三无”班组建设（无违章违纪、无事故、无犯罪）、现场管理“三定、三不、四标六清、五消灭”（定置、定量、定型；不损货、不漏货、不起尘；标准垛、标准舱、标准钩、标准车；船舱清、甲板清、码头清、道路清、机具清、库场清；消灭工伤事故、消灭货损事故、消灭火灾事故、消灭船（机）损事故、消灭交通事故）和“五个文明”管理（文明装卸、文明生产、文明施工、文明环境、文明服务），比较集中地体现了青岛港安全质量规章制度的建立、完善和落实情况。

（二）现场管理“33461”标准

青岛港不断总结经验教训，坚持不懈地完善和健全现场管理标准、制度，做到了“有标准、有资源、有落实、有管理”，推行并严格落实了现场管理的“三定”、“三不”、“三严”、“四标六清”、“一畅通”标准，简称“33461”标准。

1.“三定”：定形、定量、定置

定形是指生产现场货垛堆码按不同特点堆码成规定的垛型。对散装货实行“围田化”管理，主要有两种形式：一是碎粒状货物，如矿石、矿粉、矾石、矾土等，专门制作水泥隔离堆，将货物围起来，使之与其他货物隔离，防止二次污染；二是块状散货类，如生铁等，一般使用原货物围边，围成一定形状，其标准是周边成型、高度统一。对五金、钢材货垛堆码实行“齐整化”管理，其标准是货垛两面一线齐，即根据五金钢材类货物长短不一的特点，规定五金钢材货垛类必须有两面堆放整齐，且垛与垛的齐整面成一条直线。对袋装类货垛实行“图形化”管理，其基本标准是货垛外观统一，一个区域苫盖一个色。

定量是指货垛堆码要定量、钩（关）要定量、堆场堆放货物要定量，使之符合安全质量规定和码头负荷规定。

定置是指作业现场货物堆放、备品管理、车辆停放、工属具、辅料等按照一定位置堆放和管理。

2.“三不”：作业过程不起尘、不漏货、不损货

不起尘是指对易起尘货种的装卸过程采用防漏抓斗、水平运输过程采取封闭措施，防止货物起尘发生二次污染。

不漏货是指主要控制两个漏货环节，即货物出舱过程和水平运输过程。通过工属具改进，水平运输过程力求件货不掉、散货不撒。同时，做到掉有人拾、撒有人扫。

不损货是指按标准规范操作、加强监控，严格控制货物损坏。对作业过程实行四级监控体系，即班组自控、现场管理人员监控、专职质量管理人员验收控制、公司主管部门抽查控制。

3.“三严”：严格的要求、严格的落实、严格的考核

严格的要求是指做到“管理无情，不讲情面”，追求“一点也不能差，差一点也不行”的管理境界。对不合格作业随时随地按“三个百分之百”（百分之百地推倒重来，百分之百地追究责任，百分之百地处理）进行纠正。

严格的落实是指每一项、每一次作业都要做到“三到位”，制度到位、措施（资源）到位、管理考核到位。

严格的考核是指执行考核标准要严、检查要严、评分奖罚要严。

4.“四标六清”：标准舱、标准车、标准垛、标准钩；生产过程中舱里清、甲板清、桥板头清、机具清、道路清、垛边清

“四标六清”对整个装卸作业过程中的各个工序之间均要求做到文明生产、整齐清洁。青岛港始终在装卸生产中坚持执行“四标六清”标准，并采取了一系列保证措施，使之具有很强的生命力。主要做法是，不断完善和提高标准，加强过程控制和程序化管理，开展达标竞赛争创“三红”（红旗舱、红旗垛、红旗车）活动，重点考核，重奖重罚，教育激励等。

5.“一畅通”：人、车、货三流有序，确保港区道路畅通

“一畅通”要求作业现场规划合理、道路标线清楚、指示明确，并辅之以人工管理协调，实现作业现场的畅通畅流。“三流”的控制重点是车流控制，控制的内容主要是车辆按规定停放、按顺序进出港和出入库场。主要方法是，根据现场情况，随时规划调整车流路线，标示车流路线，设置义务交通员，人工疏导车流。虽然经常一昼夜上千辆机械、车辆，数万吨货物在港区流动，但由于管理到位，港区仍保持了畅通畅流、秩序井然。

二、环境管理

青岛港的环境管理围绕着打造环境友好型港口展开。青岛港始终坚持生产建设与环境保护并举，坚持文明生产、清洁生产，大力实施蓝天、碧水、生态“三大工程”，打造环境友好型港口。

实施蓝天工程，空中不见黑烟和粉尘。青岛港投资数十亿元，在前湾新港区建设了现代化的铁矿石、煤炭码头，将原来在老港区作业的铁矿石、煤炭全部转移到新港区，并投资数千万元建设煤、矿防尘系统，加强粉尘污染防治。采用抑尘剂，在煤炭、矿石货垛表面结成一层保护层，阻止扬尘，使作业现场粉尘得到有效控制。将港内供热系统与市供热管网联网，实施集中供热，淘汰燃煤锅炉，节约资源，保护环境。购置了尾气检测设备，对全集团所有机动车定期进行检测，发现问题立即整改。港口的二氧化硫、烟尘排放浓度等指标都远远优于国家标准值。

实施碧水工程，港区水域清澈洁净。严格落实海域环保规定，防治水域污染。每年投资 60 万元，设 5 条专船配专人打捞海上漂浮物。为防止船舶垃圾入海，青岛港对停泊在锚地的船舶配有专业垃圾船接收，对靠岸船舶设专车每天接收垃圾。对到港的油轮全部实施围缆作业，并配备了现

代化的防污设施和专用的环保船舶，备有吸油棉等消油材料。制定了《海上溢油应急方案》等一系列污染事故应急预案，建立了专业的防污抢险队伍，并定期进行演练，一旦发现油污可立即清除。在油港和前湾两个港区均建立了生活污水处理场，港区生活污水处理率达到100%。铺设了从污水处理场到矿石堆场的喷淋管线，利用二次水喷淋抑尘，不仅实现了生活污水的零排放，而且大大节约了自来水资源。引进了黄岛污水处理厂的中水，进行港口抑尘喷淋和绿化浇灌。

实施生态工程，港口变成大花园。大规模实施港区绿化、美化、亮化工程。港口鲜花盛开，绿草茵茵，树木成行，不仅为员工创造了良好的工作环境，而且成为全国工业旅游的示范单位，打造了环保型绿色生态港口，实现了人与自然、生产与环境、港口与社会的和谐统一。

如今的青岛港，空中不见黑烟尘，地上不见沙尘土，水中不见漂浮物。青岛港先后获得了全国造林绿化300佳单位、全国绿化模范单位、全国首批“国家环境友好企业”、山东省建设项目“三同时”管理先进单位、青岛市环境保护先进单位、青岛市创建国家环境保护模范城市突出贡献单位、青岛市淘汰燃煤锅炉先进单位等一系列荣誉称号。青岛港以花园式港口的亮丽形象成为青岛市的一张“名片”，创造了显著的经济效益和社会效益。

三、工作和生活环境

随着青岛港的发展，青岛港员工的工作和生活条件获得了根本性改善。青岛港专门为一线员工建了候工楼，在候工楼里设有候工室、学习室、医务室、娱乐室、淋浴室、更衣室、洗衣房、电话吧等。候工楼装修美观、整洁，更衣橱、茶几、沙发椅井井有条，墙上的字画、镜子一尘不染，成了工人休息、娱乐、学习的舒心场所。为了改善一线职工的洗浴条件，青岛港拨出专款改造职工浴室，大水池全部换为淋浴，瓷砖从地面铺到了房顶，安装了防雾灯、不锈钢更衣橱，配备了五颜六色的塑料长椅，浴池整洁干净。有的装卸公司还为一线工人建起了蒸气浴房。装卸工人体力消耗大，职工食堂的饭菜质量直接关系到他们的体力恢复状况。在职工食堂实现了让职工“吃得卫生，吃得饱”的要求后，青岛港又向食堂提出了让职工“吃得好”的新要求。青岛港的职工食堂明亮、干净、卫生，添置了现代化的快餐桌、连动椅，厨房设备更新为不锈钢灶具，饭菜24小时保洁，主副食品各式各样，色香味俱全，职工就餐环境温馨舒适。在炎热的夏天，食堂免费提供绿豆汤、清凉饮料。在寒冷的冬日，工人们能喝上热气腾腾的羊肉汤、姜汤。

第六节　文化特色

青岛港企业文化是企业家力主的、充满个性的、凝聚全员的、不断优化的企业文化。它明显地具备“五强”：一是企业家文化素养好、文化定力强；二是全体员工认同高、自觉性强；三是企业上下通力协作、文化制胜理念强；四是生产经营中的文化含量强；五是个性化特色强。青岛港企业文化犹如春风化雨、细雨润物，提升和改变着每一位青岛港人的内在素质和精神面貌。青岛港人，虽然个性各不相同，但他们身上都有一些共同的特质：责任意识强，工作效率高，热情而不失理性，谦虚而不失自信。这是企业文化给青岛港人塑造的共同气质。分解而论，青岛港的企业文化具有如下特色。

一、青岛港企业文化是体系完整、内容科学的文化

青岛港企业文化是在长期的生产经营实践过程中、在企业领导层的着意培育下逐渐产生发展起来的，目前已构成一个相对完整的科学体系。

（一）结构体系科学完整

青岛港企业文化由核心层文化和表层文化所构成，文化层次清晰、架构完整。而且，企业文化的每一层次中，内容完整，逻辑性强，文化用语朴实，具有行业特点。“精忠报国，服务社会，造福职工”的发展使命、“三个一代人”的企业精神和“信念，感情，珍惜，奉献”的核心价值观，构成整个企业文化的灵魂，并具体通过一系列理念、制度和行为规范来展现，最终指导企业的生产经营活动。

（二）文化内容高度整合

青岛港企业文化的构成要素，如使命、精神、理念、行为规范等，不

是随机拼凑的，而是相互适应、和谐一致的，表现为企业文化内容的高度整合性。这种整合性的形成，是由于当青岛港精神、发展使命和核心价值观建立起来后，企业文化在生产经营实践中会自我生长、自我发育、自我完善，从而最终形成一个有机的文化系统。“三个一代人”精神、“三大使命”和“信念，感情，珍惜，奉献”核心价值观相互适应、协调一致。在“三个一代人”精神指导下所逐渐衍生出来的创新理念、人才理念、学习理念、振超精神等一系列理念，与企业精神形成呼应关系；青岛港的造福理念、发展理念、安全质量理念、效益理念、经营理念、市场理念等最终指向企业的三大发展使命；而“信念，感情，珍惜，奉献”价值观对员工行为起到直接的指导和约束作用。

（三）企业文化与员工价值高度契合

员工价值是指员工的基本价值信念和工作价值，工作价值主要是指对工作意义的认识。员工个人价值和企业价值的一致性是企业活力的源泉。因此，员工价值与企业价值的契合对员工绩效、企业绩效与企业经营管理有重要影响。青岛港在企业价值体系构建过程中，兼顾员工价值和企业价值，既要精忠报国、服务社会，又要造福职工，由此形成企业价值包容员工价值、员工价值包容企业价值的相互融合关系。因而，在青岛港，员工价值与企业价值的实现是相辅相成的关系，企业价值的实现有利于员工价值的实现，同时，员工价值的实现进一步促进企业价值的实现。在企业与员工的价值契合关系中，青岛港又着力培育其中的感情关系，更使员工与企业形成带有忠诚色彩的合作关系。企业支持员工，员工回报企业，员工自觉地融入企业生产经营实践中。

二、青岛港企业文化是企业家主导的文化

企业家的思想意识、知识能力、个人品质，直接或间接地影响着企业的素质和生存发展。卓越的企业家培育了卓越的企业文化，卓越的企业文化塑造了卓越的企业家。常德传，以个人风格与魅力、智慧与追求，引导着青岛港企业文化建设不断向前推进。

（一）兼收并蓄的文化意识

民族意识、民族情感、民族精神等民族传统文化，既是我国企业创业

和成长的内在要素，也是企业家必备的文化素养。常德传身上有着强烈的民族意识和民族情感，正是具备这种情感意识，青岛港才会把企业发展使命定位为“精忠报国、服务社会、造福职工”，由此来激发企业员工的创新拼搏精神。

与此同时，在经济全球化背景下，企业的运行必然在各国文化相互碰撞、相互融合和相互理解的条件下进行。要在国际港口航运市场上竞争博弈、跨越发展，仅仅保持文化的民族性是不够的，必须吸纳西方企业文化建设的先进经验和做法，才能加快与国际惯例接轨的进程。常德传在坚持文化民族性的基础上，也有着令人敬佩的兼收并蓄的文化意识。他审时度势，与时俱进，始终关注世界先进港口的发展态势，通过“请进来”和“走出去”战略，学习世界先进港口的管理经验和企业文化建设经验，从而使青岛港通过拥抱世界不断实现跨越发展。

（二）放眼未来的远见卓识

企业家需要对环境巨变作出积极响应，适时地调整企业战略，提升企业文化，以保持企业核心竞争力。常德传在青岛港发展中，敏锐地观察市场和需求的变化趋势，深刻领会市场信息蕴涵的商机，果断和超前决策，适时实施战略性调整，提出并组织制定了“做好青岛港，做大青岛港，做强青岛港，做久青岛港”的“四步走”发展战略，保证了青岛港这艘巨轮始终保持正确的航向。无论从青岛港跨越式发展历程看，还是从青岛港确立的目标愿景看，无论从青岛港内部推行的种种改革方案看，还是从青岛港实施的内外联营方略看，常德传都表现出非同一般的远见卓识，从而深刻影响着青岛港企业文化的形成和发展。

（三）卓越的组织领导能力

企业家第一位的责任在于动员和组织所属范围内的每个成员进行有效的工作。企业家必须具备卓越的组织领导能力，这些能力包括理念引导能力，决策技巧能力，管理艺术能力，人才使用能力，等等。常德传有健康的体魄、广博的知识、超人的观念化能力、脚踏实地的实干精神、客观的待人态度等这些良好的心理素质和个人品质，从而带出一个优秀团队和一家优秀企业。常德传在人才使用和开发上的作为足以说明其组织领导能力。人才是企业的“第一资源”，而企业家则是“第一资源”的开发者。

常德传重视发现人才、培育人才和使用人才。他常讲："我们青岛港要成为两个摇篮，一个是人才摇篮，一个是典型摇篮。""我们青岛港要成为一个大熔炉，你是一块矿石，我们就把你百炼成钢，百炼成金！"识人准，品人深，管人巧，育人妙，用人当，成为常德传颇具特色的人才"使用力"。我国产业工人的杰出代表许振超曾说："没有常总裁，没有青岛港，我许振超就是一个下岗工人。"常德传卓越的组织领导才能无疑对青岛港企业文化的形成有着深刻影响。

（四）浓厚的"家文化"观念

常德传上任伊始，就给自己做出了青岛港大家庭"长子"的定位。长子就意味着要承担更多的责任，而享受更少的利益。常德传以自身行动义无反顾地当好青岛港大家庭的"长子"，始终以建成一个充满亲情、人气旺盛的大家庭为目标，坚持以"职工拥护不拥护，赞成不赞成，高兴不高兴，答应不答应"作为工作的出发点和归宿。于是，青岛港的核心价值观中"感情"是不可或缺的重要构成要素。

常德传认为，职工对企业有了感情，有了一个共同的价值观、共同信念和追求，那么就会自觉地去遵守制度、去创新，这个企业才能够充满活力、朝气。"只有有感情，才能有水平"，常德传要求领导干部把对职工群众的感情放在首位。在市场经济改革中，青岛港没有把一名员工推向社会；在青岛港领导眼里，辞退一名职工，不但关系到职工个人的生存状况，而且与"三个家庭"的幸福联系在一起。出于对职工群众的深厚感情，常德传始终以"职工群众心目中所期盼的干部"为标准，严于律己，宽以待人，注重言传身教，强调严管厚爱。面对企业领导对职工的关爱，职工回报为"企业的事、领导交办的事再小也是大事，再难也要办好"。在填海造地兴建新码头时，职工本人连同家属、老人和孩子，车推手提，将一筐筐、一箩箩石块投向海中，这是职工以港为家的真实写照。

三、青岛港企业文化是激励人心的文化

企业文化建设的核心要义之一在于建设意志统一、行动一致、执行有力、活力充沛的员工队伍。青岛港牢记"三大使命"，培育"三个一代人"精神，树立"三感意识"（爱岗敬业的责任感，加快发展的紧迫感，不进则退的危机感），规范"三立"标准（心中立德，行为立制，岗位立标），

创建激励人心的文化环境，为企业可持续发展提供了保障。

（一）用共同愿景引领人

实践使青岛港深刻认识到，确立共同愿景至关重要。共同愿景能够凝心聚智，把员工的个人理想和目标聚焦成港口的统一愿景，并由此产生强大的学习、创造和实践能力。为此，通过自下而上、层层讨论的方式，青岛港提炼确定了“建设东北亚国际航运中心，营造平安和谐家园”的共同愿景，并注重引导不同层次、不同岗位、不同文化、不同年龄的职工规划好行之有效的个人愿景，使之与班组、科队、公司的愿景趋于一致。通过年年开展的主题思想教育、学雷锋等活动，“首席岗位”、“员工服务品牌”和“先进操作法”评聘命名以及编撰、宣传《青岛港员工文化手册》等方式，大家心同此愿、志同此向，全港呈现出处处是学习之所、时时是学习之机、团结凝聚、文明向上的良好局面。

（二）用先进标杆启迪人

坚持用先进文化教育人，用先进标杆启迪人。

（1）标杆培育。每年从干部和职工中选树出一批先进典型，先后成立了“三百”、“三千”先进事迹报告团，“让身边的人讲身边的事，用身边的事教育身边的人”，在集团开展层层宣讲。层层组织一大批先进模范人物、职工家属走上讲台、走入基层，讲历史、讲珍惜、讲奉献。深入开展各种形式的学习会，用亲身经历、所感所悟启发广大干部职工加倍珍惜信任，忠心回报厚爱。

（2）先进引领。学习许振超、孙波、皮进军等身边的典型，采取以事论理、以理服人的“零距离”教育，员工普遍感到先进模范事迹可信、可学、愿意学。

（3）争先创优。职工对照标杆，人人“三立”：心中立德，立忠诚奉献之德；行为立志，立“干就干一流，争就争第一”的志向；岗位立标，立“爱岗好，学习好，诚信好，创新好，奉献好”的工作目标。

青岛港先后涌现出一大批以许振超为代表的十大职工贴心人、二十大行业专家、五十大员工品牌、优秀科技人才等先进群体。广大职工纷纷表示，作为一名码头工人，只有像许振超那样，把自己的命运与港口和国家的命运紧紧联系在一起，才能真正当好企业的主人；只有多学习、多贡

献，才能对得起青岛港的培育，才能无愧于时代。

（三）用率先发展鼓舞人

大力宣传青岛港精神和工作“四条标准”，大力宣传港口取得的辉煌业绩。特别是“十一五”以来，青岛港用全国沿海港口1.3%的码头岸线干出了6.9%的吞吐量，用一个青岛港的能力干出了三个青岛港的业绩，青岛港两个集装箱泊位吞吐量相当于世界效率第二名的日本神户港三个集装箱泊位吞吐量，一个20万吨矿石码头的作业量相当于其他港口两个甚至三个矿石码头的作业量。青岛港走出了一条高效集约、创新驱动、内生增长的发展道路，给员工以巨大的精神鼓舞。

（四）用榜样力量凝聚人

青岛港号召各级领导干部向广大职工承诺“向我学习，向我看齐”，常年坚持“五个面向”（面向基层，面向职工，面向市场，面向货主，面向外部）和“五到现场”（领导工作到现场，安全质量管理到现场，生产组织到现场，设备管理到现场，思想工作到现场），坚持“港外过节，港内大干；职工过节，领导过关”。领导干部每年都与一线职工共度除夕。领导干部在每年冬天最冷、夏天最热的时候“冬练三九，夏练三伏”，和职工同吃同住同劳动，在与职工同甘共苦中了解职工所需所盼，解决一线急事难事。坚持工作上向高标准看齐、生活上向低标准看齐，关系职工切身利益的事，都是先基层后机关、先职工后领导。严格落实“三重一大”制度，把安全和经济作为两条高压线，制定廉洁从业“二十条禁令”，领导班子每年都向职工代表述职述廉，放手让职工代表对领导干部进行民主评议。

四、青岛港企业文化是优良传统与现代意识相融合的文化

青岛港企业文化是乡土文化与时代文化的有机结合，既保持着中华民族的传统美德，也具有与时俱进、不断创新的时代特征。

（一）传统文化特色

青岛港将自己定位为共和国的“长子”、祖国母亲的“孝子”。作为长子，就要承担国企对国家贡献的责任，承担服务社会的责任，承担让职工

生活水平不断提高的责任。这种长子、孝子情怀和中国历史传统中的忠孝思想一脉相承。

在青岛港企业文化中，“三个一代人”精神，体现着中国传统文化中所强调的上代为下代造福、下代对子孙负责的理念，也是一种革命理想高于天、不畏艰险、不怕牺牲的革命情怀。“精忠报国，服务社会，造福职工”三大使命，是对国企责任的高度概括，体现着古老文化中很强烈的“忠义”思想。“信念，感情，珍惜，奉献”核心价值观，体现了员工个体价值与企业价值的一致性和无私奉献精神，以及领导干部与人民群众的鱼水之情。企业愿景、经营理念、安全质量理念、人才理念中又都包含着“和”、“诚”、“仁”、“信”、“德”，体现着中国古代文化中的仁、义、礼、智、信精神，反映着中华民族历来所倡导的优良道德规范。

青岛港员工用朴实语言所表述的企业价值观更直接体现了中国传统文化中的勤劳、朴素、诚实、肯干、奋发图强等优良传统。“说主人话，办主人事，尽主人责”直观地表达了青岛港员工的主人翁地位和责任意识；“你不奉献，我不奉献，谁来奉献；你也说去，我也说去，朝谁说去”，直白地表述了港口与员工紧密相连的关系；“职工的事再小也是大事，再难也要办好；企业的事、领导交给的任务再小也是大事，再难也要办好”，领导与职工温情的呼应关系呼之欲出；“让职工踩着自己的脚印上班，自己踩着职工的脚印下班”，领导干部的模范带头作用表达得淋漓尽致。

（二）鲜明的时代特色

青岛港企业文化也具有鲜明的时代特色。青岛港文化的时代特色与现代化、规模化、信息化的港口生产经营活动相适应。

青岛港企业文化把继承优良传统与追求卓越理念融为一体。“干就干一流，争就争第一”，既包含吃苦耐劳的革命精神、劳动本色，又包含不断创新、挑战自我的现代市场竞争意识。“一心为民，无私奉献”，既继承了中华民族“以天下为己任”的优良传统，又体现了现代企业的组织责任。企业愿景中的“建设东北亚国际航运中心”，体现着青岛港人的抱负与追求，体现着现代企业的胸襟与志向。指导思想中的“坚持一切从实际出发，把青岛港自己的事情办好”，是实事求是思想路线在企业的具体反映。学习理念中的“知识改变命运，岗位成就事业”，是从我国产业工人的杰出代表许振超的成长经历中悟出的当今员工所应具备的做人哲学。在

信息瞬变、知识爆炸的时代，工作学习化、学习工作化，终身学习、全程学习，依靠知识改变自己、提高自己、发展自己，是现代企业员工所应具备的理念。青岛港中许振超等知识型员工的大量涌现，是对这种学习理念的最好诠释。

青岛港文化的鲜明时代特色也突出地表现在创新理念和竞争理念上。青岛港企业文化鼓励广大职工人人创新、岗岗创新，学中干、干中学，在勤学苦练中不断地提升自己、创新创效。青岛港常年坚持开展群众性科技攻关、工属具革新和信息化成果开发活动，定期举办强港论坛，对重大项目面向全港招贤纳士；鼓励广大职工干就干一流、争就争第一，立足岗位创纪录、夺高产。坚持天天比、月月赛，大力实施“六个一”工程（每周一题、每月一卷、每季一会、每年一考、每年一赛、每年一评），积极开展“工人先锋号”活动和“五比”（比安全质量、比效率效能、比节能减排、比献金点子、比增收节支）劳动竞赛，岗岗设置“竞赛台”，班班公开“龙虎榜”，各行各业争先创优，比学赶超高潮迭起。

青岛港企业文化中所蕴涵的传统文化与现代文化的有机结合最终形成青岛港独具特色的“三情”文化，即激情、亲情与温情文化。激情表现为青岛港员工革命理想高于天、不畏艰险、无私奉献、敢打硬仗、善打胜仗、勇争第一、不断创新、超越自我、挑战极限；亲情表现为青岛港员工以港为家，每人都争当大家庭的长子、孝子，广大员工成为兄弟姊妹，一心为民、造福员工、关爱他人、排忧解难、团结协作、共同前进；温情表现为企业与国家、社会、自然、客户和谐共存，报效国家、服务社会、珍爱环境、诚信为本。

五、青岛港企业文化是遵循规律自觉建设的文化

企业文化可分为无意识文化和有意识文化。无意识的企业文化，是一种被动、无序、散乱的文化，不为企业员工共同认可和追求。青岛港企业文化是一种遵循规律自觉建设的有意识文化。

（一）企业家的文化自觉

企业文化在一定意义上是企业家领导的群体文化。企业家对文化的认识和感受、对企业终极目标的思考等，属于企业家的文化自觉。企业家或企业领导群体的文化素养、文化自觉水平在企业的生存发展中起着举足轻

重的作用：企业家的文化自觉决定企业的发展层次；企业文化的建设、保持和发展依赖于企业家的文化自觉；企业文化在员工中的内化程度，依赖于企业家的文化自觉；企业家的价值理念、行为风格和综合素质特征，主导着企业文化建设进程。青岛港领导群体，努力培养文化自觉，提高文化品位，加强文化修养，使自己既是“经济人”又是“文化人”，并将理想、情操、智慧融入浓厚的文化底蕴之中。正是依靠这种文化自觉，青岛港成功地规划了企业共同愿景，积极引导和推进着企业文化建设。

（二）自觉的文化主张

文化主张是传达企业价值诉求的品牌宣言。具有卓越品牌价值的优秀企业，无不具有鲜明而独特的、深为企业员工所信奉、深为客户和社会大众所认同的文化主张。企业文化主张通过提升员工文化品质而提高管理层次，通过提升企业人文价值而使企业更适应社会。青岛港以卓有成效的思想工作教育人，以领导班子的模范行动引导人，以科学务实的用人机制激励人，以广泛参与的民主管理调动人，以常抓不懈的学习教育培养人，以特色鲜明的理念观念塑造人，以细致入微的关心体贴温暖人，自觉创造人文环境，培养员工文化意识，提高员工综合素质，最大限度地发挥员工潜能。文化主张成为青岛港赢得广泛尊重与信誉的文化基石，成为塑造企业卓越品牌形象的文化宣言，成为铸就企业基业常青的文化灵魂。

（三）自觉的文化管理

企业文化从书本上、手册中走进全体员工心中并落实到行动上，才是企业文化建设的真正目的。青岛港重视企业文化的管理，重视企业文化的宣传贯彻，重视企业文化的落地生根。在企业文化建设过程中，青岛港努力使企业文化“落地生根”、“开花结果”，将企业文化融入生产、融入经营、融入管理、融入教育、融入改革，使企业文化进入班子、进入班组、进入人头、进入现场、进入市场。自觉的文化管理使青岛港企业文化建设一直处于良性循环状态中。

（四）自觉的共建共享

虽然企业家在企业文化建设中具有不可替代的作用，但仅此远远不够，企业文化建设必须全员参与、同心同德。对此，青岛港不仅有明确的

认识，而且有得力的措施，积极倡导“大家建设企业文化，建设大家的企业文化”：各类文化理念的提炼、整合、修正，总是反复征求基层员工的意见；举办企业文化研讨会和座谈会，专门请基层员工参加；在青岛港所表彰的企业文化建设先进人物中，普通员工也一样可以获得荣誉称号。青岛港充分调动起员工参与企业文化建设的主动性和积极性，员工既在参与中贡献聪明才智，又在参与中享受建设成果。

第七节 文化建设保障机制

企业文化的建立和形成，并不是一蹴而就的，需要切实有效的保障措施和机制。青岛港通过企业文化管理办法、高素质领导队伍建设、各种激励机制有机配合、完善的学习体系和榜样力量等机制，保障了企业文化建设顺利开展，巩固了企业文化建设成果。

一、制定企业文化管理办法，奠定企业文化发展机制

青岛港通过制定企业文化管理办法，使企业文化建设制度化和常规化。青岛港所倡导的企业精神、发展使命和一系列经营理念深入人心，并践行于实际工作之中。企业文化管理办法规定了全集团企业文化建设的职责分工、管理内容与方法、检查与考核。

（一）职责与分工

政工部是集团企业文化的主管部门，负责组织、推进、考核企业文化建设的各项工作。决策层各部门是企业文化管理的协作部门，具体抓好各自职能的落实。经营层（含合资企业）作为企业文化建设的执行单位，按照集团的统一部署，抓好企业文化建设工作。

（二）管理内容和方法

1. 企业精神宣传

青岛港以卓越绩效模式统领集团企业文化建设，按照“继承中创新，实践中推进”的原则，实现员工文化力的高度一致、综合素质的整体提

高，为青岛港持续发展、长盛不衰的战略选择提供强大的精神动力、思想保证和智力支持。

（1）精神文化建设。通过层层宣传贯彻，将青岛港“三大使命”和“三个一代人”精神渗透到港口生产、发展、建设的各个领域，让每名员工深刻领悟、身体力行。

（2）建立共同愿景。以“建设东北亚国际航运中心，营造平安和谐家园”为全集团共同愿景，各基层单位、科队、班组分别制定团队愿景，员工确立个人愿景，建立心同此愿、志同此向的愿景体系。

（3）树立品牌意识。坚持诚信为本、自主创新，大力推树“诚纳四海·振超效率”港口品牌。基层各单位要大力创树各行业的名牌，适时评选集团“员工品牌”和文明服务品牌，真正把诚信理念融入各项作业服务中，实现与广大货主的共赢发展。

2. 主体思想教育

（1）围绕上级指示精神，紧扣港口各个时期的发展战略和形势任务，广泛开展年度主题思想教育、季度专题教育活动，确保在岗干部职工思想政治教育面达 100%，引导全港员工思想统一、步调一致、凝心聚力、干事创业。

（2）学习振超精神。深化“弘扬振超精神，争创振超效率”活动，广泛宣传许振超“知识改变命运，岗位成就事业”的先进事迹，弘扬“干就干一流，争就争第一”的港口作风。广泛进行评先创优、树立标杆活动，大张旗鼓地总结表彰，形成浓厚的正气和振奋的士气。

（3）积极组织开展在岗员工、离岗退养员工、离退休员工、新入港员工和农民工等各层次人员的教育培训，增强各类人员对港口企业文化的认同度和忠诚度。

（4）实施以“五学”为载体的“创争”活动，强化“队为核心”的文化教育阵地建设，广泛创建“学习型班组”，实现新时期提高素质、提高质量、提高效率的目的。

3. 员工行为规范

（1）大力弘扬社会主义荣辱观。按照“进班子，抓风气；进科队，抓管理；进班组，抓素质；进岗位，抓绝活；进现场，抓品牌；进家庭，抓造福；进社会，抓形象；进档案，抓奖罚”的具体要求，开展“八荣八耻”的学习教育。

（2）落实公民基本道德规范。积极开展《公民道德实施纲要》的学习实践活动，广泛宣传“爱国守法，明理诚信，团结友善，勤俭自强，敬业奉献”的基本道德规范。

（3）坚持弘扬领导干部的“五种境界”和“六种风气”。“一心为民的志向，一身正气的胸怀，无私无畏的胆略，无怨无悔的心态，真抓实干的精神”五种境界和“坚定信念，敢讲真话；一心为民，造福职工；真抓实干，艰苦奋斗；说到做到，‘三老四严’；廉洁勤政，谦虚谨慎；勤奋学习，锐意进取”六种风气。各单位以黑板报、宣传栏等方式进行公示，各级领导对照执行。

（4）坚持员工职业行为“五条标准”，即“纪律严明，作风过硬；岗位奉献，建功立业；文明工作，礼貌待人；敢打硬仗，善打胜仗；善于学习，提高本领”。大力宣传、贯彻、落实员工行为准则。

4. 确保政治平安

坚持员工思想上、政治上、行动上的高度一致，为港口改革、发展、稳定创造良好的政治环境。

（1）利用民主管理、职工满意度调查等形式，开展员工思想动态调研，掌握在岗职工、离退休老同志等各层次人员的思想状况，及时化解矛盾，营造文明和谐的良好氛围。

（2）积极开展法制教育宣传，建章立制，规范行风建设，通过刚性机制和柔性教育，及时化解改革发展中的各类矛盾，建设一呼百应、具有强大战斗力的“三支队伍”。

（3）开展人武工作。按照上级指示精神，加强集团民兵组织建设；管好武器装备；抓好军事训练；保质保量地完成交通战备、人防战备工作任务。

5. 文体活动组织

每年组织召开纪念青岛建港庆祝活动和海港文化艺术节、职工田径运动会以及重大节日的庆祝活动，建设人气旺盛、亲情浓浓的海港大家庭，形成港口强大的凝聚力和向心力。

6. 企业形象标志

（1）以港徽作为青岛港的形象标志，展现青岛港人以博大的胸怀去实现精忠报国、服务社会、造福职工伟大使命的决心和意志。

（2）以《美丽的青岛港》为港歌，组织全体员工学唱，激励青岛港人时刻保持昂扬的斗志和坚韧不拔的精神状态。

（三）检查和考核

不定期深入基层各单位，对企业文化建设进展情况实施检查。对每一单项活动实施部署、落实、总结、反馈、改进的循环模式。每月纳入集团绩效分析进行总结。年度对各单位企业文化建设情况考核总评。

二、建设高素质领导队伍，引领企业文化建设方向

企业文化要被广大员工广泛接受与认可，企业领导干部首先必须得到广大员工的信任。企业文化建设的关键在于领导队伍的工作作风建设。青岛港通过整顿和提高领导队伍素质来先行引导企业文化建设。

（一）领导体制改革

常德传上任伊始就开始精简管理机构，实行岗位竞争机制，上任第一年就把 800 多个干部岗位裁掉 10%，失去干部身份的人都被充实到了基层。此举让广大职工看到了青岛港领导者改革的决心，赢得了职工的信任。青岛港先后多次进行管理机构改革，坚持干部能上能下制度，坚持从优秀知识分子、优秀工人中选拔领导干部，坚持每年召开职工代表大会评议行政领导干部，使干部队伍始终保持朝气蓬勃的精神状态和旺盛的战斗力。同时，青岛港认为，国企中，如果高管的薪酬太高，无法体现员工的主体地位，不利于发挥与调动员工的积极性。因此，青岛港实行收入分配向一线工人和科技人员倾斜的政策，严格控制管理层收入和职工收入的差距。目前，青岛港中层和一线职工收入的差距只是一两倍。

（二）言传身教促团结

青岛港领导班子始终以树立“六种风气”、“五种境界”严格要求自己，“让职工踩着自己的脚印上班，自己踩着职工的脚印下班”，没有节假日、星期天，加班加点，逢年过节是“群众过节，领导过关”。“六种风气”、“五种境界”成为青岛港干部队伍建设的“座右铭”，它就犹如一面明镜，让青岛港干部时时刻刻对照自我，从而营造了青岛港的昂扬正气，成就了青岛港的发展大业。言传身教促进团结具体表现为：

（1）抓言传，加强思想政治教育。青岛港长年在领导干部中开展理论

教育，每周六两级机关干部都集中进行学习，解决领导干部的信念、感情、珍惜、奉献问题。教育领导干部树立全心全意为人民服务的人生观、无私奉献的价值观，增进对社会、对港口和对职工的感情，珍惜职工对自己的信任，珍惜工作岗位和工作机会，爱岗敬业，无私奉献。

（2）抓身教，树好榜样。带好一支好的干部队伍重在身教。要一级带着一级干，一级做给一级看，以身作则带出一支好的干部队伍，把职工凝聚在一起。领导干部带头提出“向我看齐”，一名领导就是一面旗帜，对上让领导放心，对下让职工满意，对自己终生无悔。

（3）抓团结，党政工三心合一。党政工领导相互信任，相互支持，坦诚相待，密切配合，工作上分思想上合，业务上分中心上合，职责上分目标上合。党委对行政工作参与不干预，到位不越位，保证不包揽，监督不找茬。党政工目标同向，决策同定，工作同步，责任同负，形成合力与战斗力。

（三）与职工建立深厚感情

增进感情就是增进干群之间、员工与企业之间的感情。领导干部树立“一心为民，造福职工”的理念，职工群众加强“身在海港，热爱海港，建设海港，振兴海港”的使命感、责任感和紧迫感。青岛港先后制定了为装卸一线服好务、为广大职工多办事的“34 条”决定和“81 条”措施，这些政策和措施惠及海港每名职工。领导干部“冬练三九，夏练三伏”，这是青岛港领导干部每年冬天和夏天两次深入生产一线参加劳动的规定，要求每人年均下基层参加劳动调研不少于 50 个工作日。在劳动调研中，领导干部与一线工人共同劳动，亲身体验劳动的艰辛、工人的伟大，由此与广大职工建立深厚的感情。领导干部参加班组活动和政治学习，广泛听取职工的意见和建议，与职工面对面交流、心与心沟通，深刻体会职工想什么、盼什么，从而为企业正确决策提供有益的建议。

三、创立有机配合的激励机制，巩固企业文化建设成果

企业文化的核心作用是提高企业员工的凝聚力、向心力和战斗力，最终提高企业的竞争力。青岛港通过教育机制、用人机制、分配机制和民主管理制度的有机配合，提高员工队伍的素质，打造了“钢班子”、“铁队伍”，巩固了企业文化建设成果。青岛港教育机制、用人机制、分配机制

和民主管理制度的有机配合关系是：教育机制为核心，用人机制为导向，分配机制为杠杆，民主管理制度为保证。

（一）教育机制为核心

教育机制为核心，鼓励人人学习、全面学习，提高员工整体素质。青岛港把员工素质培养教育摆在重要位置上，花时间、花精力、加投资，不遗余力为职工创造学习条件，提供学习机会，营造学习风气。人人学习，意味着即使文化层次不高的员工也包含在青岛港的教育体系之中；全面学习，意味着在青岛港并非仅仅为了企业的生产经营而学，而是为了员工自身素质和能力的全面提升而学。

（二）用人机制为导向

用人机制为导向，激励人人成才。青岛港始终一贯坚持“只要肯学肯干，人人都可以成才”的人才观，对学历低、年龄大的员工，不嫌弃、不当做包袱、不撒手不管，而是坚持人是企业的第一资源的理念，保证人人有岗位、人人都成才；始终坚持“以能力论英雄，谁能干谁干”的用人观，在人员选任上不唯学历、不唯职称、不唯资历、不唯身份、不唯年龄，为奋发创新的员工提供了施展才华的广阔舞台。

（三）分配机制为杠杆

分配机制为杠杆，奖励人人刻苦学习，争做一流，为企业贡献力量。青岛港在每年的增资改革、表彰奖励中，坚持向一线工人、科技人员、突出贡献者和管理人员倾斜。对成才者表彰，对创新者重奖。每两年召开一次科技大会，大张旗鼓地表彰在港口两个文明建设中涌现出来的有突出贡献人才和创新成果。根据职工队伍的新情况、新需求，出台新的激励机制，分别为知识分子、技术工人和农民工队伍量身打造了成长平台和成才渠道，建立了知识分子港内职称评聘体系、评价标准和技术工人考工晋级、技术大比武、职务聘任等晋升机制。对农民工一视同仁，农民工不仅与正式工同工同酬，一个单子发钱、一个食堂吃饭，而且一样可以评职称、受重用、得提拔。

（四）民主管理制度为保证

青岛港注重用公正、公平、透明的民主管理制度来保证教育机制、用人机制与分配机制作用的充分发挥。青岛港制定完善了厂务公开民主管理标准、职代会民主评议领导干部标准、职代会管理标准等文件，搭建了职工民主参与、民主管理、民主监督平台，实现了民主管理的制度化、规范化、程序化。在人员的竞争选拔中实施公开竞争、择优录用；在两级机关管理人员选用上，每年通过人才评价淘汰不合格人员，腾出后的岗位进行公开招聘、公平竞争。教育机制、分配机制、用人机制及民主管理制度的有机配合，巩固了青岛港企业文化建设成果。

四、创建“队为核心，班为基础”的学习体系，推进企业文化建设步伐

青岛港的企业文化建设之所以落在实处、被员工广泛认同并践行，与青岛港的“队为核心，班为基础”的学习体系有直接关系。青岛港管理体制改革之后，提高了队与班组在管理中的作用，建立起“队为核心，班为基础”的学习体系，推动了青岛港企业文化建设进程。

（一）学习内容

青岛港自1989年开展全员“五学”活动（学政治、学业务、学技术、学文化、学实践），21世纪以来的全员脱产大培训中又把企业文化教育作为三级班子和“三支队伍”（知识分子、技术工人、农民工）培训的重要内容，形成长效化、规范化、标准化的培训机制。从1994年“珍惜荣誉，再做贡献，开创未来”主题思想教育开始，坚持每年一至两个主题教育，坚持月月开展政治学习和主题班会活动。在2008年纪念改革开放30周年专题教育活动中，要求人人算好“三笔账”（个人成长账、幸福账、发展账），把握“四句话”（只有自强不息，才能把握命运；只有与时俱进，才能跟上时代；只有改革开放，才能强国富民；只有艰苦奋斗，才能成就伟业），干好“一件事”（以人为本、爱岗敬业、干事创业），凝聚起战胜危机、科学发展的强大力量。

（二）学习原则

青岛港在基层队坚持“干什么，学什么；缺什么，补什么；练什么，精什么”的学习原则，加强队和班组的日常培训学习。各基层队职工常年坚持每日班前1小时和班后1小时学习制度，做到每日有计划、每事有反思、每晚有总结、每天有进步。青岛港目前已建立了1个人才培训中心、10个科技创新基地、100个职工图书室和学习之家、1000个职工学习园地，形成了“集团有中心，公司有基地，队里有阵地，班组有园地”的学习格局。

（三）学习方法

“队为核心，班为基础”的学习体系，产生了许多来自实践的行之有效的学习方法。以许振超桥吊队的学习活动为例。许振超坚持把培养人、教育人作为打造企业核心竞争力的第一任务。在主题思想教育过程中，许振超先后创新了宣讲教育、警示教育、延伸教育、访谈教育、对比教育、激励教育六大载体，使整个教育更加贴近员工，成效显著。在业务教育过程中，许振超创建了60小时培训方案和技术“绝活”。按照惯例，一名桥吊司机需要经过1年的培训，才能单独作业。为了在较短时间内培养出合格的驾驶人员，许振超根据自己20多年的实践经验，汇总编写了《集装箱装卸桥吊司机操作培训手册》。该手册不仅包含了新桥吊的机械特点和正常的桥吊操作规程，而且总结了各类驾驶技巧、故障判断维修、技术难点、注意事项等需要在实践中逐步摸索的技术经验，前瞻性、实用性强，新司机累计动车60小时就可以出徒。在具体实践中，许振超还总结推行了素质摸底、双向选择、分层施教、循环辅导、导师跟踪、考核定级、持续提高等一整套实际培训方法。练“绝活”包括“无声响操作”和“15分钟排障”等，“无声响操作”最大限度地保障了集装箱和装载货物的安全，“15分钟排障”以强大的技术维修平台支持了“振超效率”。

五、树立榜样和品牌员工，诠释企业文化建设内涵

榜样的力量是无穷的。青岛港通过领导者的模范带头作用和品牌员工的示范作用，感染着员工践行青岛港企业文化。各级领导和基层品牌员工，在践行青岛港企业文化过程中，进一步以自己的价值观和行动去理

解、诠释并扩充青岛港企业文化的内涵，从而推动着青岛港企业文化建设进程。

（一）领导者的模范带头作用

在企业管理中，管理者必须是值得信赖的，并且具有正直的人格，否则其下属只愿意承担最基本的职责，而不会有任何自发的创造性行为。青岛港在企业文化的生成过程中，特别强调领导干部的率先垂范作用，要求广大干部"用真理的力量启迪人心，用人格的力量激励人心，用情感的力量温暖人心，用榜样的力量震撼人心，用民主的力量凝聚人心"，事事、时时给广大职工做表率、做示范，激发广大员工的创造力。

在青岛港企业文化建设中，青岛港领导群体艰苦奋斗，廉洁勤政，一身正气，尊重群众，作风民主，全心全意依靠职工办企业，始终关心职工的成长，重视培养人才，以行动在全港干部职工中树立起威信，为当代产业工人的杰出代表许振超等著名劳模的成长创造了良好环境。

青岛港各级领导始终以"六种风气"、"五种境界"来严格要求自己，"一头交给组织，一头交给工作"，公开向职工承诺"向我学习，向我看齐"。坚持"港外过节，港内大干；职工过节，领导上班；辛苦少数人，幸福大多数"，每年大年三十晚上都与一线职工一起度除夕迎新年，元旦、春节、五一、国庆节下基层，走访先进模范人物、离退休老同志。坚持工作上向高标准看齐，生活上向低标准看齐，关系职工切身利益的事，都是先基层后机关、先职工后领导。领导干部身体力行，以榜样的力量，形成无声的命令，在指挥着、感染着员工践行青岛港文化。

（二）品牌员工的激励示范作用

青岛港在发展中树立了一大批基层品牌员工。"金牌工人"许振超带出了一支冠军团队，截至 2012 年，先后 8 次打破世界集装箱装卸纪录，被青岛港树为"振超效率"，"振超精神"已成为青岛港企业文化的重要内容。QQCT 的赵显新在集装箱桥吊操作中，操作吊具从 40 多米高空急速下行，停钩、颠钩，一气呵成，准确到位，一钩即准，并能在 1 分 30 秒内将固定在桥吊吊具上的钢筋插入地面上的矿泉水瓶口中，毫厘不差，堪比穿针引线，赵显新的手艺被命名为"显新穿针"。农民工皮进军吃苦耐劳，能干巧干，创出散货灌包全国港口纪录，被命名为"进军灌装"。铁矿石接卸“孙波效率”19 次刷新世界纪录。还有“义明千钧”、“琳琳快磅”、“杰敏智控”、“信国淘金”等诸多品牌员工。截至 2012 年，青岛港在各条战线和各个领域先后涌现出 1000 多个品牌员工，涌现出近 200 位“行业专家”、3000 多名“五好岗位”标兵。通过品牌员工，树立起一个个敬业、奉献、创新、挑战自我的光辉形象。品牌员工成了青岛港企业文化的有机组成部分，起到了良好的示范作用。

品牌员工是港口的英雄人物，同时也是在平凡岗位上做出不平凡事迹的普通人，是“平民化”的先进典型。品牌员工勤于学习，善于动脑，自强不息，成就了令人佩服的事业，为普通劳动者树立了榜样。“一个人可以没有文凭，却不能没有知识”、“悟性在脚下，路由自己走”等道理引起员工的共鸣。

以许振超的“四个每天”为例，可以感受到品牌员工的高尚情操和创新精神：一是每天都要创造事业的资本。锤炼自己的品德和境界，做到“先做人后做事”；培养自己的工作能力，“敬业先精业”，在学习和创造中不断积累、提高技能。二是每天都要挑战自我、超越自我。前进道路上最大的敌人是自己，只有每天挑战自我、超越自我，才能成就事业。三是每天都要心存感激并忘我回报。感激青岛港跨越式发展和先进的理念、机制提供了施展才华的大舞台，使广大职工有活干、有钱花、有房子住。只有心存感激，才能忘我工作，无怨无悔地回报。四是每天都要把自己融入团队之中。每个人都工作在整体中，只有精诚团结，才能做大做强、无往而不胜；只有爱岗敬业、与时俱进，才能有更强的主动性、创造性。只要每个人都能积极地在自己的岗位上为社会、为发展做贡献，人人都是人才。

（三）身边人讲身边事，身边事教育身边人

早在 1996 年，青岛港就开始组织“三百”、“三千”报告团，在集团内部巡回宣讲，让有理想的人讲理想，有道德的人讲道德，让身边人讲身边事，用身边事教育身边人。邀请老同志讲青岛港的创业史、发展史，在 2009 年深入开展的“五爱”教育（爱党、爱国、爱社会主义、爱港、爱岗位）中，组建了 300 人的“三老”（老革命、老模范、老码头）报告团，讲历史、讲传统；邀请近 4000 名老同志深入班组、科室，回港“传帮带”，畅谈对港口和岗位的感情，进行亲情大传播。宣讲活动在全港职

工中引起了强烈反响，员工通过学习历史，更加珍惜今天来之不易的大好局面，更加明确今后的努力方向。青岛港还通过开展各种庆祝活动，举办职工田径运动会、老年人运动会、海港艺术节，组织职工横渡汇泉湾，举办红歌会、书画展等文体活动，寓教于乐，弘扬浓厚正气，凝聚旺盛人气。

第九章　思政工作

思想政治工作，是以人为对象，解决人的思想、观点和政治立场问题，提高人们思想觉悟的工作。由于人们在不同的历史条件和社会环境的影响下会产生不同的思想倾向，不同年龄、不同层次的人会有不同的思想特点，因此思想政治工作的方法应是多种多样的。科学的方法必须符合人们思想和行为活动的规律、适应思想教育内容的需要。我国在长期的思想政治工作实践中，总结出的科学方法有疏导方法、民主方法、讨论方法、批评与自我批评方法，等等。思想政治工作的方式也是多种多样、灵活多变的，概括起来主要有：

（1）说理的教育形式。通常表现为口头和文字两种形式，前者如讲演、报告、讨论、谈话等，后者如理论著作、报刊、论文、政党和政府的决议、新闻报道等。这类形式，灵活机动，针对性强，解决问题及时，收效快。

（2）形象化的教育形式。如文学、艺术、娱乐等形式。这种形式把思想政治教育的内容寓于文化娱乐活动之中，易于为人们所接受，起着潜移默化的作用，往往收到说服教育难以达到的效果。

思想政治工作有其固有的工作规律和特点，有经过实践反复检验的工作基本原则。工作原则是根据思想政治工作的客观规律和人们的主观意图制定的，我国在长期的思想政治工作实践中总结和概括出的基本原则主要有：

（1）理论联系实际原则。把学习和宣传理论同解决实际问题相结合，用马克思主义的立场、观点和方法指导实践活动，解决实际问题。

（2）思想政治工作与业务工作相结合的原则。把思想政治工作落到实处，为各项业务工作指明政治方向。

（3）表扬与批评相结合、以表扬为主的原则。发现工作对象的优点和长处，通过表扬树立先进榜样，带动后进；结合必要的批评，抑制消极因素。从消极因素中发现积极因素，促进其向好的方面转化。

（4）思想政治工作与物质利益相结合的原则。坚持物质与精神辩证关系的原理，在提高群众思想认识的同时，切实帮助群众解决一些切身利益问题。

（5）耐心说服教育与严格组织纪律相结合的原则。立足于说服教育、循循善诱，同时对不服教诲、坚持错误者辅以严格的组织纪律。

（6）身教同言教相结合、身教重于言教的原则。领导干部和思想政治工作者在进行言教的同时，必须严于律己，身体力行，言行一致，为人师表。

青岛港作为国有企业，灵活运用思想政治工作的基本原则和方法，加强思想和信仰的引领、熏陶，坚持不懈地用科学发展观和港口企业文化来教育、武装广大干部职工，让职工成为思想政治工作的主体和港口事业的主人。需要明确的是，在青岛港，思想政治工作对经济工作及其他一切业务工作，具有服务和保证的功能，即思想政治工作为经济工作和其他一切业务工作服务，保证工作的政治性质和方向。本章介绍青岛港在党务、团委、工会、女工、宣教、武装、廉政建设工作中的做法和经验。

第一节　党的领导

我国国有企业中普遍存在着企业党委—党总支—党支部垂直领导系统，而且党垂直领导系统同行政垂直领导系统并行存在。2011 年，青岛港有职工 24000 多人，党员 4704 人（其中离退休党员 973 人），有 26 个直属机关党委（总支）、282 个基层党支部。青岛港加强党的领导，抓党建、促发展、促和谐，要求各级党组织和党员干部必须自身素质过硬、能够取信于民。

一、加强集团党政班子建设，强化引领作用

青岛港党政领导为青岛港确立的神圣使命是“精忠报国，服务社会，造福职工”。党政领导班子以企业使命为动力，以创建“四好”领导班子为目标，带头讲党性、重品行、做表率。

（一）带头提升思想政治水平

积极响应中央和上级党组织号召，坚持党委中心组学习，带头建设学习型党组织。每年启动工作都是率先启动思想，每次中央省市委举行重要会议都迅速举办读书班、研讨班，结合实际，学习落实。中央每次开展集中教育活动，集团党政领导模范带头、落实执行，规定动作不走样，自选动作有创新。在学习实践科学发展观活动中，集团党政班子坚持每周一、三、五 17：00~20：00 集中学习，雷打不动；专门举办研讨班，结合实际，研究创新群众工作的措施；举办集团领导干部“永葆本色”读书班，保证精神永不懈怠，永葆政治本色。

（二）带头增强科学发展能力

集团党政领导担负引领港口科学发展的重任。青岛港坚持“请进来，走出去”方针，不断增强科学发展能力：先后从中国工程院、清华大学等邀请 300 多位院士、专家来港举办各类知识和技能讲座；集团领导带领优秀干部、专业人才到世界和国内知名港口学习考察。在发展实践中培养领导干部的战略思维和决策能力：密切把握宏观经济发展趋势、市场供求关系变化和世界航运业的最新发展，每五年制定一个战略规划，每年制定工作要点，月月进行绩效分析，形成了科学的决策体系；从“八五”到“十二五”先后制定了夯基战略、超前战略、中心战略、创新战略和强港战略，将青岛港从一个名不见经传的小港发展成为世界第七大港。

不断学习提升使集团党政班子提高了抵御风险的能力，使青岛港能够积极应对各种困难和复杂局面。面对突如其来的国际金融危机，集团党政领导动员全港党员职工明确“三个特殊”（认清特殊时期，研究特殊思路，发挥特殊优势），做到“三个破除”（破除盲目乐观，破除等待观望，破除惊慌失措），树立“三个意识”（树立“三感意识”，树立机遇意识，树立大局意识），搞好“三个研究”（研究市场，研究政策，研究内部），坚决做到“三个不动摇”（科学发展不动摇，增长指标不动摇，造福职工不动摇）。特别困难的时候，不仅没有让包括农民工在内的一名职工下岗，而且还向社会招收了 800 多名大学生；在全球港口吞吐量同比下滑的情况下，青岛港吞吐量同比增长 5.1%，集装箱吞吐量同比增长 2.4%，各项效益指标均实现逆势上扬。面向“十二五”，集团党政班子以科学发展观为指引，预测港口发展趋势，研究制定了青岛港“十二五”发展规划：全力实施科教强港、科技强港、人才强港三大“强港战略”；携手中石化、招商局集团、香港万邦集团、中远集团、山东海运，投资300亿元在董家口港区再造一个3亿吨大港；“十二五”末建成6亿吨大港。

（三）带头加强勤政廉政建设

始终加强勤政建设。青岛港要求党政干部要甘当“苦行僧”，为国家尽忠尽孝，为职工尽职尽责，吃苦奉献，无怨无悔。集团党政一班人以身作则，率先垂范，大力弘扬“五种境界”（一心为民的志向，一身正气的胸怀，无私无畏的胆略，无怨无悔的心态，真抓实干的精神）、“六种风气”（坚定信念，敢讲真话；一心为民，造福职工；真抓实干，艰苦奋斗；说到做到，三老四严；廉洁勤政，谦虚谨慎；勤奋学习，锐意进取），向全港党员干部职工郑重承诺“向我学习，向我看齐”。党政干部带头艰苦奋斗，不怕难，不怕事，用真理的力量启迪人心，用人格的力量激励人心，用情感的力量温暖人心，用民主的力量凝聚人心；连续20多年深入装卸一线跟班劳动调研，在每年冬天最冷的时候、夏天最热的时候“冬练三九，夏练三伏”，与一线职工同吃同住同劳动，了解职工实情；长年累月“5+2”（5个工作日加2个双休日）、“白加黑”（白天加晚上）；自觉站在“三高”（高风险，高压力，高动力）第一线，“一心为民，造福职工”，无怨无悔带领职工干事创业。

始终把廉洁从业摆在突出位置常抓不懈。集团领导带头遵纪守法，带头开展“承诺，践诺，评诺”活动，经常召开党员干部廉洁勤政教育大会，开展警示教育和党风廉政建设大讨论。青岛港专门开通了廉政文化网站，认真传达学习中央省市纪委全会精神，学习贯彻党纪国法和各项规定，领导带头上党课、讲案例、强廉政。青岛港明确提出“安全”和“经济”是两条高压线，制定下发《领导人员廉洁从业管理规定》、“十六个坚决落实，十六个严格禁止”、廉洁从业“二十条禁令”等制度规定，资金管理做到“八不准”，物资集中招标采购做到“三不”（不插手，不经手，不放手）和“四个坚定不移”（坚定不移地公开透明，坚定不移地规范厂商，坚定不移地抓好大户，坚定不移地扶正祛邪），工程管理做到“质量好，投资省，工期短，作风廉”，把党风廉政建设落到实处。

二、加强基层党组织建设，夯实坚强基石

教育和引导党员干部切实把好思想“总开关”，解决好“图什么”、“为什么”两个问题，坚持“一把手强，副职才强，班子才强，单位才强”的组织建设方针，突出抓好基层党组织队伍建设。

（一）提升基层党组织一把手素质

基层党政一把手人人制定“四强”（思想境界上强，保持一致上强，学习上强，实干上强）标准和措施，专门召开汇报交流会，提升境界、“强身健体”。从2009年起，青岛港联手大连海事大学，举办了党员干部5期每期3个月的高强度研讨班，深入学习党的理论和现代管理知识，有力提升了基层党政一把手的素质和能力。2011年上半年，先后选树各行各业23位党员干部在全港作报告，激励全港党员干部把个人的命运与港口、国家命运紧密联系在一起。在庆祝建党90周年之际，从基层党政一把手中评选出9位“职工贴心人”，又从9位“职工贴心人”中推树了全心全意依靠职工办企业、三年实现公司面貌巨变的前港公司经理、党委副书记张再春作为全集团党员干部学习的榜样。

（二）加强基层党组织制度建设

青岛港发挥党支部熟悉工作实践、紧密贴近职工的优势，把基层队党支部和科队打造成为“‘五个平安’、敢打必胜的战斗堡垒，自主创新、管理精细的经济实体，岗位成才、与时俱进的学习团队，以人为本、亲情和谐的职工家园”。基层党组织普遍建立了月度、季度定期考核制度；坚持开展党支部年度工作目标责任制，抓好支部“三会一课”等制度的落实，定期检查考核；坚持每年召开党建工作经验交流会、研讨会和表彰会，集中开展庆“七一”系列活动。近年来，又在基层党支部开展了“六抓六建”活动（抓解放思想建改革的堡垒，抓围绕中心建发展的堡垒，抓“五个平安”建稳定的堡垒，抓联系群众建和谐的堡垒，抓“五学”活动建创新的堡垒，抓提高素质建文明的堡垒），在各项改革中不断理顺情绪、构建和谐，凝聚党心民心，形成发展合力。

（三）党政建设延伸到合资企业

青岛港在全国沿海港口中率先组建了一批由不同国家、不同管理理念组成的新合资合作模式的合资企业。各合资公司在成立之初，从合资企业的特点出发，以创建“合资企业最好的党委”为目标，以改革创新的精神不断探索合资企业党建工作的有效方法和途径，围绕中心抓党建，抓好党建促发展，有力地促进青岛港的合资事业又好又快发展，走出一条合资企业抓党建的成功之路。

1. 叫响“向我看齐”，溶解文化碰撞

面对合资之后，不同文化和管理理念的碰撞，各公司党委始终坚持用青岛港的核心价值观统一思想、凝聚力量，实现了中外员工一家亲的良好局面，经济效益取得了很大的发展。

QQCT 合资之初，面对由丹麦马士基、英国铁行和中国远洋、青岛港“三国四方”共同管理的新体制，公司党委针对实际响亮地提出“为港口负责，为股东负责，为公司负责，为员工负责”和“共同经营，共同管理，共同出力”的工作原则。公司党委一班人带头做敬业奉献的表率，把“带头讲实干，带头讲实话，带头讲正气，带头讲团结”作为班子成员的一条重要纪律，叫响“向我看齐”，兑现“让员工踩着自己的脚印上班，自己踩着员工的脚印下班”的承诺，每次风雪雨雾恶劣天气，每次重点保班和创纪录都同一线员工并肩战斗，对以身作则、敬业奉献的大张旗鼓地表扬，对创出优异成绩的给予重奖，对歪风邪气严肃批评处理，以实际行动赢得职工的信任、外方的尊重。

以许振超为代表的党员先锋模范岗、团员青年突击队、工人先锋号等党团组织，在港口生产中都是积极主动的冲锋在前，实现了人人创新、岗岗创新，人人身上有绝活，积极创建有知识、能干事的知识型团队，创建了一批“QQCT 党建窗口”等公司级党建品牌，推动创新型港口建设。

2. 创建党建品牌体系，激发改革创新力

合资公司从实际出发，创建以“三国四方党旗红”为龙头，多层次、多领域、多岗位的党建品牌体系，激发改革创新力，使党建品牌创建工作成为服务发展的“强基工程”、“动力工程”和“素质工程”。

广大党员在群众中叫响“创新向党员看齐”。操作部计划组党支部以创建“效率先锋、节能标杆”党建品牌为目标，同物流组党支部联袂作

战，开发的进口重箱大票货物发箱新模式，破解了多年未解决的难题，累计节约能源成本600多万元，采取的冷箱尖峰节电措施，累计节约电费1114万元。IT部门党员带头开发的集卡“最优路径”项目，2010年9月作为世界顶尖的攻关成果，在美国旧金山向全世界港口同行作专题演讲。

坚持开展“五学”活动，大学习、大培训、大练兵、大考核，激励员工“练绝活，创品牌”。邵泽山成为“全国优秀青年技师”，谭钧成为“青岛市首席技师”，农民工钟绵梓在青岛市技能大赛中获得第一名，成为名副其实的“金蓝领”。

在“三国六方”组成的QQCTU及与国内港口组成的日照日青、威海青威集装箱公司等十余家合资公司里，党建品牌与解决生产经营中的难点热点紧密结合。把港口生产经营中的难点热点作为党建品牌创建工作的重点，使党建品牌发挥更大的效能。

与推进港口“五个平安”、“五个文明”紧密结合。基层党组织和广大党员通过创建“严管厚爱保平安”、“平安系海港”、“安全堡垒、平安先锋”等党建品牌，有力地促进了港口“五个平安”、“五个文明”建设。

与突破市场货源瓶颈紧密结合。在国际金融危机对港口带来严重冲击的严峻形势下，通过创建“市场开发当先锋”、“市场现场见真情”等党建品牌，引导和激励广大党员坚定信心，抢市场、抢货源，坚持“三个不动摇”。

与港口生产发展紧密结合。通过开展创建党建品牌，引导广大党员爱岗敬业，求真务实，真抓实干，充分发挥先锋模范作用，不断提高生产和工作效率。

与节能减排、加强管理紧密结合。深入创建“节能排头兵”、“管理挖潜当先锋”等党建品牌，促进青岛港由创新型大港向创新型强港发展。

面对航运市场快速发展的新形势和港口间的激烈竞争，QQCTU公司党委一班人以积极推进大市场体系、大船公司战略、联盟战略，海向陆向双进军，巩固省内，拓展省外，扩大中转，发展物流等战略方针，应对激烈的市场竞争，不断增强企业创新能力，2010年新增开航线20条以上，集装箱吞吐量完成1201万标准箱，跻身世界港口第八强。连续四年获得中国港口前十强集装箱码头、综合指标最佳集装箱码头、杰出集装箱桥吊作业效率码头、八破集装箱装卸世界纪录。

合资企业无论怎么发展，红色国企的本色不能变。在青岛港，鲜红的党旗始终高高飘扬在合资企业。

三、加强党员队伍建设，当好旗帜先锋

在强化党员思想政治建设的前提下，不断加强党员队伍的业务技术培训，努力让他们又红又专、能文能武，以德才兼备的实本事增强党员的说服力和号召力。特别是针对生产单位党员的特点，不仅要求他们政治素质优，还要求他们岗位技能优、工作业绩优。

（一）加强党员学习教育

以争做“四优”共产党员为目标，持之以恒开展“五学”活动（学政治，学业务，学技术，学文化，学实践）。青岛港不建办公楼，不搞房地产，省下钱投资4亿多元建设港湾职业技术学院和集团员工培训中心，构建起了“集团有中心，公司有基地，支部有阵地，小组有园地”的四级学习平台，把加强党员学习教育作为港口工作的“持久战”，把党员学习教育列入集团年度工作计划，年年抓、月月抓、日日抓，有部署、有要求、有内容、有机制、有考核、有成效。

各级党组织普遍建立起党员学习活动室，采取“三会一课”等形式，做到“五有”（有教室，有氛围，有电化教育设施，有书籍，有教育培训计划）和“四个落实”（落实安排，落实内容，落实人员，落实时间），深入开展“五个一”活动（党员每月一次集中学习，每季度一次党课，每半年一次学习交流，每年记一本学习笔记，每年提一条创新生产工作建议或取得一项创新成果）。

创新思想教育形式，以青岛港企业文化为载体，坚持“一元化”指导思想，每年深入开展思想教育，让身边人讲身边事，用身边事教育身边人，有理想的人讲理想，有道德的人讲道德。层层成立先模群体事迹宣讲团，下基层、到一线、进班组，大宣讲、大教育、大鼓劲。

（二）党员率先垂范，发挥先锋作用

坚持开展党员“六带六树”（带头坚定信念，树立政治坚定、爱岗敬业的形象；带头完成生产经营和工作目标，树立艰苦奋斗、勇于奉献的形象；带头加强思想政治工作和精神文明建设，树立弘扬正气、崇尚文明的形象；带头一心为民、造福职工，树立关心群众、联系群众的形象；带头

搞好“五学”，树立与时俱进、开拓创新的形象；带头遵章守纪、严于律己，树立纪律严明、清正廉洁的形象）、“三为两建”（为党旗增光辉，为海港立新功，为职工服好务；建模范岗，建创新岗）等活动，充分发挥党员的先锋模范作用和基层党组织的战斗堡垒作用，增强党组织的凝聚力、创造力和战斗力。

坚持“一个支部，一个堡垒；一名党员，一面旗帜”，要求党员以港为家，把职工当成自己的兄弟姐妹，努力发挥好四个作用。在政治上发挥骨干作用：在领导、管理、班组长和关键岗位上挑大梁、唱主角，成为广大职工的主心骨。在作风上发挥旗帜作用：关键任务交给党员，关键岗位安排给党员，关键时刻依靠党员，形成了“哪里有困难，哪里有艰苦，哪里有危险，哪里就有党员”的工作局面；广大党员自觉做到“上班在前，下班在后；吃苦在前，享受在后；冲锋在前，评功在后”，真正做到“一名党员，一面旗帜”。在联系群众上发挥桥梁作用：党员认真落实联系群众的“四必谈，五必访”制度（职工工作出现问题必谈，思想情绪不稳定必谈，同志间产生矛盾必谈，家庭出现矛盾必谈；职工家庭生、老、病、死、喜事或遭遇意外必访），开展“一助一，结对子”、“一帮一，两保证”等活动，对职工承诺“四个及时”（职工有成绩及时鼓励，有困难及时帮助，有问题及时教育，有病痛及时关心）。在业务技术上发挥带头作用：党员带头搞好“五学”，带头科技攻关、钻研业务、苦练绝活，在干部职工中发挥模范带动作用。

（三）创建党建品牌，发挥引领作用

组织各级党组织和党员紧密围绕港口工作，开展党建品牌创建活动，并将其作为加强党员队伍建设的有效载体。“党情传四海”被青岛市委授予“青岛市党建品牌”后，青岛港以此为契机，连续创建了200多个集团党建品牌。一个个品牌成为创新成果的旗帜、破解难题的钥匙、科学发展的抓手、联系职工的纽带。在党建品牌和优秀党员的带动下，基层党组织和群团组织纷纷设立“党员先锋岗”、“模范岗”、“工人先锋号”、“龙虎榜”、“巾帼示范岗”、“青年突击队”等岗位和荣誉称号，形成了党员先锋带动工人明星、党建品牌带动员工品牌、创新智慧充分涌流、创新成果层出不穷的可喜局面。

（四）重视农民工党员队伍建设

高度重视农民工党员和党组织建设，把农民工党员纳入集团党组织统一管理。农民工不仅与正式职工一个食堂吃饭、一个单子拿工资，而且一个支部搞活动、一起受教育，农民工的思想政治素质和业务素质得到极大提升。对政治素质高、工作业绩突出的农民工，青岛港积极向输出地党组织推荐，发展其为党员。近年来，已有 295 人在港口入了党，1671 人入了团，65 人当选为集团职代会代表，2 人当选为职代会主席团成员。农民工徐万年成为全国劳动模范，并走上集团合资公司党委书记的领导岗位；农民工皮进军成为“中国青年五四奖章标兵”、全国青联委员、十八大代表；朱广田、王召利等成为了“全国优秀农民工”。

第二节　团的工作

青岛港团委实施“集团抓全面，基层有特色，支部为核心，团员强意识”四级团建模式，以“夯实基础，活跃基层，创建精品，全面发展”为工作思路，将团工作融于港口建设发展中。集团团委荣获了全国“五四红旗团委标兵”称号，青岛港先后涌现出“青年五四奖章标兵”皮进军、“全国技术能手”邵泽山、“全国优秀农民工”徐万年、山东省“优秀青年知识分子标兵”庄开宇等一大批先进青年典型。

一、强基固本，努力提高团建水平

（一）抓好“三基”工作，畅通工作流程

集团制定下发了《团组织建设管理标准》，规范各级团组织工作内容和管理流程；制订下发了《考核细则》，实施“一抓双考核”（抓三基，对分管领导、直属团干部考核），每月月中督察、月底考核，考核结果作为年终总评的主要依据；每年下发《基层换届通知》，各级团组织按时进行换届，配齐配强班子；为团支部配备《团支部手册》，为团干部配备《团情记录》，为团员青年配备《团员手册》；选派团干部参加团中央、全国交

通系统和团市委组织的培训班，努力建设“政治素质高，业务能力强”的团干部队伍；利用电子团务建立与团员青年沟通的网络信息平台；公开支部书记、基层团委书记、集团团委电子信箱，扩大与团员青年交流的信息渠道。

（二）抓好特色工作，形成工作品牌

直属团组织努力寻找共青团与生产工作的最佳结合点，形成了特色工作。例如，大港公司团委形成了“一网（青年内部网）一刊（《大港青年》）一路（共青团奋进路）一线（客班轮青年文明作业线）”的特色工作。前港公司不断挑战生产极限，团委为每名青年工人量身打造成才计划、培养青工绝活。港机厂团委在创新创效上做文章，创新了项目导师带徒制度，在数控等离子切割机上下功夫，开发数控套料软件，大大提高了原材料的利用率。

（三）发挥核心作用，保证工作及时落实

团委坚持“围绕一个中心，把握两个方向，下放两项权力”的工作原则。“围绕一个中心”是指，基层队团支部按照上级团委的统一部署，按照队领导和党支部的工作要求，一切围绕基层队的两个文明建设开展团的工作，为本单位的生产发展服好务；“把握两个方向”是指，直属团组织布置工作、基层团支部开展工作，都要以“务实”和“创新”为方向，在“实”字和“新”字上下功夫，在本单位的两个文明建设中寻找服务大局、开展共青团工作的着力点和落脚点，不断拓宽工作领域；“下放两项权力”是指，把对团员青年的教育和管理两项重要的职能交给基层团支部来落实。工作实践中，各支部都能较好地按照直属团组织月度制定的教育主线，利用“三会一课”等行之有效的载体，对团员青年加强思想、业务、安全、质量等各方面的教育，不断提高团员青年的综合素质，确保团员青年受教育面达到100%。在团员青年的日常管理中，各支部除了加强对团员组织关系接转、团籍注册等日常性管理外，还注重加强团员日常监督考核，采取评先树优等方式，促进团员青年比学赶超的工作热情，不断增强团组织的凝聚力。

(四) 增强团员意识，保持先进性

以核心价值观教育为主线，在全港团员青年中开展“爱党，爱团，爱港”教育，推行“唱团歌，戴团徽，知团史，用团证”教育，建立团员信息动态档案，传唱《我们是港口新一代》，增强“我是团员我光荣”意识；深入开展“正确选标，合理定标，广泛示标，奋力达标，综合评标”的“五标”活动，广大团员青年心中立德、行为立制、岗位立标，按照自身特色发展；把务工青年作为重点，建成“真情伴青春”文化驿站，吸收青年农民工加入共青团。团员青年奋发有为、立志成才的信心不断增强。青岛港集团团委荣获团市委“增强共青团员意识教育优秀组织奖”，“双知，两为”活动作为百例典型在全国推广。

二、苦练内功，激发团干部队伍战斗力

青岛港把加强团干部队伍建设、激发团干部队伍战斗力作为推动基层工作的重中之重。

(一) 实施思想教育工程，坚定团干部政治信仰

发挥青岛港的思想政治工作优势，开展两代海港人“话珍惜，讲奉献”对话活动，使广大团员青年深刻感悟到改革开放以来的历史巨变，进一步坚定了“永远听党话，永远跟党走，永远报党恩”的信念。

(二) 实施素质培训工程，持续提升团干部综合能力

集团团委组织编写了近20万字的共青团培训教材，对团干部进行培训；组织广大团干部和新入港的年轻员工参观港史馆；利用“党建带团建”、“团内导师带徒”等形式，以老带新，开展团务知识培训。

(三) 实施组织强化工程，全面激发团组织的内在活力

按照团章要求，定期进行团组织换届选举，不断给团组织补充新鲜血液；开展“牵手共建”活动，每名团委委员与基层团支部“结对子”，定期对团支部进行指导；不同单位的团支部“结对子”，形成互相交流、互动并进的良好局面。

（四）实施团务比武工程，增强服务大局服务青年的本领

结合工作实际，每年组织直属团干部技术比武，自主拟题，严格核卷，不仅检验了团干部掌握业务理论知识的水平，而且极大地锻炼了团干部的组织能力、表达能力、写作能力等。各基层团委以支部为单位，围绕团的基础建设、管理机制、活动载体等内容，积极开展团务比武。例如，通过举办青年网页设计大赛、电子团务大比武，团干部自主开发了团员青年管理软件，细化了团员的基础资料，增强了对人员信息的掌握，为开展各类活动、服务团员青年提供了便捷。

（五）实施业绩考核工程，不断促进各项工作再上新水平

完善制度，按照"数字化，表格化"的原则，先后修订完善了《团委书记岗位责任制》、《团支部书记岗位责任制》、《基层团支部月度考核细则》等规章制度，让广大团干部清楚干什么、怎么干、干到什么程度。严格考核，按照各项管理制度和考核细则，集团团委每月提出工作考核意见，直接对基层"一把手"、分管领导和团组织负责人进行奖惩，有力地促进了团务工作更上新台阶。

（六）实施作风转变工程，在实干中树好团干部形象

团干部坚持"五个面向"，深入基层搞调研，敢抓敢管，严、细、实、全，吃苦耐劳，树立起新时期团干部的良好形象。团的工作一并在月度政工例会上统一部署，既节约时间，又提高效率。

三、围绕中心，发挥团员青年生力军和突击队的作用

（一）以核心价值观教育为主线，不断提高服务大局意识

坚持用社会主义核心价值体系和青岛港"三个一代人"精神武装员工头脑，帮助青年树立正确的价值观和人生观。成立"三老"报告团和青年先模事迹报告团，请老同志讲历史，请青年先摸讲事迹，增强了团员青年"爱岗敬业的责任感，加快发展的紧迫感，不进则退的危机感"，营造了"在创业中锻炼，在发展中成长，在岗位上奉献"的氛围，提高了服务大局的意识。广大团员青年明白了"以什么样的精神状态，朝着什么样的奋

斗目标前进”的道理，自觉把自己的命运与港口的命运紧密连接起来。

（二）高举青年突击队大旗，勇挑港口建设和发展的重担

广大团员青年围绕集团中心工作，积极投身港口“五个文明”、“五个平安”、突船疏港、抢险救灾、码头建设等急、难、险、重的生产建设任务，在生产会战中屡创纪录。全国青年文明号集体“振超团队”青工练出了“百米穿针”、“王啸飞燕”等绝活，先后8次打破集装箱装卸世界纪录，成为世界闻名的“冠军团队”。在“一线青年争当效率示范岗，窗口青年争当服务示范岗，机关青年争当管理示范岗”的“三岗”竞赛活动中，外理公司团员青年坚守“诚信服务，分秒必争”的承诺，将电子船图以最快的速度传送给了客户，被命名为“外理快递”。港口公安局交警大队团员青年在新老港区交通指挥中，风雨无阻，无私奉献，保证了港区车流畅通无阻，被命名为“阳光交警”。广大团员青年在各条战线上充分发挥突击队和生力军的作用，形成了“锁定目标，比学赶超，提高效率，以一当十”的生动局面。

（三）深入开展青年创新创效活动，引导团员青年锐意创新

鼓励团员青年立足岗位进行创造性劳动，积极组织团员青年进行技术创新、管理创新和服务创新，积极促进团员青年创新成果向现实生产力转化。鼓励青工紧扣装卸生产的实际需要，在改进装卸工艺、技术改造、节能减排、安全生产等各个环节进行创新，努力做到“哪里有青工，哪里就有创新活动，哪里就有创新性成果”。深化群众性“五小”、QC质量管理、合理化建议、人人节支1000元等活动，从身边的一点一滴节约，节约一滴水、一滴油、一张纸，把节能减排工作做细做精，让每一名团员青年的智慧火花都能转化为港口的竞争力。前港堆装队团员青年利用业余时间搞研发，对皮带机装车系统PLC程序进行改造，实现了皮带机装车作业时的动力优化，取得了巨大效益；按照每昼夜装车800节计算，每天节能高达600kw，仅此一项堆装队每年就能节约资金近20万元。港机厂团员青年积极参与桥吊和船厂门机的研制，填补省内三项空白。大港机械队团员青年创新的“省油三字经”，每月省油3360元。信息中心团员青年每年完成千项软件开发，用鼠标革了铁锨的命。创新使共青团更有特色、更有生命力。

（四）积极开展青年志愿服务活动

围绕港口公共环境，面向离退休老同志、新入港大学生和青年农民工，每周推出主题志愿服务活动，积极开展“团员义务奉献日”、“我做一日志愿者”、“学雷锋进社区”、“服务一线团情浓”等活动。为职工配备“爱心药箱”，组织医护人员与基层班组结对服务，为老同志“冬送温暖，夏送清凉”，自发交纳特殊团费为老同志订阅报纸。通过“朝霞重晚晴”、“爱心敲门”等有效载体，采取“一助一”、“多助一”等形式，组织青年志愿者与离退休老同志、新入港大学生、青年农民工和困难家庭结对子。

（五）积极开展社会公益活动

2008年南方雪灾期间，青岛港积极开展抗击冰雪灾害活动，为灾区人民捐款23.6万余元，成立660人的青年突击队，参加劳动，赠送慰问品，全力打造“电煤运输绿色通道”，确保灾区电煤供应。四川省汶川大地震后，广大团员青年积极响应号召，迅速开展了“抗震救灾，心系灾区，奉献爱心”活动，与灾区人民心连心、手牵手，为灾区人民捐款62万元。奥帆赛期间，青岛港积极参与奥运宣传和志愿服务活动，积极参与清理浒苔大会战，为奥帆赛的成功举办贡献力量，荣获青岛市“青春建功奥帆赛”主题实践活动“优秀组织单位奖”。坚持每年开展以“人道，博爱，奉献”为主题的义务献血活动。

四、创新载体，大力构建青年服务体系

（一）组织上覆盖

按照“两个全体青年”（团的基层组织网络覆盖全体青年，团的各项工作和活动影响全体青年）的要求，青岛港做到了“哪里有青年，哪里就有组织”。集团专门下文明确农民工纳新工作，按照“基层推荐，个人意愿，支部考察，劳务输出单位同意，集中考试宣誓”程序，每年进行纳新工作，帮助青年农民工加快实现由技能匮乏向又红又专转变、由挣钱吃饭向实现价值转变、由短期务工向当家做主转变、由打工者向新时期产业工人转变。

（二）生活上关心

在青岛港，哪里有需要，哪里就有帮助。青岛港建立文化驿站、新世纪书屋等，丰富团员青年文化生活；为农民工设立免费亲情话吧，架起亲情桥梁；积极协调、牵线搭桥，大力开展青年联谊活动；以“一封家书，一个电话，一次走访，一件实事”为活动载体，开展“双知”活动，为团员青年们排忧解难。积极贯彻“四必谈，五必访”制度（工作出现问题时必谈，思想情绪不稳定时必谈，与同事产生矛盾时必谈，家庭出现矛盾时必谈；员工及其家属生、老、病、死及遭遇意外时必访），创新开展“三个到家”活动（患病慰问到家，送补助款到家，帮助解决困难到家）。

（三）技能上培养

坚持开展“五学”活动，深入实施青工技能振兴计划，不断深化“学振超，兴技能，练绝活”活动，培养造就一大批“品德优良，技术精湛，贡献突出”的优秀青年技能人才。团组织根据每名青工的技能基础和特点，帮助青工制定个人的远、中、近期技能提升计划和推进步骤，鼓励青工参加各种培训、技术练兵等活动，一步一个脚印地提升岗位建功的实际本领。不断深化导师带徒活动、发挥好传帮带作用，定期组织拜师学艺活动，聘请有技术专长、经验丰富的技术人员、工人技师、岗位能手等担任导师，与青工结成对子，使广大青工能够掌握一技之长、成为本行业本工种的行家里手。通过考工晋级、技术比武、导师带徒、业务培训等形式，引导团员青年立足岗位学振超、练绝活、创品牌，不断提高青年职工的业务技能。

（四）成才上举荐

积极推树典型，谁干得好，就鼓励谁。皮进军荣获“中国青年五四奖章标兵”荣誉称号，在全国巡回宣讲；奥运前夕，皮进军被推荐为奥运火炬手，参加在济南的奥运火炬传递仪式。由团中央推荐，邵泽山被评为全国技术能手。庄开宇被团省委、省人事厅、省科技厅、省青联联合授予“山东省优秀青年知识分子标兵”称号，并记二等功。一大批青年人才在青岛港脱颖而出。

第三节 工会工作

青岛港集团工会在上级工会和集团党委的领导下，全面贯彻落实科学发展观，紧紧围绕集团的中心工作，大力实施民心工程、人本工程和中心工程，团结和动员广大职工万众一心、攻坚克难，为青岛港科学发展做出了重要贡献。

一、实施民心工程，筑强民主管理平台

坚持全心全意依靠职工办企业，充分尊重职工的主人翁地位，想问题、办事情、做决策始终以职工拥护不拥护、赞成不赞成、高兴不高兴、答应不答应作为出发点和落脚点，充分调动了广大职工的积极性和创造力。广大职工说主人话、办主人事、尽主人心、负主人责。

（一）各级领导率先垂范，充分尊重职工的主人翁地位

青岛港各级领导干部始终坚持以“全心全意依靠工人阶级办企业”为宗旨，真心实意地做到了“权为民所用，情为民所系，利为民所谋”，率先垂范，执着发展，造福职工，在万名职工心目中树立了光辉形象。始终坚持领导干部的“六种风气”（坚定信念，敢讲真话；一心为民，造福职工；真抓实干，艰苦奋斗；说到做到，三老四严；廉洁勤政，谦虚谨慎；勤奋学习，锐意进取），要求职工做到的，领导干部必须首先做到。领导干部公开提出“向我学习”、“向我看齐”，成为广大职工拥护和信赖的带头人，港口凝聚力、向心力持续提升。

（二）加强工会组织建设，夯实职工当家作主的基础

青岛港致力于把工会建设成为学习型、服务型、创新型的职工群众组织，在集团下属的单位全部建立工会，把20000多名职工全部凝聚到工会组织中来。持续提升工会干部的理论素质和业务能力，以实际行动落实“真诚倾听职工呼声，真实反映职工愿望，真情关心职工疾苦”的要求。

（三）落实民主管理举措，全心全意依靠职工办企业

青岛港先后制定出台了《关于全心全意依靠职工群众办好企业的意见》、《青岛港加强民主管理规定》和《关于推行厂务公开制度的实施意见》等文件，使职工民主管理工作日益制度化、规范化、经常化。逐步形成并坚持了职工代表大会、机关干部深入一线“冬练三九，夏练三伏”劳动调研、民主评议领导干部、四级厂务公开、民主恳谈问答会、职工满意度调查等20项民主管理制度；凡是涉及港口发展的重大改革措施，涉及职工工资等切身利益的大事，都广泛深入地征求职工代表的意见和建议；每年两次的职代会认真征求职工代表和职工的提案，并举行民主恳谈会，做到条条有回音、件件有落实。

（四）造福职工，使广大职工成为改革开放的最大受益者

青岛港坚持“职工的利益高于一切”和“职工的事再小也是大事，再难也要办好”的工作原则，从职工的政治地位和待遇、经济收入，到职工的就医、就餐、洗浴、乘车、候工等，事无巨细，都以“让职工满意”为标准。集团转岗分流上万人次，但没有将一名员工推向社会；员工合同期满，集团各级领导千方百计重金造岗，妥善安置，全部与员工续签劳动合同。在金融危机的严峻形势下，向全港职工郑重承诺，“越是危机当前，越要关心职工生活，越要坚持造福职工不动摇，坚决不让一名职工包括农民工兄弟下岗”，并坚持局长负责制以来的第31次为职工涨工资。集团每年都投入重金为职工发放春节、“五一”、中秋节等节日礼品，为职工进行免费检查身体，为职工和家属赠送生日蛋糕。视老同志为港口的宝贵财富，千方百计照顾好老同志，“冬送温暖，夏送清凉”，举办老年大学，让老同志老有所学、老有所乐，老有所为。对困难职工等特殊群体，加大帮扶力度，各级工会坚持节假日走访慰问，为劳模、军转干部、伤病、离退休老同志送去慰问金和礼品，送去港口的温暖关怀。

二、实施人本工程，打造人才强港平台

以深入开展“创建学习型组织，争做知识型员工”活动为载体，加强职工思想道德、业务技术、劳动技能的教育培训，丰富职工文化生活，把传统产业工人锻造成为高素质的“金蓝领”，从而为青岛港的长盛不衰提

供了强大的精神动力和智力支持。

（一）靠软实力聚魂

青岛港常年开展主题思想教育，用社会主义核心价值体系武装员工头脑，使“一代人要有一代人的作为，一代人要有一代人的贡献，一代人要有一代人的牺牲”的青岛港精神成为全体职工共同的理想信念。坚持组织先模宣讲报告，让身边人讲身边事；邀请老革命、老模范、老码头作报告、讲历史、讲传统，回忆对比，忆苦思甜；邀请离退休老同志回港传帮带，面对面座谈交流。广大职工明确了价值取向、坚定了发展信念，形成了“信念坚定，感情深厚，加倍珍惜，无私奉献”的良好氛围，讲正气、讲奉献、讲责任蔚然成风。

（二）靠学习力聚智

按照“干什么，学什么；缺什么，补什么；练什么，精什么”的原则，青岛港持续开展“五学”活动（学政治，学技术，学业务，学文化，学实践），坚持培育学习型、创新型港口。青岛港把开展培训、提升人的素质作为战胜危机的重要法宝，通过持续开展全员脱产大培训、技术工人考工晋级、技术大比武、擂台赛、大会战、技术创新、技能练兵等一系列行之有效的活动，职工整体素质和业务技术技能得到了极大提升。青岛港编写了港口专业技术培训教材，制订各类技术人员培训计划，选派行业拔尖人才和技术工人到国内外先进港口学习考察，为高素质人才脱颖而出创造了条件。随着青岛港职工队伍整体素质的提高，全国劳动模范、山东省劳动模范等一大批叫响全国的先进模范群体脱颖而出。

（三）靠文化力聚心

每年投入上千万元实施“个十百千”工程（建好 1 个人才培训中心，10 个科技创新基地，100 个员工图书室和学习之家，1000 个员工学习园地），广泛开展“一室三书一网”活动（每个基层队建立职工图书室，购买政治、科技、文化三类书籍，设立队内“互联网”），共享信息资源。同时，以文体活动提升职工综合素质，购置专用器材，建起了俱乐部、篮球场、网球场、足球场、乒乓球室等，每年举办海港文化艺术节、集团运动会、老年人运动会、激情畅游汇泉湾、“五爱”红歌会等活动，并在春节、

“三八”妇女节、“五一”劳动节组织寓教于乐的群众性节庆活动。近年来，在全国职工健身操、省市运动会和篮球、沙排、乒乓球等体育比赛中，青岛港代表队顽强拼搏、摘金夺银，在文艺创作、汇演中也多次荣获大奖。丰富多彩的文体娱乐活动，陶冶了职工情操，振奋了职工精神，增强了港口凝聚力。

三、实施中心工程，搭建建功立业平台

职工中蕴藏着取之不尽、用之不竭的巨大能量，是企业发展的活力源泉。青岛港工会坚持走好自己的路，办好自己的事，建好自己的家，动员和团结广大职工万众一心、共建家园。

（一）职场决责任

在全港牢固树立“建设东北亚国际航运中心，营造平安和谐家园”的共同愿景，大力弘扬“三个一代人”精神，建设广大职工共同的精神家园。广大职工建家、强家、富家的责任心空前高涨。在港口一二码头连体、小港池和前湾四期等工程建设中，广大海港职工、离退休老职工、职工家属和孩子们积极踊跃参加义务劳动，自力更生，艰苦奋斗，整个劳动现场人拉肩扛、车水马龙、气势恢宏，充分表达了广大职工真心回报港口、建设自己家园的强烈愿望。广大职工还纷纷积极履行社会责任。近年来，集团职工向贫困地区和社会捐款2150多万元，捐衣物20多万件，捐书籍10多万册。其中，2003年捐款600万元支援抗击非典斗争，2008年捐款644.9881万元支援抗击雨雪冰冻灾害、捐款1825.4681万元支援抗震救灾，被民政部授予“全国爱心捐助奖”、2008年度“中华慈善奖”。

（二）现场决质量

质量、服务、信誉是港口的生命线。工会积极组织开展“安康杯”竞赛活动，组织“五个平安”、“五个文明”大整治，深入基层查问题、定措施，按照“管理标准化，作业规范化，行动军事化”的标准，把装卸生产的每一个环节都建成了流动的文明示范窗口。整个港区面貌焕然一新，港口安全质量和文明生产再上新台阶。

（三）市场决服务

坚持“港口装卸生产主战场在港外”和“全国960万平方公里都是青岛港的经济腹地”的市场战略，联合“一关三检”，将码头“搬”到内地，打造“诚纳四海”服务品牌。特别是面对金融危机的严峻形势，青岛港走访船东、货主和合作伙伴，抱团取暖，共克时艰，即使自己千难万难，也想方设法帮助客户排忧解难，确保为客户提供优质高效的服务。2008年下半年，矿石、煤炭压港日益严重，堆场处于爆满状态，青岛港不惜投入上千万元巨资，大面积拆除办公楼、候工楼、职工食堂、浴室等生活办公设施，新增堆场25万平方米，增加堆存量300多万吨，保证了矿石进口量持续增长。

（四）赛场决斗志

工会高度重视“工人先锋号”活动，广泛发动职工天天比、人人赛，创造又好又快科学发展的新业绩。各级工会精心组织，全方位、全过程制定目标和措施，全港上下千军万马激情高涨，掀起了轰轰烈烈、铺天盖地的“工人先锋号”劳动竞赛热潮。在装卸生产中，“振超效率”8次刷新集装箱作业世界纪录、“孙波效率”19次刷新矿石作业世界纪录、纸浆作业15次刷新纸浆作业世界纪录。在前湾四期、董家口40万吨级矿石码头建设等重点工程中，屡屡创造世界码头建设奇迹。广大职工以争创“工人先锋号”为契机，学技能，练绝活，截至2012年，在各个岗位、各条战线上先后催生出了近200位“行业专家”、1380多个“品牌员工”、1800多项绝活和3000多名“五好岗位标兵”。

（五）外场决形象

港口是涉外单位，对外代表着中国形象。青岛港工会在职工中认真开展“人人擦亮窗口，人人展示形象，人人当好哨兵，人人争当使者”活动，全方位展现青岛港优美的环境、严谨的管理和文明的员工。在2009年4月庆祝海军成立60周年多国海军活动中，青岛港坚持国威至上、军威至上，不讲条件，不计代价，投入2000多万元，全力以赴实施了十大类59个环境项目整治；不惜停工停产、牺牲港口利益，在最短时间内将老港区5个码头腾倒出4个给各国海军使用，赢得了多国海军的一致赞扬。

第四节 女工工作

青岛港现有员工 24000 多人，其中女职工 4786 名，占全港职工总数的 20%。青岛港女职委紧紧围绕港口发展，积极实施“建功立业”和“素质提升”两大工程，广泛开展“学振超提升素质，练绝活岗位建功”活动，女职工思想道德和业务技能水平显著提升，为港口建设发展发挥了不可替代的“半边天”作用。

一、政治上关心，女职工有理想、有境界

以人为本，是科学发展观的核心。青岛港以实现女职工的全面发展为目标，把提升女职工素质作为一项重要战略任务来抓。以“五学”活动为载体，以培养又红又专、德才兼备的巾帼团队为目标，积极搭建平台、创造条件，从思想意识上进行教育启发，从业务技能上进行全面培训，激励和引导广大女职工想成才、敢成才、能成才。

青岛港忠诚践行“精忠报国，服务社会，造福职工”三大使命，坚持“革命理想高于天”，在女职工中加强核心价值观宣传，大力弘扬“三个一代人”青岛港精神，常年开展主题思想教育。“信念，感情，珍惜，奉献”的企业核心价值观成为全体女职工共同的理想信念和行为准则。

青岛港紧紧抓住主题思想教育的有利时机，在广大女职工中广泛开展了“建满意岗位，创名牌港口”、“学习实践科学发展观”、“学习振超精神，争当时代先锋”、“八荣八耻”、“平安是福，巾帼建功，科学发展”等一系列主题鲜明的学习实践活动，教育引导广大女职工实现个人与港口从“利益共同体”到“事业共同体”再到“命运共同体”的认识飞跃。充分利用庆祝“三八”节、集团增资教育等有效活动载体，隆重召开先模人物报告会、主题班会、演讲会等一系列主题突出、事迹感人的专题教育。女职工结合典型人物的先进事迹，立足岗位谈体会、找差距、定措施、明方向。学习教育过程中，各单位领导高度重视，亲自参加座谈，与女职工进行面对面、心贴心的交流，使广大女职工更加珍惜岗位、更加努力工作。坚持不懈的思想教育使集团女职工队伍实现了根本性转变，人心思上、人

心思干的正气氛围空前浓厚。“干事业，干成事业，干好事业”，成为女职工在成才道路上共同的价值取向。

二、工作上信任，女职工有岗位、有技能

为提高广大女职工的岗位技能、增强女职工在新形势下的竞争能力，青岛港在女职工中广泛开展“学振超，练绝活，争当岗位标兵”活动，深入实施“岗位定标，导师带徒，品牌打造”三步工程。

（一）岗位定标

采取“正确选标，合理定标，广泛示标，奋力达标，综合评标”五个步骤，对每名女职工的工作岗位提升标准、量化指标、细化措施，组织女职工有计划、有步骤地进行岗位技能提升，努力使女职工做到“每日有计划，每事有反思，每晚要总结，每天有进步”，把学到的知识应用在岗位创新和技术改造上，人人练出自己的绝活儿。在“振超精神”的带动下，港口涌现出一批岗位建功、行业拔尖的“女振超”，她们当中有真诚服务客户的女吊车司机边莉，有青岛港 EDI 中心主任、港口物流信息及电子商务系统项目带头人张蕾，有技术全面、精益求精的“金蓝领”焊工技师臧秀丽，有外语精通、业务娴熟、在行业赫赫有名的货柜维修报价师于鹏，等等。在全集团 1800 多个绝活中，女岗位明星叫响同行；在先进“蓝领群英”中，女职工自豪地撑起了半边天。

（二）导师带徒

集团工会、女职委号召同班组、同行业的女职工以振超团队为榜样，团结协作，相互关爱；组织了“老带新，强带弱，优秀带一般”的导师带徒活动，结成师徒几百对。活动中，严把导师选择关、师徒责任书制订关、“传帮带”落实关和考核兑现关，导师带徒时间期满后，进行严格的综合考核，达不到要求的推倒重来，使导师带徒活动真正成为女职工岗位成才的捷径。活动开展以来，已有 200 多对师徒完成责任书规定的考核内容，5 对师徒被评为集团“优秀师徒”。导师带徒“包思想，包安全，包技能，包绝活”的传帮带活动，有力地促进了女职工素质的提升。

（三）品牌打造

绝活就是效益，品牌就是市场。集团工会、女职委向女职工适时提出了“苦练绝活，提高效率”的工作目标，集团女职委每年开展员工品牌评选，推树了各层面的女职工先进典型。一线女职工、司磅员王琳琳奋战在矿石汽车疏运的最前线，她以“秒”为单位，不断优化操作流程，创造了矿石空车过磅25秒重车33秒、公路疏运提货效率加快55%的历史纪录。“琳琳快磅”技术过人，由此引发的青岛港“秒时代”概念，成为各行各业女职工大练兵、大提速、大增效的助推器。二线女职工、理货员赵淑华为船东、货主无私提供超值服务，“淑华真情”事迹感人。三线女职工、面点师周娥香以精湛的烹饪技术带给职工家一般的享受，“娥香面艺”绝活服人。对一线、二线、三线的女职工典型，集团女职委进行了大张旗鼓的宣传，鼓励大家立足岗位、勤学苦练、锁定目标、挑战极限。在品牌效应的激励下，供电公司的“电力绿色通道”、前湾集装箱公司的“清欠费收一路通”、信息中心的“快速编程”等一系列女职工首创品牌进一步脱颖而出。献身港口、多做贡献在女职工中蔚然成风。

三、学习上培养，女职工有作为有贡献

青岛港始终坚持在全体女职工中开展“凝心聚智，创新发展，创建学习型女工团队”活动，以加强学习、提升素质为抓手，以凝心聚智、创新发展为方向，努力建设一支德才兼备、又红又专的女职工队伍。港口的育人沃土和亲情氛围为女职工提供了难得的发展机遇，广大女职工通过自我加压不断提高自身素质和“五学”水平。20世纪80年代初，集团80%的女职工只有初中以下学历，现在具有中专以上学历的女职工占女职工总数的63%。集团积极推行教育、用人和激励“三大机制”，为女职工的成才、发展提供了良好环境。

（一）发挥教育机制的核心作用，鼓励女职工学习

1. 创新学习载体

青岛港女职委创新群众性学习载体，在女职工中开展了“读智慧丛书，讲身边故事，颂主人风采”活动，营造了全员学习、全程学习、团队学习和工作学习化、学习工作化的浓厚氛围，形成了横到边、纵到底的学

习网络。

（1）深入开展创建岗位品牌活动，努力营造争创“学习型个人”、“学习型家庭”、“学习型团队”的正气氛围，形成了处处是学习之所、人人是学习之人、时时是学习之机的良好局面。

（2）以基层工会的图书室为依托，挖掘藏书资源，建立流动书屋，为全体女职工办理了借书证，营造了爱读书、读好书的正气。

（3）加大资金投入，集团每年划拨工资总额的2.5%作为职工培训教育的专门经费，为女职工岗位成才提供了厚实的资金保障。

（4）丰富活动载体。在女职工中大力推行了“每周一题”、“每月一卷”、“每季一会”、“每年一考”、“每年一赛”、“每年一评”的“六个一”工程，有力促进了女职工综合素质和岗位技能的全面提升；发挥“英语学习对话角”、“微机学习小组”、“业务研究小组”的作用，鼓励女职工互帮互学；以丰富多彩的群众性文体娱乐活动为载体，在女职工中开展了沿海木栈道“千人行”、集体跳绳、踢毽子、投篮比赛等系列活动，起到了强身健体、陶冶情操、凝聚人心、鼓舞斗志的作用。

2. 健全学习网络

集团从组织管理和硬件投入两方面建立健全女职工学习网络。

在组织管理方面，建立了女职工机关部室专业培训、基层队专题培训和班组实际操作培训的教育格局，实现了教育的扁平化管理；各科、队全部成立了“女职工学习小组”，广泛开展了共享一本好书、出一个“金点子”、练一项绝活、树一个品牌、刷新一项纪录、完成一项科技创新成果等活动。

在硬件设施方面，全集团每个基层队、女工班组都设立了学习室，存有科技、专业、文化等各类书籍；利用青岛港完备的局域网系统，在内部管理平台上设立了学习网页，各公司女职委定期更新学习内容，只要轻点鼠标，港口生产动态、各类培训教材一览无余，使培训教育实现了集成化和网络化。

3. 扩展学习渠道

集团扩展和创新女职工学习渠道。

一是“走出去”学。近年来，从女职工中选派了500多名行业拔尖人才和技术骨干到国内外先进港口学习管理经验和技术技能；组织了100多名优秀女科技人才到高校接受专业技术和现代知识培训；选拔了50多名女业务技术骨干到中国海洋大学接受英语培训。

二是“请进来”教。邀请我国著名院士、专家来港进行高端知识讲座，指导技术创新，在交流研讨中充实提高；聘请行业专家和技术权威对女职工重要岗位、关键岗位进行重点培训，鼓励女职工跨机型、跨工种学习，鼓励女职工由单一技能向一专多能转变；集团工会坚持年年聘请国家级讲师为女职工做“文明礼仪知识讲座”，全面推进女职工在政治、文化、健康、生活等各方面素质的提升；在机关女干部中广泛开展了计算机、英语和管理等知识的系统培训，以不断适应港口现代化发展的需要。

（二）发挥用人机制的导向作用，激励女职工成才

集团健全完善了公开选拔、竞争上岗、双向选择、优胜劣汰等选人用人机制和市场化的人才流动机制，建立起岗位与能力挂钩、公平与竞争兼顾的人才选拔机制，以引导、保护和发挥女职工的积极性和创造性。在2004年召开的青岛港第四届科技大会上，集团在“不唯学历，不唯职称，不唯资历，不唯身份”的基础上，将选人用人标准又加了一条“不唯年龄”，即不设“4045”年龄限制、只看本事、唯才是用。集团制定出台了35条人才强港措施，建立了人才流动“绿色通道”，为广大女职工发挥才干搭建了广阔舞台。

在青岛港的育人沃土和亲情氛围中，全港女职工参加了各类形式的技能培训和学历教育，许多女职工在青岛港科技创新活动中荣获了科技成果奖和软件开发成果奖。从事技术工种的适龄女工全部参加了集团技术工人资格理论考试，合格率达100%。近年，先后有30多名优秀女党员、女知识分子、女工人被选拔到集团中层领导岗位上，有100多人次被评为省、市先进女职工和先进女职工工作者，80多个团队获得“女职工明星岗”荣誉称号。广大女职工年年参加技术资格考试和技术大比武，广泛参加脱产、半脱产、业余自学等方式的学历教育，先后有150多名女职工取得了更高一级的学历。青岛港女职委荣获了国家、省、市“先进女职工集体”等荣誉称号。

（三）发挥激励机制的杠杆作用，奖励女职工贡献

集团每年为女职工按照15%的幅度增加工资，并对一线工人、科技人员、突出贡献者和管理人员给予倾斜。女职工中，众多成才者受到表彰，

众多创新者受到重奖。集团安技部副部长王玉梅，紧跟世界航海科技的发展步伐，主持设计了国内同行业顶尖水平的船舶动态监控信息系统，并在相关多个技术领域不断实现突破，有力地推进了港口发展，集团不仅授予她“巾帼科技英才”等荣誉称号，并在增资、年终考核中给予重点倾斜。近年来，广大女技术工人每年参加集团技术资格考试，并得到相应的晋级和奖励。众多成才者、创新者和突出贡献者“名利双收”。

四、生活上关爱，女职工有温暖有亲情

女职工在青岛港这个大家庭里受尊重、受信任、受重用，生活上更是受关爱。广大女职工记在心上、暖在心里，化作动力，以饮水思源、知恩图报的感恩情怀，更加努力地工作。

（一）生活关爱，亲情融融

集团各单位领导高度重视女职工工作，在思想、学习、工作、生活等方面给女职工无微不至的关怀。集团始终把女职工的劳动保护作为一项重要工作内容，就如何改善女职工工作和生活环境进行了周密部署和反复督察。年年出资为女职工发放节日奖金，组织丰富多彩、寓教于乐的庆祝活动。组织女职工参加一年一度的查体工作，帮助女职工参加特殊疾病保险，把女职工的生命健康放在首位，得到广大女职工的拥护和赞扬。

（二）关爱子女，造福后代

青岛港关心职工子女的成长发展，每年都组织丰富多彩、有声有色的各类活动，集团各单位精心准备、热情参与。职工子女“海港一日游”参观活动、征文比赛、宣传牌展示、报告会、国防知识教育、子女才艺演出等活动，开阔了孩子们的眼界，增长了孩子们的见识，成为海港子女的文化盛宴。职工子女夏令营活动，作为一项惠及万家、恩泽未来的造福工程，至今已整整坚持了20多年，累计组织200多场次，参加活动的子女人数更是高达近30000人次。在港口大家庭的精心呵护下，海港子女茁壮成长，目前有在校大学生2000多人、海外留学生300多人、艺术特长生600多人，充分显示了海港员工文明富足的小康生活，凸显了青岛港强大的经济实力。

（三）和谐家庭，共创共建

集团工会、女职委组织开展了学习型家庭和特色家庭建设，特别注重新市民家庭的建设，牵手帮扶、互助合作。集团工会、女职委与大港公司女职委共同组织了大港公司农民工与绮丽高级时装公司打工妹的《相约春天》联谊活动，为外来务工青年牵线搭桥，极大地激发了他们扎根海港的决心。大港装卸五队农民工徐万年与在大港食堂打工的妻子因工作出色、家庭幸福和谐、子女教育有方，被作为新市民家庭代表推荐为青岛市“和谐型家庭标兵户”。这些生动事例，激发了广大女职工学习和工作的积极性。

（四）服务一线，奉献爱心

各级女职委承担了互助保险、生活补助、走访职工的大量工作，把集团“一心为民，造福职工”的宗旨落到了实处，发挥了职工与港口间的桥梁纽带作用。各单位女职委坚持开展定期和不定期的送温暖活动，在元旦、春节、中秋节和国庆节期间，走访各类伤病困职工，为职工送去慰问金和慰问品；及时地将组织的关怀和领导的关心送到职工家中，送到职工的心坎上。广大女职工坚持优良传统，自发开展不同形式的“服务一线，奉献爱心”活动。每逢盛夏季节，女职委组织女职工深入生产一线和施工现场，为坚持生产的职工送清凉；捐献旧床单、棉织品等作为擦车棉纱；为装卸队的职工洗工作服、缝补衣服；利用周六时间，清扫码头现场；等等。女职工的贴心服务，解除了一线职工的后顾之忧，进一步激发了其工作积极性。

第五节　宣教工作

青岛港坚持不懈地开展思想政治宣传教育工作，不断提高员工的政治思想素质、职业道德素质和社会公德意识。

一、以卓有成效的思想工作教育人

办好企业，关键在领导班子；抓思想政治工作，关键也在领导班子。青岛港领导班子具有坚强的政治执行力和敏锐的政治意识，坚持“革命理想高于天，理直气壮讲奉献”，以“向我看齐”的崇高境界，以“不怕苦，不怕难，不怕事”的“三不”精神，率领广大员工以“对国家的贡献要越来越大，港口发展后劲和竞争实力要越来越强，职工生活质量要越来越好，职工素质要越来越高”为工作标准，加强“四好”（政治素质好，经营业绩好，团结协作好，作风形象好）领导班子建设，加强企业精神文明建设，加强职工队伍思想建设，执着进取，艰苦创业，实现了青岛港的持续健康发展。在多年实践中，青岛港在员工中构建了“三立”准则，即心中立德，立忠诚奉献之德；行为立志，立“干就干一流，争就争第一”的志向；岗位立标，立“爱岗好，学习好，诚信好，创新好，奉献好”的工作目标。

青岛港定位为共和国的“长子”、祖国母亲的“孝子”。每次党和国家以及省市的重要会议、重大战略部署，青岛港都在第一时间组织干部职工认真学习、贯彻落实，为发展奠定思想根基、注入强劲动力。不管外部形势如何发展变化，青岛港始终继承和发扬思想政治工作的优良传统，围绕党和国家的倡导和要求，每年都开展不同主题的全员思想教育，有的放矢地解决干部职工思想、作风、工作上存在的问题。近年来，先后开展了“科学发展观”、“学振超精神，创振超效率”、“八荣八耻”荣辱观、“爱党，爱国，爱社会主义，爱港口，爱岗位”等主题思想教育，组建了“三百”、“三千”乃至万人报告团和“三老”（老革命，老模范，老码头）报告团在集团内部巡回宣讲，有理想的人讲理想，有道德的人讲道德，身边人讲身边事，身边事教育身边人，进行信念、感情、传统、亲情大传播。多年来大张旗鼓、理直气壮、坚持不懈地宣传弘扬这些思想，从而形成一个氛围浓厚的“小气候”。在这样一个“小气候”里，职工逐渐认识到了自己的责任，形成了“信念坚定，感情深厚，加倍珍惜，无私奉献”的价值观念和良好风尚。

二、以独具特色的企业文化塑造人

企业文化是企业的灵魂，蕴涵着高尚理想和奉献精神的企业核心价值观是实现企业又好又快发展的强大精神动力。青岛港以培育有青岛港特色的企业精神为切入点，领导干部以身作则、率先垂范，着力锻造独具特色的以人为本的港口企业文化：以卓有成效的思想工作教育人，以领导班子的模范行动引导人，以科学务实的用人机制激励人，以广泛参与的民主管理调动人，以常抓不懈的学习培训培养人，以特色鲜明的企业文化塑造人，以细致入微的关心体贴温暖人。

青岛港特色企业文化为港口发展提供了强有力的思想保障。弘扬红色文化，坚持“革命理想高于天，理直气壮讲奉献”，“不要命，不怕难，不怕事”，艰苦创业，奋发图强；继承传统文化，爱党报国，敬业奉献，上尊下爱，诚纳四海；培育乡土文化，重品德，讲情义，纯朴实在，吃苦耐劳；创造时代文化，求真务实，改革创新，节约环保，和谐共享。充分运用“队为核心”学习机制、班组“主题班会”等载体，基层队长上大课，职工面对面交流，用身边人讲身边事，用身边事教育身边人。年年举办以“工人伟大，劳动光荣”为主旋律的庆“五一”、迎国庆以及庆祝“三八”妇女节、“五四”青年节、儿童节、护士节、老人节等系列活动，贯穿主题鲜明的教育内容，使各项活动丰富多彩、正气浓浓。举办职工体育运动大会、海港文化艺术节等丰富多彩的文体活动，让员工实现自我教育，共建精神家园。

青岛港牢固树立建设世界强港的奋斗目标，充分发挥“真理，人格，情感，民主”四种力量，坚持青岛港不仅要成为亿吨大港，而且要成为育人成才的大熔炉、大学校。用真理的力量启迪人心：不断提高职工的思想道德素质，在市场经济大潮中保持了改革发展的正确方向。用人格的力量激励人心：一身正气，两袖清风，廉洁自律，树好形象，自觉站在“三高”（高风险，高压力，高动力）第一线，公开向职工承诺“向我学习，向我看齐”，赢得了全港员工的信赖。用情感的力量温暖人心：“一心为民，造福职工”，当好“长子”，关注民生，多年来转岗分流上万人次没有把一名职工推向社会；面对金融危机，坚持“三个不动摇”（坚持科学发展不动摇，坚持增长指标不动摇，坚持造福职工不动摇），没让一名职工包括农民工失去岗位，为全港职工和职工家庭撑起了幸福的保护伞。用民主的力量凝聚人心：全心全意依靠职工办企业，确立了“建设东北亚国际航运中心，营造平安和谐家园”的共同愿景，形成了“精忠报国，服务社会，造福职工”的三大使命，培育了“一代人要有一代人的作为，一代人

要有一代人的贡献，一代人要有一代人的牺牲”的港口精神，构筑了以“信念，感情，珍惜，奉献”为内涵的核心价值观，传承弘扬了“四种文化”（继承传统文化，弘扬革命文化，培育乡土文化，创造先进文化），营造了干事创业的良好环境和激励人才脱颖而出的体制机制。

在港口企业文化的熏陶和塑造下，广大员工实现了个人与港口从“利益共同体”到“事业共同体”再到“命运共同体”的认识飞跃：只有把自己的命运与国家的命运、港口的命运紧紧联系在一起，才能真正当好企业的主人；只有多学习、多吃苦、多受累、多贡献，才能对得起国家的培养、对得起港口的培养，才能无愧于时代。

三、以常抓不懈的教育培训培养人

知识经济时代，企业的竞争，归根结底是人才的竞争。资金可以引进、技术可以引进、管理可以引进，而适合青岛港发展的企业文化和大批具有现代技能、高素质的劳动者，只有靠自己培养。为此，青岛港按照“干什么，学什么；缺什么，补什么；练什么，精什么”的基本原则，广泛开展了学政治、学技术、学业务、学文化、学实践的“五学”活动，塑造了一大批创业精英。

坚持全员学习，对全体干部和职工每年有计划、有步骤地组织培训。强调重点学习，对关键岗位实施重点培训，自己编写教材，组织技术工人考工晋级，开展了“精一专二会三”等活动。倡导团队学习、知识共享，做到“工作学习化，学习工作化”。不断创新载体，不断提高个人的业务能力和操作水平，积极组织开展了“六个一”活动，即组织广大干部职工读一本好书、提一条“金点子”、练一项绝活、树一个品牌、刷新一项纪录、完成一项科技创新成果，在全港掀起了“创建学习型港口，争做知识型员工”的热潮。全力建设一支德才兼备、真才实学、又红又专的干部队伍，为港口长盛不衰提供了强有力的组织保证和智力支持。

青岛港特别注重从优秀人才中选拔和推树先进典型，并大张旗鼓地宣传和表彰。用自己的典型教育引导员工，看得见、摸得着，示范性强，可学可信，从而营造了人人学先进、赶先进、当先进的正气氛围。“振超效率”、“孙波效率”等行业效率领军同行，勇冠中外；外轮理货“零时间签证”、“青岛港船舶动态监控系统”等行业品牌驰名世界航运界；一大批以员工名字命名的“员工品牌”脱颖而出，不仅大大提高了工作效率、提升了服务质量，也成就了个人价值。青岛港先后培养推树了“金牌工人”许振超、“全国劳模”农民工徐万年、“中国‘五四’青年奖章标兵”农民工皮进军等一大批中央、省、市、部级先模群体和先进个人，为码头工人争了光、添了彩，唱响了“工人伟大，劳动光荣”的时代主旋律。今天的青岛港人，已不单纯把致富作为唯一追求，而是把成就事业、回报港口、造福社会作为共同的志向，积极承担起国有企业的经济责任、政治责任和社会责任。

第六节　武装工作

青岛港是全国最大的军商两用港，“军心与民心同聚，战斗力与生产力同增”是青岛港在港口建设发展过程中始终贯彻的理念。青岛港在抓好港口生产发展的同时，按照“巩固，完善，发展，创新”方针，全面落实为部队服务、为国防建设服务、为国民经济建设服务的“三服务”宗旨，把“军心与民心同聚，战斗力与生产力同增”贯穿于港口建设发展之中。青岛港 1994 年、1999 年、2004 年、2009 年连续四次被交通运输部、总后勤部评为“军交正规化建设先进单位”。2000 年 12 月，青岛港被山东省国防动员委员会评为“全省九五交通战备工作先进单位”，2005 年 12 月，青岛港被省国防动员委员会授予“和平使命–2005”中俄联合演习“交通保障先进单位”，2009 年 6 月，青岛港被青岛市国防动员委员会评为“先进单位”。青岛港还多次被山东省、青岛市和交通运输部评为“双拥共建先进单位”和“拥军模范单位”。

一、重视国防建设，明确责任分工

民兵预备役、交通战备、军交运输工作，是关系到国防建设的重要工作。青岛港领导对国防建设工作高度重视，特别强调“关心支持国防建设是领导干部讲政治的重要一条，我们要像抓港口的生产发展建设一样，抓好国防建设工作”，并按上级军事部门的要求，将民兵预备役、交通战备、军交运输工作与港口生产建设有机结合起来。集团领导讲政治、讲责任、讲大局，支持国防建设和“双拥”工作，多次参加上级军事机关组织的活

动，积极组织开展军交运输正规化建设、交通战备正规化建设、武装部基层建设达标活动等工作，营造军民融合式发展氛围。青岛港分别在七个基层单位建立了武装部，明确责任分工，为确保圆满完成民兵预备役、交通战备、军交运输工作打下了良好基础。

二、创新长效机制，顺利开展武装工作

创新教育机制。以人为本是青岛港的成功之本，也是抓好武装、交通战备、军交运输工作的成功之本。青岛港始终坚持加强社会主义核心价值体系教育，激励员工爱党、敬业、奉献、报国，永远听党话、永远跟党走、永远报党恩，鼓励员工自觉把个人的命运与党和国家的命运紧密联系在一起。在此基础上，青岛港特别注重用国防意识激发员工的爱国热情，购买了国防教育读本，把国防教育纳入港口教育机制中，成为港口“五学”活动（学政治，学业务，学技术，学文化，学实践）的重要内容。海军建军 60 周年庆典活动期间，青岛港大力开展文明礼仪、爱国主义、国防“三个教育”活动，在《青岛港报》开设了多期国防交通战备、军交运输专版教育栏目，增强了广大员工的国防意识。

创新考核机制。为保障武装、交通战备、军交运输任务安全及时完成，青岛港选择政治素质好、作风纪律硬、责任意识强的员工参与武装、交通战备、军交运输工作，把工作任务纳入绩效考核中，大力推行逐级负责制、岗位负责制等长效机制，形成了与集团管理体制相辅相成的一整套工作考核机制。

创新载体，走信息化发展之路。信息资源是未来作战的“第一要素”。青岛港大力实施科技兴港战略，以信息技术“改造”传统码头工艺、解放码头能力，以设备更新引进“再造”高效节能码头。同时，在武装、军交现代化建设中不断提高信息化建设水平。依托中央调度室建立了战时军事运输调度指挥中心，实现了军代处调度室与青岛港总调度室网络互联，提升了军事运输的组织和指挥能力；通过自主开发军交运输信息资料档案管理软件，建立健全了青岛港军交工作信息资料电子档案，对综合资料、运输工作等五大类 62 卷 1965 份档案资料进行了全面整理，实现了军交工作档案管理向信息化和现代化的转变；武装信息软件在各基层武装部得到广泛应用，全面提升了应急作战保障能力。

三、坚持真抓实备，提高应急能力

青岛港把投身港口经济建设作为用兵的主战场，把执行任务作为练兵的大舞台，把参加多种社会实践作为强兵的大课堂。民兵预备役、交通战备保障队伍在港口经济建设中走在前列，为港口跨越发展建功立业。

（一）编实建全民兵预备役和交通战备保障队伍

根据港口迅速发展的实际，按照“平时服务，急时应急，战时应战”的要求，青岛港落实“集团统一领导，部室分工负责，基层协调把关，全员积极参与”的工作机制，不断加强民兵预备役和交通战备保障队伍建设。青岛港先后建立了316人的港口抢修保障大队、320人的装卸保障大队、80人的战时消防保障大队、80人的战时技术保障大队、80人的战时运输安全警戒大队、70人的战时通信抢修大队、10人的战时医疗分队、10人的战时网络战分队、8支966人的战时保障队伍、14支1166名民兵预备役应急分队，各类保障队伍共计2000多人。2008年3月，青岛港组织油港、大港、轮驳三个单位的25名民兵骨干，参加了北海舰队油料保障大队骨干对接封闭训练，准确迅速地完成所有“实战”科目，达到了“练为战”的目的，受到北海舰队首长的高度评价。

（二）强化职能意识，在多样化任务中勇挑重担

优良作风是完成任务的保证，急难险重任务又能培育作风。青岛港注重加强武装队伍的作风培养，广泛开展岗位练兵活动；注重培养民兵预备役、交通战备保障队伍的使命意识和职能意识，增强其“平时服务，急时应急，战时应战”的能力。2008年，为了保障奥帆赛顺利举行，青岛港迅速组织民兵应急分队出动300多人次，清理、打捞、清运浒苔。奥帆赛期间，根据上级赋予青岛港的安保任务，青岛港组织专武干部和部分民兵干部对港口重点部位进行现地勘察，组织民兵应急分队150人次在港口开展昼夜治安巡逻，及时发现和排除多起险情，为奥帆赛的顺利举行提供安全保障。

青岛港每次承担军运任务，都根据装卸物资的特点，确定最合适的泊位，组织精通业务的工艺组和大件作业班召开专题会，研究、演练装卸方案，封闭作业区域，周密计划、严密组织，大大提高了军运任务的效率。

2004年以来，青岛港高质量地完成特殊军事物资运输10批次，安全优质完成军事援助物资运输8批160吨938立方米、军用油料运输38批14.4万吨、人员运输2批201人。

（三）强化大局意识，从组织上掌控民兵预备役和交通战备保障队伍

根据国际国内形势复杂多变的特点，青岛港把思想政治建设摆在民兵预备役、交通战备保障队伍建设的首位。

（1）搞好理想信念教育。提高民兵预备役、交通战备保障队伍的政治觉悟，强化其政治意识，使其牢记“三大使命”和“三个一代人”精神；有针对性把民兵预备役和交通战备保障队伍纳入学习实践活动中。

（2）严格政治审查。把好入队关，保证保障队伍的纯洁性。

（3）加强经常性思想政治工作。把政治工作渗透到民兵预备役和交通战备保障队伍的各项任务中去，使其在思想上、政治上、组织上与集团党委保持高度一致，确保其关键时刻服从命令、听从指挥。2008年4月19日，受奥运火炬传递在法国巴黎受阻挠的影响，青岛近千名高校学生围堵“家乐福”进行抗议。青岛港迅速启动应急预案，组织民兵应急分队100人40分钟内赶到现场，配合公安机关完成维稳任务，成功处置了突发事件，避免了事态的进一步扩大。

第七节 廉政建设

青岛港一直高度重视党风廉政建设和内控监督工作，明确提出“风气不正，一事无成”、“安全问题和经济问题是两条绝对不能触碰的高压线”等一系列廉政勤政要求，对各级领导干部严格要求、严格教育、严格管理、严格监督，在全集团营造了正气浓浓、廉洁高效的经营环境，有效保障和促进了港口的科学发展。青岛港荣获青岛市“廉洁经营先进单位”、“纪检监察工作先进集体”等荣誉称号，连续多年荣获全国、省、市内部审计“先进单位”等荣誉称号。

一、坚持以教育崇廉

青岛港发扬党的思想政治工作的优良传统，不断加强党员干部的反腐倡廉教育和培训，大力推进廉洁文化建设，确保各级领导干部廉洁从业、勤勉敬业。

（一）定期开展领导干部党性党风党纪教育

按照党中央、省委、市委“从严治党”的指示，青岛港把党风廉政教育作为干部教育培训的重要内容，同干部培养、选拔、管理、使用紧密结合，教育引导各级领导保本色、善学习、讲诚信、重实干。对新提拔的领导干部，由集团党政主要领导和纪委领导进行任前廉政谈话，并采取集中举办培训班的方式加强党风廉政教育，督促领导干部从上任伊始就廉洁从业、勤勉敬业；开展经常性党性党风党纪教育，早打预防针，勤敲警示钟，防患于未然。集团结合深入学习实践科学发展观和“加强党性修养，弘扬优良作风”等教育活动，专门把“党风廉政建设”作为解放思想大讨论的专题之一，层层组织大讨论，深入基层调查研究，广泛征求意见建议，有针对性地制定了加强党风廉政建设的十项措施，并狠抓措施落实。分期分批举办集团领导干部、科队干部和机关干部与普通党员的集中、封闭、全脱产学习培训，组织党员学习《中国共产党党员领导干部廉洁从政若干准则》、集团《领导人员廉洁从业管理规定》，观看警示教育片。结合实际，提出“保持一身正气，正确对待权力，带头廉洁勤政，抓好‘五个平安’，关心职工生活”五条要求，引导各级领导干部筑牢“风气不正，一事无成”的思想防线，督促领导干部提升素质、转变作风。

（二）大力推进具有港口特色的廉洁文化建设

采取典型引路的形式，深入开展理想信念教育、思想道德教育、典型示范教育和优良传统教育，层层举办报告会、表彰会，编发《先进事迹宣讲汇编》，充分利用港报港刊、宣传栏等有效载体，大张旗鼓地宣传表彰勤廉兼优的党员领导干部，营造依法经营、廉洁从业、诚实守信、勤勉敬业的良好氛围；激励党员干部向先模学习，加强党性锻炼和道德修养，永葆共产党员的先进性，时刻保持高度的事业心和责任感；经常组织党员干部学习参观港史展览馆和港区内的“精忠报国”、“孔融让梨”、“众志成

城"、"伯乐相马"等廉政文化景观，引导各级领导干部学廉、思廉、崇廉、守廉；深入开展警示教育，经常组织领导干部到青岛市反腐倡廉教育基地接受教育，定期向基层印发典型案例，以现实社会个别领导干部堕落变质的典型案例作为反面教材，警钟长鸣，防微杜渐。

二、坚持以机制保廉

青岛港紧紧抓住制度机制这一带有根本性、全局性、稳定性、长期性的问题，不断推进党风廉政建设工作取得更大进展和突破。

（一）严格落实廉政建设责任制

按照全国、省、市党风廉政建设的要求，青岛港从1997年开始全面实施了党风廉政建设责任制。坚持"一岗双责"，"谁主管，谁负责"的原则，细化责任分解、责任考核、责任追究三项制度，切实做到了责任分解明确具体、责任考核严格科学、责任追究严肃认真。在全集团构筑起"一个领导小组，两层网络体系，三级管理模式"的党风廉政建设工作格局：在集团和集团党委统一领导下，由集团分管领导挂帅，直属单位纪委书记为成员，组成党风廉政建设工作领导小组，统一指导党风廉政建设工作；由集团纪委、监审部和基层专兼职纪检监察人员构成两级党风廉政建设工作网络，广泛收集信息，深入了解民意，牢牢把握党风廉政建设的主动权；实行集团、公司、科队三级党风廉政建设工作管理模式，分级负责，层层把关，尽一方职责，保一方稳定。

（二）加强制度建设

结合中央、省、市有关要求，不断完善与港口现代企业管理制度相适应的内控监督体系，将廉洁从业各项规定落实到生产经营管理的各个环节中。立足防范，严格执行民主集中制、领导干部报告个人有关事项、民主生活会、述职述廉等制度；对照《国有企业领导人员廉洁从业若干规定》和《中共中央纪委关于严格禁止利用职务上的便利谋取不正当利益的若干规定》，贯彻落实国有企业领导人员廉洁自律"七项要求"，建立健全了集团《领导人员廉洁从业管理规定》，制定出台了领导干部廉洁从业的"十六个坚决落实"和"十六个严格禁止"；为全面加强经营管理活动的内控监督，制定实施了《内部控制监督管理标准》；为加强物资采购和队伍招标管理，制定实施了《关于加强物资集中采购管理的暂行规定》；为规范领导干部的公务消费，出台了《公务接待标准及接待经费管理办法》。这一系列制度建设，既用纪律管经营，又用制度管权、管事、管人，有效防止了权力失控、决策失误和行为失范。

三、坚持以作风兴廉

青岛港站在永远不辜负党和职工信任和期望的高度上，紧紧围绕港口建设发展大局，不断加强领导干部作风建设。

（一）坚持以身作则、率先垂范

青岛港领导干部坚守“坚定信念，敢讲真话；一心为民，造福职工；真抓实干，艰苦奋斗；说到做到，‘三老四严’；廉洁勤政，谦虚谨慎；勤奋学习，锐意进取”六种风气，身体力行青岛港“精忠报国，服务社会，造福职工”三大使命，带头发扬“三个一代人”精神和“穷骨头，勤骨头，硬骨头”“三骨头”精神，坚持“一名领导就是一面旗帜”，公开向职工承诺“向我学习，向我看齐”，一级带着一级干，一级做给一级看，切实做到对上让党组织放心、对下让职工满意、对己终生无悔。

（二）坚持求真务实、真抓实干

从1989年开始，每年冬天最冷的时候、夏天最热的时候，集团党政领导都带领三级班子、两级机关管理人员，深入装卸一线，开展为期一周的“冬练三九，夏练三伏”劳动调研，一方面跟班劳动，与一线职工同吃、同住、同劳动、同学习，一起冒严寒、斗酷暑、创高产；另一方面进行调研，零距离倾听职工心声，面对面为职工排忧解难，解决实际问题。深受职工拥护的向装卸一线和科技人员倾斜的“83条”优惠政策和为装卸一线服好务、为广大职工多办事的“34条”改革措施，都来源于“冬练三九，夏练三伏”劳动调研。各级领导不休节假日、没有大礼拜，带头“5+2”、“白加黑”，坚持“五个面向”（面向基层，面向职工，面向市场，面向客户，面向外部）、“五到现场”（领导工作到现场，安全质量管理到现场，生产组织到现场，设备管理到现场，思想工作到现场），带领职工干事创业。

（三）坚持艰苦奋斗、艰苦创业

尽管青岛港的经济效益每年都有大幅度提升，但各级领导始终牢记“两个务必”，从工作和生活中的小事入手，严于律己。集团班子成员带头不用公款购买手机，不搞办公室豪华装修，主要领导的公务轿车“老公爵王”使用了近20年，仍然舍不得更新。各级领导带头执行财经制度，严格管好、用好“钱袋子”，公务消费和公务接待厉行节约，一律安排在集团内部宾馆、酒店，勤俭持家。在“花钱”方面，集团领导对自己始终是紧了再紧、严了再严，但对国家的贡献一分也不少、上缴青岛市地税连续多年保持第一，在港口建设的投资上一分不缺，在为员工办实事方面从不亏欠。坚持吃苦在前、享受在后，生活上向低标准看齐、工作上向高标准看齐；在涉及职工切身利益的环节上，始终是先职工后干部、先基层后机关，工资、奖金分配等优惠政策向装卸一线倾斜；发放安全生产大奖时，一线职工的奖金额通常高于两级机关和集团领导；安装空调、饮水机时，最先享受清凉的是基层班组的职工，最后列入计划的是集团机关；职工候工室的装修水平年年提高，被称为“星级宾馆”，但集团机关办公楼却一直保持十几年前的老样子，不少办公室仍沿用十几年前的旧式办公桌椅。逢年过节都是“港外过年，港内大干”、“群众过年，领导过关”，每年的年三十，集团班子成员都与一线装卸工人同吃年夜饭。在黄岛油库、华海一号油轮火灾等抢险救助的危急关头，集团领导身临火灾第一线指挥，与参与抢险的职工同舟共济。领导干部艰苦创业，早来晚走，“让职工踩着自己的脚印上班，自己踩着职工的脚印下班”。

四、坚持以监督促廉

青岛港在追求经济指标增长的同时，始终高度重视内控监督，紧紧围绕物资采购和队伍招标、工程投资、资金管理等重点领域和关键环节加强监督，促进管理，提升效益。

（一）加强物资采购和队伍招标监督

在物资采购和队伍招标中，青岛港始终坚持“三个严格”。

（1）严格程序。2003年，青岛港成立了物资超市，后来改变为物资设备招标采购中心，变原来的分散采购为集中采购，不断流程再造。2007

年8月，青岛港专门成立了物资集中采购领导小组，下设工程材料组、机械设备组、队伍引进组等十个专业组，从领导、制度等各方面对物资采购和队伍招标做出详细而完善的规定，从程序上堵塞漏洞。

（2）严格要求。集团明确规定，在物资采购和队伍招标方面，必须进行集中招标采购或引进，必须做到“四个坚定不移”，即坚定不移地公开透明、坚定不移地规范厂商、坚定不移地抓好“大户”、坚定不移地扶正祛邪；各级领导必须带头做到“三不”，即不经手、不插手、不放手；评标时，必须邀请主管部门、财务部门、监督部门和使用单位共同参与、共同把关。

（3）严格考核。对违反规定的，严格追究责任；对质量不合要求、不正当竞争的单位，坚决予以淘汰。通过加强对物资采购和队伍招标的监督，实现了公开、公平、公正管理，大大提高了采购质量，降低了采购成本，抵制了歪风邪气，从源头上杜绝了腐败问题的发生。

（二）加强工程投资监督

在建设改造工程中，青岛港明确提出了“质量好，投资省，工期短，作风廉”的要求，在工程投资上责成相关部门严把“三关”。

（1）事前严把立项审核关。集团相关部室通过全程参与投资决策、招投标等环节，加强事前监督检查，有效避免了不可行项目的立项以及非正常渠道工程物资和工程队伍的进入。

（2）事中严把过程控制关。加强工程现场监督和不定期抽查，对施工单位的合同履行、成本控制、质量管理等进行监督，利用工程进度资金拨付前审计等手段防范风险。

（3）事后严把结算审计关。认真审核工程造价的每一个组成部分，特别是对施工过程中出现的工程变更、现场签证等问题，坚决一审到底、分清责任，防止低价中标、高价结算问题的发生。青岛港通过加强工程投资监督，确保了优质工程，没有出现过大的经济腐败问题。

（三）加强资金管理使用监督

集团资金管理实行高度集中统一的管理模式。

（1）建立资金结算中心，通过结算中心统一对外结算，加强资金的有效管理和利用。

（2）严格预算控制，对集团下达的预算指标层层分解细化、逐项落实责任，进行全过程控制和监督。

（3）严把开支关，严格落实月度资金计划例会制度，重大开支项目必须由财务部和监审部事先把关、集团党政领导及七部一室集体研究，确保资金合规使用、合理节约。

（四）加强领导干部履责绩效监督

青岛港按照“政治素质好，经营业绩好，团结协作好，作风形象好”的“四好”班子建设要求，制定实施了集团领导干部业绩考核办法，将党风廉政建设、“五个平安”、装卸生产、效益指标、内部控制等相关内容全部纳入考核体系，不断加强对领导干部工作绩效的考核与监督。集团各职能部门每月深入基层，每月考核兑现，逐项检查落实，对出现问题的坚持问责原则，严格追究责任，严肃处理，决不姑息。通过月度考核及对领导干部的经济责任审计，切实增强了各级领导干部的责任意识，提高了履责绩效。

（五）加强民主监督

青岛港始终把职工“拥护不拥护，赞成不赞成，高兴不高兴，答应不答应”作为考虑问题的出发点和落脚点，用民主的力量凝聚人心，让广大职工在青岛港有家可当、有主可做。

（1）完善议事程序。严格执行民主集中制，凡是关系港口改革发展和职工切身利益的重大事项，都深入调研、广泛征求职工的意见建议，并经由集团领导班子、专家委员会和职代会讨论审议、民主决策。

（2）丰富监督内容。大力实施“集团，公司，队，班”四级厂务公开，把企业发展规划、业务招待费开支、工时定额、工资分配等全部纳入民主公开范围，保障职工对企业重大问题和自身关注的热点问题的知情权、参与权和监督权。

（3）畅通民主渠道。畅通总裁信箱、每年召开两次职代会、民主恳谈问答会、领导干部带案下访和接待群众来访等二十条民主监督渠道，让职工当家做主。

（4）创新监督方式。在集团网站上设立了“监督在线”，充分发挥社会各界的监督作用，进一步增强了监督的合力和实效。

青岛港的教育崇廉、机制保廉、作风兴廉、监督促廉取得了明显成效。

（1）抓了廉政，正了纪律。这些年，集团领导班子和领导干部，在政治上、工作上、经济上没有出现大问题。

（2）抓了廉政，保了和谐。各级领导率先垂范，产生了强大的说服力、号召力、凝聚力和向心力，职工群众认同，港口和谐发展。

（3）抓了廉政，出了人才。风气正，氛围好，自然也就先进多、模范多，优秀党员干部群体不断壮大。

（4）抓了廉政，促了发展。干部职工心更顺、劲更足，一门心思谋发展、干事业，工作积极性和创造性空前高涨，创新、创造不断涌现。尤其是面对国际金融危机的重创，广大干部职工坚定信心，“化危为机”，青岛港实现了逆势上扬，用实实在在的业绩挺起了国企的脊梁。

第十章　社会责任

企业社会责任是指企业在创造利润、对股东承担法律责任的同时，还要承担对员工、消费者、社区和环境的责任。企业社会责任要求企业必须超越把利润作为唯一目标的传统理念，强调对人的价值的关注，强调对消费者、环境和社会的贡献。目前，关于企业社会责任，主要有“层次责任理论”和“利益相关者理论”两种主流观点。层次责任理论认为，企业社会责任是某一特定时期社会对企业组织所寄托的经济、法律、伦理和自由决定（慈善）的期望，企业应承担对社会的经济责任、法律责任、伦理责任和自由决定的责任。经济责任要求企业为顾客提供有价值的商品和服务，并为所有者或股东获得盈利；法律责任要求企业在法律和规范允许的范围内经营；伦理责任要求企业除了满足法律的最低要求之外，还要满足社会伦理对企业的期望；自由决定的责任是由企业自由判断和选择的为社会做出贡献的责任（如慈善事业等）。利益相关者理论认为，随着经济社会的发展，企业的经营行为始终处于社会公众的视野之下，企业和很多的利益相关者是相互影响和约束的关系，企业对这些能够影响企业或被企业影响的组织或个人（企业所有者、企业员工、消费者、供应者、社会和政府）负有责任，企业与他们之间存在一种“契约”。这种“契约”规定了企业应对他们负有具体责任。虽然两种主流观点关于企业社会责任的内涵存在分歧，但均一致认为企业对社会负有责任，而且企业应将此作为企业经营的一项原则。

国有企业本质上是公有制的主要实现形式，国有企业既要承担经济责任，也要承担社会责任。国有企业承担的经济责任，是要贯彻和落实科学发展观，努力提高获取资源的能力、有效利用资源的能力、开拓市场的能力以及服务客户、员工和社会的能力，不断提升竞争力，创造更高的经济效益。国有企业承担的社会责任主要包括为社会提供就业机会、为市场提供优质产品或服务，在发展过程中兼顾环境友好和资源节约，积极支持社会公益事业和慈善事业。对中国国有企业而言，其经济属性要求它不断提高经济效益和劳动生产率，实现国有资产的保值增值；其政治属性和社会属性要求它必须承担起扩大就业、维护稳定、发展先进文化等方面的责任。国有企业要在承担责任中发展，在发展中更好地履行责任，其最终目标是实现员工价值、企业利益和社会效益三者综合效应的最大化。

青岛港以“精忠报国，服务社会，造福职工”为三大使命，弘扬“一代人要有一代人的作为，一代人要有一代人的贡献，一代人要有一代人的牺牲”“三个一代人”精神，树立“坚定信念，勇担责任，科学发展”的责任理念，义无反顾地为国家多缴税收，为社会创造就业机会，为市场提供优质服务，坚持绿色发展和资源节约型发展，积极支持社会公益事业和慈善事业，帮助弱势群体。青岛港员工群策群力、万众一心、共建共享，走好自己的路、办好自己的事、建好自己的家，使青岛港在实现自身发展的同时为国家和社会做出了巨大贡献。本章从青岛港“精忠报国，服务社会，造福职工”三大使命的角度来描述在其发展过程中所承担的社会责任。

第一节　责任理念

青岛港在不断实现跨越发展过程中，忠诚履行“精忠报国，服务社会，造福职工”三大使命，坚持做到“职工的事再小也是大事，再难也要办好”，坚持为客户服务“三项原则”，积极参与社会公益事业，用实际行动展示了国有企业在经济社会发展中的担当。坚定信念、勇担责任、科学发展是青岛港一贯坚持的责任理念。

一、坚定信念

改革开放初期，国家对国有企业统包统揽，企业不负担盈亏，也没有经营自主权。“缺乏生气，效率低下”是当时人们对国有企业的一致评价。之后，国家实施了扩大企业经营自主权、承包经营责任制等政策给国有企业“松绑”，但由于国有企业社会负担重、历史包袱重、企业冗员多等诸多问题的困扰，国有企业一度陷入举步维艰的境地。在这样的背景下，青岛港领导层坚定了国有企业一定能够搞好的信念，认为只有早认识、早发

展、早动手、早行动，才能发展得快一点，才能率先走出困境；唯有发展上去，才能生存、壮大，才能真正挺起国有企业的“脊梁”；而要冲出困境、实现发展，领导干部就必须振奋精神、坚定信念、锐意改革，把企业各项管理和规章制度落到实处。

青岛港经过慎重思考，制定了瞄准世界前沿水平、加快港口发展的战略决策。从20世纪80年代末期开始，青岛港卧薪尝胆，咬紧牙关，先后筹资150多亿元，改造了一个老港，建设了两个欣欣向荣的新港。港口建设标准瞄准世界一流水平，“世界上有多大的船，我们就建多大的码头”。现在，青岛港能接卸世界上最大30万吨甚至40万吨级的原油船，能接纳30万吨的矿石船、15000标准箱的集装箱大船，打造了煤炭、原油、铁矿石、集装箱四大核心货种的综合优势，从而改写了中国港口码头建设的思维定式，引领了专业化、深水化、大型化码头建设的新潮流。青岛港瞄准发达国家先进港口水准，锲而不舍，终于从默默无闻的小港发展成为世界第七大港。

集装箱事业发展是青岛港信念坚定和勇于挑战的又一例证。集装箱在当今是衡量一个港口先进程度的标志性指标。1978年，青岛港一年集装箱只有1000个标准箱，20世纪80年代末期才达到2000~3000个标准箱。当时，国家确定了大连、天津、上海、广州4个集装箱枢纽港，而没有青岛港。青岛港认为，市场经济谁能干谁干，谁干得好谁干，青岛港横下一条心加快发展：一是改造老码头，短平快，一边改造一边干；二是把刚刚建好的最大的散杂货泊位改造成集装箱码头，改出了一片新天地。1995年，日本神户大地震，神户码头瘫痪，中远集装箱中转货物受阻。青岛港急他人所急，千方百计把中远要中转的货物转移到了青岛港。后来，青岛港又和世界大航运公司合资，走出一条合资合作开发港口、共谋发展的新路。

2008年，金融危机肆虐全球，实体经济也遭受重创，青岛港明显地感受到了金融危机带来的冲击。在这种情况下，青岛港坚定信心，挑战危机，科学发展，及时而又响亮地提出了坚持“三个不动摇”：

（1）坚持科学发展不动摇，强力化“危”为“机”。特别是2009年以来，青岛港积极开展了一系列的学习实践活动，很好地把握住“党员干部受教育，科学发展上水平，人民群众得实惠”的总体要求，突出实践特色，在全港开展了大学习、大讨论、大调研；开展了提高港口经营绩效大讨论、创新市场大讨论、加快建设改造大讨论、职工生活大讨论和党风廉政建设大讨论等“五大专题”讨论，进一步明确了发展方向。金融危机期间，资金紧张，但是青岛港“三国五方”合资合作的前湾四期集装箱码头，不仅资金全部到位，而且开业运营；青岛港还利用保税港区政策，促进国际集装箱大中转，这些措施不仅保证了青岛港顺利渡过“寒冬”，而且实现逆势增长。

（2）坚持增长指标不动摇，挺起国企的“脊梁”。金融危机导致钢厂经济不景气，整个港区矿石滞存，厂家、矿船无处靠泊、装卸，一天就是10多万甚至20多万美元的损失。面对这个情况，青岛港投入几千万元，拆除以前旧的办公楼、食堂，扩大了25万平方米的堆场，为钢厂多创造了五六百万吨的堆存量。船公司因为没有货装，在世界各地存了大量的空箱，国外港口借机向中国的船公司多收钱。青岛港听到这个消息后，与船公司同甘共苦，给他们免费堆存空箱。青岛港抱团取暖，为船东货主着想、解决他们的实际困难，获得了客户的信赖，实现了金融危机中的逆势增长。

（3）坚持造福职工不动摇，彰显“长子”情怀。青岛港有24000名员工，其中包括9500名农民工。青岛港承诺决不让一名职工下岗，让职工有岗位、有活干、创效益。青岛港通过内部调整、转岗分流，保证了职工的利益，没有影响职工的收入，特别是为装卸一线的职工考虑问题、解决问题。企业关心职工、理解职工，为职工保岗位、保收入，所以青岛港的向心力、凝聚力在危机中增强，员工的干劲更足，在“争创工人先锋号”活动中热情更加高涨。

青岛港的跨越发展与青岛港领导干部坚定信念、自我加压、敢抓敢管、敢于负责的精神密不可分。青岛港全面打造“德才兼备，又红又专，真才实学，干事创业”的班子队伍，领导班子要过信仰关、感情关、苦乐关、标准关和服务关，上让国家放心、下让职工满意、对己终生无悔。为此，青岛港大力加强领导干部思想建设，正确解决好在国企当领导“图什么”、“为了谁”、“干什么”、“怎么干”、“干到什么程度”等一系列基本问题；坚持倡导领导干部“六种风气”（坚定信念，敢讲真话；一心为民，造福职工；真抓实干，艰苦奋斗；说到做到，三老四严；廉洁勤政，谦虚谨慎；勤奋学习，锐意进取），不断提升领导干部的“五种境界”（一心为民的志向，一身正气的胸怀，无私无畏的胆略，无怨无悔的心态，真抓实

干的精神），要求领导干部自觉站在“高风险，高压力，高动力”第一线，把自己一头交给组织、一头交给工作。大力强化领导干部素质建设，把能干事、干成事作为永葆本色的核心任务，坚定不移地改造学习、改造业务、改造队伍；突出抓好班长队伍建设，基层“一把手”人人制定“四强”标准（思想境界上强，保持一致上强，学习上强，实干上强），召开汇报交流会谈心得、讲体会，提升素质。

各级领导干部坚持用真理的力量启迪人心、用人格的力量激励人心、用情感的力量温暖人心、用民主的力量凝聚人心。领导干部敢于说“向我看齐，向我学习”，工作上向高标准看齐、生活上向低标准看齐；在工作中坚持“5+2”、“白加黑”和“冬练三九，夏练三伏”劳动调研，到装卸一线“扛大包”和一线职工同甘共苦，体验一线的艰辛，了解基层实情；“一心为民，造福职工”，知道职工在想什么、盼什么，时刻保持普通一兵的本色，吃苦耐劳，艰苦创业。领导干部敢抓敢管，敢于负责：青岛港最反对的就是不负责任、做“老好人”；在管理中严管厚爱，始终强调“宁听骂声不听哭声”！骂声说明管理严格，哭声说明出了问题，不能出了问题才抓管理，不搞下不为例。青岛港不建集团办公楼，而为职工建候工室，体现了青岛港干群同甘共苦、自强不息的精神风貌，领导干部在职工中树立了威信，赢得了信任。领导干部的身体力行、率先垂范在青岛港快速发展中发挥了重要作用。

二、勇担责任

千里之行，始于足下。责任靠从现在做起、在本职工作中体现。责任就是在信念的指引下，踏踏实实，一步一个脚印地去实现目标。青岛港始终弘扬“三个一代人”精神（一代人要有一代人的作为，一代人要有一代人的贡献，一代人要有一代人的牺牲），始终坚持“四条工作标准”（一是对国家的贡献越来越大，二是港口发展后劲和竞争实力越来越强，三是职工生活质量越来越好，四是职工素质越来越高），对国家负责、对社会负责、对职工负责。

（1）对国家负责。青岛港办公大楼前有一个“岳母刺字”的雕像，象征着青岛港的“精忠报国”理念。青岛港坚持当好共和国的“长子”、祖国母亲的“孝子”。当好“长子”就是顶天立地，当好“孝子”就是多给国家挣钱、交钱，不能亏损，不能破产，不能让国有资产流失。改革开放以来，青岛港实现了跨越发展，创造了一项项发展奇迹，港口资产从1978年的1.8亿元增值到2011年的300亿元，增长了166倍。目前，青岛港是全国1/5的石油、1/5的矿石集散地，原油接卸全国第一大港，铁矿石接卸世界第一大港，港口吞吐量世界第七大港。青岛港已发展成为区域性国际航运中心。

（2）对社会负责。青岛港追求卓越绩效，以一流的质量、一流的效率、一流的发展，为客户赢得一流的效益，为社会贡献一流的业绩。青岛港坚持货主利益至上原则，提出了为客户服务的“三项原则”（没有货主、船东，青岛港就没有饭吃；货主的满意就是青岛港质量工作的标准；价格优惠、手续便捷、24小时服务），坚持“质量、服务、信誉是港口的生命线”，宁肯自己千难万难，也不让船东货主一时犯难。青岛港坚持绿色发展，决不以牺牲环境和资源为代价换取一时的发展，年年实施蓝天、碧水、绿地三大工程。青岛港积极参与社会公益事业，合资成立了青岛阜外心血管病医院，建设了港湾职业技术学院新校区，近3年来向贫困地区和社会捐款3810万元，在义务献血、抢险救灾、对口支援帮扶、扶贫助残等社会公益活动中勇担责任。

（3）对职工负责。“得道多助，失道寡助”，只有得人心，才能成大事。青岛港坚持“职工的事再小也是大事，再难也要办好”，给职工办实事，解决职工的实际困难。青岛港坚决维护职工劳动经济权益，依靠自身发展解决职工的岗位问题，不仅没有让一名职工下岗，还为社会创造了50多万个就业岗位。20世纪90年代以来，工资薪酬向装卸一线和技术工人倾斜，连续多年为职工涨薪30多次。青岛港不仅重视职工的物质利益，还高度重视职工的思想文化建设和道德素质教育：以人为本，要求员工不能光富口袋，还要富脑袋，坚持开展“五学”活动，争创学习型港口，争做知识型员工；年年开展技术大比武和技术业务培训；每年进行内部职务职称评聘。这些措施极大地激发了职工的工作积极性和爱港敬业精神。

三、科学发展

科学发展是企业发展的必由之路，是长盛不衰的根本途径。国有企业要适应市场经济需求、适应全球化竞争，必须脱胎换骨，必须浴火重生。青岛港在发展过程中始终强调通过转变发展方式实现科学发展。

（1）转变发展理念。青岛港结合自身实际，致力于提高企业发展质量

和效益，确立了自主创新型、资源节约型、环境友好型、质量效益型、管理精细型、亲情和谐型的“六型港口”发展目标，全力推进安全质量发展、节约发展、环保发展、效益发展、建设发展、和谐发展、率先发展等“七大发展战略”。

（2）转变增长方式。青岛港借助科技、管理和信息化推动港口增长方式由粗放型向集约型转变。现场作业开启了“秒时代”，创出了集装箱的“振超效率”、铁矿石的“孙波效率”等世界级效率。青岛港用全国1.8%的码头岸线干出了6.9%的吞吐量，用1亿吨、300万标箱的能力干出了3亿吨、1000万标准箱的吞吐量，创出了“1>3”的奇迹。

（3）转变生产方式。青岛港依靠科技创新提升港口现代化水平，港口生产从劳动密集型向技术密集型转变。原油、矿石、煤炭、集装箱、粮食等大宗货种全部实行中央控制室流程化作业，集中调度指挥，生产过程实现了机械化、自动化和流程化，安全、高效、节能、清洁。

（4）转变管理方式。青岛港在管理方式上构建了集团为决策层、公司为经营层、队为管理层、班为操作层、车为执行层的五级管理格局。五级管理格局改变了过去低水平的重复管理，把管理重心下放到队，使基层队成为“五个平安”、敢打必胜的战斗堡垒，自主创新、管理精细的经济实体，岗位成才、与时俱进的学习团队，以人为本、亲情和谐的职工家园。

第二节 精忠报国

青岛港将自己定位为国家的“长子”，把国有企业对国家的贡献放在港口发展的突出地位，以实现国有资产的保值增值作为对国家和民族必须忠实履行的责任。青岛港以“精忠报国，服务社会，造福职工”为三大使命，发扬“三个一代人”精神，顽强拼搏，艰苦奋斗，为国家奉献了实实在在的真金白银，对经济发展、职工就业、社会稳定和地方财政建设做出了突出贡献。

青岛港从20世纪90年代开始就瞄准国际航运市场船舶大型化、深水化、专业化的发展趋势，先后建成投产了世界最大的集装箱码头、世界级原油码头和煤炭码头，在一片荒沙滩上建起了一座3亿吨大港，做到了“世界上有多大的船，青岛港就有多大的码头”。1993年，因势利导，青岛港与南非ISCOR公司合作，改造综合码头，建成当时中国北方最大的矿石中转站。1998年，顺势而上，青岛港建设成为世界矿石进口第一大港。2009年，挥师南下，挺进董家口，打造第四大港区，2010年建成了世界最大的40万吨矿石码头，引发了世界港口建设史上的一场革命。2013年3月9日，青岛港董家口港区矿石接卸码头工程正式通过国家验收，这是目前世界最大的矿石接卸码头，也是我国建成的第一个30万吨级（结构兼顾40万吨）矿石接卸码头。如今，青岛港的港口通过能力由原来的1800多万吨扩大到了1亿多吨，靠泊能力实现了从1万吨级到40万吨级的大提升。“十二五”期间，青岛港将在董家口港区再造一座3亿吨大港，进一步增强企业可持续发展后劲，从而赢得主动和先机。

改革开放以来，青岛港吞吐量由1978年的2000多万吨增至2012年的4亿吨，增长了20倍；集装箱吞吐量从1000个标准箱增至2012年的1450万标准箱，增长了1.45万倍；港口资产从1978年的1.8亿元增值到2012年的330亿元，增长了183倍。截至2011年，青岛港为国家创造了290多亿元优良资产和1700多亿元的海关入库收入来源。2009年青岛港提前17年还清所有外债，实现零负债经营。“十一五”以来，青岛港上缴国家各种税费130多亿元。青岛港连续八年保持上缴地税青岛市第一，连续四年上缴国有资本收益占青岛市的一半以上。

青岛港自1995年以来一直是全国交通系统的典型和港口行业唯一的示范“窗口”，连续3次被国务院确定为国有企业重大典型，连续3次被中宣部、中组部等六部委选为振兴国有企业报告团成员在全国巡回报告。青岛港连续6年蝉联中国企业效益200佳，荣膺中国企业500强和中国服务业企业500强。青岛港先后荣获全国质量管理奖、首届袁宝华企业管理金奖、国家环境友好企业、节能环保最佳企业、全国“五一”劳动奖状、全国模范职工之家等荣誉称号。2011年，青岛港荣获全国、全省、全市“先进基层党组织”、“全国模范劳动关系和谐企业”和“全国内部审计先进集体”等称号。

青岛港始终坚持国威至上、军威至上，大力开展军交运输正规化建设，走出了一条中国特色军民融合、共赢发展的新路，多次被山东省、青岛市和交通运输部评为“双拥共建先进单位”和“拥军模范单位”。1994

年、1999 年、2004 年、2009 年连续四次分别被总后勤部以及交通运输部、济南军区评为“军交正规化建设先进单位”。2009 年庆祝海军成立 60 周年时，多国海军活动在青岛举行，青岛港顾大局、重国防，在金融危机资金紧张的情况下，投入 2000 多万元，实施了 10 大类 59 个环境项目整治，并且不惜停工停产，在最短的时间内将老港区 5 个码头腾倒出 4 个给各国海军使用，为活动的顺利举行做出了贡献，为中国人争了光、添了彩。2012 年在中俄海上联合军事演习活动中，青岛港又投入 2000 多万元，实施了上百项环境项目整治，克服军舰靠离时间紧、任务重、天气恶劣等困难，协助军舰靠离 32 艘次，全面做好安保工作，确保了活动圆满进行，受到中俄海军将领、与会领导的高度赞誉。

青岛港以国家利益为重，面对 2008 年奥运前夕的浒苔突袭，青岛港集中全港资源，贡献人、物、机械和码头，在生产泊位库场十分紧张、生产压力巨大的情况下，专门腾出了 6 个黄金泊位、配备了 8 台门机，投入浒苔清理工作中，确保浒苔全部顺利接卸。青岛港先后组织指挥十几次海上、陆上港外灭火抢险，次次成功，为保护人民生命和国家财产安全做出了重大贡献。

第三节　服务社会

创造和谐的环境既是企业的责任，也是企业生存发展的重要基础。青岛港把服务社会作为自己的“三大使命”之一，坚持货主利益至上，坚持绿色发展，积极参与社会公益事业，扎扎实实履行社会责任。

一、服务客户

质量、服务、信誉是港口的生命线。青岛港以客户为中心，以市场为中心，牢固树立起眼睛向外、面向社会的市场观念，信誉第一、货主至上的服务观念，确立了为客户服务的“三项原则”，宁肯自己千难万难，也不让货主船方一时犯难。

（一）为货主服务“三项原则”

1988年，青岛港明确提出“货运质量是港口的生命线”、“货主满意是港口管理最高目标”的经营理念。其后，青岛港为加强货运质量管理，进一步补充、制定了《青岛港务局货运质量考核标准》、《青岛港外贸进口货物实行双边理货交接办法实施细则》、《青岛港务局货运质量检查员工作条例》等规章制度。1992年，青岛港明确提出：港口质量工作的标准就是货主满意，不仅在货运质量上要达到货主满意，在服务方面也要达到货主满意。1993年，青岛港把为货主服务细化为，“货主的困难就是我们的工作重点，货主的要求就是我们的工作目标，货主的满意就是我们的工作标准”。

1994年，青岛港正式提出了为货主服务的“三项原则”：没有货主、船东，青岛港就没有饭吃；货主的满意就是我们质量工作的标准；价格优惠，手续便捷，24小时服务。“货主就是我们的衣食父母”、“不诚心实意地为客户服务，就是砸自己的牌子、砸自己的饭碗”、“不分分内分外，只要货主用户需要，就努力做到，宁肯自己千难万难，也不能让货主船方一时犯难”，这些口号成为青岛港时刻把顾客当上帝、主动为客户服务的警句。广大员工事事、处处、时时严格落实为货主用户服务的“三项原则”，员工建满意岗、党员建模范岗、领导建称职岗，以岗位优质服务达到“三方满意”（货主满意，船方满意，对方港站满意）。

（二）加强与客户的交流往来

为进一步落实服务承诺制度，青岛港加强了同货主用户以及装卸运输相关单位的交流与往来，对港口服务质量问题及时解决，及时反馈，持续改进。青岛港每年召开多次货主座谈会，主动征求货主用户的意见，改进工作。青岛港领导带领有关部门干部，亲赴经济腹地走访货主、船方，主动征求意见。为及时了解到货主用户的意见和要求，港口还定期下发“青岛港用户质量评价表”，对货主、用户的意见和要求进行收集整理后，提出相应改进措施，安排有关单位实施，并由主管部门对措施实施情况进行验证或评价。对于货主用户的投诉，能当时答复的，要立即答复并当场兑现；一时答复不了的，要在3天之内提出纠正措施或处理意见，并及时反馈给货主、用户，主管部门对货主、用户的投诉处理进行跟踪督察。

面对百年不遇的全球金融危机带来的严峻考验，青岛港不惜牺牲港口利益，主动与船公司、广大货主抱团取暖，共克时艰，迎战危机。在我国拉动内需促进经济增长的措施出台、中小钢厂急需矿石的情况下，青岛港积极地在中小钢厂和贸易商之间牵线搭桥，帮助中小钢厂解决原料来源。2008 年下半年以来，矿石、煤炭压港日益严重，堆场处于爆满状态，青岛港不惜投入数千万元巨资大面积拆除办公楼、候工楼、职工食堂、浴室等生活办公设施，对港区重新进行布局，新增堆场 25 万平方米，扩大了货物堆量。面对电厂不要煤、煤炭企业生产的煤无处堆存的难题，青岛港不惜每吨多花 12 元在港外帮助煤炭企业进行免费堆存，并专门组织装卸力量赴港外进行接卸，不仅为煤矿企业解了燃眉之急，还为煤矿企业节省了大量的堆存费。青岛港千方百计为船东、货主节约资金，在得知由于贸易的大幅萎缩，致使全球空箱大量闲置、急需场地堆存时，青岛港立刻兵分六路深入到各船公司了解具体情况，先后与 13 家船公司签约，在青岛港建立空箱封存基地，为船公司节省了大量空箱堆存费用。

（三）千方百计缩短装卸船时间

青岛港把缩短装卸船时间、缩短办签证时间当作服务船公司的重要举措，创造出了“振超效率”、“孙波效率”、“零时间签证”等服务品牌，以效率赢得了市场。青岛港要求人人练就一身绝活、人人都有过硬的本领和技术素质，以更好地为货主、船东提供优质便捷的服务。以当代产业工人许振超为代表的振超团队就是凭着优质的保班服务和绝活，吸引了众多船公司纷纷上新线、换大船、多中转，纷纷靠泊青岛港码头。“零时间签证”也吸引了八方客源。按常规，船舶装卸完后，外轮理货签证需要 2 小时，青岛港的外理公司却创出了“零时间签证”品牌，船舶作业完毕立即制作出签证，一年就可为船公司节省几百万美元，港口相当于增加了 900 多万吨的通过能力。

（四）尽心竭力保全货主货物

在青岛港，货主是上帝。为了保全货主的货物，青岛港尽心竭力，以严谨细致的作风赢得了货主的信任。比如，瓶装啤酒极易破碎，国家规定港口装卸允许有 3‰的破损率，而青岛港大港公司装卸 18 亿多瓶啤酒，无 1 瓶破损，创出了“亿瓶精装”服务品牌。又如，在原油运输中，“油耗子”现象非常普遍，油港公司打出“创原油装卸中转服务名牌”战略，实现原油装卸“不亏吨，不混质，原来原转”。再如，在装卸船清甲板的过程中，管道下面、甲板的边角处时常存有大量落料，以前只是用扫把清扫，现在前港的作业职工采取了“双管齐下”的措施，先用专门配备的小铲子“铲”，再用小扫把“扫”，力争做到颗粒归仓。这种颗粒归仓的精神在青岛港迅速推广。在前港流机队的每台装载机上都新配备了小铲子和小扫帚，每当结束一个货种的作业，司机都要下车，将铲斗里面的余料用小铲子和小扫帚清扫得干干净净，一方面保证了货主的货物颗粒仓归，另一方面保证了货种不相混、保证了质量。从事煤炭和矿石作业的职工把“矿粉、煤粉当面粉”，随身带着一把小扫帚，把撒漏的矿粉和煤粉清扫起来，既维护了货主利益，也美化了环境。青岛港坚持货主利益至上、竭尽全力保全货主货物的做法，受到了货主的高度赞扬。

（五）服务品牌声名远播

青岛港集团的服务品牌是“诚纳四海”，其含义是，青岛港人愿以金子般的诚信、优质的服务，成为世界五大洲四大洋广大货主用户的忠诚合作伙伴，实现共赢与持续发展。“诚纳四海”服务品牌先后荣获“中华港口第一服务品牌”、“中国十大最具影响力品牌”等十余项至高荣誉。除集团服务品牌外，青岛港各分公司还创建了自己的有特色的服务名牌。集装箱装卸“振超效率”8 次、铁矿石接卸“孙波效率”19 次刷新世界纪录，成为青岛港“以德治企，以诚经营”的金字招牌。职工连续创造了 18 亿瓶啤酒装船无破损的佳绩，“亿瓶精装”品牌蜚声中外。“魅力大港”、“卓越前港”、“追求您完全满意”、“10 小时保班”、“完美交付”、“铁路大列精品线”、“零时间签证”等服务品牌为青岛港赢得了四海宾朋、天下客商。品牌优势和服务意识已经内化为每名职工的共同品格，广大职工在生产作业中自发提出了“爱护每一吨货，服务每一条船，赢得每一位用户信任，实现每一位用户期望，达到每一位用户满意”的服务工作标准。

二、绿色发展

青岛港坚持把美化、绿化、净化港区环境作为一项重要工作来抓。如今的青岛港，空中不见黑烟尘，地上不见沙尘土，水中不见漂浮物，三季有花，四季常青。青岛港被授予首批“国家环境友好企业”、“世界节能环保最佳企业”，在2011年6月18日召开的第四届世界环保大会上，青岛港荣获了“碳金创新价值奖”。

（一）大力推进节能减排

青岛港从抓好“五个文明”（文明装卸，文明生产，文明施工，文明服务，文明环境）管理入手，把美化、绿化、净化港区环境作为塑造港口形象的一项重要战略决策。青岛港成立了环保中心，在全国港口中率先建立并运行了ISO14001环境管理体系，常年实施“蓝天，碧水，绿地”三大工程，建设资源节约型、环境友好型港口，实现绿色智能可持续发展。一是实施蓝天工程，空中不见黑烟和粉尘。“十一五”期间，青岛港投入26.5亿元，购置、制造技术先进和环保节能的机械设备，开展生态保护和污染防治，在煤炭、矿石作业中，建设了十几公里的防风抑尘墙，采取了洒水喷淋、“打摩丝”（喷洒抑尘剂）、“盖被”（篷布苫盖）、“洗脸”（冲洗码头道路）、“洗脚”（建设洗车池冲洗市提车辆）等措施，做到了干煤不见煤尘、干矿不见矿粉，保持了港口空气的洁净。二是实施碧水工程，海域清澈洁净。每年耗资设专船配专人打捞海上漂浮物；对停泊在锚地的船舶配有专业垃圾船接收垃圾，对靠岸船舶设专车每天接收垃圾；建立了生活污水处理场；铺设了从污水处理场到矿石堆场喷淋管线，利用二次水喷淋抑尘。三是实施绿地工程，港口变成大花园。年年对码头、道路、库场、机械设备实施绿化美化亮化工程。

（二）实施能源革命

青岛港大力推广电能等清洁能源，实施轮胎吊“油改电”和拖车“油改气”项目，为1400余辆设备全部安装了燃油计量仪，为1012台流动机械安装了GPS，做到了精细化、集约化管理。“十一五”期间，港口吞吐量增长了一倍多，综合能源单耗下降了21.6%，每年节约能源3.1万吨标煤，减少二氧化碳排放6.72万吨，走出了一条高效集约、创新驱动、内生增长的发展道路。

（三）绿色发展的“独家秘诀”

青岛港的绿色低碳之路走得好，一是在于“蓝天，碧水，绿地”三大工程搞得好；二是在于效率高，即用高效率的服务缩短了船舶在港停时，促进了船舶燃油节约、减少了二氧化碳和二氧化硫等废气排放，加快了港口的绿色低碳步伐。2003 年 4 月 28 日，许振超带领团队用 6 小时 15 分完成了全船 3020 标准箱作业，船时效率和单机效率分别创出每小时 339 自然箱和 70.3 自然箱，刷新了世界纪录。2003 年 6 月 3 日，青岛港前港公司仅用 34 小时 45 分，完成了 19.8 万吨矿石卸船作业，创出了单船平均每小时卸率 5698 吨的世界最高纪录，打破了《世界港口》记载的荷兰鹿特丹港创造的单船平均每小时 3969 吨的原世界纪录。2003 年 9 月 10 日，西港公司以每小时综合平均卸率 825 吨、每小时单舱卸率 508 吨的成绩创造了纸浆作业世界最高纪录。2003 年 10 月 8 日，在氧化铝接卸作业中，青岛港又连创单班和昼夜两项全国最高效率。青岛港先后创出集团新纪录 718 项次，涌现出 1380 多个员工品牌和 1800 多个绝活，其中 87 项装卸生产作业纪录被评为中国企业新纪录，居全国交通行业第一位。青岛港各项技术创新使生产效率进入“秒时代”，有力地推动了港口的绿色大发展，这是青岛港建设绿色低碳大港之路走得好、走得快的“独家秘诀”。

三、积极参与社会公益事业

青岛港与北京阜外医院强强联合建立了青岛阜外心血管病医院，为解决社会百姓看病难、看病贵问题做出了积极贡献；积极运筹发展壮大港湾职业技术学院，为社会培养了大量合格的现代化建设人才；积极参与社会公益活动，慈善捐赠，赢得了良好的社会声誉。

（一）合作办医院，服务百姓

2006 年 5 月 12 日，青岛港与北京阜外医院合作成立了青岛阜外心血管病医院。青岛阜外心血管病医院创建“用‘心’守护健康”服务品牌，以“大专科，小综合”的优势，以国内一流、费用低廉的服务，以精湛的医疗技术和高尚的医德医风，解除患者病痛，方便老百姓看病就医，知名度和美誉度不断攀升，已成为山东省最大的心血管病专科医疗机构。

青岛阜外心血管病医院将“用‘心’守护健康”的服务理念落实到实际工作中，坚持“名医，名院，名科”方针，用高科技武装医院，用顶尖技术造福患者，心脏手术等高难度手术成功率国际一流，成了名副其实的“放心医院”；不断加强医疗服务质量管理，维护“青岛港”和“阜外”声誉，投入巨资改善就诊环境，缩短病人等候和各项检查预约、报告时间，

为病人提供清洁、温馨、私密性良好的就诊环境和人性化服务。在百姓看病贵、看病难的今天，青岛阜外心血管病医院分担了社会负担，为百姓做了实事。青岛港把承担社会责任落到了实处。

（二）校企合作，发展职业教育

青岛港湾职业技术学院始建于1975年，由国家交通运输部投资兴建，现由山东省教育厅主管，青岛港（集团）主办，是一所国有公办全日制普通高等专科学校。2006年，青岛港湾职业技术学院与新加坡理工学院隆重签署《合作办学意向书》，以合作的方式开发、教授航海技术、轮机工程和海事管理等专业，以此为开端，实现强强联合、互利共赢。青岛港湾职业技术学院为中国港航企业输送了大批合格的高素质人才，是青岛港服务社会的重要体现。

青岛港坚持“人才强港，教育为本”方针，高度重视学院作为“教育中心”和“人才培训基地”的特殊作用，凭借雄厚的实力和先进的文化，全力打造港湾学院育人平台，全力支持发展人民满意的高职教育。青岛港湾职业技术学院坚持“校港深度融合，工学紧密结合”的办学特色，以培养“许振超式的大学生”为目标，积极创新“把学校办到港区，把课堂搬到码头”的工学结合人才培养模式，每年为港航系统和其他企事业单位培养大批职业技能过硬、职业素质良好的高技能人才，成为中国港航物流人才培养基地。

（三）慈善捐赠，勇担社会责任

青岛港视人民利益高于一切，顾全大局，一方有难、八方支援。面对我国南方罕见的雨雪冰冻灾害，在生产异常繁忙的情况下，青岛港倾全港之力打通了“煤电油”运输的绿色通道。自2008年至今，青岛港在第一时间先后向南方雪灾、汶川地震、莫拉克台风、青海玉树地震等受灾地区捐款3810万元，以实际行动帮助灾区恢复生产建设，同时还向社会捐衣物30多万件，捐书籍20多万册。2011年，在青岛港支持下，农民工志愿服务活动持续健康开展，向中国志愿服务基金会捐款100万元。青岛港在义务献血、抢险救灾、对口支援帮扶、扶贫助残等社会公益活动中，次次挺身而出，勇担责任。青岛港先后获得了民政部授予的“全国爱心捐助奖”、“中华慈善奖”等荣誉称号。

四、以港兴市

在区域经济发展中，港口扮演了不可替代的角色，港口与所在经济区域互相促进、共同繁荣，而由港口带来的新观念、新视野、新行为加速了“港口城市”这类特殊的政治、经济混合体的形成。青岛港因其特有的功能，对青岛市发展成为物流中心、金融中心、贸易中心、信息中心等有着重要的促进作用，对青岛市相关及派生产业的发展具有积极的带动作用。

青岛港在自身发展的同时，有力地带动了海运业、集疏运业、仓储业等港口关联产业，保税业、造船业、贸易、石化等港口依存产业，以及与港口经济活动有关的金融、保险、土木工程、旅游等港口派生产业的发展，促进了以港兴市和腹地经济的发展。港口生产经营重心由青岛老港区转移到黄岛新港区后，有力地推动了胶州湾西海岸青岛新经济重心的形成和发展：港口周边地区利用外资额以每月1亿美元的速度快速增长，依托港口优势形成了石油化工、家电电子、汽车、造船、钢铁等产业集群，以大项目、大工业园、大物流园和现代信息技术为支撑的现代新城区在黄岛迅速崛起。

青岛港的发展有力促进了青岛市财政税收的增加，青岛港上缴地税连续多年名列青岛市第一，连续多年上缴国有资本收益占青岛市的一半以上。青岛港的腾飞也为青岛市创造了总量可观的就业机会。有研究表明，在世界港口城市中，由港口而产生的就业机会一般占所在城市就业总人数的20%。按此推理，青岛市至少有20%的就业机会与青岛港有较为密切的联系。青岛港对青岛市经济发展、职工就业、社会稳定以及财政建设都做出了卓越贡献，成为青岛市经济社会发展的强大动力。

第四节　造福职工

人是企业之本。青岛港把造福员工当作重要责任，不仅出产品、出效益，为国家、为社会做贡献，而且出人才、出文化，成为一个培养人才的大熔炉、大学校，成为一个充满亲情、人气旺盛的大家庭。青岛港与职工同呼吸、共命运，全心全意为职工服务，思想上尊重职工，感情上贴近职

工，行动上深入职工，工作上为了职工，把职工的愿望和要求作为决策的根本依据。各项决策既体现职工的现实利益又代表职工的长远利益，既反映大多数职工的普遍愿望又照顾部分职工的特殊要求。青岛港先后被授予“全国模范职工之家”、“全国创建和谐劳动关系模范企业”、“全国维护农民工合法权益先进集体”等荣誉称号，2011 年 8 月 15 日又荣获了“全国模范劳动关系和谐企业”称号。

一、造福职工的历程

在青岛港经济建设上台阶、增效益、做大经济“蛋糕”的同时，每一位员工都能按照自己的劳动和贡献获取应得的回报，职工群众得到实实在在的利益，共享改革发展的成果。青岛港从关注员工的衣食住行、生活保障，到关注员工的精神生活，再到积极营建和谐大家庭，自始至终体现了青岛港以人为本、造福职工的理念。自 1988 年青岛港领导体制改革以来，青岛港造福职工的历程大致可分为三个阶段。

（一）第一阶段（1988~1992 年）：造福职工的起步阶段

青岛港提出了“不让一名职工下岗”的造福职工理念，期间的举措主要有：坚持“两个倾斜”，一线装卸工人和技术工人的收入大幅增长；率先打破“一大三铁”，实行全员劳动合同制；精简机构改革中，员工只要愿意干、好好干，青岛港决不撒手不管，决不推向社会；解决职工住房问题。

20 世纪 90 年代初，港口生产条件虽有很大改善，但装卸一线始终没有摆脱苦、累、脏、险的工作条件，一线职工的工资待遇偏低，生活福利跟不上，职工队伍不稳定。1991 年 6 月，青岛港 300 余名机关工作人员，来到装卸一线工人中间，和他们同学习、同劳动，听取意见，进行调查研究。在详细掌握装卸工人和基层领导的收入、住房、生活状况的基础上，经过反复讨论，1991 年 6 月 30 日，青岛港出台了《关于深化港口内部装卸公司改革的有关规定》（简称“21 条”）。“21 条”的核心是收入分配向装卸一线倾斜。1991 年 7 月 29 日，青岛港又出台了《关于深化港口内部技术型单位改革的有关规定》、《关于深化港口内部事业型单位改革的有关规定》、《关于深化港口内部改革，大力发展多种经营的有关规定》共 62 条措施，提出了收入分配向技术工人倾斜的政策。62 条加已出台的 21 条被称为“83条”。

“83条”改革措施给一线职工和技术工人带来了实惠。从1991年7月1日起，全计件装卸工人月均收入提高12.8元，底薪计件和装卸司机人均月收入提高10.4元；对满15年装卸工龄的职工和满20年装卸司机工龄的职工颁发荣誉证书和100元奖金；青岛港新购置的165套新居，全部分给装卸工人；技术工人考工晋级工作全面展开，凭真本事晋升工资；首批一线工人赴庐山、西安疗养。1991年底，全部解决了200户有20年工龄、人均居住面积不足6平方米的装卸一线职工的住房问题。“两个倾斜”的政策，在全港职工中引起强烈的反响。

继“83条”措施出台后，青岛港根据实际，继续推进机制创新，制定的各项改革政策更加有利于调动职工的积极性。除继续向装卸一线、科技人员实行倾斜外，收入分配还向关键岗位、重点岗位以及优秀农民工倾斜。1992年，青岛港率先打破“一大三铁”，实行全员劳动合同制，并明确提出“只要愿意在港口干、好好干，就一定安置好，决不撒手不管”。港口从关注职工的生存提升到关注职工的人生价值，使港口创造财富的源泉充分涌流。

（二）第二阶段（1993~2001年）：造福职工的成熟阶段

青岛港确立了“一心为民，造福职工”的宗旨，使之成为一项基本港策，并巩固成一种风气，期间的主要举措有：年年大规模解决职工住房；年年开展主题思想教育；通过发展第三产业、建设新港区等措施分流安置富余职工，加强培训提升全员素质，使广大员工不仅有岗位，而且能胜任岗位、能岗位建功；在1994年领导干部黄岛学习班上，要求各级领导干部树立以“一心为民，造福职工”为核心的六种风气；2001年提出“职工的事再小也是大事，再难也要办好”的造福职工理念。

伴随着青岛港的全面跨越发展，青岛港向广大职工不断推出一项项造福政策，如同春风般温暖着每一位海港人。青岛港千方百计创造了近万个工作岗位，使16000名职工人人有活干，人人创效益。广大职工居者有其屋，饮食讲营养，穿着讲档次，现代家庭用具一应俱全，年年健康查体，有病及时治疗，身体健康有保障，生活质量越来越高；作业现场安全整洁美观，候工室不断升级换代，劳动保护日益加强，工作条件越来越好。广大职工摆脱了贫困，摆脱了落后，摆脱了愚昧，过上了喜气洋洋、幸福美满的新生活，凝聚起港口发展的强大动力。

2001年，青岛港在继续为职工生活服好务的基础上，以办好实事为轴线，把职工冷暖牢记在心，用实际行动诠释“一心为民，造福职工”的深刻内涵。这一年，职工工资越来越高，住房面积越来越大；职工和离退休职工都领到了海港赠送的精美生日蛋糕，收到了亲情祝福；继续坚持为干部职工大规模健康查体，对离退休老干部上门服务，对发现的病情及时干预治疗，为职工健康提供了可靠保障；确保职工饮食卫生，除了进一步丰富自助式班中餐，又投资40余万元购置了12台高科技消毒洗碗机，并把饮水机发放到班组；继续坚持“冬送温暖，夏送清凉”活动，在“五一”、“十一”等重大节日继续向干部职工发放节日礼品；组织职工轮流到崂山等地休养，职工的身心得到放松，享受着家的关爱。

（三）第三阶段（2002年至今）：造福职工的提升阶段

青岛港确立了员工的新小康目标以及“共建和谐美好家园”的共同愿景，造福职工的内涵得到延伸、提升，期间的主要举措有：查体、休养等增添新内容，更加关注健康，体现人性化；将原来的港口发展目标提升为预期性目标、约束性目标、人力资源目标、职工生活目标，科学发展、和谐发展的思路更加清晰；提出春节“20个做到”；出台对农民工的“18条”规定。

国家提出全面建设小康社会，青岛港结合自身实际，在“小康”前又加了一个“新”字。青岛港“新小康”的具体内容是：“收入年年大增长，身体健康有保障，饮食丰富讲营养，衣服穿着要高档，学习进步有修养，全球旅游拓视野，子女上学去留洋，个人能买中档房，开着轿车进海港。”这一切如果用一句话来概括，那就是青岛港的小康生活已经不仅仅是“量”的满足，更是“质”的提升。在这一“质”的提升中，青岛港不仅坚持以往造福的举措（例如，年年涨工资，年年发节日物品，年年查体，等等），而且还有了新举措：每名在岗职工、老职工、幼儿园小朋友、职工家属都会在生日时得到集团精心准备的生日蛋糕；关注健康，不仅有查体做保障，而且大力推行健康、营养的班中餐，由“吃得卫生，吃得饱，吃得好”向“吃得好，吃得健康，吃得营养，吃得高兴”转变。几个关键词的变化，折射出青岛港人“和谐”生活的一个侧面。

2006年春节前夕，青岛港坚持“群众过年，领导过关”、“港内大干，港外过年”的优良传统，节前不松劲做到“八个做到”，节日鼓干劲做到“九个做到”，节后加把劲做到“三个做到”。这“20个做到”分别是：一是打好“三大硬仗”，做好各项工作；二是加快建设改造；三是加强思想政治工作；四是走访离退休老人、长病长伤人员和特困户；五是召开各种类型的茶话会，邀请有功人员的贤内助来港；六是走访社会各界；七是大力营造浓厚的节日气氛；八是开展年前的安全卫生大检查；九是能安排放假的必须安排工休，不能安排工休的安排换休；十是需要加班的要如数发放加班费；十一是每名员工要给双方老人拜年；十二是要给双方老人和爱人、孩子购置一件新衣服，或是别的礼品；十三是发放的年货、奖金要与双方老人共享；十四是由集团出资，班长出面，六大装卸公司农民工多的班组，包括生活服务中心大力神车队，要共同聚餐一次；十五是年三十晚上，各级领导要与坚守岗位的职工同吃年夜饭，初一要召开各自的团拜会；十六是农民工不能回家孝敬老人陪老婆的，要以公司为单位，把他们孝敬的钱送到家；十七是正月初一、初二、初三，集团要为过生日的员工家属送一次生日蛋糕；十八是正月初四召开祝捷大会；十九是大干二月份，做好二月份的工作；二十是正月十五仍然要放假半天，让大家回家团圆。这“20个做到”就像一股股暖流温暖了所有领导和员工的心，掀起了青岛港上上下下各级领导与员工之间的亲情大传递。

坚持共建共享，2007年青岛港召开了大大小小100多个专题座谈会，专门针对农民工的系统化、规范化、制度化管理，出台了惠及7300名农民工的“18条”政策，得到了全体农民工的一致拥护，其政治地位、经济保障、生活条件就此得到了同步提升。农民工扎根青岛港、奉献社会的积极性得到更强劲的激发。2010年，青岛港投入1.5亿元为职工发放各种奖金和补贴，投入1.3亿元为职工建设候工楼、装修宿舍楼，免费为职工体检18793人次，发放生日蛋糕36847个，看望农民工家属3000多人次，定期走访250多名长病长伤职工。广大职工生活得更加幸福、更有尊严，成了港口发展的最大受益者。

二、保岗位、保安全、成就员工

青岛港给广大员工的成长成才搭建了广阔的发展舞台，不仅为员工保岗位、保收入、保安全，而且想方设法成就员工，使员工人人有理想、有作为、有抱负，人人都可以圆梦，人人都可以成为港口建设发展的中流砥柱。

（一）保岗位

在竞争日益激烈的市场经济环境中，对职工最大的关心就是为职工创造工作机会，提供工作岗位，使职工的饭碗有保证。青岛港视岗位为职工的命根子，认为职工没有了岗位就没有了前途和奔头。因此，青岛港在历次改革中都对领导干部提出“谁让职工下岗，就先让谁下岗”，对职工提出“只要愿意干，好好干，就决不撒手不管”。特别是面对国际金融危机的严重冲击，青岛港坚持越是危机越要保护职工，想方设法为职工找岗位、造饭碗，不仅转岗分流 1635 人次，而且新招收了 800 多名大学生到港口工作。多年来，青岛港先后转岗分流上万人次，从来没把一名职工推向社会，人人端上了响当当的“金饭碗”，保证了职工人人有岗位，人人有活干，人人创效益。截至 2011 年，连续 23 年 33 次为职工大增资、大造福，广大职工的票子越来越多，腰包越来越鼓。

（二）保安全

安全生产是所有企业生存和发展的先决条件。人的生命是最宝贵的，避免和防止人的生命受到损伤，是人类道德伦理的底线。青岛港反复强调：“在青岛港，最宝贵的是职工的生命。”“职工的血不是水，对待安全一定要严管厚爱，宁听骂声，不听哭声。”“安全质量是港口第一位的工作，是领导第一位的责任，是检验各项工作成效的第一位的标准。”

1. 建立制度抓安全

青岛港在安全生产上实行领导责任制，一级向一级负责，基层“一把手”向中层“一把手”负责，中层“一把手”向集团领导负责，集团领导向职代会负责。在集团与基层单位签订的资产经营目标书中，安全质量考核与企业工资总额相挂钩，并按一票否决的原则重奖重罚。各大装卸公司和 500 人以上的二线、三线单位都建立了专职安全质量部门，500 人以下的单位配备了专职安全干部，各基层队设有专职安全员，全港专职安全质量检查员近 200 人。青岛港从创建“三无”班组（无违章违纪、无事故、无犯罪）活动着手，将安全生产落实到基层，落实到班组。各个班组通过上岗前的工前会、船前会，提醒安全质量上的注意事项，通过工后会，总结当天的安全质量工作；通过每周的班组安全例会、曝光台警告、限期整改制度和月月检查评比，让安全生产意识在每个职工心中扎根，港口上下形成人人都是安全生产责任人、人人都为安全生产把关的局面。在机械设备的使用上，青岛港设置了四道安全关口，即“不符合国家安全技术标准的不准使用，没有安全制度和操作规程的不准使用，安全保护装置没有或不良的不准使用，没有专人管理的不准使用”，确保机械操作安全可靠。

2. 规范操作保安全

作业现场是事故多发点，因而作业现场管理也就成为青岛港安全管理的突破口和“重防区”。青岛港对作业现场实行经理助理负责制，经理助理24小时工作在现场，确保现场指挥精干、权威、统一。按照ISO9002质量体系要求，青岛港建立完善了上千项作业标准和管理标准，作业现场要求货物码放整齐有序，对散装货都要隔离围挡，实行“围田化”管理；对五金钢材都要摆放整齐，实行“齐整化”管理；对袋装货都要成方成形，实行“图形化”管理；对机械、设备、建筑物统一着色，实行“色彩化”管理。青岛港还针对关键装卸岗位，制定安全标准化岗位要求，从着装、工具使用到作业环境、作业流程都有具体规定。

3. 教育职工守安全

青岛港有针对性地组织管理人员和工人学习安全操作规程和劳动纪律，对危险品、大件、木材、五金和绞车手等特殊工种举办专业培训班，对农民承包工进行岗位安全培训教育。同时，发动职工详查身边的安全隐患，各大装卸公司安质科的安全质量隐患记录本上记录着职工发现的一个个隐患问题，这些记录成为企业安全生产的道道关口。多年的安全生产教育和实践练就了职工们一双双查找事故隐患的“火眼金睛”，凭借这些“火眼金睛”，许多安全隐患被消灭在萌芽状态，保证了人员及货物的安全。

（三）成就员工

青岛港秉承以人为本理念，始终坚持“只要肯学肯干，人人都可以成才”的人才观，“德才兼备”的育人观，“德为重，信得过，靠得住，能干事”的选人观，“以能力论英雄，谁干得好就叫谁干”的用人观，持续开展“创建学习型港口，争做知识型员工”岗位“五学”活动。青岛港成为育人成才的大熔炉、大学校，培养造就了以许振超为代表的优秀员工队伍。

具体来说，青岛港从四个层面成就员工。

（1）在物质层面上，青岛港员工过上好日子，发家致富，生活幸福。

（2）在政治层面上，员工在青岛港可以真正当家做主。员工高兴不高兴、满意不满意、答应不答应、拥护不拥护，始终是青岛港做决策的标准。

（3）在文化层面上，青岛港员工有思想、有组织、有纪律、有文化、有技术，争做新型知识型员工。

（4）在社会层面上，一名员工就是一面旗帜，每名员工都代表着青岛港形象、代表着新时代产业工人的形象。

四个层面的员工成就定位，归根结底就是，青岛港的发展依靠员工、始于员工的创造，发展的最终目的是为了员工：为了员工能够发家致富，为了员工能够岗位成才，为了员工能够实现自我价值。

三、服务农民工，培养新时期产业工人

农民工是当前我国城乡二元经济格局下，在改革开放和工业化、城镇化进程中涌现的一支新型劳动大军，广泛分布在国民经济的各个行业，为城市繁荣、农村发展和国家现代化建设做出了重大贡献。但是，由于种种原因，农民工在很多地方都是从事工作累、环境差、工资低的工作，其获得的回报与其做出的贡献极不相称。青岛港面对农民工源源不断进城务工的新形势、新特点，将农民工培养造就成为产业工人的一支生力军，使农民工实现了“四个根本性转变”：由技能匮乏向又红又专转变，由挣钱吃饭向实现价值转变，由短期务工向当家做主转变，由打工者向新时期产业工人转变。青岛港的农民工说：“港口把咱们当作生力军，咱们要扎根海港献青春！”

（一）实施造福工程，不断提高农民工的生活质量

全力维护好农民工的工资待遇。农民工与正式职工同工同酬，一个单子发钱，一个食堂吃饭。坚持每月按时足额支付工资，按劳取酬，多劳多得。严格控制加班，确需加班的，依法及时发放加班工资。为农民工设立了包括荣誉称号激励奖、全勤激励奖和积累贡献奖等奖励制度：农民工在港口工作满 1 年，可享受 10 天的带薪休假；按农民工在港工作年限，工龄每增加 1 年，积累贡献奖相应增加。在港口大发展、经济效益不断增长的前提下，每年按一定比例提高农民工劳务费计件单价和计时待遇水平，

使农民工的收入水平不断提升。

全力维护好农民工的保险待遇。积极推进农民工参加社会保险，为全体农民工缴纳基本养老、医疗、工伤、生育、失业五项社会保险，使他们病有所医、老有所养，从根本上解除了农民工的后顾之忧。农民工队伍稳定，积极性高涨，主人翁意识显著增强。

全力为农民工提供良好的生活工作环境。青岛港不断加大投入，大力改善员工生活工作条件，高档次整修改造新老港区现场食堂和卫生间，改造农民工宿舍，建设员工文明候工室，修建员工文体场所，扩大绿化面积，员工生活工作环境进一步改善，员工在花园式港口中快乐工作。

全力保障农民工的生命健康和安全。青岛港大力倡导“职工生命是最可宝贵的”理念，坚持“四抓一树”（抓根本，抓班组，抓交流，抓素质，树形象），把安全质量作为各级领导第一位的工作、第一位的责任、第一位的标准。采取切实措施，加大劳动保护资金投入，确保安全生产，基本杜绝了因工伤、中毒、职业危害和其他伤害导致员工死亡事故，使广大农民工生命健康得到保障。

始终对农民工怀有深厚感情。集团各单位逢年过节都给每名农民工的家庭发慰问信，各级领导每年春节除夕夜都同坚持港口生产不能回家的农民工同吃年夜饭，并派专人将农民工的年终奖金送到他们的父母妻儿手中。集团还规定，在辅助生产岗位，优先招收在岗农民工的家属。无微不至的关心，使农民工消除了后顾之忧，一心一意干好工作，同心同德多贡献。

（二）重视教育培训，不断提升农民工的综合素质

农民工入港第一天，就需要接受新工人三级培训（公司级，队级，班组），以加强职业安全意识，增强自我保护能力。在培训中，开展政治思想和科学文化教育，引导农民工增强法治观念，学会利用法律、通过合法渠道维护自身权益；开展职业道德和社会公德教育，引导农民工爱岗敬业、诚实守信，遵守职业行为准则和社会公共道德；开展精神文明和文明礼仪教育，引导农民工遵守交通规则、爱护公共环境、讲究文明礼貌，培养科学文明健康的生活方式。培训教育使农民工自身素质和综合能力全面提升。

随着港口设施装备的更新换代和信息化建设的不断深入，港口业务对

员工知识和技能的要求越来越高。青岛港把提高农民工岗位技能纳入重要培训内容，在技术岗位工作的农民工和正式员工一样参加每年一度的技术工人资格考核，考试合格并取得证书者，按规定享受与正式员工同样的技能津贴和考工补贴。青岛港连续20多年开展技术工人资格考核和技术大比武，培育员工岗位学习、岗位成才的能力。一大批农民工人才脱颖而出，过去只会搬搬抬抬的码头工人成为了有高技能的"金蓝领"。

进入21世纪以来，为不断适应新形势对农民工整体素质的新要求、培养和造就一支过硬的农民工队伍，青岛港按照"分期分批，突出重点，分类施教，全面推进"的总体思路，对农民工进行脱产大培训，重点学习港口企业文化、"队为核心，班为基础"管理、文明礼仪、法律法规、安全质量操作规程等课程。参加培训的农民工进一步了解了港口的历史，学习了知识，提高了素质，增进了对港口的感情。

（三）坚持以人为本，不断提高农民工的政治地位

青岛港尊重农民工，相信农民工，依靠农民工，把农民工当作自己的亲兄弟，使农民工在青岛港与其他职工一样，同样受关心，同样受重用。

厂务公开，畅通保障职工行使主人翁权利的20条民主管理渠道，各单位每月都将农民工个人完成的任务量和个人所得工时以及个人应得的收入在民主监督公开栏公布，使整个分配过程透明、公开、公平、公正，农民工的权益得到有效保障。在评先选优工作中，对农民工与其他职工一视同仁，优秀农民工同样可以参加劳动模范、优秀党员、员工品牌和行业专家等荣誉称号的评选，表彰奖励时同样披红戴花，上台领奖。在每年集团召开的职工代表大会上都有农民工代表参加。2011年，民主选举了65名农民工代表参加集团每年两次的职代会，2人当选为职代会主席团成员。农民工主人翁意识普遍增强。他们积极提出合理化建议，为港口发展献计献策，真正发挥了主力军作用，促进了港口发展。

在干部培养和选拔上，青岛港为农民工提供与其他职工一样的培训机会和选拔机遇，对"德为重，信得过，靠得住，能干事"的优秀农民工，在工作需要时同样按程序提拔到领导岗位。农民工的工种，从单一的装卸工种发展到调度员、理货员、机械司机、修理工、船舶水手等工种。农民工的岗位，从普通工人岗位发展到车长、班组长、队长、公司副经理、公司党委书记等重要管理岗位。截至2011年，农民工中41人担任了队长或

副队长，889 人担任了班长或车长，2700 多人拥有了职称或技术等级。

四、共建温馨和谐大家庭

青岛港不仅仅是一个企业、一个单位，而且是一个亲情浓浓、人气旺盛的和谐大家庭。青岛港的“长子”定位就已经把“家人意识”引进了青岛港，“家人意识”融入各级领导干部的行动上，融入了全港员工的心坎里。在青岛港，处处散发着“家”的人文关怀，处处显现着“家”的温馨。

（一）居者有其屋：人人安居乐业

住房是职工关心的一个直接关系到生活质量的大问题，住房难甚至成为职工最大的一块心病。20 世纪 80 年代末，青岛港这个百年老港有大批无房户、特困户和困难户。几代人同住的十几平方米“鸽子笼”，几家人同住的“团结户”，一年之内搬几次家的“游击队”，在港口比比皆是。

在企业资金短缺的情况下，青岛港毅然决定，即使有再大的困难，也要优先解决职工群众“无家可归”的问题。领导干部不买手机、不购置小汽车、不装修办公室、局机关不安装空调，节省出大量资金用于建房买房，使职工住房紧张状况得到了迅速缓解。1989 年，青岛港用于为职工建房购房的资金达到 370 万元，1990 年增长到 710 万元，1991 年增长到 2200 万元。1989~1993 年，青岛港共投资 8200 万元，购建住房 31.5 万平方米，这相当于 1949 年新中国成立至 1989 年整整 40 年间青岛港购建住房总数的 1.5 倍。1993 年，青岛港人均住房面积达到 13.3 平方米。1996 年是青岛港历史上的“安居工程”年，港口投资 9400 多万元，购建住房 870 套，投资之大、建房速度之快，在许多地方、许多企业中都是少有的。

青岛港在国家“房改”前投入 4 亿多元，为职工购建住房 7000 多套，全港职工住房实现了“八个全部解决”：一是 1991 年提前两年全部解决了 129 名特困户职工的住房；二是全部解决了岗位工龄满 20 年、人均居住面积 6 平方米以下的 200 户装卸一线职工的住房问题；三是全部按标准解决了 204 户离休干部的住房；四是 1992~1993 年，全部解决了 440 多户港内临时住户职工的住房；五是 1994 年按半旅馆化标准，为 600 多名单身职工增添了生活设施，改善了单身职工的居住条件；六是 1995 年全部解决了局管宿舍 304 户“团结户”职工的住房；七是 1996 年有 1600 多名职工搬进新居，全部解决了职工结婚无房户问题；八是 1997 年实施了棚户

区改造建设，职工彻底告别棚户区。2001 年，青岛港人均住房面积达到 25 平方米，远远超过同期我国城镇居民平均居住标准。

进入 21 世纪，在国家取消福利分房的情况下，青岛港又建设了“蓝色港湾”住宅小区，出租出售给新入港大学生，解决他们暂时买不起房的问题。

（二）星级候工室：从落后走向文明

候工楼是员工待工、休息和学习的场所。青岛港候工楼的变迁大致经过了几个阶段：20 世纪 80 年代初期“门难进，味难闻，脸难看”，90 年代初期基本达到简洁、美观的候工标准；20 世纪 90 年代初期到末期创建星级候工室；90 年代末期各基层队纷纷开展创星达标竞赛；21 世纪候工楼成为“创争”活动的标杆和园地。

1993 年，以“文明装卸，文明生产，文明施工，文明环境，文明服务”为主要内容的“五个文明”管理正式启动，从此青岛港各个候工楼建设也迎来了前所未有的重大突破。为给广大职工营造一个温馨、舒适的家园环境和学习氛围，青岛港加大投资力度，先后完善了职工候工楼建设的配套设施。2002 年，青岛港为大港公司装卸队候工楼等 8 个楼座开始安装空调，由此，本着先一线、后二、三线，先基层、后机关的原则，青岛港为全港候工室、办公室和驻岛宿舍全部安装了空调。随后，在盛夏到来之前，又为各个基层队（班）配备了大桶矿泉水，使纯净甘甜的矿泉水走进了候工室、走进了基层班组。

在全面配备工作设施后，青岛港着力提升精神文明建设水平，购买了“创争”学习教材等大量学习书籍，广大职工有了自己的班组学习园地、有了自己的“三无”班组活动纪录和员工文化手册。候工楼里有温馨的读报角、活动室、阅览室，有大屏幕电教室，可进行现场作业安全知识讲座和新工人培训、召开全队大会等。整个候工楼洋溢着当代产业工人“创建学习型班组，争做知识型员工”的浓厚氛围。青岛港员工在快乐中工作着，在学习中快乐着，把候工楼当成了自己的温馨家园。

（三）建食堂：从“吃的饱”到“吃的健康”

民以食为天。青岛港先后实施食堂管理的“四次革命”，职工食堂由改革开放初期的 6 个发展到现在的 20 多个，饭菜花色品种由一成不变的

“老三样”发展到上百种。食堂充分满足职工需求，食堂跟着职工转，为遍布十里海港的上百个作业点现场供餐，在现场开起了饺子铺，职工半夜喝上了热馄饨。

从20世纪90年代初，青岛港就下大气力改善职工就餐质量和环境，明确提出了让职工“吃得卫生，吃得饱，吃得好”的“十字”食堂管理规则，码头工人的就餐环境和饭菜质量发生了很大变化。21世纪以来，青岛港从“民以食为天”的高度再三强调，食堂不仅是做饭的地方，而且是献爱心的地方、是造福职工的地方、是做善事做好事的地方；食堂管理工作一定要做到“根本改变员工的就餐条件，根本改变炊事人员的工作条件，进一步提高饭菜质量”。从2001年开始，青岛港对食堂进行了大刀阔斧的改造，在基层各个单位大力推行自助餐就餐方式。全集团先后在大港、集装箱等公司食堂推行自助餐式服务，并逐渐总结经验，在全港各公司全面推广。现在，食堂流程合理，排风通畅，冬有暖气，夏有空调，就餐环境给人以“宽敞，明亮，有序，优美”之感，员工从“吃得卫生，吃得饱，吃得好”向“吃得健康，吃得营养，吃得舒心”转变。

食堂的“改头换面”，不仅仅是外观上的“阳光”，更在于内在的“温馨”。例如，青岛港油港公司餐厅分标准餐餐厅、自助餐餐厅和客户单间三部分，每部分的环境布置有不同的主题。二楼标准餐餐厅的主题是“和谐”，墙壁上挂着各种瓜果和蔬菜的巨型喷绘画，寓意营养搭配、各取所需；墙柱子上以港容港貌为底图，上书名言警句，寓意职工生活水平与港口建设同步提升、和谐发展。在三楼的自助餐餐厅和客户单间，“创新”主题更为突出，“员工职业行为规范”、“诚纳四海”、“振超效率”等字样的宣传牌挂在墙上，图文并茂、位置醒目，警示广大职工创新要从务实本职工作出发，力争做到“我的工作无问题，我的岗位请放心”。

（四）保健康：从被动到主动

本着对职工负责的原则，青岛港制定硬措施，确保健康查体一个不落，并采取查体、健康教育、干预治疗三管齐下保健康的方法和策略。青岛港要求，港口医院加强领导，保证查体质量，对查出的疾病早确诊早治疗；要求有关部门加强宣传，抓好宏观组织；要求各基层单位要像抓安全质量工作一样抓好查体工作。青岛港还特别强调，要以查体为契机，做好防病知识教育，员工要自觉养成健康文明的生活习惯，提高防病能力；无论如何员工每天要保证三顿饭的质量和八小时睡眠，讲科学，不能硬拼，爱护好自己的身体。

在青岛港，不仅在职职工可以享受到健康查体，而且从 2001 年 7 月 23 日起，退休、退养人员也享受到这份“特别关爱”。为保证退休、退养职工的查体效果，青岛港增强医护人员力量，并针对退休、退养职工人员的年龄特点，在查体项目上增加了新内容。

青岛港尤其重视从事特殊工种作业的职工的身体健康。全港各单位领导对此项工作高度重视，认真落实，积极做好查体工作的组织和协调工作。涉及全港 15 个单位的 3000 多名特殊作业人员的查体覆盖率达到 100%。在整个查体过程中，医护人员克服人手少、任务重、查体项目多的困难，加班加点，保质保量，查体到位，保证员工身体健康。

（五）过生日：从员工到家属

为每一名员工赠送生日蛋糕，是青岛港造福职工的又一力举。从 2001 年 1 月 1 日开始，青岛港为过生日的职工（包括离退休老同志、幼儿园小朋友）每人赠送一个生日蛋糕。从 2006 年开始，青岛港又决定为每一名职工家属发放生日蛋糕，并且提倡一定要送到员工家中去。家人式的叮咛，家人式的深切关怀，让青岛港处处亲情浓浓。仅 2010 年，青岛港就免费为职工和家属发放生日蛋糕 36847 个。

（六）带薪休假：从放松身体到放飞心情

从 2001 年 6 月 6 日起，青岛港开始有步骤、有计划地组织安排职工休养，将职工休养列入重要的议事日程。为把这项工作落实好，青岛港专门成立了职工休养领导小组，下设休养办公室，专门负责休养工作的安排、部署。2006 年后，青岛港创新造福举措，为职工休养新添景点，增加了雨林谷、野生动物园等路线，使广大员工走进一个心旷神怡的世界。休假期间，员工一起游山玩水，既放松了心情，也增进了感情，更多了一个沟通的渠道，工作干劲更大了。人性化、亲情化的休养举措，使全港员工备受感动。

（七）文体活动：从自娱自乐到展示风采

青岛港把开展文体活动作为企业文化建设、精神文明建设的重要内容，从而使青岛港的文体工作焕发出勃勃生机和活力，达到了更好地服务港口、造福职工的目的。青岛港的文体活动，不仅仅是自娱自乐，也是展示风采、树立形象的大舞台。从一年一度的建港纪念日、海港文化艺术节、员工运动大会到每年的“三八节”、“五一节”、“六一节”、“老人节”等节庆活动，从省市、交通系统乃至全国的文体比赛到青岛港参与的社会上的演出，都成了青岛港展示风采的舞台，见证了青岛港的大发展，见证了海港大家庭的亲情和睦，更见证了青岛港对万名职工、职工家属和离退休老人的深情造福。

青岛港丰富了四大文体活动载体，为员工搭建起施展文体才能的舞台，为青岛港搭建起外树形象、内鼓士气的平台。

（1）坚持每年召开一次集团运动会。每次职工运动会都是全集团职工（包括离退休职工、退养职工、职工家属）欢聚一堂的盛会。每次运动会开幕式都有鲜明的主题，运动员方队、彩车方队、观众队伍、大型文体表演各具特色，展现出青岛港人争创更快、更强、更高目标的旺盛斗志。

（2）坚持开展全民健身活动。为丰富职工的业余文化生活，促进职工的身心健康，给职工创造更多的参与体育健身的载体，青岛港专门下发了《关于开展职工体育年活动的安排意见》，活动项目包括：足球、篮球、乒乓球、沙滩排球、健美操、广播操、游泳、健身操、排球、羽毛球、网球、踢毽子、跳绳、太极拳、登山、象棋等，以及其他丰富多彩、文体并茂、因地制宜、具有时代特色的群众性健身活动。

（3）积极参加市职工运动会和城市运动会。青岛港已连续多次夺得市职工运动会团体总分第一名。

（4）在每年举办的海港艺术节和“三八”节、“五一”节等庆祝活动中，积极组织职工开展多种形式的文体娱乐活动，陶冶职工情操，振奋职工精神，增强港口凝聚力。

（八）孝亲敬老：从生活富足到精神愉悦

青岛港提出“老人好，港口好；老人安，港口安”，坚持发展成果与老人共享，年年岁岁关爱老人、造福老人，努力实现“三个一”目标：让老人有一个健康的身体，有一个富足的晚年，有一股愉悦的精气神。海港老人老有所养、老有所医、老有所学、老有所乐、老有所为，幸福美满，欢度晚年。

经济上造福老人。年年涨工资，提高各种福利待遇、医疗保障；年年健康查体、组织休养，让老人们身心愉悦、健康平安。

生活上关心老人。坚持“五必访”制度（重病住院必访，年老卧病必访，重大节日必访，生活特殊困难必访，异地安置老人必访）；年年“冬送温暖、夏送清凉”；几十年如一日为老同志赠送生日蛋糕和节日物品。

精神上尊重老人。让老人参政议政、参与思想教育、参与港口发展，发挥余热；年年举办重阳节老年系列文体活动、文化艺术节和港庆活动；创办老年大学，老人们可以免费参加美术、书法、英语、健美操等课程，也可加入锣鼓队、舞蹈队和门球队。

参考文献

［1］常德传. 常德传论国企［M］. 北京：中国社会科学出版社，2008.

［2］常德传. 常德传论中国企业之道［M］. 北京：中央编译出版社，2011.

［3］常德传. 管理就是管好人，干好活［J］. 企业管理，2009（5）.

［4］常德传. “八大精神高地”：青岛港成功之本［J］. 思想政治工作研究，2012（7）.

［5］陈明. 鼠标革了铁锹的命［N］. 大众日报，2012-12-18.

［6］陈怀鹏，孙宪政，陈月敏，魏炳义，张丽波. 乘长风破万里浪——青岛港改革发展之路调研［J］. 求是，2008（20）.

［7］高莹. 金融危机背景下青岛港发展新策略［J］. 港口科技，2009（5）.

［8］郭景辉. 一个国企老典型的启示——关于青岛港科学发展情况的调研报告［J］. 政工研究动态，2009（19）.

［9］哈罗德·孔茨. 管理学精要［M］. 韦福祥等译. 北京：机械工业出版社，2005.

［10］郝雪莹. “40 分钟离港”体现的管理内功［N］. 大众日报，2012-8-7.

［11］吉姆·柯林斯，杰里·波勒斯. 基业长青：企业永续经营的准则［M］. 真如译. 北京：中信出版社，2009.

［12］焦兰坤. 持续学习注入创新动力——青岛港大力推进学习型组织、创新型港口建设［J］. 大陆桥视野，2011（6）.

［13］焦兰坤. 2012 年青岛港转型发展实现新跨越［J］. 中国港口，2013（3）.

［14］李连仲. 新歌德巴赫猜想——青岛港落实科学发展观实现“1>2”发展模式的实证研究［M］. 北京：经济科学出版社，2007.

[15] 李俭. 腾飞的青岛港 [M]. 北京：学习出版社，2008.

[16] 李炜. 尊重与培训，新生代农民工市民化的良好途径——来自青岛港的调查 [J]. 行政与法，2011 (11).

[17] 梁明. 青岛港：精忠报国，红色国企演绎蓝色传奇 [J]. 中国品牌，2011 (10).

[18] 林红梅. 流金海港——青岛港改革发展纪实 [M]. 北京：新华出版社，2007.

[19] 刘春华. 青岛港企业劳资关系之所以和谐，秘诀就在——依靠职工惠及职工 [J].工会博览，2012 (11).

[20] 刘光明. 常德传与青岛港 [M]. 北京：中国社会科学出版社，2007.

[21] 刘培娥，王婷婷. 青岛港港口物流发展现状的 SWOT 分析及发展策略研究 [J]. 现代营销 (学苑版)，2010 (2).

[22] 罗冰. 港口装卸进入“秒时代”——青岛港前湾集装箱码头见闻 [N]. 科技日报，2011-9-27.

[23] 罗冰. 创新让百年老港焕发青春——访全国人大代表、青岛港 (集团) 有限公司董事局主席、总裁常德传 [N]. 科技日报，2011-3-11.

[24] 欧国立，姜小丽. 青岛港集装箱铁海联运现状与未来发展战略 [N]. 综合运输，2010 (6).

[25] 彼得·圣吉.第五项修炼：学习型组织的艺术与实践 [M]. 张成林译. 北京：中信出版社，2009。

[26] 青岛港. 青岛港志 (1978~2005 年) (上卷). 2006.

[27] 青岛港. 青岛港志 (1978~2005 年) (下卷). 2006.

[28] 青岛港. 英雄本色 (上)，青岛港内部资料，2008.

[29] 青岛港. 英雄本色 (下)，青岛港内部资料，2008.

[30] 青岛港. 高端思索：2009 年青岛港举办一系列高端讲座精编. 2009.

[31] 青岛港. 战胜危机：2009 年常主席、总裁港内系列讲话精编. 2009.

[32] 青岛港. 人间正道：2009 年青岛港挑战危机、科学发展大总结. 2009.

[33] 豪迈挺进 4 亿吨世界强港——青岛港勇当“率先科学发展，实

现蓝色跨越”排头兵纪实［N］. 青岛日报，2012-12-31.

［34］全国总工会青岛港经验调研组. 中国特色国有企业发展之路的成功探索——青岛港实行民主管理构建和谐劳动关系经验调研报告［EB/OL］. http：//www.qdgcc.org.cn/gcshiye/huiwu-info.aspx？Id=8958，2012.

［35］斯蒂芬·P. 罗宾斯，玛丽·库尔特.管理学（第九版）［M］. 孙健敏等译. 北京：中国人民大学出版社，2008.

［36］斯蒂芬·P. 罗宾斯，蒂莫西·A. 贾奇. 组织行为学（第 14 版）［M］. 孙健敏，李原，黄小勇译. 北京：中国人民大学出版社，2012。

［37］宋继文，薛继东，章凯. 具有中国特色的企业创新文化与创新绩效——基于青岛港的案例分析［J］. 管理案例研究与评论，2009（1）.

［38］宋学春. 和谐海港 温馨家园［N］. 人民日报，2011-3-14.

［39］陶健，丛海燕. 青岛港的农民工们［EB/OL］，http：//www.qd-port.com/reada.aspx？id=a4f7fefb-744b-4ff9-95ec-6decd7f83551，2010-10-9.

［40］谭启光. 提升大批农民工“身价”，促进企业高度和谐——青岛港农民工现状纪实［J］. 中国港口，2011（9）.

［41］汤姆·彼得斯，罗伯特·沃特曼. 追求卓越：探索成功企业的特质［M］. 胡玮珊译. 北京：中信出版社，2009.

［42］童馨. 120 岁的青岛港为何朝气蓬勃——探询山东青岛港的企业文化［N］. 中国经济导报，2012-3-1.

［43］王洁芳. 科学发展成就和谐团队 百炼成金铸就辉煌岁月——记国企老典型青岛港（集团）有限公司［J］. 中国港口，2007（2）.

［44］王义堂，林治波，刘光明. 青岛港风雷激荡三十年（1978~2008）（上、下卷）［M］，北京：中国社会科学出版社，2008.

［45］吴清祥. 卓越绩效管理在青岛港的推进与实施［J］. 标准科学，2012（5）.

［46］辛闻. 油改电：“振超团队”一项创新节约 3000 万元［N］. 工人日报，2008-5-3.

［47］邢婷. 老国企的“民生清单”［N］. 中国青年报，2011-3-11.

［48］熊燕舞. 青岛港农民工四大嬗变［J］. 交通建设与管理，2010（9）.

［49］薛继东，李海. 团队文化视角下的工作团队创新模式——以青岛港与广东移动为例［J］. 中国人力资源开发. 2010（10）.

[50] 薛永杰. 工业服务联盟及其在青岛港的实践 [J]. 中国设备工程，2012（3）.

[51] 学义，楼钢. 解读青岛港——青岛港集团企业文化建设纪实 [J]. 现代企业文化（上旬），2008（1）.

[52] 杨林，苏慧. 关于把青岛港建设成为我国北方国际航运中心的战略思考 [J]. 山东社会科学，2006（1）.

[53] 约瑟夫·熊彼特. 经济发展理论 [M]. 叶华译. 北京：九州出版社，2007.

[54] 约瑟夫·熊彼特. 资本主义、社会主义与民主 [M]. 吴良健译. 北京：商务印书馆，1999.

[55] 张春晓. 民主公开营造和谐生态 [N]. 大众日报，2011-8-24.

[56] 张世歆，杨建美. 国有企业转变发展方式的思考——以青岛港为例 [J]. 经济问题探索，2011（6）.

[57] 张晓林，陈怀鹏，袁立辉，陈亦琳，李飞.企业的和谐劳动关系是怎样建立起来的？——关于青岛港的调查与思考 [J]. 求是，2012（4）.

[58] 赵雪章. 彼得·德鲁克管理思想全集 [M]. 北京：中国长安出版社，2006.

[59] 仲其庄，徐习军. 港口管理“教父”常德传——打造“青岛港发展模式”引领国企发展之路 [J]. 大陆桥视野，2010（4）.

[60] 中国企业成功之道青岛港案例研究组. 青岛港成功之道 [M]. 北京：机械工业出版社，2011.

[61] 中国思想政治工作研究会、中宣部思想政治工作研究所调研组. 以社会主义核心价值体系引领企业更好更快发展——关于青岛港加强思想政治工作经验的调研报告 [J]. 求是，2009（21）.

[62]“青岛港十条”诠释科学发展模式 [N]. 中国水运报，2007-7-20.

[63] 周乐萍，狄乾斌. 环渤海地区青岛港港口竞争力分析 [J]. 资源开发与市场，2011（9）.

后 记

本书是我主持的中国社会科学院国情调研课题“青岛港考察”的最终成果。该课题是中国社会科学院国情调研课题“中国企业调研”的一个子课题。“中国企业调研”项目是由中国社会科学院经济学部组织的重大国情调研项目之一，项目的总负责人是陈佳贵研究员和黄群慧研究员。

该课题立项后，课题组于2010年4月赴青岛港进行了实地调研。课题组座谈听取了青岛港集团董事局主席和总裁常德传关于青岛港现状与成就的专题报告、各分公司领导关于青岛港港口建设发展的报告、各职能部门负责人关于青岛港管理经验与模式的报告、职工代表关于青岛港以人为本管理理念的报告，实地考察了青岛港集团下属的大港公司、油港公司、前港公司、物流公司、通达公司、通信公司、港机厂、前湾集装箱码头有限责任公司、信息中心、青岛阜外心血管病医院、港湾职业技术学院，深入访谈了青岛港集团的发展部、人事部、业务部、财务部、监审部、政工部、安技部和办公室，亲密接触了工作在生产一线的职工群众。课题组通过听取报告、开展座谈会、实地考察、深入访谈等多种调研手段，收集整理了丰富的第一手宝贵资料，感同身受了青岛港朝气蓬勃的精神风貌。整个调研过程，日程紧凑，工作高效，课题组收获颇丰，携带资料满载而归。

调研结束后，我作为课题负责人即着手青岛港调研报告的准备和写作。面对着调研而来的海量资料，如何找到切入点、深入刻画青岛港，成为棘手的问题。通过阅读资料、再现调研场景和后续的深入沟通研讨，我决定从企业管理实践的角度展现青岛港的成绩和面貌，将管理学基本原理与青岛港管理实践相结合，描绘分析青岛港在长期管理实践中所积累的有特色的管理经验和做法。思路明确后，我拟定了研究大纲，计划用1年左右时间完成调研报告。但与此同时，由于2009年我获得国家留学基金委公派学者项目资助、2010年忙于申请学校和办理赴美手续，青岛港写作计划不得不被暂时搁置起来。2010 年 10 月，我赴美国加州大学伯克利分校经济系开始为期一年的访学。访学期间，我倍加珍惜如此宝贵的学习机会，选修了经济系课程，致力于中国技术创新问题研究，已无时间和精力再从事青岛港调研报告的写作；而且，由于赴美行李原因，我没有携带青岛港调研书面材料，在美期间无法进行相关的深入阅读，只得中断了预定的写作计划。2011 年 10 月回国后，在忙于其他研究任务的同时，我重拾青岛港调研报告写作计划。随着阅读和思考的深入，我逐渐发现，一篇研究报告难以涵盖青岛港的管理特质，于是决定根据调研内容和后续的交流讨论，写作一本关于青岛港管理经验的著作。

青岛港的某些管理方法新颖独特，令人印象深刻。“队为核心”的五级管理模式、“长子，工头，班长”式的领导定位、以“四十项公开”为核心的民主管理、以员工名字和其创造的绝活命名的“员工品牌”、以“三大使命”和“三个一代人精神”为内核的企业文化，都给人耳目一新的感觉。这些管理方法既是青岛港在长期管理实践中积累起来的宝贵经验，同时又对青岛港建设发展起到了举足轻重的作用。在本书中，我力图从战略、组织、领导、激励、创新、品牌、文化、政工和责任等方面总结青岛港的管理实践，从中提炼出青岛港有特色的管理经验和做法，这不仅能为青岛港自身的发展做出有益的贡献，而且也能为其他企业提供有价值的管理参考。每想到此，我就不敢懈怠，殚精竭虑，希望把青岛港的独特管理尽快展现在读者面前。然而，日月如梭，蓦然回首，不知不觉间两年已然流逝。虽然我已竭尽所能，但由于知识所限、时间紧迫和课题压力，常常感到力不从心，致使本书尚有较大改进余地，纰漏也在所难免。

青岛港的调研与写作得到了许多同事和青岛港工作人员的支持和帮助。刘霞辉研究员事先与青岛港方面进行了接触联系，从而使得调研得以成行。赵志君研究员、袁富华副研究员和陈昌兵副研究员不辞辛劳，同我一起赴青岛港进行了实地调研。调研期间，青岛港全程积极配合，热情耐心，为顺利调研付出了不少努力。本次调研与写作也得到了中国社会科学院创新工程项目的支持。没有这些帮助和资助，本书不可能问世。如果本书对理解我国企业的管理实践有所助益，也许是对这些无私帮助和慷慨资助的最大回馈。

图书在版编目（CIP）数据

青岛港考察/吴延兵著. —北京：经济管理出版社，2014.3
ISBN 978-7-5096-2944-4

Ⅰ. ①青…　Ⅱ. ①吴…　Ⅲ. ①港口—交通运输企业—企业管理—经验—青岛市
Ⅳ. ①F552.752.3

中国版本图书馆 CIP 数据核字（2014）第 017365 号

组稿编辑：陈　力
责任编辑：杨国强
责任印制：黄章平
责任校对：超　凡

出版发行：经济管理出版社
（北京市海淀区北蜂窝 8 号中雅大厦 A 座 11 层　100038）
网　　址：www. E-mp. com. cn
电　　话：（010）51915602
印　　刷：三河市延风印装厂
经　　销：新华书店
开　　本：720mm × 1000mm/16
印　　张：26.5
字　　数：528 千字
版　　次：2014 年 3 月第 1 版　2014 年 3 月第 1 次印刷
书　　号：ISBN 978-7-5096-2944-4
定　　价：68.00 元